कम्प्यूटर विज्ञान शिक्षणशास्त्र

Pedagogy of Computer Science

कम्प्यूटर विज्ञान शिक्षणशास्त्र
Pedagogy of Computer Science

नौशाद हुसैन

SHIPRA

SHIPRA

Rs. 895

ISBN: 978-81-7541-803-5

First Published in India in 2015

कम्प्यूटर विज्ञान शिक्षणशास्त्र

Published by:
SHIPRA PUBLICATIONS
LG 18-19, Pankaj Central Market,
I.P. Ext., Patparganj, Delhi 110092, India
Ph.: +91 11 22235152/6152
Email: info@shiprapublication.com
Website: www.shiprapublication.com

प्राक्कथन

वर्तमान में कम्प्यूटर मानव-जीवन के प्रत्येक क्षेत्र में अपनी महत्त्वपूर्ण उपयोगिता सिद्ध कर चुका है। यह इक्कीसवीं सदी के उद्देश्यों को प्राप्त करने का महत्त्वपूर्ण साधन बन चुका है। इसने हमारे जीवन के हर क्षेत्र में एक अद्भुत सा चमत्कार ला दिया है। हमारे जीवन की कोई भी क्रिया कम्प्यूटरों के उपयोग से अछूती नहीं रह गई। आज कम्प्यूटर तकनीकी राष्ट्रीय विकास एवं समृद्धि का सशक्त एवं प्रभावशाली माध्यम बन गई है। कम्प्यूटर का प्रयोग मानव-जीवन से सम्बन्धित लगभग सभी क्षेत्रों जैसे- व्यापार, बैंक, यातायात, वैज्ञानिक शोध, चिकित्सा विज्ञान, प्रौद्योगिकी, संचार व्यवस्था, आँकड़ों के संचयन, संकलन एवं गणन इत्यादि में किया जा रहा है। शिक्षा का क्षेत्र भी कम्प्यूटर के अनुप्रयोगों से अछूता नहीं रहा। कम्प्यूटर तकनीकी ने शिक्षा के क्षेत्र में क्रान्तिकारी परिवर्तन ला दिये हैं, जिसने शिक्षण-अधिगम प्रक्रिया में छात्र तथा शिक्षक की भूमिका से सम्बन्धित पारम्परिक तौर-तरीक़ों में अद्भुत परिवर्तन ला दिया। कम्प्यूटर के साथ-साथ इन्टरनेट के उपयोग ने स्व:प्रेरित अधिगम तथा छात्रों को महत्त्वपूर्ण सूचनाएँ प्राप्त करके अपने शैक्षिक एवं व्यावसायिक भविष्य को निर्धारित करने के लिए अपार पारम्परिक एवं नवीन सम्बन्धों तथा तौर-तरीक़ों में तीव्रता से वृद्धि की है। आज शिक्षा के क्षेत्र में कम्प्यूटर के उपयोग ने शिक्षक की भूमिका तथा उत्तरदायित्वों को बढ़ा दिया है। कम्प्यूटर तकनीकी शिक्षक को आधुनिक समय की चुनौतियों के अनुरूप तैयार करती है। इसीलिए आज शिक्षक-शिक्षा कार्यक्रमों में 'कम्प्यूटर विज्ञान शिक्षण शास्त्र' को पाठ्यक्रम के एक अभिन्न अंग के रूप में स्वीकार किया जा चुका है।

एक कुशल कम्प्यूटर विज्ञान शिक्षक का अपने विषय पर पूर्ण अधिकार तथा सैद्धान्तिक ज्ञान होना ही पर्याप्त नहीं है, बल्कि उसके लिए शिक्षण-अधिगम प्रक्रिया, शिक्षण कला, शिक्षण विधियों तथा प्रविधियों, मूल्यांकन आदि के सैद्धांतिक और व्यावहारिक दोनों ही पक्षों का समुचित ज्ञान होना भी अति आवश्यक है। इसके अभाव में वह अपने शिक्षण को उद्देश्योन्मुख, रुचिकर तथा बाल-केन्द्रित नहीं बना सकता।

वर्तमान में कम्प्यूटर विज्ञान शिक्षण के क्षेत्र में ऐसी पाठ्य-पुस्तक का अभाव महसूस किया जा रहा था, जो कम्प्यूटर विज्ञान शिक्षकों को शिक्षण के लिए ऐसे आधार प्रदान कर सकें, जिससे उन्हें अपने शिक्षण कार्य को सफल एवं प्रभावी बनाने में सहायता मिल सके और जो प्रशिक्षणार्थियों को प्रभावी अधिगम हेतु नवीनतम प्रयोग करते रहने के लिए अभिप्रेरित कर सके।

प्रस्तुत पुस्तक में उन सभी कमियों को दूर करने का प्रयास किया गया है, जो कि आज तक शिक्षक-शिक्षा कार्यक्रमों के द्वारा प्रशिक्षण प्राप्त करने वाले छात्राध्यापकों द्वारा अनुभूत की जा रही थीं।

सर्वप्रथम लेखक उन सभी लेखकों, शिक्षा-शास्त्रियों तथा प्रेरणा-स्रोत विद्वानों के प्रति अपना आभार प्रकट करता है, जिनकी कृतियों एवं विचारों की इस पुस्तक के लेखन में सहायता ली गयी है। उनकी कृतियों एवं विचारों से लेखक को केवल मार्गदर्शन ही नहीं मिला वरन् कार्य करने की प्रेरणा भी मिली है।

विभिन्न विश्वविद्यालयों के बी.एड. एवं एम.एड. पाठ्यक्रमों के अनुरूप विषय-सामग्री के साथ-साथ इस पुस्तक में विषय-सामग्री, कम्प्यूटर विज्ञान शिक्षकों, शिक्षक-प्रशिक्षकों तथा छात्राध्यापकों की आवश्यकतानुसार सम्मिलित की गयी है।

इस पुस्तक को सरल एवं बोधगम्य भाषा में लिखने का प्रयास किया गया है। यह प्रयास भी किया गया है कि विषय-वस्तु में स्पष्टता, तार्किकता एवं सम्बद्धता बनी रही।

प्रस्तुत पुस्तक में चौबीस अध्यायों को सम्मिलित किया गया है। पुस्तक के भाग एक में कम्प्यूटर-सहायक शिक्षण तथा 'शिक्षण में कम्प्यूटर का उपयोग : बाधायें तथा समाधान' नामक अध्यायों के अन्तर्गत कम्प्यूटर सहायक शिक्षण के विभिन्न पहलुओं तथा उपागमों की चर्चा की गयी है और शिक्षण में कम्प्यूटर के उपयोग में आने वाली बाधाओं तथा उनके समाधान की विस्तृत चर्चा की गयी है। इसके अतिरिक्त कम्प्यूटर विज्ञान शिक्षण के उद्देश्यों, विधियों, पाठ्यक्रम, प्रोग्रामिंग की भाषाओं, पाठ-नियोजन के विभिन्न उपागमों, मापन तथा मूल्यांकन की प्रविधियों तथा कम्प्यूटर प्रयोगशाला आदि महत्त्वपूर्ण प्रत्ययों पर व्यापक तथा विस्तृत चर्चा की गयी है। पुस्तक के भाग दो में एम.एस. वर्ड, एम.एस. एक्सेल और एम.एस. पावर पाइंट एप्लीकेशन साफ्टवेयर की इस तरह जानकारी प्रदान की गयी है कि छात्र स्वतः अनुदेशन के जरिए इन पर कौशल प्राप्त कर सकते हैं। इस पुस्तक की एक विशेषता है कि इसमें इन्टरनेट, मल्टीमीडिया, कम्प्यूटर वाइरस, कम्प्यूटर नेटवर्कस, कृत्रिम बुद्धिमत्ता वर्चुअल रियलटी और एक्सपर्ट सिस्टम से सम्बन्धित अध्यायों को भी शामिल किया गया है। अतः हम यह आशा करते हैं कि प्रस्तुत पुस्तक शिक्षकों, छात्रों तथा छात्रध्यापकों की आशा के अनुरूप उपयोगी सिद्ध होगी।

डॉ. नौशाद हुसैन

विषय सूची

II
COMPUTER SKILLS

I
Pedagogy

अध्याय 1

कम्प्यूटर विज्ञान : अर्थ, प्रकृति, क्षेत्र एवं महत्व (Computer Science: Meaning, Nature, Scope and Significance)

आज शायद ही कोई ऐसा व्यक्ति हो, जो 'कम्प्यूटर' शब्द से परिचित न हो। प्रत्येक व्यक्ति का 'कम्प्यूटर' के नाम से परिचित होने का कारण है, जीवन के सभी क्षेत्रों में इसकी उपयोगिता। कम्प्यूटर इस आधुनिक युग का सबसे बड़ा आविष्कार है। आज कम्प्यूटर हमारे जीवन का एक ऐसा महत्वपूर्ण हिस्सा बन गया है कि इसके बिना आगे बढ़ने की कल्पना तक नहीं की जा सकती। आज कम्प्यूटर तकनीकी, राष्ट्रीय विकास एवं समृद्धि का सशक्त एवं प्रभावशाली माध्यम है। साधारण से कार्यों में भी इसकी उपयोगिता व लोकप्रियता लगातार बढ़ती ही जा रही है। इसका प्रमुख कारण कम्प्यूटर की तीव्र गति, विपुल एवं असाधारण संग्रह क्षमता, शुद्धता व सक्षमता है। उदाहरण के लिए इसकी संग्रह क्षमता का आकलन इसी बात से लगाया जा सकता है कि विश्व विख्यात ग्रन्थ 'एनसाइक्लोपीडिया ब्रिटेनिका' के सम्पूर्ण 23 खण्ड मात्र एक सूक्ष्म चिप्स पर उपलब्ध हैं। मानव जाति ने आज तक जितने भी आविष्कार किये हैं, उनमें कम्प्यूटर का स्थान सर्वोपरि है। कम्प्यूटर का आविष्कार उन आविष्कारों की श्रेणी में आता है, जिन्होंने मानव सभ्यता के विकास को एक नयी दिशा प्रदान की है और जिसके कारण आज हम उन्नति के नये-नये आयामों को प्राप्त कर रहे हैं।

कम्प्यूटर का अर्थ (Meaning of Computer)

आइए सर्वप्रथम हम कम्प्यूटर (संगणक) के अर्थ को शब्दों में पिरोने का प्रयारस करते हैं। कम्प्यूटर शब्द की उत्पत्ति लैटिन भाषा के शब्द 'Computer' से हुई है, जिसका अर्थ है, 'गणना करना' अथवा 'गिनती करना'। अतः तार्किक दृष्टिकोण से किसी भी गणना करने वाली युक्ति (Calculating Device) को कम्प्यूटर कहा जा सकता है। चूँकि कम्प्यूटर विकास के प्रारम्भिक दौर में कम्प्यूटर का काम केवल गणना करना ही था इसलिए कम्प्यूटर की यह परिभाषा ठीक लगती थी लेकिन तकनीकी विकास के साथ-साथ कम्प्यूटर के कार्यों में वृद्धि भी होती गयी। ऑक्सफोर्ड डिक्शनरी के अनुसार- "कम्प्यूटर एक ऐसी स्वचालित युक्ति है जिसका प्रयोग तार्किक गणनाओं और क्रियाओं को करने में किया जाता है।" कम्प्यूटर निम्नलिखित चार चरणों के अन्तर्गत किसी भी कार्य को करता है-

1. आँकड़ों या सूचनाओं को ग्रहण करना (Input)
2. सूचनाओं या आँकड़ों का संचयन कर उन्हें जमा करना (Storage)
3. सूचनाओं या आँकड़ों का संसाधन (Processing)
4. परिणाम या जानकारी देना (Output)

कम्प्यूटर की उपरोक्त कार्य प्रणाली के आधार पर अंग्रेज़ी शब्द 'Computer' के प्रत्येक अक्षर को निम्न प्रकार परिभाषित किया जा सकता है-

C - Calculate
O - Operate
M - Memorize
P - Print
U - Update
T - Tabulate
E - Edit
R - Response

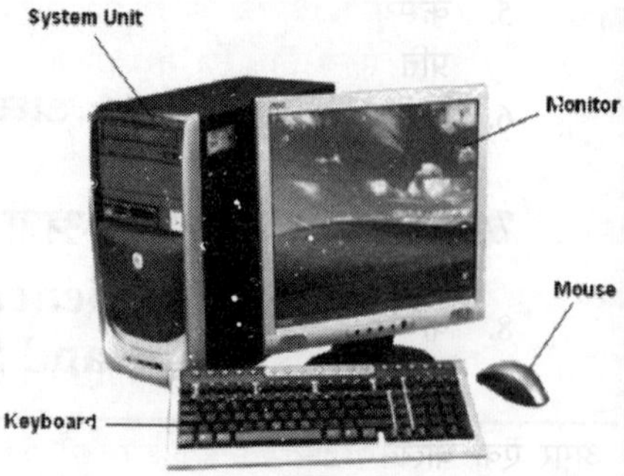

कम्प्यूटर

अतः निष्कर्ष रूप में हम कह सकते हैं कि 'कम्प्यूटर एक ऐसी इलैक्ट्रानिक युक्ति है जो किसी भी प्रकार के सभी आँकड़ों को व्यवस्थित, सम्पादित व नियंत्रित तो करती ही है, साथ ही सूचनाओं को स्मरण में रखने, आँकड़ों में उत्तरोत्तर अभिवृद्धि करने के अलावा अति सूक्ष्म समय में पूर्ण शुद्धता के साथ तार्किक गणना भी कर सकती है।'

कम्प्यूटर विज्ञान का क्षेत्र

वर्तमान युग विज्ञान का युग है। नब्बे के दशक से सूचना प्रौद्योगिकी ने सम्प्रेषण के क्षेत्र में क्रान्ति ला दी है तथा कम्प्यूटर शिक्षा व कम्प्यूटर का ज्ञान हमारे जीवन का एक आवश्यक अंग बन चुका है। वर्तमान में कम्प्यूटर विहीन विश्व-समाज की कल्पना भी नहीं की जा सकती है। सूचना-सम्प्रेषण तकनीकी के क्षेत्र में लगातार हो रही वृद्धि के परिणामस्वरूप ज्ञान का जो विस्फोट हुआ उससे कोई की व्यक्ति अछूता नहीं रहा है। मीडिया जैसे कि अख़बार, पत्र-पत्रिकाओं, टी०वी० इत्यादि ने विज्ञान के क्षेत्र में हो रहे ताज़ा बदलावों को जन-जन तक पहुँचाने में महत्वपूर्ण भूमिका अदा की है। आज कम्प्यूटर विज्ञान एक ऐसा क्षेत्र बन गया है जिस पर प्रत्येक व्यक्ति की निगाह है। आज व्यक्ति, समुदाय, समाज, राष्ट्र, यहाँ तक कि विश्व-समुदाय की उन्नति एवं विकास को कम्प्यूटर विज्ञान के क्षेत्र से जोड़कर देखा जा रहा है। इसी कारण विद्यालयी शिक्षा में भी आज कम्प्यूटर विज्ञान की महत्ता को स्वीकार कर लिया गया है तथा इसके विकास के लिए लगातार प्रयास किये जा रहे हैं। विद्यार्थियों में कम्प्यूटर विज्ञान की समझ पैदा करने के लिए कम्प्यूटर विज्ञान के शिक्षक को न केवल कम्प्यूटर विज्ञान की समझ होना ज़रूरी है वरन् उसे वैज्ञानिक प्रक्रिया से परिचित होना भी ज़रूरी है। अतः इस बात की नितान्त आवश्यकता है कि कम्प्यूटर विज्ञान, तकनीकी और समाज की प्रकृति तथा इनके आपसी संबंध को भली-भाँति समझा जाए।

कम्प्यूटर विज्ञान साक्षरता

कम्प्यूटर विज्ञान साक्षरता से अभिप्राय है, "कम्प्यूटर विज्ञान की समझ एवं कम्प्यूटर विज्ञान और समाज के आपसी सहसंबंध का ज्ञान" कम्प्यूटर विज्ञान साक्षरता से अभिप्राय है :

1. कम्प्यूटर विज्ञान शिक्षण के प्रति सकारात्मक दृष्टिकोण।
2. कम्प्यूटर विज्ञान शिक्षण की प्रकृति की स्पष्ट जानकारी।
3. कम्प्यूटर विज्ञान के शिक्षण संबंध में पूरी जानकारी तथा आवश्यकतानुसार उसके उपयोग की क्षमता।
4. कम्प्यूटर विज्ञान शिक्षण तथा सम्प्रेषण तकनीकी के प्रति प्रशंसात्मक मूल्य का भाव तथा इनके द्वारा समाज पर पड़ने वाले प्रभाव की जानकारी का होना।

5. कम्प्यूटर विज्ञान शिक्षण आधारित वर्तमान समय में विभिन्न सामाजिक पहलुओं के प्रति मूल्य निर्धारण तथा निर्णय लेने की योग्यता।
6. समस्याओं के समाधान में कम्प्यूटर विज्ञान की विधि के प्रयोग की योग्यता तथा इसके प्रयोग से दैनिक जीवन से संबन्धित समस्याओं के समाधान की क्षमता।
7. कम्प्यूटर विज्ञान के शिक्षण के फलस्वरूप अपने राष्ट्र तथा विश्व के संबंध में स्पष्ट समझ का भाव।
8. कम्प्यूटर विज्ञान शिक्षण के क्षेत्र में विशिष्ट कौशलों पर स्वामित्व, जिसके कारण बालक राष्ट्र के एक अच्छे नागरिक के रूप मे विकसित हो सके।

अगर एक बालक या व्यक्ति में उपरोक्त गुणों का समावेश है, तब उसे कम्प्यूटर विज्ञान साक्षर माना जा सकता है। परन्तु यह बड़े ही खेद का विषय है कि हमारे देश में कम्प्यूटर विज्ञान शिक्षकों में उपरोक्त गुणों का अभाव है। कहने का तात्पर्य यह है कि शिक्षक कम्प्यूटर विज्ञान का अनिवार्य एवं मूलभूत ज्ञान रखते हैं परन्तु वे अपने छात्रों में इस ज्ञान एवं कौशलों को पहुँचा नहीं पाते हैं।

कम्प्यूटर विज्ञान साक्षरता मे शिक्षकों का योगदान

एक अच्छा कम्प्यूटर विज्ञान शिक्षक अपने विद्यार्थियों को कम्प्यूटर विज्ञान साक्षर बनाने में महत्वपूर्ण भूमिका अदा कर सकता है। कम्प्यूटर-साक्षरता को बढ़ावा देने के लिए एक कम्प्यूटर विज्ञान शिक्षक में निम्नलिखित गुणों का होना अनिवार्य है :

1. कम्प्यूटर विज्ञान शिक्षण विषय पर मज़बूत पकड़ होना।

2. कम्प्यूटर एवं संप्रेषण तकनीकी के क्षेत्र में आ रहे ताज़ा बदलावों की स्पष्ट जानकारी एवं लगातार उनके संपर्क में रहना।

3. विज्ञान एवं कम्प्यूटर विज्ञान की प्रकृति की स्पष्ट समझ।

4. छात्रों में कम्प्यूटर विज्ञान के प्रति धानात्मक दृष्टिकोण को विकसित करने हेतु उन्हें अधिगम अनुभव प्रदान करना।

5. छात्रों में कम्प्यूटर विज्ञान तथा समाज के आपसी रिश्ते के अध्ययन की योग्यता को विकसित करना। इसके लिए एक शिक्षक के लिए यह ज़रूरी है कि –

क. छात्रों को कम्प्यूटर तकनीकी की उन जानकारियों एवं प्रयोगों को बताया जाए जिनके द्वारा समाज को लाभ पहुँचे।

ख. कम्प्यूटर तकनीकी के प्रयोग के दौरान प्रयोगकर्ता की नैतिक ज़िम्मेदारियाँ।

कम्प्यूटर का क्षेत्र

कम्प्यूटर तकनीकी ने एक लम्बा सफ़र तय किया है। इस सफर में 'अबेकस' से लेकर आज के 'सुपर कम्प्यूटर' तक शामिल हैं। जैसे-जैसे कम्प्यूटर तकनीकी के क्षेत्र में विकास होता गया, वैसे-वैसे कम्प्यूटर विज्ञान का क्षेत्र भी विस्तृत होता गया। कम्प्यूटर के प्रारम्भिक दौर में कम्प्यूटर का उपयोग मूल रूप से गणनात्मक कार्यों के लिए ही होता था। परन्तु आज इसका क्षेत्र अत्यन्त विस्तृत एवं व्यापक हो चुका है। आज कम्प्यूटर का प्रयोग मानव-जीवन से सम्बन्धित लगभग सभी क्षेत्रों में किया जा रहा है।

कम्प्यूटर का प्रयोग मानव-जीवन से सम्बन्धित लगभग सभी क्षेत्रों, जैसे कि - व्यापार, शिक्षा, बैंक, वैज्ञानिक शोध, मेडीकल साइंस, इंजीनियरिंग, संचार व्यवस्था इत्यादि में हो रहा है। यहाँ पर हम कम्प्यूटर के उपयोग क्षेत्र के बारे में चर्चा करेंगे :

1. व्यापार और कम्प्यूटर (Trade and Computer)

व्यापार के क्षेत्र में कम्प्यूटर का प्रयोग वरदान सिद्ध हुआ है। कम्प्यूटर के प्रयोग से व्यापारिक संस्थानों, फैक्ट्रियों, दुकानों आदि का कार्य सही ढ़ंग से चलाने में मदद मिलती है। आज अनेक प्रकार के ऐसे कम्प्यूटर साफ्टवेयर हैं, जिनकी मदद से किसी व्यवसाय से संबंधित सभी प्रकार के लेखे-जोखे का ठीक प्रकार हिसाब-किताब रखा जा सकता है। कम्प्यूटर के माध्यम से हम निम्नलिखित व्यावसायिक कार्यों को सुविधापूर्वक कर सकते हैं :

- व्यावसायिक प्रतिवेदन तैयार करना।
- अन्य कंपनियों तथा दफ़्तरों से पत्राचार हेतु पत्र तथा प्रलेख (दस्तावेज़) तैयार करना।
- फैक्ट्रियों या संस्थानों के कर्मचारियों की जानकारी रखना।
- कर्मचारियों के वेतनों का निर्धारण करना।
- वेतन बिल बनाना।
- फैक्ट्री में बनने वाले उत्पाद का प्रारुप तथा उनके उत्पादन का लेखा-जोखा रखना।
- प्रतिदिन के लेन-देन का विवरण तैयार करना।
- कर का हिसाब रखना।
- आय, व्यय, लाभ, हानि का हिसाब-किताब रखना।
- कम्प्यूटर की मदद से हम किसी भी सूचना को जब चाहें प्राप्त कर सकते हैं।
- विभिन्न प्रकार के वित्तीय लेखा-जोखा, जैसे कि - कैश बुक, लेज़र, पी एण्ड एल, बैलेन्स शीट, विक्रय रजिस्टर, क्रय पुस्तिका, बैंक विवरण तैयार करना।
- इण्टरनेट की सहायता से वस्तुओं का क्रय-विक्रय करना।

2. व्यवसाय और कम्प्यूटर (Business and Comptuer)

कम्प्यूटर का उपयोग-व्यवसाय संबंधित लगभग सभी कार्यों के लिए किया जा सकता है। कम्प्यूटर का प्रयोग व्यवसाय की उन्नति के लिए अति आवश्यक है। आज व्यावसायिक एवं औद्योगिक क्षेत्रों में कम्प्यूटर का प्रयोग बढ़ा है। इसका कारण कम्प्यूटर की व्यावसायिक एवं औद्योगिक क्षेत्र में बढ़ती उपयोगिता है। आज इन्टरनेट के माध्यम से एक नयी व्यापार प्रणाली ई-कॉमर्स का शुभारम्भ हो चुका है। आज कोई भी व्यक्ति घर बैठे इन्टरनेट के माध्यम से अपने व्यापार का सम्पूर्ण संचालन कर सकता है।

3. वैज्ञानिक शोध और कम्प्यूटर (Scientific Research and Computer)

आज कम्प्यूटर के अभाव में वैज्ञानिक शोधा कार्यों की कल्पना भी नही की जा सकती। वैज्ञानिक अपने शोध कार्यों में कम्प्यूटर की मदद लेकर नयी-नयी खोजें कर रहे हैं। आंतरिक्ष में उपग्रहों पर नियंत्रण रखना, मंगल पर मानव जीवन की सम्भावनाओं की खोज करना, खगोलीय घटनाओं का पता लगाना तथा उनका विश्लेषण करना, रसायनों का विश्लेषण करना, भूगर्भीय अध्ययन करना, खनिजों का विश्लेषण करना, छोटी-बड़ी सभी प्रकार की मशीनों पर नियंत्रण रखना आदि कार्यों में कम्प्यूटर का प्रयोग सार्थक सिद्ध हुआ है।

4. चिकित्सा विज्ञान और कम्प्यूटर (Medical Science and Computer)

स्वास्थ्य तथा चिकित्सा विज्ञान के लिए तो कम्प्यूटर वरदान सिद्ध हुए हैं। आज मनुष्य के शरीर के समस्त बाह्य एवं आंतरिक अंगो की जाँच कम्प्यूटर के माध्यम से संभव है। आखों की जाँच, ह्वदय की जाँच, ग्लूकोस की मात्रा को जाँचना, रक्त-चाप की जाँच तथा इन पर नियंत्रण कम्प्यूटरों

का ही कार्य बन गया है। आज पूरे अस्पताल की बागडोर कम्प्यूटर ने अपने हाथ मे ले ली है। मानव-शरीर के समस्त अंगों की जाँच करना, इन पर नियंत्रण रखना, जाँच सम्बन्धी रिपोर्ट तैयार करना, रोगी का इलाज करने तथा रोगी के चिकित्सा सम्बन्धी रिकार्ड रखने आदि में कम्प्यूटर अपनी भूमिका का निर्वाहन बखूबी कर रहा है। एड्स, कैंसर तथा ह्दय रोग जैसी घातक बीमारियों के इलाज में कम्प्यूटर का प्रयोग सफल सिद्ध हुआ है। दवाई बनाने से लेकर मरीज़ के उपचार तक की प्रक्रिया में कम्प्यूटरों का प्रयोग हो रहा है। कम्प्यूटराइज़्ड उपकरणों की मदद से डाक्टर रोगी के शरीर के भीतरी अंगों के हर हिस्से की जानकारी प्राप्त कर सकता है।

5. इंजीनियरिंग तथा कम्प्यूटर (Engineering and Computer)

इंजीनियरिंग के क्षेत्र में कम्प्यूटर के प्रयोग ने इंजीनियर्स के लिए नयी संभावनाओं के द्वार खोल दिए हैं। आज इंजीनियर्स के पास ऐसे कम्प्यूटर साफटवेयर हैं, जिनकी मदद से वह भवन, पुल, बाँध, बड़ी-बड़ी इमारतों, जहाज़ों, मशीनों इत्यादि के नये-नये डिज़ाईन बना सकते हैं। कम्प्यूटर सिमुलेशन तकनीकी के माध्यम से त्रि-आयामी सचल डिज़ाईनों को बनाया जा सकता है। इंजीनियरिंग के क्षेत्र में कम्प्यूटर का प्रयोग दो प्रकार से किया जा सकता है :

(अ) कम्प्यूटर-सहायक प्रारुप (Computer Aided Design: CAD) कम्प्यूटर की मदद से भिन्न-भिन्न प्रकार के प्रारूप बनाने की प्रक्रिया कम्प्यूटर-सहायक प्रारूप कहलाती है।

(ब) कम्प्यूटर-सहायक निर्माण (Computer Aided Manufacturing: CAM) कम्प्यूटर-सहायक निर्माण की सहायता से कम्प्यूटर विभिन्न प्रकार के निर्माण कार्यों में अपना योगदान प्रदान करता है। कम्प्यूटर को निर्देश देकर छोटे-बड़े कार्यों को सुविधापूर्वक करवाया जा सकता है।

6. शिक्षा और कम्प्यूटर (Education and Computer)

आज विश्व के प्रत्येक देश में शिक्षा के क्षेत्र में गुणात्मक सुधार लाने के लिए कम्प्यूटरों का प्रयोग किया जा रहा है। कम्प्यूटर के प्रयोग ने शिक्षा के क्षेत्र में क्रांतिकारी परिवर्तन ला दिए हैं। शिक्षा के क्षेत्र में कम्प्यूटर का प्रयोग निम्न कार्यों को सुचारू रूप से करने के लिए किया जा सकता है :

क. छात्रों को अनुदेशन प्रदान करना: कम्प्यूटर-सहायक शिक्षण (Computer Assisted Instructions)– कम्प्यूटर के माध्यम से छात्रों को विषय से संबंधित अनुदेशन प्रदान किया जा सकता है। जब कम्प्यूटर की सहायता से छात्रों को अनुदेशन प्रदान करते हैं, तब इस प्रक्रिया को कम्प्यूटर-सहायक शिक्षण (CAI) कहते हैं। इस विधि में कम्प्यूटर तथा अधिगमकर्ता के मध्य विषय-वस्तु के माध्यम से परस्पर अन्त:प्रक्रिया होती है। कम्प्यूटर छात्रों के समक्ष छोटे-छोटे पदों के रूप में शिक्षण-सामग्री प्रस्तुत करता है। छात्र इन पदों को अपनी सुविधानुसार पढ़कर अपनी अनुक्रिया देते हैं, जिनका विश्लेषण कम्प्यूटर द्वारा किया जाता है। कम्प्यूटर छात्रों को प्रत्येक चरण पर तुरन्त पृष्ठपोषण तथा पुनर्बलन भी प्रदान करता है।

स्पिलटगर्बर (1979) ने कम्प्यूटर सहायक शिक्षण की परिभाषा निम्न शब्दों में की है :-

"कम्प्यूटर-सहायक शिक्षण, शिक्षण की एक ऐसी प्रक्रिया है, जिसमें प्रत्येक विद्यार्थी को शिक्षण-सामग्री प्रदान करने के लिए तथा उनके व्यक्तिगत अधिगम को नियंत्रित करने के लिए कम्प्यूटर का प्रयोग किया जाता है।" कम्प्यूटर प्रौद्योगिकी के उपयोग से व्यक्तिगत शिक्षण/अधिगम संभव है। छात्र अपनी सुविधानुसार शिक्षण सामग्री, अधिगम-क्रम, समय आदि का चुनाव कर सकता है। कम्प्यूटर एक ऐसा शैक्षिक वातावरण प्रदान करता है, जिसमें छात्र अपनी व्यक्तिगत क्षमताओं तथा योग्यताओं का प्रयोग करते हुए नयी शिक्षण सामग्री पर अपनी पकड़ बना सकता

है। शोधों के परिणामों से यह स्पष्ट हो चुका है कि कम्प्यूटर-सहायक शिक्षण बालकों की शैक्षिक निष्पत्तियों को बढ़ाता है। इस प्रकार के शिक्षण में छात्रों की पाठ के प्रति रुचि एवं उत्सुकता प्रारम्भ से लेकर अन्त तक बनी रहती है तथा इस प्रकार प्राप्त किया गया ज्ञान अधिक सार्थक तथा स्थायी होता है। शिक्षक प्रत्येक छात्र की अधिगम-प्रक्रिया का सूक्ष्म निरीक्षण कर सकता है तथा भविष्य के लिए उनका व्यक्तिगत आलेख तैयार कर सुरक्षित रख सकता है। छात्रों की शैक्षिक समस्याओं का निदान तथा उनका उपचार संभव है। शिक्षक छात्रों की व्यक्तिगत उपलब्धियो को ध्यान में रखते हुए उनको शैक्षिक तथा व्यावसायिक निर्देशन भी प्रदान कर सकता है।

ख. छात्रों के अधिगम की व्यवस्था करना : कम्प्यूटर प्रबंधित अधिगम (Computer Managed Learning)– कम्प्यूटर, शिक्षक को छात्रों की अधिगम प्रक्रिया से संबंधित कार्यो को करने में मदद प्रदान कर सकता है। कम्प्यूटर प्रबंधित अधिगम के अंतर्गत कम्प्यूटर, शिक्षक को छात्रों से संबंधित अधिगम प्रक्रिया के लिए निम्न कार्यों में मदद प्रदान करता है –

- छात्रों के मूल्यांकन के लिए परीक्षण बनाना, उनका प्रशासन करना तथा उनका विश्लेषण करना
- छात्रों की शैक्षणिक प्रगति का आलेख तैयार करना तथा उन्हें भविष्य के लिए सुरक्षित रखना।
- छात्रों को उनकी शैक्षिक प्रगति के आधार पर निर्देशन प्रदान करना।
- छात्रों की शैक्षिक प्रगति से छात्रों, उनके अभिभाकों को तथा विद्यालय के प्रधानाचार को समय-समय पर अवगत कराना।

कम्प्यूटर प्रशासित अधिगम का मुख्य उद्देश्य, कक्षा अध्यापकों को उनके दिन-प्रतिदिन वे उन कार्यों से मुक्ति दिलाना है, जिनमें समय अधिक लगता है, जिससे कि इस बचे हुए सम को वह छात्रों के लिए अन्य शैक्षिक हितकारी कार्यों में लगा सके। कम्प्यूटर प्रशासित अधिगम में शिक्षक, छात्र तथा कम्प्यूटर एक संगठित रूप में मिल-जुल कर कार्य करते हैं।

ग. विद्यालयी प्रशासन में मदद प्रदान करना– विद्यालयी प्रशासन को सुचारू रूप र चलाने के लिए कम्प्यूटर का प्रयोग निम्न प्रकार से किया जा सकता है।

(*i*) *छात्रों के प्रवेश की सूची बनाना–* कम्प्यूटर के माध्यम से छात्रों के प्रवेश की सूच को तैयार किया जा सकता है। इसके माध्यम से प्रत्येक कक्षा के प्रवेश के लिए मुख सूची तथा प्रतीक्षा सूची को बनाया जा सकता है। कम्प्यूटर पर ही इन सूचियों आवश्यकतानुसार परिवर्तन किया जा सकता है।

(*ii*) *छात्रों से संबंधित आवश्यक जानकारियों का रिकार्ड रखना–* कम्प्यूटर के माध्यम विद्यालय के प्रत्येक छात्र का बायोडाटा तैयार किया जा सकता है। इन बायोडाटा डिजिटल कैमरे की मदद से छात्रों के फोटो को लगाया जा सकता है। इस प्रका तैयार बायोडाटा का प्रयोग भविष्य में आवश्यकतानुसार कक्षा-शिक्षक द्वारा किया ज सकता हैं। छात्रों के विद्यालयी पहचान-पत्र तथा परीक्षा प्रवेश-पत्र कम्प्यूटर की सहाय से बनाये जा सकते हैं।

(*iii*) *छात्रों से प्राप्त फीस का हिसाब रखना–* कम्प्यूटर के माध्यम से छात्रों द्वारा जमा व गयी फीस का हिसाब-किताब रखा जा सकता है। अगर विद्यालय में इन्टरनेट की सुविध है, तो छात्रों से आन लाइन फीस (ATM) के माध्यम से जमा की जा सकती है यह कार्य किसी बैंक से जुड़कर अर्थात् नेट-बैंकिंग के माध्यम से किया जा सक है। छात्र जब चाहें तथा जहाँ से चाहें फ़ीस जमा कर सकते हैं।

(*iv*) *परीक्षा संबंधी कार्य–* कम्प्यूटर के माध्यम से परीक्षा संबंधी जटिल कार्यों को आसान बनाया जा सकता है। प्रश्न पत्र बनाना, छात्रों के द्वारा प्राप्त अंको को चढ़ाना, श्रेणी निर्धारित करना, अंक तालिका बनाना, इत्यादि कार्यों को कम्प्यूटर के माध्यम से सरलतापूर्वक किया जा सकता है।

(*v*) *छात्रों तथा शिक्षकों की उपस्थिति का रिकॉर्ड रखना–* कम्प्यूटर के माध्यम से छात्रों की कक्षा उपस्थिति का लेखा-जोखा तैयार किया जा सकता है तथा आवश्यकता पड़ने पर विद्यालय के प्रत्येक छात्र की कक्षा उपस्थिति की जाँच की जा सकती है। इसी प्रकार शिक्षकों की उपस्थिति तथा उनकी छुट्टियों का विवरण कम्प्यूटर के माध्यम से रखा जा सकता है।

(*vi*) *समय चक्र तालिका तथा कार्यभार तालिका को तैयार करना–* कम्प्यूटर के माध्यम से प्रत्येक कक्षा के लिए समय चक्र तालिका तथा प्रत्येक शिक्षक के शिक्षण कार्य के भार से संबंधित चार्ट का निर्माण किया जा सकता है। एम०एस० एक्सेल सॉफ्टवेयर की सहायता से मास्टर टाईम टेबल, व्यक्तिगत शिक्षक समय चक्र तालिका, प्रतिदिन के टाईम टेबल इत्यादि को आसानी से बनाया जा सकता है।

(*vii*) *शिक्षकों तथा कर्मचारियों का वेतन तैयार करना–* कम्प्यूटर की मदद से शिक्षकों तथा कर्मचारियों का वेतनमान तैयार किया जा सकता है। प्रत्येक माह के वेतन, वार्षिक वेतन वृद्धि, पेंशन, ग्रेच्युटी, ऋण आदि का हिसाब-किताब कम्प्यूटर की सहायता से सुविधापूर्वक किया जा सकता है।

(*viii*) *शिक्षकों की शैक्षिक विवरणिका तैयार करना–* प्रत्येक शिक्षक का एक व्यक्तिगत डेटाबेस कम्प्यूटर की सहायता से तैयार किया जा सकता है । इस डेटाबेस में विद्यालय के प्रत्येक शिक्षक की व्यक्तिगत सूचनाएं (Bio-data) तथा समय-समय पर उनकी शैक्षिक उपलब्धि को शामिल किया जा सकता है।

(*ix*) *सम्प्रेषण करना–* कम्प्यूटर, सम्प्रेषण स्थापित करने का एक सशक्त माध्यम है। छात्रों, अभिभावकों, कर्मचारियों, शिक्षा सेल के अधिकारियों आदि से सम्पर्क स्थापित करने हेतु कम्प्यूटर द्वारा पत्रों को तैयार किया जा सकता है। पत्रों को मनचाहा रूप दिया जा सकता है। सूचना एवं सम्प्रेषण तकनीकी के इस युग में ई-मेल के माध्यम से सूचनाओं का क्षण भर में विश्व के किसी भी कोने में आदान-प्रदान किया जा सकता है।

(*x*) *वित्तीय संसाधनों का लेखा जोखा रखना–* कम्प्यूटर द्वारा विद्यालय के आय-व्यय से संबंधित रिकार्ड को तैयार किया जा सकता है। किस मद में कितना खर्च हुआ? इसका ब्योरा भी तैयार किया जा सकता है।

घ. पुस्तकालय प्रबन्ध में मदद करना– कम्प्यूटर की एक प्रमुख विशेषता है– उसकी संग्रहण क्षमता। अपनी इस विशेषता के बल पर आज कम्प्यूटर का प्रयोग पुस्तकालय के प्रबन्धन के लिए किया जा रहा है। पुस्तकालय प्रबन्धन में कम्प्यूटर की महत्वपूर्ण भूमिका है। पहले पुस्तकों से संबंधित रिकार्ड, छात्रों को दी गई पुस्तकों से संबंधित लेखा-जोखा (Record), अध्यापकों को दी गयी पुस्तकों की संख्या का लेखा-जोखा, समय-समय पर ख़रीदी गयी पुस्तकों का लेखा-जोखा (Record) आदि का विवरण रजिस्टर पर लिखना पड़ता था। कम्प्यूटर की सहायता से पुस्तकालय प्रबन्धन से संबंधित उपरोक्त सभी कार्यों को आसानी से किया जा सकता है। इन्टरनेट के इस युग में आज कम्प्यूटर का एक बटन दबाते ही विश्व के किसी भी कोने में स्थित विश्वविद्यालय, महाविद्यालयों तथा विद्यालय के पुस्तकालयों में स्थित पुस्तकों के विवरण को देखा जा सकता

है तथा किसी भी पुस्तक को आन-लाइन/ऑफ लाइन पढ़ा जा सकता है। लाइब्रेरी में कम्प्यूटर का प्रयोग निम्न प्रकार से किया जा सकता है:-

- पुस्तकों की प्रविष्टी करना
- पुस्तकों को लेखकों, पुस्तकों के शीर्षकों तथा विषयों के आधार पर विभिन्न वर्गों में विभाजित करना।
- समय-समय पर ख़रीदी जाने वाली पुस्तकों को इस डेटा बेस में शामिल करना।
- नये सदस्यों, छात्रों, कर्मचारियों तथा शिक्षकों की प्रविष्टी करना।
- कम्प्यूटर द्वारा छात्रों को पुस्तकें वितरित करना।
- समय-समय पर विषयवार कुल किताबों की संख्या तथा कुल क्रय की गयी पुस्तकों की संख्या आलेखबद्ध करना।
- फटी हुई पुस्तकों की सूची तैयार करना।
- शैक्षिक सत्र की समाप्ति पर जमा न की जाने वाली पुस्तकों की सूची तैयार करना।
- प्रत्येक शिक्षक/छात्र द्वारा वर्ष भर में पुस्तकालय से ली गयी किताबों के लेन-देन की सूची बनाना।

ङ. शैक्षिक निर्देशन और परामर्श प्रदान करना– शैक्षिक निर्देशन एवं परामर्श शिक्षण-अधिगम प्रक्रिया का एक महत्वपूर्ण अंग होता है। परन्तु परम्परागत शिक्षण व्यवस्था में इसकी अनदेखी की जाती है। इसका एक प्रमुख कारण है शिक्षक के पास कक्षा से संबंधित प्रत्येक विद्यार्थी का शैक्षिक एवं व्यक्तिगत लेखा-जोखा न होना। चूँकि शिक्षक के पास छात्र से संबंधित पर्याप्त सूचनाएँ नहीं होती हैं, जिसके कारण वह छात्रों को निर्देशन एवं परामर्श नहीं दे पाता है। कम्प्यूटर की सहायता से कक्षा के प्रत्येक छात्र से संबंधित सूचनाओं को एक जगह एकत्र किया जा सकता है तथा इनके आधार पर छात्र का मार्गदर्शन किया जा सकता है। कम्प्यूटर के माध्यम से छात्रों का मनोवैज्ञानिक परीक्षण भी किया जा सकता है।

च. छात्रों का मूल्यांकन करना– मूल्यांकन, शिक्षा व्यवस्था का प्रमुख भाग होता है। कम्प्यूटर के माध्यम से छात्रों का मूल्यांकन किया जा सकता है। अध्यापक अपने विषय से सम्बन्धित 'प्रश्न कोष' का निर्माण कर सकते हैं। इसके माध्यम से एक साथ बहुत से विद्यार्थियों का आन-लाइन मूल्यांकन भी संभव है। परीक्षण के पश्चात छात्रों को तुरन्त उनकी योग्यता का मूल्यांकन परिणाम दिखाया जा सकता है क्योंकि परीक्षण के साथ कम्प्यूटर में अंकन का कार्य भी होता रहता है।

7. मौसम विज्ञान और कम्प्यूटर

आज कम्प्यूटर का प्रयोग अंतरिक्ष में उपग्रहों के संचालन में किया जा रहा है। यह उपग्रह, कम्प्यूटर का उपयोग करने के साथ-साथ मौसम से संबंधित विभिन्न प्रकार की महत्वपूर्ण जानकारियों को इकट्ठा करते हैं। मौसम से संबंधित जानकारियों का प्रयोग विभिन्न क्षेत्रों, जैसे-समुन्द्र विज्ञान, कृषि, अंतरिक्ष से संबंधित शोधों में किया जाता है। कम्प्यूटर वायु-दाब, बादलों की ऊँचाई, गति व दिशा, आँधी, तूफान इत्यादि का पता लगाने में वैज्ञानिकों की सहायता करते हैं।

8. मनोरंजन और कम्प्यूटर (Entertainment and Computer)

लिखित सामग्री, चित्र, एनीमेशन, ध्वनि इत्यादि का एक साथ कम्प्यूटर पर प्रयोग मल्टीमीडिया कहलाता है। मल्टीमीडिया के प्रयोग ने मनोरंजन के एक नये युग की शुरूआत कर दी है। आज कम्प्यूटर पर घर बैठे फिल्मों, गानों, टेलीविज़न सीरियल आदि को देखा व सुना जा सकता है। कम्प्यूटर पर सीडी-रोम, डीवीडी, स्पीकर्स, स्केनर्स, डिजीटल कैमरा, आदि सुविधाओं की उपलब्धता

के फलस्वरूप मनचाहा कार्य संभव है। कम्प्यूटर पर विडियों कम्पेयरिंग व ऑडियों व विडियो एडिटिंग की जा सकती है। आज तरह-तरह के कम्प्यूटर गेम्स उपलब्ध हैं जो बच्चों में मनोरंजन के साथ साथ विभिन्न प्रकार के कौशलों को विकसित करने में भी सक्षम हैं।

9. बैंकिग और कम्प्यूटर (Banking and Computer)

आज शायद ही ऐसा कोई बैंक हो, जहाँ की कम्प्यूटरों का प्रयोग न हो रहा हो। कम्प्यूटर के प्रयोग ने बैंकों की कार्यप्रणाली को बहुत सरल बना दिया है। कम्प्यूटर के माध्यम से बैंक से संबंधित निम्न कार्यों को बहुत ही सरलता से किया जा सकता है–

- धन जमा करना।
- धन निकालना
- ब्याज की गणना करना
- चेक को सत्यापित करना
- ड्राफ्ट बनाना।
- क्रेडिट कार्ड पर नियन्त्रण रखना
- विभिन्न प्रकार के दस्तावेज़ तैयार करना
- आटोमेटिक टेलर मशीन (ATM) की कार्यप्रणाली का संचालन करना।

अब तो इन्टरनेट के माध्यम से ई-बैंकिंग को शुरु किया जा चुका है। उपयोगकर्ता घर बैठे इन्टरनेट के माध्यम से अपने खाते के बारे में जानकारी प्राप्त कर सकता है तथा उसका संचालन कर सकता हैं।

विद्यालय पाठ्यक्रम में कम्प्यूटर विज्ञान

आज का युग कम्प्यूटर विज्ञान का युग है। कम्प्यूटर तकनीकी आज मानव जीवन के प्रत्येक क्षेत्र में अपना बहुमूल्य योगदान दे रही है। कम्प्यूटर विज्ञान अब केवल कुछ लोगों तक ही सीमित नहीं है वरन् यह किसी न किसी रूप में प्रत्येक व्यक्ति के जीवन का अनिवार्य अंग बनता जा रहा है। इसलिए कम्प्यूटर विज्ञान को विद्यालय पाठ्यक्रम में एक उपयुक्त स्थान दिए जाने के विषय में कोई मतभेद नहीं है। अन्य विषयों की तरह इसे भी पाठ्यक्रम में एक स्थान दिया गया है। परन्तु इस विषय के माध्यम से बालकों में कुछ विशेष मूल्यों का विकास होता है, जो कि अन्य विद्यालयी विषयों के माध्यम से सम्भव नहीं है।

प्रत्येक समाज अपने विद्यालयों के माध्यम से राष्ट्र के लिए उपयोगी नागरिकों को विकसित करना चाहता है। जैसा कि हम जानते हैं कि आज का युग सूचना एवं संप्रेषण तकनीकी का युग है। आज के इस दौर में प्रत्येक व्यक्ति के लिये कम्प्यूटर साक्षर होना ज़रूरी है। यदि हम अपना और अपने राष्ट्र का विकास चाहते हैं तब हमें कम्प्यूटर विज्ञान के महत्व को स्वीकार करना ही होगा। मानव-जीवन के प्रत्येक क्षेत्र में कम्प्यूटर विज्ञान अपना बहुमूल्य योगदान दे रहा है। अगर हम यह कहें कि आज व्यक्ति की सफलता कम्प्यूटर विज्ञान पर निर्भर है तो कोई अतिश्योक्ति नहीं होगी। कम्प्यूटर विज्ञान शिक्षण, छात्रों में आदर्श नागरिक के गुणों के विकास में सहायक है। इस प्रकार व्यक्ति एवं समाज के बहुआयामी गुणों का विकास एवं कम्प्यूटर विज्ञान शिक्षा का अटूट संबंध है जिसको ध्यान में रखते हुए विद्यालयी पाठयक्रम में कम्प्यूटर विज्ञान शिक्षण को एक अनिवार्य विषय के रूप में रखा जाना चाहिए। कम्प्यूटर विज्ञान शिक्षण के माध्यम से बालकों में निम्न मूल्यों का विकास किया जा सकता है–

1. बौद्धिक मूल्य (Intellectual Value)

कम्प्यूटर विज्ञान, ज्ञान का संगठित रूप है। कम्प्यूटर विज्ञान के क्षेत्र में प्रतिदिन नये ज्ञान एवं आविष्कारों का विकास हो रहा है। नये-नये आविष्कारों एवं शोधकार्यों के फलस्वरूप कम्प्यूटर विज्ञान के ज्ञानकोष में निरन्तर वृद्धि हो रही है। वास्तव में कम्प्यूटर विज्ञान आधुनिक समाज एवं सभ्यता की आधारशिला और ढाँचा दोनों ही है। कम्प्यूटर विज्ञान व्यक्ति की बौद्धिक जिज्ञासा व बौद्धिक अभ्यास के लिए साधन व सामग्री की व्यवस्था करता है और मानसिक अनुशासन बनाने में सहायक है। मानसिक अनुशासन की धारणा के अनुसार विद्यालय में ऐसे विषय पढ़ाए जाने चाहिए, जो छात्र की मानसिक शक्तियों को प्रशिक्षित कर सकें। कम्प्यूटर विज्ञान एक ऐसा ही व्यवस्थित एवं संगठित विषय है जो छात्र की रुचि को विकसित कर उसे कार्य करने के लिए अभिप्रेरित करता है। कम्प्यूटर विज्ञान में निरीक्षण एवं एकाग्रता के साथ तथ्यों का उचित प्रस्तुतीकरण किया जाता है। इसमें वस्तुनिष्ठ निरीक्षण एवं पक्षपातरहित निर्णय सम्मिलित है। विद्यालयों में कम्प्यूटर विज्ञान इसलिये पढ़ाया जाता है ताकि छात्रों की विभिन्न मानसिक शक्तियों, जैसे- विचार शक्ति, तर्क शक्ति, कल्पना शक्ति, नियमितता, वस्तुनिष्ठता, परिशुद्धता, मौलिकता, आत्मनिर्भरता, क्रमबद्धता, एकाग्रता, सभ्यता, आत्मविश्वास, शीघ्र समझने की शक्ति, स्मृति आदि का प्रशिक्षण मिल सके, जिससे उसका मस्तिष्क अनुशासित हो जाये।

2. उपयोगात्मक मूल्य (Utilitarian Value)

कम्प्यूटर विज्ञान शिक्षण का प्रमुख उद्देश्य इसकी व्यावहारिक उपयोगिता है। आधुनिक युग कम्प्यूटर तकनीकी का युग है। यह उद्देश्य कोई नया उद्देश्य नहीं है बल्कि यह प्राचीन काल से ही प्रचलित है। कम्प्यूटर विज्ञान का ज्ञान केवल कक्षा तक ही सीमित नहीं है वरन् आज यह प्रत्येक व्यक्ति के जीवन का अभिन्न अंग बन गया है। कम्प्यूटर विज्ञान की उपलब्धियाँ समाज के प्रत्येक स्तर तक पहुँच गयी हैं। कम्प्यूटर विज्ञान ने जन-जीवन को आरामदायक एवं सुख-सुविधापूर्ण बनाकर व्यक्ति के जीवन स्तर को सुधारने में महत्वपूर्ण योगदान दिया है। आज जीवन के प्रत्येक क्षेत्र, जैसे - चिकित्सा, शिक्षा, व्यवसाय, विज्ञान, अंतरिक्ष खोज, सभी में कम्प्यूटर का प्रयोग किया जा रहा है। वास्तविकता तो यह है कि यदि आज की जीवन पद्धति में से कम्प्यूटर के प्रयोगों को हटा दिया जाए तब शायद हम दोबारा प्राचीन काल में पहुँच जायेंगे। कम्प्यूटर विज्ञान के ज्ञान एवं प्रयोगों ने जीवन से संबंधित सभी कार्यों के विकास को द्रुतगामी एवं आसान बना दिया है। आज किसी भी राष्ट्र की सुख-सुविधा एवं उन्नति का आधार ऐसे युवकों पर है जो कम्प्यूटर ज्ञान एवं कौशलों में दक्ष हों।

3. व्यावसायिक मूल्य (Vocational Value)

कम्प्यूटर विज्ञान शिक्षण का एक प्रमुख उद्देश्य छात्रों को उनकी रुचि के अनुसार विभिन्न क्षेत्रों में कम्प्यूटर के प्रयोग के लिए तैयार करना है।

किसी भी विषय की उपयोगिता का मूल्यांकन उसके व्यावसायिक क्षेत्र में सम्भावनाओं के आधार पर किया जाता है। पाठ्यक्रम में विभिन्न विषयों के महत्व का क्रम भी इसी दृष्टिकोण के आधार पर निर्धारित किया जाता है। इस दृष्टि से कम्प्यूटर विज्ञान का स्थान सर्वोपरि होना चाहिए, क्योंकि आज यह लगभग प्रत्येक व्यवसाय की रीढ़ की हड्डी है। आज के इस वैज्ञानिक युग में हमें पूर्ण एवं सौद्देश्यपूर्ण जीवन के लिये तैयार करने वाली कोई भी शिक्षा तब तक अपना उद्देश्य पूरा नही कर सकती जब तक कि वह समय की दौड़ में स्वयं को सम्मिलित न कर ले। ऐसा होने पर ही वह मानव की आवश्यकताओं की पूर्ति की कसौटी पर खरा उतर पायेगी। किसी

भी विषय का अध्ययन विद्यार्थी मात्र अपने ज्ञानवर्धान के लिए ही नहीं करता है बल्कि उसे व्यावसायिक मूल्य भी चाहिये। अर्थात् वह यह भी अपेक्षा करता है कि उस विषय के अध्यन से उसके जीवन-यापन को सहारा मिले तथा उसका जीवन स्तर ऊँचा उठे।

कम्प्यूटरीकरण के इस युग में हर क्षेत्र की नौकरियों में कम्प्यूटर जानकारों को वरीयता मिल रही है। नई तकनीकी के साथ-साथ नित नई नौकरियाँ पैदा हो रही हैं। 80 के दशक के उत्तरार्द्ध में भारत ने जब कम्प्यूटरीकरण की प्रक्रिया शुरू की तब इसका दायरा सीमित था। बाद में जब सरकारी विभागों से लेकर निजी कंपनियों के कार्यालयों का कम्प्यूटरीकरण होने लगा तो कम्प्यूटर का ज्ञान कुछ खास तरह के रोज़गार प्राप्त करने का एक साधन बना। आज स्थिति यह है कि कम्प्यूटर ज्ञान हर तरह की नौकरी के लिए एक आवश्यक शर्त बन गया है। आज रोज़गार की तलाश में लगे लोग जब किसी भी अखबार या पत्रिका में नौकरियों के लिये निकलने वाले स्तम्भ "आवश्यकता है", को देखते हैं तब स्पष्टत: आवश्यक योग्यताओं के अन्तर्गत हर तरह की नौकरी के लिए कम्प्यूटर संबंधित ज्ञान की निश्चित रूप से मांग की जाती है। इससे स्पष्ट है कि कम्प्यूटर का व्यावसायिक ज्ञान हर किस्म की नौकरियों के लिए एक आवश्यक शर्त है। इसकी योग्यता निश्चित रूप से नौकरी प्राप्त करने में मदद करती है। इसके अलावा कम्प्यूटर के क्षेत्र में भी रोज़गार के पर्याप्त अवसर हैं। कम्प्यूटर के क्षेत्र की परम्परागत नौकरियों को छोड़ दें तो आज इसमें रोज़ नई तकनीक के साथ-साथ बड़ी संख्या में नई नौकरियाँ पैदा हो रही हैं। इसके अलावा आधुनिकीकरण और सूचना प्रौद्योगिकी के बढ़ते हुए ज़ोर की वज़ह से अन्य नौकरियों पर भी कम्प्यूटरीकरण का व्यापक प्रभाव पड़ने लगा है। कम्प्यूटर क्षेत्र के कुछ ख़ास रोज़गार निम्नलिखित हैं :

1. डेटा एंट्री पेशेवर
2. कम्प्यूटर आपरेटर
3. कम्प्यूटर रिपेयर टेक्नीशियन
4. सिस्टम एनालिस्ट
5. कम्प्यूटर प्रोग्रामर
6. डेटाबेस एडमिनिस्ट्रेटर
7. कम्प्यूटर सूचना प्रणाली विशेषज्ञ
8. कम्प्यूटर सांइस टीचर
9. कम्प्यूटर इंजीनियर

उपर्युक्त विवरण से स्पष्ट है कि कम्प्यूटर विज्ञान का व्यावसायिक मूल्य अत्यधिक होने के कारण ही आज के विद्यालयी पाठ्यक्रम में इस विषय को एक अत्यन्त महत्वपूर्ण स्थान दिया गया है।

4. सांस्कृतिक मूल्य (Cultural Value)

कम्प्यूटर विज्ञान समाज के सांस्कृतिक पक्ष को भी प्रभावित करता है। व्यक्ति के सोचने- विचारने, अनुभव, अनुशासन एव कार्य-पद्धति पर कम्प्यूटर विज्ञान का स्पष्ट प्रभाव पड़ता है। कम्प्यूटर विज्ञान के अध्ययन के द्वारा छात्र के व्यवहार में परिवर्तन होता है, जिसका प्रभाव उसके चरित्र एवं व्यक्तित्व के विकास पर भी पड़ता है। संस्कृति का तात्पर्य केवल ज्ञान ही नही वरन् व्यक्ति के समस्त क्रियाकलाप, विचार, भावनाएँ, कार्य पद्धति, रहन-सहन के तौर-तरीके संस्कृति के परिचायक होते हैं। कम्प्यूटर विज्ञान का अध्ययन छात्रों में स्वस्थ एवं लाभदायक गुणों का विकास करता है एवं समाज के सांस्कृतिक जीवन में गुणात्मक समृद्धि एवं चेतना प्रदान करता है। कम्प्यूटर विज्ञान के साहित्य के अन्तर्गत पत्रिकाएँ, नये-नये आविष्कार एवं उनके विकास का इतिहास हमारी संस्कृति को समृद्ध बनाते हैं।

5. नैतिक मूल्य (Moral Value)

कम्प्यूटर विज्ञान शिक्षण और छात्रों के नैतिक विकास में सीधा संबंध है। नैतिक मूल्य से तात्पर्य

है-छात्र में ईमानदारी, सत्यता, कर्तव्यनिष्ठा की स्पष्ट झलक। सत्य तक पहुँचने की प्रक्रिया के प्रत्येक पद पर बौद्धिक ईमानदारी की आवश्यकता होती है। कम्प्यूटर कार्य के लिए सही आँकड़ों का चुनाव, उनका संग्रह, विश्वसनीय प्रक्रिया, वस्तुनिष्ठ निरीक्षण और स्पष्टीकरण आवश्यक है। सही कार्य करने के लिए बौद्धिक ईमानदारी, सत्य के लिए प्रेम और उद्देश्य के प्रति निष्ठा होना अनिवार्य है। इस प्रकार स्पष्ट है कि कम्प्यूटर विज्ञान छात्र में सत्य, बौद्धिक ईमानदारी, कार्य के प्रति निष्ठा इत्यादि नैतिक मूल्यों का समावेश करने में सहायक होता है।

6. मनोवैज्ञानिक मूल्य (Psychological value)

मनोवैज्ञानिक सिद्धान्तों के अनुसार शिक्षण बालक की प्रकृति, रुचि, इच्छा और मनोविज्ञान के अनुकूल होना चाहिए। कम्प्यूटर विज्ञान का शिक्षण मनोवैज्ञानिक सिद्धान्तों पर आधारित है। करके सीखना, क्रिया द्वारा सीखना, एवं स्थूल वस्तुओं द्वारा शिक्षण इसके मुख्य मनोवैज्ञानिक सिद्धान्त हैं। क्रिया द्वारा सीखना, कम्प्यूटर विज्ञान शिक्षण का आधार है। यह सिद्धान्त छात्रों में जिज्ञासा, सृजनात्मकता, आत्माभिव्यक्ति आदि मूल प्रवृत्तियों को सन्तुष्ट करता है।

अध्याय 2

कम्प्यूटर विकास का इतिहास (हार्डवेयर तथा सॉफ्टवेयर)
History of Computer Development (Hardware and Software)

कम्प्यूटर से आज सभी लोग परिचित हैं। बच्चा हो या बड़ा, शिक्षित हो या अशिक्षित, आज सभी लोग कम्प्यूटर के दैनिक जीवन में होने वाले लाभों से बखूबी परिचित हैं। कम्प्यूटर ने यह प्रसिद्धि जीवन के विभिन्न क्षेत्रों में अपनी बहुउपयोगिता के बल पर प्राप्त की है। कम्प्यूटर आज सभी क्षेत्रों में अपनी प्रभावशीलता व उपयोगिता को स्थापित कर चुका है। यह बात शिक्षा के क्षेत्र पर भी लागू होती है। कम्प्यूटर ने शिक्षा के क्षेत्र को किस प्रकार लाभन्वित किया है इसको जानने से पूर्व हमें कम्प्यूटर के विकास के सफर का अध्ययन करना होगा तथा यह जानना होगा कि कम्प्यूटर आज अपना सफर तय करते-करते कहाँ आ पहुँचा है।

कम्प्यूटर शब्द अंग्रेज़ी भाषा के 'कम्प्यूट' (Compute) शब्द से बना है, जिसका शाब्दिक अर्थ है– 'गणना या गिनती करना'। कम्प्यूटर एक स्वचालित इलैक्ट्रानिक युक्ति (Automatic Electronic Device) है जो मानव द्वारा चलायी जाती है। कम्प्यूटर के माध्यम से असंख्य उद्देश्यों की पूर्ति की जा सकती है।

संख्याओं की जटिल गणनाओं को आसानी से करने के लिए पहले कैल्क्यूलेटर (आगणक) तथा फिर कम्प्यूटर का आविष्कार हुआ। कम्प्यूटर को आज हम जिस रूप में देखते हैं, वह 'आवश्यकता आविष्कार की जननी होती है' का परिणाम है। संख्याओं की खोज, मनुष्य की बहुत बड़ी उपलब्धि मानी जाती है। इस खोज ने सभी प्रकार की गणना करने की युक्तियों को जन्म दिया। बग़ैर संख्याओं के दुनिया की कल्पना भी नहीं की जा सकती। आज गणना करने के लिए हम जिन संख्याओं/अंको का प्रयोग करते हैं, उनका विकास कई चरणों के उपरान्त हुआ है। कम्प्यूटर के विकास का वर्णन आगे किया जा रहा है–

1. प्राचीन युग में गणना करने की युक्तियां

मानव सभ्यता के विकास के प्रारम्भ में जब से मनुष्य ने गिनती की आवश्यकता महसूस की तब से ही ऐसे साधनों के विकास की प्रक्रिया आरम्भ हो गयी जो त्रुटिरहित गणना कर सकें। प्रारम्भिक अवस्था में जब मनुष्य गिनती नहीं जानता था तब वह पत्थर-लकड़ी के टुकड़ों, कौड़ियौं का सहारा लेता था। चरवाहे अपनी भेड़, बकरियों इत्यादि की गिनती का हिसाब इन युक्तियों के सहारे करते थे। प्रत्येक सुबह जब एक भेड़ अपने बाड़े से निकलती थी तब चरवाहा एक पत्थर अपनी थैली में डाल लेता था। यह प्रक्रिया वह तब तक दोहराता रहता था जब तक कि सारी भेड़ें अपने बाड़े को न छोड़ दें। शाम को जब भेड़ें वापस जंगल से बाड़े में लौटती तब वह उल्टे क्रम में सुबह की प्रक्रिया को दोहराता था। अगर चरवाहे के थैले में पत्थर रह जाते थे तो इसका अर्थ यह था कि उतने ही भेड़ें कम हैं। इस प्रकार चरवाहे को भेड़ों की संख्या कम होने की जानकारी मिलने पर वह उनकी खोज पुनः जंगल में करता था। इस प्रकार चरवाहों

ने भेड़ों तथा पत्थरों के बीच एकिक संबंध स्थापित किया। चरवाहे यह नहीं जानते थे कि उन्होंने आधुनिक गणित के एक महत्वपूर्ण प्रत्यय (Concept) को खोज लिया है। इन्हीं कंकड़ों, पत्थरों, कौड़ियों ने आगे चलकर संख्याओं का रूप ले लिया। जब संख्याओं का आविष्कार हो गया तब गिनने की सुविधा के लिए अन्य उपकरणों का विकास हुआ।

2. अबेकस (Abacus)

अबेकस शब्द अरबी भाषा के 'अबक' शब्द से बना है, जिसका शाब्दिक अर्थ है- बालू की सपाट सतह। प्रारम्भ में लकड़ी के एक तख्ते में बालू भरी रहती थी। इसी रेत में खांचे बनाकर कंकड़ियां रख दी जाती थीं। बाद में इसी का बदला हुआ स्वरूप अबेकस के रूप में नज़र आया। सबसे पुरानी, सुविधाजनक एवं सरल गणना करने की युक्ति अबकेस ही मानी जाती है। अबेकस का अविष्कार 3000 साल पहले चीन में हुआ। अबेकस एक आयताकार लकड़ी का फ्रेम होता है जिसमें क्षैतिज रूप में लोहे की छड़ें लगी रहती हैं। प्रत्येक छड़ में पाँच या उससे अधिक मोती पड़े होते हैं। इन मोतियों को एक तरफ़ खिसकाकर जोड़, घटाने या भाग देने की क्रिया की जाती है। इसमें सुधार कर बायीं तरफ़ दो तथा दांयी तरफ़ पाँच मोती रखे गये। जिधर दो मोती हैं, उधर मोती का मूल्य 5 के गुणांक में तथा जिधर पाँच मोती है, उन मोतियों का मूल्य एक के गुणांक में होता है।

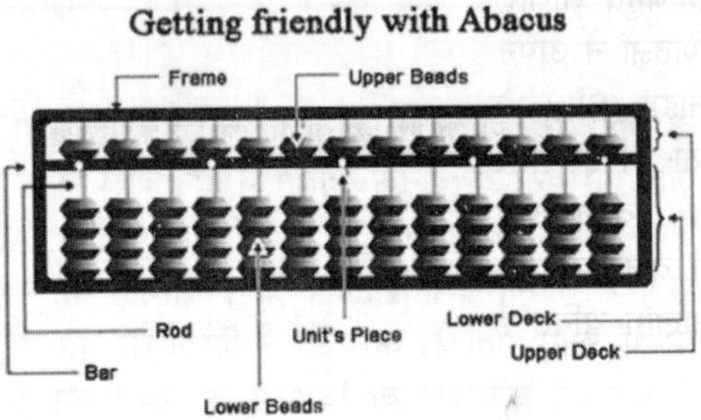

अबेकस

3. नेपियर बोन्स (Napier Bones)

एक स्काटिश गणितज्ञ जोन नेपियर ने एक दूसरी गणना युक्ति बनायी, जिसका नाम 'नेपियर बोन्स' था। नेपियर ने हाथी दांत की 11 छड़ियाँ लीं तथा उन पर अंक खोद दिए। इन छड़ों को ही 'बोन्स' कहा गया। नेपियर ने छड़ों को पास-पास रखकर यह बताया कि इन छड़ों की सहायता से किस प्रकार जोड़, घटाना, भाग तथा गुणा करने की क्रियाओं को सरलता पूर्वक किया जा सकता है। नेपियर ने ही बाद में लागरिथम पद्धति का विकास किया।

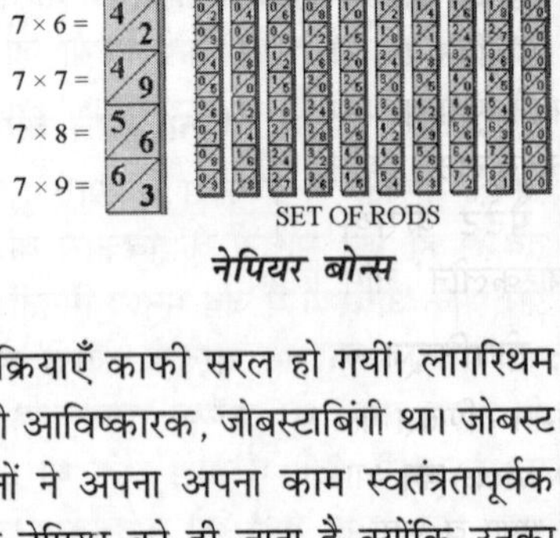

नेपियर बोन्स

4. लागरिथम (Logarithms)

जोन नेपियर ने सन् 1614 ई. में लॉगरिथम पद्धति का आविष्कार किया। इस आविष्कार से गुणा तथा भाग की क्रियाएँ काफी सरल हो गयीं। लागरिथम के अविष्कार का दूसरा दावेदार स्विटजरलैण्ड का एक घड़ी आविष्कारक, जोबस्टाबिंगी था। जोबस्ट की लागरिथम सारिणी सन् 1620 में प्रकाशित हुई। दोनों ने अपना अपना काम स्वतंत्रतापूर्वक किया परन्तु लागरिथम के आविष्कार का सारा श्रेय जोन नेपियर को ही जाता है क्योंकि उनका कार्य पहले प्रकाशित हुआ।

इस विधि में गुणा करने के लिए दिये गये अंको के लघुगणक सारिणी देखकर निकाल

लिये जाते हैं। इन लघुगणकों को आपस में जोड़कर फिर इनका प्रतिलघुगणक सारिणी में देखा जाता है। इसी प्रकार घात या वर्गमूल निकालने के लिए दी गयी संख्या के लघुगणक और घात का गुणा कर लिया जाता है।

5. स्लाइड रूल (Slide Rule)

स्लाइड रूल का अविष्कार एक जर्मन गणितज्ञ, विलियम ओथट्रेड द्वारा सन् 1620 ई. में किया गया। इन्होंने गुणा के चिन्ह "×" को खोजा। स्लाइड रूल गणना करने की एक युक्ति थी जो कि लागरिथम के सिद्धान्त पर आधारित थी। स्लाइड रूल बहुत ही सफल सिद्ध हुआ क्योंकि यह बहुत साधारण तथा सुविधाजनक था। इसी कारण विभिन्न देशों के वैज्ञानिकों, इंजीनियरों, गणितज्ञों ने अपने समय में इसका खूब प्रयोग किया। इस युक्ति में दो स्केल-रूल (Rule) तथा स्लाइड (Slide) होते हैं। रूल दो स्केलों को जोड़ने पर बनता है तथा इसमें बीच में रिक्त स्थान होता है। इस रिक्त स्थान में स्लाइड पैमाना गतिशीलता के लिए स्वतन्त्र होता है। इसके दोनों तरफ़ स्केल लगे होते हैं। इस पर एक आयताकार पारदर्शी कर्सर लगा होता है। कर्सर के मूवमेन्ट की वजह से गुणा तथा भाग करने की संक्रियाओं को किया जा सकता है। स्लाइड रूल एक एनालॉग युक्ति है क्योंकि इसमें संख्याओं को दूरी के माध्यम से प्रदर्शित किया जाता है।

स्लाइड रूल

6. पास्कल का कैलकुलेटर (Pascal's Calculator)

फ्रेंच भौतिकशास्त्री तथा गणितज्ञ ब्लैज पास्कल ने 1642 ई. में 18 वर्ष की उम्र में एक यांत्रिक कैलकुलेटर का निर्माण किया। यह कैलकुलेटर संख्याओं को जोड़ तथा घटा सकता था। पास्कल के पिता पेरिस में कर अधीक्षक थे। उनका कार्य बहुत जटिल तथा थकाने वाला था और वे प्रतिदिन रात को देर से घर पहुँचते थे। पास्कल ने अपने पिता की कष्टदायक स्थिति के निवारण हेतु प्रथम कैलकुलेटर मशीन बनायी। इसका उन्होंने सन् 1645 में पैटेंट कराया। अपने कैलकुलेटर को उन्होंने 'पास्कलीन' नाम दिया।

पास्कलीन

7. लेबनिट्ज का कैलकुलेटर (Leibnitz's Calculator)

जर्मन गणितज्ञ गॉट फ्रॉयड लेबनिट्ज ने सन् 1671 ई. में एक गणना करने की युक्ति (Calculating Device) का आविष्कार किया जो कि गुणा तथा भाग कर सकती थी। इसके पहले की मशीनों में गुणा व भाग के लिए बार-बार जोड़ व घटाने की विधि का प्रयोग होता था। इस यंत्र में ऐसी व्यवस्था थी कि अंक दायीं ओर खिसक सकते थे जैसा कि गुणा की क्रिया में होता है। स्थान बदलने (Shift) की क्रिया ही इस गणना यंत्र की विशेषता थी।

यद्यपि पास्कल तथा लेबनिट्ज़ की मशीन को अधिक प्रसिद्धि नहीं मिली लेकिन 19वीं शताब्दी में विकसित होने वाली मशीनों के लिए इन्होंने ही मार्ग प्रशस्त किया।

8. पंच्ड कार्ड (Punched Card)

पंच्ड कार्ड

सन् 1805 में फ्रांस के एक वस्त्र निर्माता जोज़ेफ मैरी जेकॉर्ड ने कपड़ों को डिज़ाईन करने के लिए एक हथकरघा (Loom) बनाया जो कि यांत्रिक विधि के माध्यम से नियंत्रित होता था। इसमें पंच्ड कार्डों की एक श्रृंखला का प्रयोग होता था। इन कार्डों पर छेद होते थे। कार्डों पर जहाँ छेद होते थे, सूइयाँ उन स्थानों को भेदकर डिज़ाईन बना देती थीं। जेकॉर्ड के इस हथकरघे ने सूचनाओं को पंच्ड कार्ड पर संचित करने की एक नवीन विधि को जन्म दिया। कार्डों पर छेद का होना या न होना, ये दो स्थितियां कम्प्यूटर के बाइनरी कोड (0,1) का आधार बनीं।

17वीं शताब्दी तक बहुत से लोगों द्वारा कैलकुलेटर की विभिन्न युक्तियों को विकसित करने के प्रयास किये गये। इन मशीनों के साथ परेशानी यह थी कि यह बहुत धीमी थीं तथा प्रत्येक चरण पर इनमें मानवीय हस्तक्षेप की आवश्यकता होती थी। इनकी विश्वसनीयता तथा शुद्धता भी बहुत कम थी। मानवीय कोशिशें लगातार इस बात का प्रयास करती रहीं कि एक ऐसी युक्ति का निर्माण किया जा सके जो गति में बहुत तेज़ हो, जिसमें शुद्धता और विश्वसनीयता हो और जो पूर्णतय: स्व-संचालित हो। इन्हीं कोशिशों के फलस्वरूप आधुनिक कम्प्यूटर का विकास हुआ।

9. डिफरेंशियल एन्जिन (Differential Engine)

डिफरेंशियल एन्जिन

कैम्ब्रिज विश्वविद्यालय के गणित के प्रोफेसर चार्ल्स बैबेज (Charles Babbage) ने सन् 1823 ई. में एक यांत्रिक कम्प्यूटर बनाया। इस मशीन को उन्होंने (Differential Engine) का नाम दिया। यह मशीन बीजगणितीय व्यंजकों, गणितीय व सांख्यिकीय सारणियों की 20 अंकों तक की शुद्धता से गणना कर सकती थी। बैबेज के एन्जिन का आधार, गणित का यह सिद्धान्त था कि 'बीजगणित के कुछ व्यंजकों के कुछ निर्धारित मानों के बीच का अन्तर एक निश्चित चरण में जाकर स्थिर हो जाता है'।

10. एनालिटिकल एन्जिन (Analytical Engine)

एनालिटिकल एन्जिन

बैबेज का डिफरेंशियल एन्जिन बहुत सफल रहा, जिससे उत्साहित होकर बैबेज ने 1833 ई. में एनालिटिकल एन्जिन नामक कम्प्यूटर की कल्पना की। इस कम्प्यूटर के पांच हिस्से थे तथा यह मशीन पूर्णत: स्वचालित थी। इस कम्प्यूटर के पाँच भाग निम्न प्रकार थे :

क. *संग्रहण (Storage)*– कम्प्यूटर के इस हिस्से में उन संख्याओं को जमा किया जाता था, जिन पर गणितीय संक्रियाओं को करना होता था। साथ ही इस भाग में उन सूचनाओं/संख्याओं का संग्रहण किया जाता था जो पिछली गणनाओं का परिणाम

होती थीं और आगे चलकर इनका प्रयोग करना होता था। आधुनिक कम्प्यूटरों में इस भाग को स्मृति भाग (Memory Unit) कहते हैं।

ख. मिल (Mill)– इस इकाई (Unit) का कार्य अंकगणितीय संक्रियाओं (Arithmetical Operations) को क्रियान्वित करना होता था। यह भाग चक्रों (Gears) तथा पहियों (Wheels) के संबंध के द्वारा अंकगणितीय गणनाओं को करता था। आज के कम्प्यूटरों में केन्द्रीय संसाधन इकाई (Central Processing Unit: CPU) इसी भाग का विकसित रूप है।

ग. नियन्त्रण (Control)– यह भाग कम्प्यूटर के अन्य सभी भागों को नियंत्रित रखता था तथा उनकी कार्य दिशा निर्धरित करता था। इस इकाई का दूसरा महत्वपूर्ण कार्य था संख्याओं तथा सूचनाओं को संग्रहण भाग (Store) से मिल (Mill) तक स्थानान्तरित करना तथा संक्रिया (Operation) के पश्चात् प्राप्त परिणामों को पुनः संग्रहण भाग में पहुँचाना।

घ. इनपुट (Input)– इस भाग का कार्य आँकड़ों तथा सूचनाओं को संग्रहण (Store) तक पहुँचाना था। यह कार्य पंच्ड कार्डों के द्वारा किया जाता था।

ङ. आउटपुट (Output)– इस इकाई के द्वारा संसाधन (Processing) के पश्चात प्राप्त परिणाम को प्रदर्शित किया जाता था।

चार्ल्स बैबेज का यह कम्प्यूटर पूर्णरूप से नहीं बन पाया क्योंकि बैबेज के इंस एन्जिन को भाप से ऊर्जा लेनी थी। उस समय विद्युत ऊर्जा का प्रयोग आम नहीं था और भाप की ऊर्जा का प्रयोग कर जटिल यंत्र बनाना आसान काम नहीं था। परन्तु बैबेज ने ही आधुनिक डिजिटल कम्प्यूटरों की नींव रखी जिसके कारण उन्हें आधुनिक कम्प्यूटर विज्ञान का पिता या जनक कहा जाता है। आगे दी गयी सारिणी में चार्ल्स बैबेज का एनालिटीकल एन्जिन तथा आधुनिक डिजिटल कम्प्यूटरों के मुख्य भागों की समानता प्रदर्शित की गयी है।

चार्ल्स बैबेज का एनालिटिकल एन्जिन	**आधुनिक डिजिटल कम्प्यूटर**
1. इनपुट यूनिट	इनपुट यूनिट
2. स्टोर यूनिट	मेमौरी यूनिट
3. मिल यूनिट	अंकगणितीय तथा तार्किक यूनिट
4. कन्ट्रोल यूनिट	कन्ट्रोल यूनिट
5. आउटपुट यूनिट	आउटपुट यूनिट

11. लेडी एडा लवलेस की बाइनरी संख्या पद्धति (Binary Number System of Lady Ada Love Lace)

लवलेस, चार्ल्स बैबेज के साथ उनके कार्य में सहायक की तरह कार्य करती थीं तथा इंग्लैण्ड के महान कवि लार्ड बायॅरोन की बेटी थीं। लवलेस ने ही बाइनरी संख्या पद्धति का आविष्कार किया। यह कार्य उसने बैबेज की मशीन के लिए किया। उसने काफी विस्तार में वर्णन किया था कि कैसे बैबेज की मशीन में बाइनरी संख्या पद्धति का प्रयोग किया जा सकता है। लवलेस को ही कम्प्यूटर की प्रथम प्रोग्रामर होने का श्रेय प्राप्त है। लवलेस ने जेकार्ड के पंचकार्ड की बैबेज के एनालिटिकल एंजिन से तुलना कर कहा था "The Analytical Engine weaves algebraic patterns as Jacquard's loom weaves leaves and flowers".

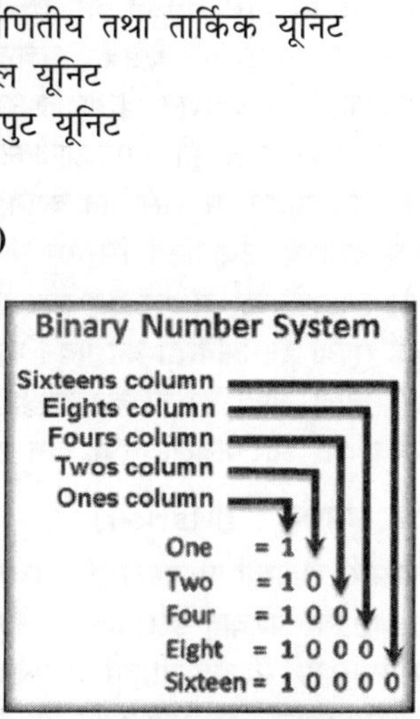

बाइनरी संख्या पद्धति

12. बूलियन एलजेब्रा (Boolean Algebra)

बूलियन एलजेब्रा

सन् 1854 ई. में अंग्रेज़ गणितज्ञ जॉर्ज बूले ने कम्प्यूटर के क्षेत्र में एक बहुत ही महत्वपूर्ण आविष्कार, एलजेब्रा का किया, जिसे बूलियन एलजेब्रा कहा गया। बूले ने इसका विकास तार्किक समस्याओं को सुलझाने के लिए किया, जहाँ प्रत्येक चर के दो मान होते हैं– सत्य या असत्य। यह एक सामान्य बात है कि किसी भी बात या जानकारी के संबंध में उसका होना या न होना दो ही स्थितियां हो सकती हैं। इससे यह प्रदर्शित होता है कि बूलेन एलजेब्रा की प्रकृति बाइनरी है क्योंकि इसमें भी केवल दो ही स्थितियाँ– ''सही तथा गलत'' का उपयोग किया जाता है। इसीलिए इसको कम्प्यूटर के विकास में प्रयोग किया जा सकता था। जार्ज बूले ने अपने तार्किक बीजगणितीय उपयोग में किसी चीज़ के होने या सही होने को 1 (एक) और नहीं होने या गलत होने की स्थिति को 0 (शून्य) से प्रदर्शित किया। आधुनिक कम्प्यूटर के सर्किट इसी बूलेन एलब्रेजा के प्रयोग पर आधारित होते हैं।

13. होलेरिथ की पंच कार्ड मशीन (Hollerith's Punch Card Machine)

अमेरिकन जनसंख्या ब्यूरो के समक्ष सन् 1880 की जनगणना से प्राप्त आंकड़ों का विश्लेषण करने की समस्या उत्पन्न हुई। उस समय यह अनुभव किया गया कि सूचनाओं के टुबेलेशन की विधियां पर्याप्त नहीं है। ब्यूरो के समक्ष यह समस्या उत्पन्न हो गयी कि वह इस कार्य को कैसे अंजाम दे? इस कार्य के लिए कुछ नयी विधियों की आवश्यकता थी क्योंकि अगली जनगणना सन् 1890 में होनी थी और इसमें और अधिक जनसंख्या को शामिल करना था। अमेरिकन जनसंख्या ब्यूरो में सांख्यिकीय विद्वान डा. हर्मन होलेरिथ ने इस समस्या के समाधान के लिए एक उपाय सुझाया कि कैसे जैकार्ड की पंच प्रणाली, कपड़े बुनने के हथकरघे को संचालित करती है। तथा कैसे पंच कार्ड को देखकर सूचनाओं को छेदों के समूहों (Combination of Holes) के द्वारा पंच कार्ड पर प्रदर्शित किया जा सकता है? उनका यह विचार स्वीकृत कर लिया गया तथा इसी के द्वारा होलेरिथ को अपने प्रोजेक्ट पर कार्य करने की हरी झंडी मिल गयी। होलेरिथ ने सूचनाओं को पंच कार्डों पर संसाधित करने के लिए पंचकार्ड मशीन तथा टेबुलेटर का आविष्कार किया। इसे इलैट्रिक टेबुलेटिंग सिस्टम कहा गया। पंच कार्ड में छेदों की सहायता से आँकड़े भरे जाते थे। इन आँकड़ों से भरे हुए पंच कार्डों को टेबुलेटिंग मशीन पर रखा जाता था। मशीन पर लगी हुई सुइयाँ इन आँकड़ों को पढ़ने का कार्य करती थीं। जब पंच कार्ड पर बने हुए छेद के आर–पार सुई चली जाती थी तो वह कार्ड के नीचे रखे हुए पारे को छू लेती थी जिससे सर्किट पूरा हो जाता था और टेबुलेटर पर लगे डायल पर सुई एक स्थान आगे बड़ जाती थी।

14. मार्क-1 (Mark-1)

बीसवीं शताब्दी से पहले तक स्वचालित गणना युक्तियों के विकास में धीरे-धीरे वृद्धि हुई। सन 1940 के पश्चात् इस क्षेत्र में तेज़ी के साथ विकास हुआ। द्वितीय विश्व युद्ध के थोड़ा पहले सन् 1939 में आई.बी.एम. (इण्टरनेशनल बिज़िनेस मशीन) के प्रमुख थॉमस बॉटसन ने हावर्ड विश्वविद्यालय के गणित के प्रोफ़ेसर हार्बड एकिन को बैबेज के एनालिटिकल एन्जिन के समान

एक विधुतीय कम्प्यूटर का विकास करने के लिए धन मुहैया कराया। सन् 1944 में इस कम्प्यूटर का विकास Mark-1 नामक कम्प्यूटर के रूप में हुआ, जिसकी उस समय कीमत 1 मिलियन डॉलर थी। Mark-1 51 फुट लम्बा और 8 फुट ऊँचा विद्युतीय प्रणाली पर आधारित पहला कम्प्यूटर था। इसे 800 किमी. लम्बे तारों की मदद से 760000 पुर्जे जोड़कर बनाया गया था।

15. एनीयक (ENIAC)

विश्व का पहला निर्वात नलिका (Vacuum Tube) पर आधारित इलैक्ट्रानिक कम्प्यूटर सन् 1946 ई. में अमेरिका के पेन्सिलवेनिया विश्वविद्यालय के जे. प्रेसपर एर्कट (J. Presper Eckert) तथा जॉन मॉशली (John Mauchly) ने बनाया था। यह सेना की आवश्यकताओं के लिए बनाया गया था ताकि सुरक्षा प्रयोगशाला में इसका उपयोग किया जा सके। इस प्रोजेक्ट के लिए डिफेंस विभाग ने वित्तीय मदद प्रदान की थी तथा इसमें सेना के एक अधिकारी, हर्मन गोल्स्टाईन (Herman Goldstine) ने मदद की थी। इस कम्प्यूटर का प्रारुप, लोवा स्टेट कालेज में भौतिक विज्ञान के प्रोफेसर डा. जॉन एटनसॉफ्ट (Dr. John Atanasoft) के द्वारा निर्मित कम्प्यूटर 'Atana Soft-Berry Computer or ABC' के डिज़ाईन पर आधारित था।

निर्वात नलिका (Vaccum Tube)

ENIAC एक बहुत बड़ा कम्प्यूटर था, जिसमें लगभग 18,000 निर्वात नलिकाओं तथा 1500 रिलेस (Relays) का प्रयोग किया गया। इसको रखने के लिए 20x40 वर्ग फिट जगह की आवश्यकता थी। इसको चलाने के लिए एक छोटे से टाउनशिप के बराबर विद्युत की आवश्यकता थी। चूंकि निर्वात नलिकाओं के प्रयोग की वजह से इसमें गर्मी बहुत उत्पन्न होती थी। अत: इसके लिए एक कूलिंग सयंत्र की भी आवश्यकता थी। इन सबके बावजूद ENIAC अपने ज़माने का बहुत सफल कम्प्यूटर रहा। यह एक सेकेंड में 2 अंकों की संख्याओं के 5000 जोड़ तथा 400 गुणा की संक्रियाएं कर सकता था। यह उस समय के कम्प्यूटर की एक अच्छी गति मानी जाती थी।

उपरोक्त वर्णन से स्पष्ट है कि कम्प्यूटर का विकास धीरे-धीरे हुआ। आज हम कम्प्यूटर को जिस रूप को देखते हैं वह एक लम्बे समय की प्रक्रिया का परिणाम है। कम्प्यूटर के विकास के सफ़र में हमने देखा कि कंकड़, पत्थर का गिनती के रूप में इस्तेमाल करने के पश्चात मानव ने गणना करने की यांत्रिक युक्तियों का आविष्कार किया तथा अन्त में पहला पूर्ण इलैक्ट्रानिक कम्प्यूटर (ENIC) का निर्माण 1946 हो पाया। द्वितीय विश्व युद्ध की समाप्ति के पश्चात विज्ञान एवं तकनीकी के क्षेत्र में तेज़ी के साथ विकास हुआ, जिसके परिणामस्वरूप उच्च क्षमताओं एवं विशेषताओं वाले माइक्रो कम्प्यूटरों का विकास हुआ। कम्प्यूटर के क्षेत्र में हुए विकास एवं परिवर्तनों को देखने के लिए हम सन् 1945 से अब तक के समय को कई भागों में बाँट सकते हैं। इन भागों को ही कम्प्यूटर की पीढ़ियाँ (Generation) के नाम से संबोधित करते हैं। कम्प्यूटर पीढ़ियों के अध्ययन के द्वारा हम कम्प्यूटर की तकनीकी क्षेत्र में हुए बदलावों की जानकारी प्राप्त कर सकते हैं।

कम्प्यूटर की प्रथम पीढ़ी (1946-1958)

प्रथम पीढ़ी की तकनीकी में कम्प्यूटर को चलाने और गणना करने में निर्वात नलिकाओं "Vacuum Tube" की मुख्य भूमिका थी। प्रथम पीढ़ी के कुछ मशहूर कम्प्यूटर निम्न प्रकार हैं–

क. ENIAC (Electronic Numerical Intergrator and Calculator)

एनीयक (ENIAC)

उपरोक्त का अध्ययन करने से यह स्पष्ट है कि सन् 1946 में विश्व का पहला इलैक्ट्रानिक कम्प्यूटर ENIAC बनाया गया। यद्यपि ENIAC बहुत सफल सिद्ध हुआ परन्तु इसमें कुछ कमियाँ निम्न प्रकार थीं-

पहली कमी यह थी कि इसमें सूचनाओं को स्टोर करने की सुविधा सीमित मात्रा में थी। इस कारण कम्प्यूटर प्रोग्राम में संशोधन करना एक कठिन समस्या थी। इस कम्प्यूटर के कार्य में परिवर्तन करने के लिए मशीन की वायरिंग में परिवर्तन करना होता था, जो कि एक धीमी प्रक्रिया थी। इस समस्या का एकमात्र समाधान था पहले से संचित प्रोग्राम (Stored Programs) जो कम्प्यूटर की स्मृति में संचित हो, वक्त पड़ने पर इसका प्रयोग किया जा सके। इस कारण ENIAC कम्प्यूटर का प्रयोग अत्यन्त सीमित था।

ख. EDSAC (Electronic Delayed Storage Automatic Computer)– संचित प्रोग्राम (Stored Program) के प्रत्यय पर आधारित पहला कम्प्यूटर EDSAC था। इसका निर्माण इंग्लैण्ड के कैम्ब्रिज विश्वविद्यालय में सन् 1949 में हुआ था।

ग. EDVAC (Electronic Discrete Variable Automatic Computer)– सन् 1952 में मोशली तथा एकर्ट ने संचित प्रोग्राम तकनीक के आधार पर अपना कम्प्यूटर EDVAC बनाया।

घ. बिनॉक : ENIAC बनाने के बाद एकर्ट और मॉशली ने कम्प्यूटर निर्माण के लिए अपने नाम से एक संगठन/निगम (Corporation) बनाया। इस कारपोरेशन ने 1949 में बिनाक नामक कम्प्यूटर बनाया।

ङ. UNIVAC-1 (Universal Automatic Calculator)– बिनॉक के पश्चात एकर्ट और मॉशली ने वाणिज्यिक ज़रूरतों को पूरा करने के लिए 1947 में यूनीवैक-1 नामक कम्प्यूटर का निर्माण किया। यह पहला कम्प्यूटर था, जिसका प्रयोग आम जनता के बीच किया गया। इसकी गति 1,000 सूचनाएँ प्रति सेकेंड तथा इसकी संग्रहण क्षमता 16,000 अक्षरों के डेटा की थी। प्रोग्राम तथा सूचनायें पंच कार्डों पर संग्रहित की जाती थी। सन् 1957 में स्थिर संग्रहण माध्यम (Permanent Storage Medium) के रूप में मैग्नेटिक टैप का आविष्कार हुआ।

च. IBM: Model-701– सन् 1952 में कम्प्यूटर निर्माण के लिए प्रसिद्ध कंपनी IBM ने मार्डल-701 नाम से कम्प्यूटर का निर्माण किया। मॉडल-701 में स्मृति के लिए मैग्नेटिक टैप तथा बड़े पैमाने पर सूचनाओं/डेटा को संचित करने के लिए चुंबकीय ड्रम (Magnetic Drum) का प्रयोग किया गया था। इस कम्प्यूटर के द्वारा 16,000 जोड़ प्रति सेकेंड किये जा सकते थे।

प्रथम पीढ़ी के अन्य कम्प्यूटर

IBM: Model 650
IBM: Model 702
IBM: Model 704
Whirlwind
EDVAC-1950 Pensalvania
LEO (Leons Electronic Office) 1951
(RC-102 Series)

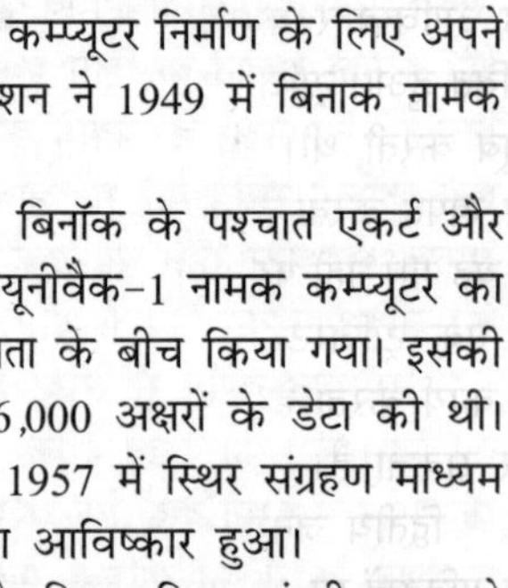

प्रथम पीढ़ी कम्प्यूटर

कम्प्यूटर के क्षेत्र में विकास हेतु सन् 1946 से लेकर सन् 1959 तक बड़ी-बड़ी कंपनियों ने अपने अपने स्तर से प्रयास किये। चूँकि इस समय कम्प्यूटर तकनीकी इतनी महँगी थी कि इस क्षेत्र के विकास हेतु व्यक्तिगत स्तर पर प्रयास नगण्य ही रहे। प्रथम पीढ़ी के कम्प्यूटर का समय 1959 में खत्म हो गया। इस समय तक निर्वात नलिकाओं का स्थान ट्रांजिस्टर्स ने ले लिया था।

प्रथम पीढ़ी के कम्प्यूटरों की कमियाँ

1. प्रथम पीढ़ी के कम्प्यूटर साइज़ में बहुत बड़े थे तथा इनकी गति भी बहुत धीमी थी।

2. ये कम्प्यूटर पूर्णतः विश्वसनीय नहीं थे तथा त्रुटि होने की संभावना रहती थी, जिस कारण इन पर पूर्ण रूप से भरोसा नहीं किया जा सकता था।

3. इस पीढ़ी के कम्प्यूटर निर्वात नलिकाओं पर आधारित थे। अतः इनके प्रयोग में अत्यधिक ऊर्जा की खपत होती थी। वैक्यूम ट्यूब्स पर आधारित होने के कारण यह बहुत गर्मी पैदा करते थे।

4. मशीन के खराब होने का खतरा हर समय बना रहता था। खराबी की पहचान करना एक मुश्किल कार्य था।

द्वितीय पीढ़ी (1959-1964)

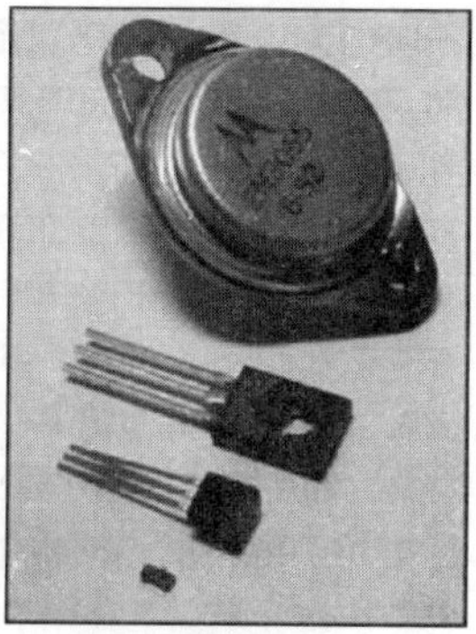

ट्रांजिस्टर

सन् 1948 में बैल प्रयोगशाला के वैज्ञानिकों जॉन बारडीन (John Bordean), हाउज़र ब्रैटेन (Houser Brattain) तथा विलियम शाकले (William Shockley) ने ट्रांजिस्टर का आविष्कार किया। ट्रांजिस्टर के आविष्कार ने दुनिया में एक नई क्रांति का सूत्रापात किया तथा यह आविष्कार कम्प्यूटर विज्ञान के क्षेत्र में मील का एक पत्थर साबित हुआ। ट्रांजिस्टर वह सब कुछ कर सकता था जो कि वैक्यूम ट्यूब करती थी। ट्रांजिस्टर निर्वात नलिका की अपेक्षा कम ऊर्जा की खपत करता है तथा ट्यूब के साइज का 1/100वां स्थान घेरता है। यह गर्म नहीं पड़ता है तथा नलिका की अपेक्षा अधिक विश्वसनीय है। एक ट्रांजिस्टर को सॉलिड स्टेट डिवाइस भी कहते है। यह एक निर्वात नलिका की भाँति ही कार्य करता है। ट्रांजिस्टर अंकगणितीय तथा तार्किक संक्रियाओं को बहुत तीव्र गति के साथ कर सकता है।

द्वितीय जनरेशन में वे सभी कम्प्यूटर आते हैं जो कि ट्रांजिस्टर पर आधारित थे या फिर उन युक्तियों पर आधारित थे जो कि ट्रांजिस्टर्स पर आधारित थीं। ट्रांजिस्टर्स के अलावा ये कम्प्यूटर अपनी मुख्य स्मृति के लिए मैग्नेटिक कोर का प्रयोग करते थे। चूँकि ट्रांजिस्टर्स अत्यधिक छोटे थे और विश्वसनीय भी थे, इसलिए प्रथम जनरेशन की तुलना मे द्वितीय जनरेशन के कम्प्यूटरों में निम्नलिखित विशेषतायें थीं–

द्वितीय पीढ़ी कम्प्यूटर

1. कम्प्यूटर साईज़ में छोटे थे तथा इनकी गति प्रथम जनरेशन के कम्प्यूटरों के मुकाबले अधिक थी।

2. इनमें शुद्धता तथा विश्वसनीयता का स्तर अधिक था।

3. इन कम्प्यूटरों में ऊर्जा की खपत कम होती थी तथा यह ऊर्जा भी कम उत्पन्न करते थे।

4. मशीन के फेल हो जाने का खतरा कम था तथा

त्रुटि को ढूंढना ज़्यादा कठिन नहीं था।

5. इनकी संग्रहण क्षमता अधिक थी क्योंकि इनमें मैग्नेटिक कोर मैमोरी का प्रयोग किया जाता था।

द्वितीय पीढ़ी के प्रमुख कम्प्यूटर

Computer	**Manufacturer**
Model- 7090	IBM
IBM 70 Series; 1400 Series; 1600 Series	IBM
Honeywell 400 Series; 800 Series	Honeywell
CDS 1604; 3600	Control Data Corporation
Mark-3	LEO
GE635; 645; 200	General Electronic Corporation
UNIVAC III; SS90; 1107	UNIVAC

कम्प्यूटर की द्वितीय जनरेशन के साथ से ही कम्प्यूटर निर्माता कंपनियों ने खरीदारों की आवश्यकता के अनुसार 'Modular Construction' के आधार पर कम्प्यूटर का निर्माण करना प्रारम्भ कर दिया था। उपयोगकर्त्ता की आवश्यकता के अनुसार प्रोसैसिंग, संग्रहण तथा पेरिफेरल युक्तियों (इनपुट, आउटपुट युक्तियों) के लिए बहुत से प्रतिमानों (Modules) का विकास किया गया। आज के दौर में किसी भी विद्युतीय युक्ति के लिए एकीकृत निर्माण (Modular Construction) एक बहुत ही महत्वपूर्ण गुण है क्योंकि इससे कमी को आसानी से ज्ञात किया जा सकता है तथा प्रत्येक माडयूल (यूनिट) का आसानी से परीक्षण किया जा सकता है। इसी समय साफ्टवेयर के क्षेत्र में भी काफी विकास हुआ। प्रथम पीढ़ी में निम्नस्तरीय भाषा या मशीनी भाषा का प्रयोग किया जाता था। प्रोग्रामर को प्रोग्राम बनाने में बड़ी कठिनाईयां आती थी। बाद के दिनों में सांकेतिक प्रोग्रामिंग भाषा (Symbolic Programming Languages) के अन्तर्गत असेम्बली भाषा ने प्रोग्रामिंग को आसान बन दिया। सन् 1957 ई. में IBM ने FORTRAN नामक उच्च स्तरीय भाषा का विकास कर कम्प्यूटर को आम आदमी के करीब ला दिया। इसी के साथ कम्प्यूटर विश्व की एक प्रसिद्ध मशीन बना गया।

एकीकृत परिपथ (Intergrated Circuits)

कम्प्यूटर के निर्माण की दिशा में एक प्रयास जो अभी भी जारी था वह यह था कि ऐसे कम्प्यूटर का निर्माण किया जाये जो आकार में छोटे हों, जिनकी गति अधिक हो और जिन की कार्यप्रणाली पर विश्वास किया जा सके। ट्रांजिस्टर का निर्माण इस दिशा में पहला कदम था। सर्वप्रथम ट्रांजिस्टर ने निर्वात नलिकाओं का स्थान ले लिया। इसके पश्चात एकीकृत परिपथ ने ट्रांजिस्टर्स का स्थान ले लिया। इसके बाद इन्टीग्रेटेड सर्किट्स ने इन्टीग्रेटेड सर्किट तकनीकी को आगे बढ़ाया। एक एकीकृत परिपथ में हज़ारों ट्रांजिस्टर्स होते हैं तथा एक ही क्रिस्टल पर दूसरे इलैक्ट्रानिक कम्पोनेंट होते हैं। पहले एकीकृत परिपथ का निर्माण तथा पेटेन्ट सन 1953 ई. में हाराविच जानसन (Harwick Johnson) द्वारा कराया गया। एकीकृत परिपथ तकनीकी के कारण कम्प्यूटर आकार में ज़्यादा छोटे, तीव्र गति वाले, अधिक विश्वसनीय तथा कम कीमत वाले हो गये।

एकीकृत परिपथ का वर्गीकरण

1. Large Scale Integrated Circuits (LSIC)– एक क्रिस्टल या चिप के ऊपर एक ऐसा इलेक्ट्रानिक सार्किट जिसमें 100 से अधिक अवयव होते है, LSIC कहलाता है।

2. Very Large Scale Integrated Circuits (VLSIC)– ऐसा विद्युतीय परिपथ जिसमें 1000 से अधिक इलैट्रानिक गेट्स होते हैं, VLSIC कहलाता है।

3. Super Large Scale Integrated Circuits (Super-VLSIC)– एक चिप के ऊपर एक ऐसा विद्युतीय परिपथ जिसमें 1 अबर से ज्यादा विद्युतीय अवयव होते हैं उसे SVLSIC कहते हैं। SVLSIC चिप का आकार 0.5 से लेकर 1.0 माइक्रोन्स तक होता है। VLSIC तथा SVLSIC का प्रयोग चतुर्थ पीढ़ी के कम्प्यूटरों में किया गया।

तृतीय जनरेशन (1965–1970)

तृतीय पीढ़ी के कम्प्यूटरों के निर्माण में ट्रांजिस्टर के स्थान पर एकीकृत परिपथों का प्रयोग किया गया था। इन वर्षों के दौरान कम्प्यूटर की संग्रहण क्षमता, विजुअल डिस्प्ले यूनिट, पेरिफेरल युक्तियों में सुधार हुआ। इस पीढ़ी के कम्प्यूटरों की गति प्रथम पीढ़ी के कम्प्यूटरों की तुलना में 10,000 गुना अधिक थी। एक अंकगणितीय या तार्किक संक्रिया को कुछ ही नैनोसेकेण्ड (1 नेनोसेंकेंड=10^{-9} (सेकेण्ड) में पूरा किया जा सकता था। द्वितीय पीढ़ी के कम्प्यूटरों के साथ एक समस्या यह थी कि इनकी कीमत अधिक थी। तृतीय पीढ़ी में यह समस्या सस्ती संग्रहण क्षमता वाली युक्तियों जिन्हें ऑक्ज़लिरी या बैंकिंग स्टोरेज या द्वितीयक संग्रहण क्षमता सुविधायें, जैसे– चुम्बीय टैप, या ड्रम के प्रारम्भ होने से सुलझ गयीं। यह संग्रहण युक्तियां कम्प्यूटर के बाहर लगायी गयी। इनपुट तथा आउटपुट युक्तियों के तीव्र गति से कार्य करने के कारण कम्प्यूटर के प्रयोग में और वृद्धि हो गयी तथा इसने मल्टी प्रोग्रामिंग पद्धति को संभव बनाया। मल्टी प्रोग्रामिंग पद्धति में एक केन्द्रीय कम्प्यूटर के द्वारा एक बार एक से अधिक प्रोग्राम का क्रियान्वयन किया जा सकता है। इन कम्प्यूटरों में आपरेटिंग सिस्टम का प्रयोग किया गया। तृतीय पीढ़ी के कुछ कम्प्यूटर निम्न प्रकार हैं–

तृतीय पीढ़ी के कम्प्यूटर

Computer	Manufacturer
IBM 360 Series	IBM
IBM 370 Series	IBM
PDP Series	Digital Equipment
Spectra- 70 Series	RCA
UNIVAC-1108; 9000 Series	UNIVAC
Century Series	National Cash Registess

तृतीय पीढ़ी कम्प्यूटर

चतुर्थ पीढ़ी (1971–अब तक)

माइक्रो प्रोसेसर चिप के आविष्कार ने कम्प्यूटर की केन्द्रीय संसाधन इकाई को सिलिकान के एक चिप पर ला दिया। जिससे कम कीमत वाले छोटे कम्प्यूटरों का विकास हुआ। ऐसे चिपों का प्रयोग करने वाले कम्प्यूटरों को माइक्रो कम्प्यूटर कहा गया। 1971 में अमेरिका के इन्टेल कारपोरेशन ने पहली माइक्रो प्रोसेसर चिप बनायी। इस प्रकार के कम्प्यूटरों में VLSIC तथा SVLSIC चिपों का प्रयोग किया गया।

यह सत्य है कि माइक्रो प्रोसेसर, जिसे up से व्यक्त करते हैं अपने आप मे एक छोटा कम्प्यूटर है जो कि अंकगणितीय तथा तार्किक संक्रियाओं को बहुत तीव्र गति के साथ कर सकता है। टेड हॉफ ने 1973 में इन्टेल 4004 चिप बनायी। यह 4–बिट माइक्रो प्रोसेसर चिप थी जो कि अंकगणितीय एवं तार्किक सक्रियाओं को सम्पन्न करने में समर्थ थी।

पहली 8-बिट माइक्रो प्रोसेसर चिप इन्टेल कारपोरेशन द्वारा 1974 में बनायी गयी। यह चिप थी Intel-8008। बाद में इसे संशोधित कर Intel-8080 चिप बनायी गयी। यह चिप 8-बिट के शब्दों की संक्रियाओं को कर सकती थी। 1973-1975 के बीच बहुत सी कंपनियों ने 8-बिट के माइक्रोप्रोसेसर चिपों का निर्माण किया। बाद में 12 बिट तथा 16 बिट तक के माइक्रोप्रोसेसर का निर्माण किया गया।

चतुर्थ पीढ़ी कम्प्यूटर

मैक्सिकों की कम्पनी Micro Instrumentation and Talematry System (MITS) के अध्यक्ष एड. रार्बट्स ने Intel-8080 माइक्रोप्रोसेसर चिप पर आधारित पहला माइक्रो कम्प्यूटर (आल्टेयर) बनाया। इसकी मेमोरी 1 किलोबाइट थी। 1976 में कुछ कम्प्यूटर बनाये गये जिनमें Intel-8080 माइक्रोप्रोसेसर चिप से भी शक्तिशाली चिपें लगी थीं इनको जीलॉग कंपनी ने बनाया था। यह चिपें थी Z-80। कैम्ब्रिज के वैज्ञानिक क्लाईव सिनक्लेयर ने Z-80 तथा Z-81 नाम के माइक्रोकम्प्यूटर बनाकर पर्सनल कम्प्यूटर की शुरूआत की। यह 4-बिट प्रोसेसर पर आधारित थे।

पांचवी जनरेशन

चतुर्थ पीढ़ी के कम्प्यूटरों में हार्डवेयर के सुधार के काफी प्रयास किये गये। कम्प्यूटर वैज्ञानिक काफी समय से इस बात को लेकर चिंतित थे कि कम्प्यूटर में सोचने की शक्ति नहीं होती है। कृत्रिम बुद्धि (Artificial Intelligence) के विकास के साथ इस समस्या का समाधान हो गया है। अब ऐसे कम्प्यूटरों का विकास किया जा रहा है जो स्वयं सोच कर अपना निर्णय ले सकते हैं। लैपटाप तथा सुपर कम्प्यूटर के रूप में आज हमारे समक्ष ऐसे कम्प्यूटर हैं जो कि एक ओर जहाँ साइज़ में बहुत छोटे हैं वहीं दूसरी ओर इनकी क्षमता दस अरब तार्किक अनुमितियां प्रति सेकेंड की है।

पांचवी जनरेशन कम्प्यूटर

भारत में कम्प्यूटर का इतिहास अधिक पुराना नहीं है। मिनी कम्प्यूटर के रूप में पहला कम्प्यूटर भारत में सन् 1935 में आया। कोलकाता के सांख्यिकीय संस्थान में HEC-II नामक मिनी कम्प्यूटर स्थापित किया गया जो होलेरिथ इंडिया लिमिटेड से खरीदा तथा सन् 1963 मे बम्बई के इन्स्टीटयूट ऑफ फन्डामेन्टल रिसर्च ने होलेरिथ इन्डिया लिमिटेड से ख़रीदकर अपने यहाँ कम्प्यूटर लगाया। सन् 1964 में इन्डियन स्टेटिस्टिकल इन्सटीट्यूट तथा जादवपुर विश्वविद्यालय, कलकत्ता ने मिलकर भारत के पहले कम्प्यूटर ISIJU का प्रारूप तैयार किया। यह कम्प्यूटर जादवपुर विश्वविद्यालय में लगाया गया।

सन् 1960 से लेकर 1972 तक भारत में केवल 186 कम्प्यूटर की सुविधा बड़े-बड़े संस्थानों में ही उपलब्ध थी। इस समय तक भारत में कम्प्यूटर तकनीकी अपने विकास की अवस्था में थी। कम्प्यूटर तकनीकी में आत्मनिर्भरता के बाद सन् 1973 में हैदराबाद की इलैक्ट्रानिक्स कॉरपोरेशन इन इंडिया ने TDC-12 नामक मिनी कम्प्यूटरों का निर्माण शुरू किया। TDC-12 का प्रारूप भामा परमाणु शोध केन्द्र, मुम्बई ने तैयार किया था। कुछ समय पश्चात् इलैक्ट्रानिक्स कॉरपोरेशन

इन इंडिया (ई.सी.आई.एल.) ने दो संशोधित कम्प्यूटरों TDC-312 तथा TDC-316 का निर्माण किया। इस समय तक ग़ैर सरकारी संगठनों ने कम्प्यूटर निर्माण के क्षेत्र में कदम नहीं रखा था। पी.सी.आई. ने पहली गैर सरकारी कंपनी के रूप में कम्प्यूटर निर्माण करने का लाइसेंस प्राप्त किया। सन् 1980 तक बहुत सी निजी कम्पनियां माइक्रो कम्प्यूटरों के निर्माण कार्य में लग गयीं। इस समय तक केवल बड़े-बड़े शोध संस्थानों या शैक्षिक संस्थानों तक ही वणिज्यिक (Commercial) कम्प्यूटर सीमित थे।

सन् 1980 में सरकार ने कम्प्यूटर तकनीकी के प्रति अपनी रुचि दिखाई। इसी वर्ष भारतीय जीवन बीमा निगम ने अपनी सभी शाखाओं को कम्प्यूटरीकृत करने का कार्य प्रारम्भ कर दिया। सन् 1981 से 1983 के बीच 16-बिट माइक्रोप्रोसेसर चिप वाले कम्प्यूटर बाज़ार में आ गये थे।

सन् 1984 में नई कम्प्यूटर नीति आई। सरकार ने पी.सी. निर्माण के द्वार खोल दिए और आखिरकार कम्प्यूटर तकनीकी क्रांति प्रारम्भ हो गयी। इसके पश्चात कम्प्यूटर निर्माण के क्षेत्र में देश के प्रत्येक कोने से नई-नई कंपनियां आ गयीं।

कम्प्यूटर शिक्षा के संदर्भ में विभिन्न आयोगों और समितियों ने वर्तमान में कम्प्यूटर की उपयोगिता को देखते हुए समय-समय पर विद्यालयों में कम्प्यूटर शिक्षा के क्रियान्वयन की सिफ़ारिशें की हैं।

राष्ट्रीय शिक्षा नीति (1986) की सिफारिशें

1. इसके लिए शिक्षा के विभिन्न स्तरों पर कम्प्यूटर साक्षरता तथा कम्प्यूटर प्रोग्रामों को बढ़ाने के लिए 700 करोड़ रूपये निश्चित किये गये। पंचवर्षीय परियोजना में कम्प्यूटर शिक्षा के विकास हेतु निम्न कार्यों को करने का निर्णय लिया गया :
2. स्कूलों के लिए कम्प्यूटर प्रोग्राम को विकसित किया जाए।
3. व्यावसायिक तथा सामान्य विद्यालयी पाठ्यक्रमों में कम्प्यूटर शिक्षा को जोड़ा जाए।
4. इसके लिए विद्यालयों में कम्प्यूटर तकनीकी से संबंधित आधारभूत सुविधाओं को प्रदान करने की व्यवस्था की जाए।
5. माध्यमिक स्तर पर कम्प्यूटर विज्ञान शिक्षण को पाठ्यक्रम में जोड़ा जाए।
6. वर्ष 1995 से सभी माध्यमिक विद्यालयों में कम्प्यूटर साक्षरता को प्रारम्भ किया जाए तथा इसके पश्चात प्राइमरी विद्यालयों में इसको लागू किया जाए।

विद्यालयी शिक्षा पर आधारित राममूर्ति समिति (1930) ने भी विद्यालयों में कम्प्यूटर शिक्षा की अनिवार्यता पर बल दिया है। राममूर्ति समिति ने कम्प्यूटर शिक्षा को प्रभावी बनाने के लिए अपनी निम्न सिफारिशें की थीं:

"आज तेज़ी के साथ बदल रही दुनिया में कम्प्यूटर शिक्षा पर बल दिया जाना चाहिए क्योंकि कम्प्यूटर तकनीकी आज किसी भी देश की उन्नति एवं विकास की आधारशिला बन गयी है। विद्यालयों में कम्प्यूटर शिक्षा के विकास के लिए एक पूर्व नियोजित कार्यक्रम बनाने की आवश्यकता है।"

विद्यालयी पाठ्यक्रम में कम्प्यूटर शिक्षा को एक अनिवार्य अंग के रूप स्वीकार करना होगा। इसके लिए विद्यालयी समय चक्र तालिका में प्रतिदिन कम्प्यूटर अधिगम की व्यवस्था सुनिश्चित की जानी चाहिए। विद्यालयों में कम्प्यूटर शिक्षा को बढ़ावा देने के लिए तथा छात्रों की इस ओर रुचि जागृत करने हेतु क्षेत्रीय भाषाओं में कम्प्यूटर प्रोग्राम को विकसित करना चाहिए। विद्यालयों के शिक्षकों को कम्प्यूटर साक्षर बनाने तथा समय-समय पर उनकी मदद करने के लिए संसाधन केन्द्रों को मदद के लिए आगे आना चाहिए।

भारत की शिक्षा प्रणाली में कम्प्यूटर का प्रयोग वर्ष 1983-84 में भारत सरकार के मानव संसाधन विकास मंत्रालय तथा इलैक्ट्रानिक्स विभाग ने मिलकर किया। प्रोजेक्ट में सर्वप्रथम प्रयोग के तौर पर 250 विद्यालयों में कम्प्यूटर साक्षरता तथा अध्ययन (Computer Literacy and Studies in Schools) को प्रारम्भ किया गया। इस प्रोजेक्ट के सफल संचालन के लिए ब्रिटिश सरकार ने कम्प्यूटर सॉफ्टवेयर तथा हार्डवेयर उपलब्ध कराये। क्लास प्रोजेक्ट का मुख्य लक्ष्य था- माध्यमिक विद्यालयों के अध्यापकों तथा विद्यार्थियों को कम्प्यूटर साक्षर बनाना तथा कम्प्यूटर को अधिगम के एक सक्रिय साधन के रूप में परिचित कराना। इस प्रोजेक्ट के क्रियान्वयन के लिए विद्यालयों को वित्तीय सहायता प्रदान की गयी। बाद में 250 स्कूलों के अलावा इस प्रोजेक्ट में नये अतिरिक्त स्कूलों को शामिल कर लिया गया। सन् 1990 में देश के 1400 हायर सैकेन्ड्री स्कूलों में इस प्रोजेक्ट को प्रारम्भ करने का कार्यक्रम तैयार किया गया। आज देश के हजारों सकूल इस प्रोजेक्ट के माध्यम से लाभान्वित हो रहे हैं। बहुत से विद्यालय निजी ऐजेनसियों के माध्यम से अपने यहाँ कम्प्यूटर शिक्षा प्रदान कर रहे हैं।

सन् 2000 में राष्ट्रीय शैक्षिक अनुसन्धान एवं प्रशिक्षण परिषद (एन.सी.आर.टी.) नई दिल्ली ने स्कूल शिक्षा के लिए राष्ट्रीय पाठ्यक्रम का प्रारुप (National Curriculum Framework for School Education) नामक दस्तावेज़ (Report) प्रस्तुत किया। इस दस्तावेज़ में परिषद् ने विद्यालयी शिक्षा में सूचना एवं सम्प्रेषण तकनीकी के बढ़ावे पर बल दिया। परिषद् ने परम्परागत शिक्षा व्यवस्था में निम्न परिवर्तनों के बारे में सुझाव दिये-

- औपचारिक शिक्षा तथा औपचारिक विद्यालयों को एकछत्र राज्य को समाप्त करना
- शिक्षा के वैश्वीकरण पर बल देना।
- शिक्षा के वर्तमान पाठ्यक्रम में परिवर्तन करना।
- नई शिक्षा तकनीकों को बढ़ावा देना।
- विद्यालयों का आपस में नेटवर्क स्थापित करना।
- कम्प्यूटर को विद्यालयी प्रक्रिया का एक अनिवार्य अंग बनाना तथा इसे केवल एक विषय तक ही सीमित न रखना।
- शिक्षक-शिक्षा कार्यक्रम में सम्प्रेषण तकनीक (Information Technology) को बढ़ावा देना।
- विद्यालयों को सम्प्रेषण तकनीक (Information Technology) से युक्त करना।
- विद्यालयों को 'सूचना तकनीकी कार्य योजना'- 1998 (Information Technology Action Plan-1998) के माध्यम से कम्प्यूटर उपलब्ध करवाना।

अध्याय 3

कम्प्यूटर तन्त्र
(Computer System)

कम्प्यूटर वास्तव में एक सिस्टम की भाँति कार्य करता है। कोई भी तन्त्र बहुत से अन्त:सम्बन्धित भागों (Interrelated Parts) का एक समूह होता है, जिसकी व्यवस्था निर्धारित उद्देश्यों की प्राप्ति के लिए की जाती है। किसी भी तन्त्र या प्रणाली के तीन आधारभूत भाग होते हैं– निवेश (Input) प्रक्रिया/संसाधन (processing) और परिणाम निर्गम (Output)। कम्प्यूटर, इनपुट, प्रौसेसिंग तथा आउटपुट भागों की आपसी प्रक्रिया से संबंधित एक ऐसी प्रणाली है, जिसका उद्देश्य सूचनाओं का संसाधन (Processing) करना है।

कम्प्यूटर की विशेषताएँ (Characteristics of Computer)

कम्प्यूटर अपनी विशेषताओं, दक्षताओं एवं अपने उत्कृष्ट एवं अनमोल गुणों के कारण आज हमारे जीवन के प्रत्येक क्षेत्र में प्रवेश करता जा रहा है। कम्प्यूटर की निम्नलिखित विशेषताएँ होती हैं–

1. गति (Speed)– कम्प्यूटर द्वारा अत्यन्त सूक्ष्म समय में तीव्र गति से गणनाएं की जा सकती हैं। कम्प्यूटर तकनीक में नये-नये सुधारों (Modification) के साथ-साथ उसकी कार्य गति (Speed) में लगातार वृद्धि हो रही है। सामान्य कम्प्यूटर माइक्रो सेकेण्ड अर्थात 10–6 सेकेण्ड में जटिल गणनाएं कर सकते हैं। जबकि आधुनिक कम्प्यूटर नैनो सेकेण्ड (10–9 सेकेण्ड) से लेकर पीको सेकेण्ड (10–12 सेकेण्ड) तक में कार्य करते हैं।

2. संग्रहण क्षमता (Storage Capacity)– कम्प्यूटर की संग्रहण क्षमता अत्यधिक होती है। यह बहुत ही कम जगह में बहुत अधिक मात्रा में सूचनाओं को संग्रहित कर सकता है और आवश्यकता पड़ने पर उनको निकाल सकता है। जितनी तीव्र गति से कम्प्यूटर में आँकड़ों को संसाधित किया जाता है, उसे उतनी ही तीव्र गति से आँकड़े उपलब्ध भी कराने होते हैं। अत: कम्प्यूटर में प्रोसेसिंग हेतु आँकड़े तीव्र गति से उपलब्ध कराने हेतु दो प्रकार के संग्रहण माध्यमों में संग्रहित किये जाते हैं, आन्तरिक संग्रहण माध्यम अर्थात् प्राथमिक स्मृति तथा बाह्य संग्रहण माध्यम अर्थात् द्वितीयक स्मृति। प्राथमिक स्मृति डाटा की प्रोसेसिंग के दौरान कम्प्यूटर के प्रोसेसर के द्वारा उपयोग में लायी जाती है और द्वितीयक स्मृति में आँकड़े एवं आँकड़ों को विश्लेषित/संसाधित करने हेतु आवश्यक निर्देश देने के प्रोग्राम का संग्रहण होता है। संग्रहण क्षमता की न्यूनतम इकाई बाईट होती है। एक किलो बाइट (Byte) में 1024 बाइट्स होती हैं अर्थात् 1 किलो बाईट्स में 1024 अक्षरों को संग्रहित किया जा सकता है।

3. स्वचालन (Automation)– कम्प्यूटर एक स्वचालित मशीन है अर्थात् कम्प्यूटर स्वत: ही दिये गये निर्देशों के अनुसार किसी दिए गये कार्य को उस समय तक करता रहता है जब तक कि वह कार्य पूरा नहीं हो जाता। कम्प्यूटर में सूचनाओं को किसी कार्य पद्धति (Programme) के द्वारा नियंत्रित किया जाता है और यह प्रोग्राम कई निर्देशों के समूह से तैयार होता है। एक बार प्रोग्राम बन जाने के बाद उसका नियन्त्रण कम्प्यूटर स्वयं करता है।

4. शुद्धता (Accuracy)– कम्प्यूटर से प्राप्त परिणाम पूर्णत: शुद्ध होते हैं। अगर कम्प्यूटर

से प्राप्त परिणामों में त्रुटियां होती हैं, तब वह केवल मानवीय भूल या त्रुटि का ही परिणाम होती हैं। कम्प्यूटर के बारे में एक कहावत प्रसिद्ध है कि यदि कम्प्यूटर में कूड़ा डालोगे तो कूड़ा ही बाहर आयेगा। (GIGO: Garbage In Garbage Out) इस कहावत से यह अभिप्राय है कि ग़लत इनपुट (सूचना/आंकड़ा) और त्रुटि युक्त आदेश (कमाण्ड्स) त्रुटि युक्त परिणाम (आउटपुट) का कारण होते हैं। अतः यदि कम्प्यूटर को ठीक प्रकार सूचनाएँ और डेटा प्रदान किया गया है और उसको दिए गये निर्देश ठीक हों, तब कम्प्यूटर हमको बिलकुल शुद्ध परिणाम (output) प्रदान करेगा।

5. सक्षमता (Diligence)– मनुष्य की कार्य करने की एक सीमा होती है परन्तु कम्प्यूटर बिना थके तथा बिना ऊबे लगातार लम्बे समय तक शुद्धता के साथ कार्य कर सकता है। अगर हम कम्प्यूटर से करोड़ों गणनाएं करने को कहें, तब वह उन करोड़ों गणनाओं को बिना थके तथा बिना रूके कर सकता है और अंतिम गणना को वह उसी शुद्धता और गति के साथ करेगा जिस गति और शुद्धता से उसने पहले वाली गणना की थी।

6. विश्वसनीयता (Reliability)– कम्प्यूटर से प्राप्त परिणाम पूर्णतः विश्वसनीय होते हैं कम्प्यूटर ग़लत परिणाम केवल दो ही स्थितियों में देता है (i) तकनीकी ख़राबी के कारण अथवा (ii) उपयोगकर्ता द्वारा ग़लत निर्देश दिये जाने पर।

7. सार्वभौमिक (Versatility)– कम्प्यूटर बहुउद्देशीय होते हैं अर्थात् कम्प्यूटर विभिन्न प्रकार के कार्यों को कर सकता है। कम्प्यूटर एक साथ कई कार्य करने की क्षमता रखता है। उदाहरण के लिए शिक्षा के क्षेत्र में कम्प्यूटर शिक्षक को उसके शिक्षण कार्य में मदद प्रदान कर सकता है। छात्र कम्प्यूटर के माध्यम से अधिगम कर सकते हैं। इसके अतिरिक्त कम्प्यूटर के माध्यम से पत्र लिखना, छात्रों का मूल्यांकन करना, शैक्षिक निर्देशन प्रदान करना, पे-स्लिप बनाना, एकाउन्टिंग पत्राचार, ई-मेल भेजना आदि कार्यों को किया जा सकता है।

कम्प्यूटर के प्रमुख अंग

कम्प्यूटर के दो प्रमुख अंग होते हैं–

क. हार्डवेयर (Hardware) ख. सॉफ्टवेयर (Software)

साधारण भाषा में हार्डवेयर कलपुर्जों अथवा मशीनरी को कहते हैं। जबकि सॉफ्टवेयर उस मशीनरी को चलाने में प्रयुक्त कार्यपद्धति को कहते हैं। टेलीविज़न की तुलना हार्डवेयर से और उस पर प्रसारित कार्यक्रमों की तुलना सॉफ्टवेयर से की जा सकती है। अतः स्पष्ट है कि कम्प्यूटर के भौतिक अंग, जिन्हें हम छू सकते हैं तथा देख सकते हैं– जैसे कि मॉनीटर, सी.पी.यू., प्रिन्टर स्कैनर, की-बोर्ड, माउस, चिप्स, प्रोसेसर तथा सर्किट आदि तो कम्प्यूटर के हार्डवेयर कहलायेंगे जबकि इस हार्डवेयर को चलाने और नियंत्रित करने वाले निर्देश या निर्देशों के समूह सॉफ्टवेयर कहलायेंगे।

कम्प्यूटर हार्डवेयर (Computer Hardware)

प्रत्येक कम्प्यूटर के हार्डवेयर को चार मुख्य भागों में बाँटा जा सकता है–

क. निवेश इकाई ख. केन्द्रीय संसाधन इकाई

ग. स्मृति कोष घ. परिणाम इकाई

क. निवेश इकाई (Input Unit)– यह वे उपकरण होते हैं, जिनकी सहायता से हम कम्प्यूटर तक अपनी बात (सूचना, डेटा, इत्यादि) को पहुँचा सकते हैं। अर्थात् निवेश इकाई कम्प्यूटर से सम्प्रेषण स्थापित करने का माध्यम होती है। निवेश यंत्र कम्प्यूटर प्रयोगकर्ता को कम्प्यूटर से जोड़

हैं। कम्प्यूटर को निवेश प्रदान करने के लिए बहुत सी निवेश इकाइयाँ होती है, जैसे की-बोर्ड, माउस, लाईटपेन, माइक्रोफोन आदि।

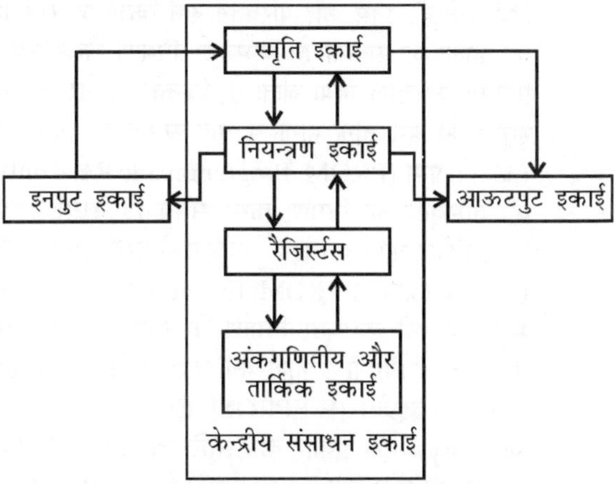

कम्प्यूटर का ब्लाक डायग्राम

ख. केन्द्रीय संसाधन इकाई (Central Proccessing Unit: CPU)– केन्द्रीय संसाधन इकाई कम्प्यूटर का ह्रदय कहलाती है। कम्प्यूटर के केन्द्रीय संसाधन इकाई की तुलना मनुष्य के मस्तिष्क से कर सकते हैं। जिस प्रकार मनुष्य के शरीर के अन्य भाग मस्तिष्क से निर्देश लेकर ही कार्य करते हैं, उसी प्रकार कम्प्यूटर के सभी अंग जैसे निवेश इकाई, परिणाम इकाई और स्मृति कोष इत्यादि केन्द्रीय संसाधन इकाई से निर्देश ग्रहण करते हैं। यह इकाई कम्प्यूटर से संबंधित सभी क्रियाओं को नियंत्रित करती है और उनकी देख-रेख करती है। केन्द्रीय संसाधन इकाई दो भागों अंकगणितीय और तार्किक इकाई तथा नियंत्रण इकाई में बँटी होती है।

1. अंकगणितीय और तार्किक इकाई (Arithmetic and Logic Unit)– यह इकाई कम्प्यूटर में गणितीय तथा तार्किक क्रियाओं को करती है। इस हिस्से में ऐसे सर्किट्स होते हैं जो कि गणित से संबंधित संक्रियाओं को करते हैं। आँकड़ों की तुलना के आधार पर कम्प्यूटर अपने कार्य करने की दिशा को निर्धारित करता है।

2. नियंत्रण इकाई (Control Unit)– निवेश युक्तियों के माध्यम से जो भी सूचनाएँ/आँकड़े कम्प्यूटर में डाली जाती हैं वे सर्वप्रथम स्मृतिकोष में जमा हो जाती हैं। कम्प्यूटर का स्मृतिकोष मानव मस्तिष्क की भाँति ही कार्य करता है। जिस प्रकार हम तथ्यों तथा सूचनाओं को अपने मस्तिष्क में धारण कर लेते हैं तथा आवश्यकता पड़ने पर उनका पुनः स्मरण करते हैं तथा उनके आधार पर कार्य करते हैं। ठीक उसी प्रकार कम्प्यूटर भी सूचनाओं तथा जानकारियों को अपनी स्कृति इकाई में धारित कर लेता है पुनः हमारे द्वारा निर्देश दिये जाने पर अपेक्षित गणनाएँ तथा विभिन्न कार्यों को करने के लिए केंद्रीय संसाधन इकाई क्रियाशील हो जाती है। कम्प्यूटर की स्मृति दो प्रकार की होती है– (i) स्थायी स्मृति तथा (ii) गौण या द्वितीय स्मृति।

(i) *प्राथमिक/स्थायी/मुख्य स्मृति (Main/Internal/Primary Memory)–* मुख्य स्मृति, कम्प्यूटर स्मृतिकोष का वह भाग होता है, जहाँ तत्काल प्रयोग होने वाले आँकड़े और निर्देश सुरक्षित रहते हैं। प्राथमिक स्मृति कम्प्यूटर के अन्दर निहित होती है। इस भाग में वह प्रोग्राम होते हैं, जिनके आधार पर कम्प्यूटर कार्य करता है। कम्प्यूटर हार्ड डिस्क स्थायी स्मृति का एक उदाहरण है। इसकी भण्डारण क्षमता सीमित होती है किन्तु इससे डाटा प्राप्त करने की गति बहुत तीव्र होती है। कम्प्यूटर की प्राथमिक स्मृति दो प्रकार की होती है– अ) रोम ब) रैम

अ. रोम (ROM: Read Only Memory)– जैसा कि इस स्मृति के नाम से स्पष्ट है कि इसको केवल पढ़ा जा सकता है। कम्प्यूटर में रोम एक चिप के रूप में होती है। यह कम्प्यूटर की स्थायी स्मृति होती है। इस चिप की स्मृति में जो सूचनायें या प्रोग्राम भर

दिये जाते हैं, उनमें कोई परिवर्तन नहीं किया जा सकता है तथा न ही इसमें नयी सूचनाओं को डाला जा सकता है। कम्प्यूटर निर्माण के समय सी.पी.यू. में रोम के रूप में कुछ प्रोग्रामों को डाल दिया जाता है, जिनके आधार पर कम्प्यूटर अपना कार्य करता है। रोम स्मृति को हम तीन भागों में बाँट सकते हैं (प्रोम, इप्रोम तथा इइप्रोम)।

(अ–i) प्रोम (PROM: Programmable Read only Memory)– इस प्रकार की स्मृति को कम्प्यूटर का निर्माण करते समय ही उसमें डाल दिया जाता है। कम्प्यूटर प्रोम से दिशा निर्देश प्राप्त करता है। भविष्य में इसमें किसी भी प्रकार का परिवर्तन संभव नहीं है।

(अ–ii) इप्रोम (EPROM: Erasable Programmable Read Only Memory)– इस स्मृति को भी कम्प्यूटर निर्माण के समय कम्प्यूटर प्रोग्राम के रूप में डाल दिया जाता है किन्तु पराबैंगनी प्रकाश की मदद से इसे मिटाया जा सकता है।

(अ–iii) इइप्रोम (E-EPROM: Electrical Erasable Programmable Read Only Memory)– इस प्रकार की स्मृति को विद्युत प्रवाह के द्वारा मिटाया जा सकता है।

ब. रैम (RAM: Random Access Memory)– रैम कम्प्यूटर की स्मृतिकोष का वह हिस्सा होता है जहाँ तत्काल प्रयोग में आने वाले प्रोग्राम और डाटा सुरक्षित रखे जाते हैं। इस हिस्से में हम अपने प्रोग्राम और डाटा को सुरक्षित रख सकते हैं। इसमें तभी तक सूचनाएं संग्रहित रहती है जब तक कि इन पर संसाधन हो रहा हो। संसाधन की प्रक्रिया की समाप्ति के बाद सम्बन्धित आंकड़े तथा प्रोग्राम स्मृति कोष से हट जाते हैं। इस स्मृति कोष से संबंधित सूचनाओं को लिखा या पढ़ा जा सकता है। यह दो प्रकार की होती है, स्टेटिक रैम तथा डायनैमिक रैम।

रैम (RAM)

(ब–i) स्थिर रैम (Static Ram)– इसकी गति तीव्र होती है। यह अधिक जटिल तथा अधिक जगह ले कर काम करने वाली होती है। स्थिर रैम में डाटा तब तक रहता है, जब कि तक कम्प्यूटर में विद्युत की आपूर्ति होती रहती है।

(ब–ii) गत्यात्मक रैम (Dynamic RAM)– गत्यात्मक रैम में जो भी डाटा या सूचनायें जाती है वह कुछ ही क्षणों (मिली सैकेण्ड) बाद समाप्त हो जाती हैं।

(ii) द्वितीयक/गौण/सहायक स्मृति (Secondary/Helping/Auxiliary Memory)– द्वितीयक स्मृति वह स्मृति होती है, जो कि गतिशील होती है। अर्थात् इस प्रकार की स्मृति को कम्प्यूटर से प्राप्त करके भविष्य के लिए सुरक्षित रखा जा सकता है। इसकी भंडारण क्षमता मुख्य स्मृति से अधिक होती है। गौण स्मृति, मुख्य स्मृति की तुलना में सस्ती तथा धीमी गति से कार्य करती है। गौण स्मृति में आँकड़ों को सुरक्षित करके उसको बार–बार प्रयोग किया जा सकता है। यह बाहरी स्मृति होती है। इस प्रकार की स्मृति के उदाहरण फ्लॉपी डिस्क, सी.डी.रोम, मेग्नेटिक टेप, आदि हैं। इन युक्तियों के माध्यम से सूचनाओं तथा आँकड़ों को एक स्थान से दूसरे स्थान तक ले जाया जा सकता है तथा विभिन्न कम्प्यूटरों में इनका प्रयोग किया जा सकता है। द्वितीय स्मृति दो प्रकार की हो सकती है–

(अ) सीधी अभिगमन संग्रहण युक्ति (Direct Access Storage Device)– चुम्बकीय डिस्क, आप्टीकल डिस्क, फ्लॉपी डिस्क, डीवीडी, सीडी पर सुरक्षित जानकारी का प्रयोग

करने के लिए क्रमबद्ध अभिगम का प्रयोग नहीं करना पड़ता है। इन माध्यमों पर लिखी हुई जानकारी के किसी भी हिस्से को सीधे निकालकर प्रयोग किया जा सकता है।

(ब) क्रमबद्ध अधिगमन संग्रहण युक्ति (Sequence Access Storage Device)– इन संग्रहण युक्तियों में आंकड़ों को एक क्रम में संग्रहित किया जाता है। इन माध्यमों से सूचना प्राप्त करने के लिए एक क्रम का अनुसरण करना पड़ेगा।

(स) परिणाम इकाई (Output Unit)– आउटपुट या निर्गम इकाइयाँ वे माध्यम होती हैं जिनके द्वारा कम्प्यूटर अपने द्वारा संसाधित कार्यों को प्रयोगकर्ता तक पहुँचाता है। कुछ प्रमुख निर्गम इकाइंया हैं– मानीटर, प्रिंटर, प्लाटर।

अ) मानीटर (Monitor)

मानीटर

त्येक कम्प्यूटर सिस्टम में कम्प्यूटर परिणाम/निर्गम प्राप्त करने क लिए मॉनीटर का प्रयोग किया जाता है। इसके माध्यम से म कम्प्यूटर के द्वारा प्रदान किये गये परिणामों को दृश्य (Visual) रूप में देख सकते हैं। यह देखने में टी.वी. की तरह होता है। म जो भी सूचनायें कम्प्यूटर पर टाईप करते हैं, वह आवश्यक क्रिया करने के पश्चात कम्प्यूटर स्क्रीन पर प्रदर्शित हो जाता है। कम्प्यूटर मॉनीटर की स्पष्टता पिक्सल (Pixel) पर निर्भर करती है। वास्तव में पिक्सल कम्प्यूटर मॉनीटर पर प्रदर्शित वह सूक्ष्म बिन्दु हैं, जिनकी मदद से कोई अक्षर या आकृति बनती है।

ब) छपाई मशीन (Printer)

छपाई मशीन के माध्यम से पेपर पर कम्प्यूटर परिणाम को प्राप्त किया जा सकता है। कम्प्यूटर विज्ञान की शब्दावली में कम्प्यूटर से मुद्रित कागज़ को हार्डकॉपी कहा जा सकता है। प्रिंटर को निम्न वर्गों में विभाजित किया जा सकता है :-

(i) प्रतिघात छपाई मशीन (Impact Printer)

(ii) अप्रतिघात छपाई मशीन (Non-Impact Printer)

(i) प्रतिघात छपाई मशीन (Impact Printer)– यह छपाई मशीन टाईपराइटर के समान कार्य करते हैं। अर्थात् इसमें छपाई के लिए एक रिबन लगा होता है, जिस पर प्रिंटर का हेड चोट करता है। इनकी गति लगभग 30-600 अक्षर प्रति सेकेण्ड होती है। प्रतिघात छपाई मशीन को दो वर्गों में बांटा जा सकता है, 1. वर्ण छपाई मशीन 2. रेखीय (पंक्तिबद्ध) छपाई मशीन।

क. वर्ण छपाई मशीन– इस प्रकार की छपाई मशीन से एक समय में एक ही अक्षर को मुद्रित किया जा सकता है। इनका उपयोग थोड़ी मात्रा में छपाई का काम करने के लिए किया जाता है। अक्षर प्रिंटर के अंतर्गत दो प्रकार के प्रिंटर आते है–

(क-1) डॉट मैट्रिक्स प्रिंटर (Dot Matrix Printers)– यह प्रिंटर किफ़ायती होता है और इसका उपयोग विभिन्न प्रकार की भाषाओं में मुद्रण के लिए किया जा सकता है। इस प्रिंटर के हैड में लम्बवत् लाईन में बहुत बारीक पिने लगी होती है। ये पिने हैड से बाहर निकल कर कार्बन-रिबन पर चोट करती हैं, जिससे प्रिंटिंग होती हैं। चूंकि इसके द्वारा प्रिंटिंग डॉट्स के रूप में होती है, इसीलिए इसका नाम डॉट मैट्रिक्स प्रिंटर रखा गया है।

डॉट मैट्रिक्स प्रिंटर

(क-2) डेज़ी व्हील प्रिंटर्स (Daisy Wheel Printers)– डेज़ी व्हील प्रिंटर्स में एक लचीले प्लास्टिक के पहिये के चारों ओर पंखुड़िया बनी होती हैं तथा प्रत्येक पंखुड़ी पर एक अक्षर बना होता है। एक मोटर इस पहिये को तेज़ी के साथ घुमाता है। जैसे ही वांछित अक्षर हैमर के सामने आता है, वैसे ही हैमर उस पर चोट करता है और छपाई होने लगती है। इन प्रिंटर्स की छपाई तो अच्छी होती है, लेकिन डॉट मैट्रिक्स प्रिंटर्स की तुलना में यह मंहगे होते हैं। इनकी छपाई की गति 90 अक्षर प्रति सेकेण्ड होती है।

डेज़ी व्हील प्रिंटर्स

(ख) पंक्तिबद्ध छपाई मशीन (Line Printers) – पंक्तिबद्ध छपाई मशीन एक बार मे पूरी पंक्ति को छापते हैं। सामान्यत: पंक्तिवद्ध छपाई मशीन हर लाईन में 132 अक्षर छापते हैं लाइन प्रिंटर्स एक मिनट में 300 से 3000 लाइने छाप सकते हैं। ये दो प्रकार के होते हैं :-

(ख-1) चेन प्रिंटर्स (Chain Printers)– चेन प्रिंटर्स में अक्षर एक चेन पर व्यवस्थित होते हैं। चेन क्षैतिज घूमती है तथा कागज़ चैन के लम्बवत् चलता है। जब कभी छपने वाला अक्षर सही स्थिति में आता है, तब हैमर इस पर चोट करता है, जिससे कागज़ पर अक्षर छप जाता है।

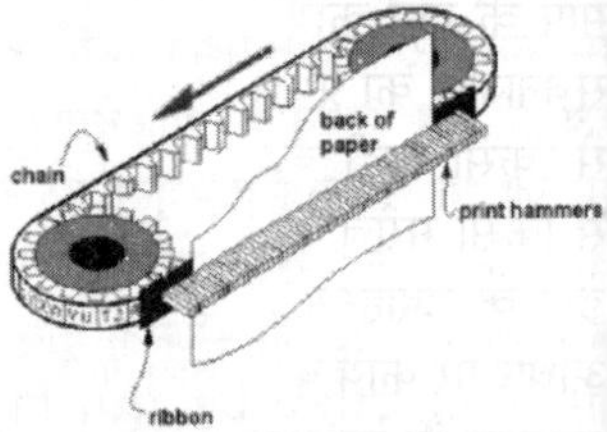

चेन प्रिंटर्स

(ख-2) ड्रम प्रिंटर्स (Drum Printers)– इसमें एक ड्रम होता है, जिसके चारों तरफ अक्षर व्यवस्थित होते हैं। ड्रम तेज़ी से घूमता है ओर एक लाइन की छपाई के लिए एक चक्कर पूरा कर लेता है। अक्षर छापने के लिए कागज़ के पीछे की हथौड़ी चोट करती है।

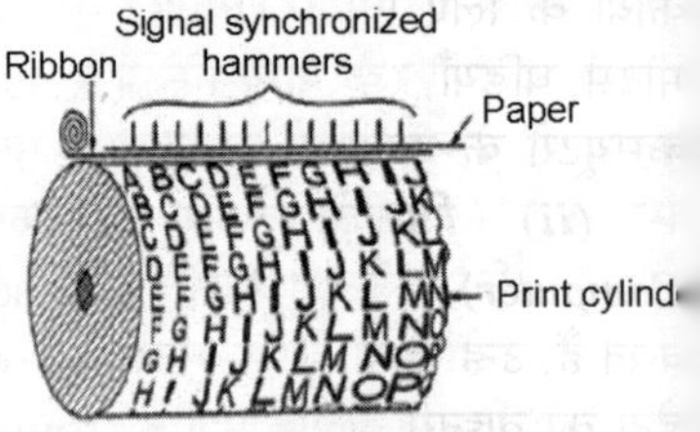

ड्रम प्रिंटर्स

(ii) अप्रतिघात छपाई मशीन (Non-Impact Printers)– अप्रतिघात छपाई मशीन में उसके हैडर रिबिन पर चोट नहीं करते हैं। इनमें छपाई के लिए गर्मी (Heat), स्याही के छिड़काव तथा लेज़र बीम का प्रयोग किया जाता है। इसके अन्तर्गत दो प्रकार के प्रिंटर आते हैं।

क. इंकजेट प्रिंटर (Ink-Jeet Printers) – इनमें नोज़ल अर्थात् नलियों का एक सेट होता है, जिसके माध्यम स यह कागज़ पर स्याही का छिड़काव करते हैं। प्रिंटर के हैडर में लगभग 64 नोज़ल्स का सेट होता है। इसके माध्यम से पाठ और रेखाचित्र या ग्राफिक्स दोनों ही छापे जा सकते हैं। इससे रंगीन छपाई भी आकर्षक रूप में की जा सकती है।

इंकजेट प्रिंटर

ख. लेज़र प्रिंटर (Laser Printers)– इन प्रिंटरों में लेज़र तकनीकी का प्रयोग किया जाता है। इनके माध्यम से पूरे पृष्ठ का एक ही बार में मुद्रण किया जा सकता है। लेज़र प्रिन्टर में छपाई के लिए लेज़र किरणों का प्रयोग किया जाता है। ये किरणें छपने वाले पृष्ठ के चुने हुए हिस्सों को संवेदनशील बना देती हैं। लेज़र के सामने आने वाले हिस्से एक प्रकार की स्याही के पाउडर को अपनी तरफ खींच लेते हैं। इस प्रकार ग या दबाव के कारण टोनर कागज़ पर स्याही के रूप में जम जाता है। इन प्रिंटरों की गुणव

लेज़र प्रिंटर

तथा तीव्रता अन्य प्रिंटरों की तुलना में अधिक होती है। लेज़र प्रिंटर एक मिनट में 120 पृष्ठ भी छाप सकते हैं।

संगणकों के प्रकार (Types of Computer)

कार्य, आकार तथा उद्देश्य के आधार पर हम कम्प्यूटरों को निम्न प्रकार वर्गीकृत कर सकते हैं–

1. कार्य के आधार पर कम्प्यूटरों का वर्गीकरण

इस वर्गीकरण में हम इन्हें तीन भागों में विभाजित कर सकते हैं :- (i) एनॉलाग कम्प्यूटर (ii) डिजिटल कम्प्यूटर (iii) हाईब्रिड कम्प्यूटर

(i) एनॉलाग कम्प्यूटर (Analog Computer)– एनॉलाग कम्प्यूटर मापने की पद्धति के आधार पर कार्य करते हैं। अर्थात् ये कम्प्यूटर वोल्टेज तथा विद्युत धारा के माप के द्वारा कार्य करते हैं। इसमें सतत् डेटा (संकेतों या सूचनाओं) का प्रयोग किया जाता है। स्पीडोमीटर के माध्यम से किसी गाड़ी की गति को मापना, थर्मामीटर की मदद से किसी मरीज़ के तापमान की जाँच करना, इत्यादि सतत् डेटा के उदाहरण हैं। इन सतत् सूचनाओं या डेटा के आधार पर कार्य करने वाले कम्प्यूटर एनॉलाग कम्प्यूटर कहलाते हैं। इन कम्प्यूटरों का प्रयोग मापन व भौतिक कार्यों के लिए किया जाता है। थर्मोमीटर्स, वोल्टेज मीटर्स, घड़ियाँ, रडार तथा स्पीडोमीटर्स आदि एनॉलाग कम्प्यूटरों के उदाहरण हैं।

एनॉलाग कम्प्यूटर

(ii) डिजिटल कम्प्यूटर (Digital Computer)– जो कम्प्यूटर अंको के आधार पर कार्य करते हैं, उन्हें डिजीटल कम्प्यूटर कहते हैं। ये कम्प्यूटर डेटा को बाइनरी रूप (0,1) में स्वीकार करते हैं। ये केवल जोड़ने का कार्य करते हैं। जोड़ने की प्रक्रिया के आधार पर ही ये घटाने, भाग देने, गुणा करने आदि की प्रक्रियाओं को करते हैं। इन कम्प्यूटरों की शुद्धता अधिक होती है।

डिजिटल कम्प्यूटर

(iii) हाईब्रिड कम्प्यूटर (Hybrid Computer) – हाईब्रिड कम्प्यूटरों में एनॉलाग तथा डिजिटल दोनों ही कम्प्यूटरों की विशेषतायें होती हैं। हाईब्रिड कम्प्यूटर का एक उदाहरण है–ई.सी.जी. मशीन, जिसका प्रयोग मरीज़ के ह्वदय की धड़कन को मापने के लिए किया जाता है। ह्दय की धड़कन को मापने के पश्चात् यह मशीन इसको डिजिटल रूप में प्रस्तुत करती है।

हाईब्रिड कम्प्यूटर

2. आकार के आधार पर कम्प्यूटरों का वर्गीकरण (Classification of Computers based on Size)– यद्यपि सभी कम्प्यूटरों में इनपुट, प्रोसेसिंग तथा आउटपुट इकाइयों का प्रयोग किया जाता है फिर भी उनके निर्माण में प्रयुक्त तकनीकी,

आकार तथा संग्रहण क्षमता के आधार पर उनको निम्नलिखित भागों में बाँट सकते हैं :-

(i) **माइक्रो कम्प्यूटर (*Micro Computer*)** – ये आकार में छोटे होते हैं, इन्हें पर्सनल कम्प्यूटर के नाम से भी जाना जाता है क्योंकि कोई भी व्यक्ति अपने व्यक्तिगत उद्देश्यों की पूर्ति के लिए इनका प्रयोग कर सकता है। इनका प्रयोग घरों, सकूलों, तथा आफिसों में किया जाता है। इनमें सामान्यत: एक ही माइक्रो प्रोसेसर का प्रयोग किया जाता है। इस कम्प्यूटर पर एक समय में एक ही उपयोगकर्ता कार्य कर सकता है। माइक्रो कम्प्यूटर को आकार के आधार पर दो भागों लेपटॉप (Laptop) तथा पामटॉप (Pomtop) में विभाजित किया जा सकता है।

(ii) **मिनी कम्प्यूटर (*Mini Computer*)** – मिनी कम्प्यूटर पर एक समय में एक से अधिक उपयोगकर्ता कार्य कर सकते हैं। इनकी गति तथा कीमत माइक्रो कम्प्यूटर की तुलना में अधिक होती है। इनमें टाईम शेयरिंग सिस्टम का प्रयोग किया जाता है। बड़े-बड़े व्यापारिक संगठनों या शोध संस्थानों में इनका प्रयोग किया जाता है।

(iii) **मेनफ्रेम कम्प्यूटर (*Main Frame Computer*)** – इनकी गति, संग्रहण क्षमता तथा क़ीमत मिनी कम्प्यूटरों से भी अधिक होती है। ये मल्टी यूज़र कम्प्यूटर कहलाते हैं। अर्थात् इन पर एक साथ 200 व्यक्ति तक कार्य कर सकते हैं। इन कम्प्यूटरों की गति आदेश/निर्देश प्रति सेकेण्ड होती है। इनका उपयोग बड़े-बड़े व्यावसायिक संगठनों, बैंको, वायुयान यात्रा आरक्षण, रेल यात्रा आरक्षण, संगठनों, अनुसन्धान केन्द्रों इत्यादि में किया जाता है।

(iv) **सुपर कम्प्यूटर (*Super Computer*)** – सभी प्रकार के कम्प्यूटरों में सुपर कम्प्यूटर सबसे शक्तिशाली होते हैं। सुपर कम्प्यूटरों में बहुत से संसाधनों (Processors) तथा समानन्तर संसाधनों का प्रयोग किया जाता है। इन कम्प्यूटरों में संग्रहण की सबसे आधुनिकतम युक्ति 'बबल मैमोरी' का प्रयोग होता है। इनकी गति एक करोड़ बिलियन निर्देश/आदेश प्रति सेकेण्ड होती है। सुपर कम्प्यूटरों का प्रयोग वैज्ञानिक शोध कार्यों, जैसे कि-मौसम की भविष्यवाणी, राकेट प्रक्षेपण, आंतरिक्ष कार्यों, परमाणु परीक्षण, नाभिकीय संयन्त्रों के नियन्त्रण इत्यादि कार्यों में किया जाता है।

3. उद्देश्यों के आधार पर कम्प्यूटरों का वर्गीकरण (Classification of Computers Based on Purpose)– उद्देश्यों के आधार पर हम कम्प्यूटरों को दो भागों में बाँट सकते हैं-

(i) **सामान्य उद्देश्य कम्प्यूटर (*General Purpose Computer*)** – सामान्य उद्देश्य कम्प्यूटर का निर्माण दिन-प्रतिदिन के सामान्य कार्यों को पूरा करने के लिए किया जाता है। इस प्रकार के कम्प्यूटरों में डेटा या सूचनाओं का प्रयोग विभिन्न प्रकार के संसाधित कार्यों के लिए किया जाता है। यह प्राय: डिजिटल कम्प्यूटर होते हैं, जिनका प्रयोग डिज़ाईनिंग, वित्तीय लेखा-जोखा (एकाउंटिंग), बिल बनाने आदि में किया जाता है।

(ii) **विशिष्ट उद्देश्य कम्प्यूटर (*Special Purpose Computer*)**– यह एनॉलाग कम्प्यूटर होते हैं, जिनका निर्माण किसी ख़ास उद्देश्य को ध्यान में रखकर किया जाता है। इनकी स्मृति में किसी विशेष कार्य को करवाने के लिए सूचनाओं के समूह को भर दिया जाता है। इनका प्रयोग वाहनों, वायुयानों, विद्युतीय उपकरण, धुलाई की मशीन तथा रोबोट्स आदि को नियन्त्रित करने में किया जाता है।

अध्याय 4

कम्प्यूटर प्रोग्रामिंग की भाषाएँ
(Languages of Computer Programming)

जिस प्रकार हम अपने विचारों का आदान-प्रदान करने के लिए भाषा का प्रयोग करते हैं, उसी प्रकार कम्प्यूटर से बातचीत करने अर्थात् कम्प्यूटर को निर्देशन देने या उससे किसी परिणाम को प्राप्त करने के लिए विशेष प्रकार की कम्प्यूटर भाषाओं का प्रयोग किया जाता है। कम्प्यूटर की अपनी कोई बुद्धि नही होती है।

कम्प्यूटर मनुष्य के लिए एक आज्ञाकारी दास के समान है। हम कम्प्यूटर से जितना कार्य करने के लिए जिस प्रकार निर्देश देंगे, वह उन्हीं निर्देशों का पालन करते हुए उतना ही कार्य उसी प्रकार करेगा। हम ही कम्प्यूटर को यह बताते हैं कि किसी अमूक कार्य को किस प्रकार किया जाये। अत: स्पष्ट है कि कम्प्यूटर की कार्यकुशलता हमारे द्वारा दिए गये निर्देशों पर आधारित होती है। अब प्रश्न यह उठता है कि हम कम्प्यूटर को निर्देश किस प्रकार दें? कम्प्यूटर को अपनी बात किस प्रकार समझायें? कम्प्यूटर से संवाद या सम्प्रेषण कायम करने के लिए हमें कम्प्यूटर को विशेष निर्देश देने पड़ते हैं। इन निर्देशों को कम्प्यूटर प्रोग्राम कहते हैं। कम्प्यूटर के प्रोग्राम जिनके आधार पर कम्प्यूटर कार्य करता है, कई तरह की भाषाओं में लिखे जाते हैं। ये भाषायें हैं-

1. लो-लेवल भाषाएं या मशीन लैंग्वेज

कम्प्यूटर हमारे आदेशों के अनुसार कार्य करता है लेकिन मशीन होने के कारण हमारे आदेशों को समझने के लिए वह पहले उन्हें मशीन लैंग्वेज में बदलता है। मशीनी भाषा का अर्थ है किसी भी जानकारी को विद्युत होने या न होने यानि क्रमशः 1 व 0 में बदल लेना। कम्प्यूटर केवल 0 और 1 की भाषा ही समझता है जिसे हम मशीनी भाषा या बाइनरी भाषा भी कहते हैं। मशीनी भाषा ही कम्प्यूटर की मातृ भाषा है।

मशीनी भाषा के दोष– चूँकि कम्प्यूटर केवल मशीनी भाषा (0, 1) को ही समझता है। अत: कम्प्यूटर को मशीनी भाषा में निर्देश देना ही ठीक लगता है। परन्तु मशीनी भाषा में दिये जाने वाले निर्देश कम्प्यूटर की आन्तरिक सर्किटरी अर्थात हार्डवेयर पर काफी सीमा तक निर्भर करते हैं। हर कंपनी के एक किस्म के कम्प्यूटर का हार्डवेयर दूसरे प्रकार के कम्प्यूटरों के हार्डवेयर से भिन्न होता है। एक कम्प्यूटर की मशीनी भाषा दूसरे कम्प्यूटर की मशीनी भाषा से भिन्न होती है। अत: एक कम्प्यूटर के लिए मशीनी भाषा में लिखा हुआ प्रोग्राम किसी दूसरे कम्प्यूटर पर प्रयोग नहीं किया जा सकता है। मशीनी लैंग्वेज में एक छोटे से काम के लिए भी बहुत जटिल प्रोग्राम लिखना पड़ता है। इसमें त्रुटि होने की संभावना रहती है।

2. असेम्बली भाषा या अभियोजन भाषा

मशीनी भाषा का एक प्रमुख दोष यह है कि इस भाषा में लिखे गये प्रोग्राम बहुत जटिल और याद रखने के लिए बहुत मुश्किल होते हैं। दूसरे प्रकार की कम्प्यूटर भाषा को असेम्बली लैंग्वेज अथवा अभियोजन भाषा कहते हैं। इस भाषा में कम्प्यूटर प्रोग्राम लिखना मशीनी भाषा की तुलना

में कुछ सरल होता है। किन्तु इस कार्य के लिए कम्प्यूटर हार्डवेयर कार्यप्रणाली का ज्ञान होना आवश्यक है। इसमें विशेषज्ञता की आवश्यकता होती है। असेम्बली भाषा में फंक्शन कोडों को अंको के अलावा शब्दों में भी लिखा जाता है।

जैसे Addition के लिए ADD, load के लिए LDA इत्यादि

LDA-X का अर्थ है– Load Accumulator with X

इन प्रतीकात्मक अक्षरों के अर्थ मशीन लैंग्वेज में बदलने के लिए कम्प्यूटर में असेम्बलर नामक साफ्टवेयर लगाया जाता है।

असेम्बली भाषा के गुण

1. असेम्बली भाषा में Mnemonic code वाले प्रतीकात्मक शब्दों जैसे Add, Sub, Mult, आदि का प्रयोग किया जाता है जिन्हें याद रखना बहुत आसान होता है तथा प्रोग्रामिंग आसान हो जाती है।

2. मशीनी भाषा में लिखते हुए मेमोरी लोकेशन की संख्याएँ याद रखना बहुत कठिन होता है। असेम्बली भाषा में इन संख्याओं की जगह Num 1 या Res 1 जैसे शब्दों का प्रयोग किया जाता है, जिन्हें याद रखना आसान होता है।

3. असेम्बली भाषा में लिखे प्रोग्राम में आवश्यकतानुसार कुछ जोड़ने या घटाने का कार्य बड़ी आसानी से किया जा सकता है।

4. समय की बचत होती है।

3. हाई-लेवेल भाषाएं या उच्चस्तरीय भाषाएँ

जैसा कि उपरोक्त हमने देखा कि कम्प्यूटर को निर्देश देने की जटिल समस्या के समाधान के लिए असेम्बली भाषा बनाई गयी थी लेकिन असेम्बली लैंग्वेज में हर कोई व्यक्ति प्रोग्रामिंग नहीं कर सकता क्योंकि इस भाषा में प्रोग्राम बनाने के लिए सभी तरह के हार्डवेयरों और माइक्रोप्रोसेसर-सर्किटों की पूरी जानकारी होना ज़रूरी है। कम्प्यूटर भाषाओं की जटिलता से बचने के लिए कुछ ऐसी भाषाओं का विकास किया गया है जिन्हें हम आसानी से समझ सकते हैं। ऐसी भाषाएं मानवीय भाषा और विचारों के अनुकूल बनायी गयी हैं। इन्हें स्रोत भाषा (Source Language) या उच्चस्तरीय भाषा (High Level Language) कहते हैं। इन भाषाओं में अंग्रेज़ी शब्दों के प्रयोग से प्रोग्रामिंग की जाती है।

जैसा कि हम जानते हैं कि कम्प्यूटर तो केवल एक मशीन मात्र है। इसलिए यह केवल मशीनी भाषा को समझता है। चूंकि उच्च स्तरीय भाषा में अंग्रेजी शब्दों का प्रयोग किया जाता है। अत: एक समस्या यह उत्पन्न होती है कि हम उच्चस्तरीय भाषा में लिखे हुए निर्देश कम्प्यूटर को कैसे समझायें? इस समस्या के समाधान के लिए हम दुभाषिये का सहारा लेते हैं। अनुवादक (Compiler) या अनुभाषक (Interpreter) अंग्रेजी में हाई-लेवेल भाषा के आदेशों/शब्दों को सीधे ही मशीन कोड में बदल देते हैं।

अत: हाईलेवेल की भाषा और इस भाषा से संबंधित कंपायलर प्रोग्राम की सहायता से सीधे ही आसानी से प्रोग्रामिंग की जा सकती है।

आई.बी.एम. (इन्टरनेशनल बिज़नेस मशीन) ने सन् 1957 में सबसे पहली उच्चस्तरीय भाषा फोरट्रान बनाई। कुछ हाई-लेवल भाषाएँ निम्न प्रकार हैं–

1. FORTRAN (Formula Transition)
2. BASIC (Beginners All Purpose Symbolic Instructional Code)
3. COBOL (Common Business Oriented Language)

4. ALGOL (Algorithmic Language)
5. LISP (List Processing)
6. SNOBOL (String Oriented Symbolic Language)
7. PROLOG (Programming in Logic)
8. "C"
9. LOGO

हाई-लेवेल भाषा के गुण

1. हाई लेवेल भाषा के माध्यम से प्रोग्राम लिखना मशीनी तथा असेम्बली भाषाओं की तुलना में आसान तथा सुविधाजनक होता है।

2. इन भाषाओं में कम्प्यूटर प्रोग्रामिंग करते समय कम्प्यूटर हार्डवेयर या इसकी भीतरी बनावट या सर्किट के बारे में जानना ज़रूरी नहीं है।

3. थोड़े से ही अभ्यास के माध्यम से कम्प्यूटर प्रोग्राम लिखने के कार्य में निपुणता प्राप्त की जा सकती है। यहाँ तक कि आठवीं या दसवीं कक्षा के छात्र भी इन भाषाओं को सीख सकते हैं।

4. डेटा या जानकारी को कहाँ संचित करना है, यह काम कम्प्यूटर स्वयं करता है।

5. इन भाषाओं में कम्प्यूटर को कम से कम आदेश देकर उनसे अधिक से अधिक कार्य करवाया जा सकता है।

6. इन भाषाओं के माध्यम से कम्प्यूटर से अन्त:प्रक्रियात्मक तरीके (Interactive mode) से वार्तालाप (Communication) किया जा सकता है।

बेसिक भाषा (BASIC LANGUAGE)

बेसिक (Basic) भाषा का पूरा अर्थ है– ''बिगनर्स आल परपज़ सिम्बौलिक इन्सट्रक्शन कोड''। विभिन्न प्रकार की उच्च स्तरीय भाषाओं में बेसिक भाषा का स्थान अपने प्रयोग की सहजता के कारण सर्वोपरि है। इस भाषा का विकास सन् 1960 में नेशनल साइंस फाउन्डेशन ग्रांट के प्रोफेसर जॉन केमेनी (John Kemeny) और थामस कुर्तज़ (Thomas Kurtz) ने किया था। बेसिक भाषा बहुत सरल भाषा है। इसके शब्दकोश में अंग्रेज़ी भाषा के कुछ शब्द लिये गये हैं। फलस्वरूप अंग्रेजी भाषा का मामूली ज्ञान होने पर भी बेसिक भाषा आसानी से समझी जा सकती है। साथ ही इस भाषा के प्रयोग के लिए अंकगणित का गूढ़ ज्ञान होने की भी आवश्यकता नहीं होती। यह भाषा कम्प्यूटर पर नये सीखने वालों के लिए बहुत उपयुक्त होती है। इसके लिए किसी विशेषज्ञता की आवश्यकता नहीं होती। बेसिक भाषा का प्रयोग इतना सरल है कि स्कूल के विद्यार्थी भी इस भाषा में कम्प्यूटर प्रोग्रामिंग कर सकते हैं।

BASIC में "B" शब्द का अर्थ है "Beginners"। स्पष्ट है कि Basic भाषा उन लोगों के लिए बनी है जो कि नये हैं तथा प्रोग्रामिंग करना सीख रहे हैं। ऐसे लोग जो कि कम्प्यूटर की भाषा सीखना चाहते हैं उनके लिए यह देखना ज़रूरी है कि सीखी जाने वाली भाषा सरल, आसान, सुविधाजनक तथा आसानी से उपलब्ध होने वाली हो। बेसिक भाषा में उपरोक्त सारी विशेषताएँ निहित हैं। यद्यपि यह नये व्यक्तियों के लिए बनी है फिर भी इसके अनुप्रयोग असीमित हैं। BASIC का दूसरा शब्द "A" है, जिसका अर्थ है "All Purpose" अर्थात बहुउद्देशीय। इसका अर्थ यह हुआ कि विभिन्न प्रकार के कार्यों के लिए इसका प्रयोग किया जा सकता है। जैसा कि व्यवसाय, शिक्षा, गणित, विज्ञान इत्यादि क्षेत्रों में इसकी उपयोगिता का अंदाज़ा इसी बात से

लगाया जा सकता है कि बहुत अधिक संख्या में विभिन्न प्रकार के खेल और कम्प्यूटर कोर्सवेयर इसी भाषा में लिखे गये हैं। "BASIC" शब्द के अगले तीन वर्ण "SIC" है जिनका अर्थ है "Symbolic Instructional Code" अर्थात इस भाषा के निर्देश पूरी तौर पर अंग्रेजी भाषा के नहीं हैं, बल्कि सांकेतिक रूप में इनका प्रयोग किया जाता है। इस भाषा की सहजता को निम्न उदाहरण की सहायता से भली-भाँति समझ सकते हैं–

कम्प्यूटर से दो संख्याओं को जुड़वाने के लिए हमें उसको निम्न निर्देश देने होंगे–

क. कम्प्यूटर को प्रथम संख्या बताना।
ख. कम्प्यूटर को द्वितीय संख्या बताना।
ग. कम्प्यूटर को दोनों संख्याओं को जोड़ने का निर्देश देना।
घ. कम्प्यूटर द्वारा उपरोक्त जोड़ का फल बताना।

उपरोक्त चरणों को बेसिक भाषा में हम निम्न प्रकार लिखेंगे–

```
10 Input A
20 Input B
30 Let Sum = A+B
40 Print Sum
50 End
```

उपरोक्त उदाहरण के माध्यम से स्पष्ट है कि बेसिक भाषा के माध्यम से काम करना कितना सरल है। बेसिक भाषा में निर्देशों के उपरोक्त समूह को ही कम्प्यूटर प्रोग्राम कहते हैं। विद्यालयों में बेसिक भाषा का प्रयोग छात्रों तथा शिक्षकों के प्रयोग के लिए किया जा सकता है।

बेसिक भाषा के कुछ महत्वपूर्ण तथ्य

कम्प्यूटर का अपनी एक शब्दावली का समूह होता है जिसमें अक्षर, राशियाँ, अंक, संख्याएं तथा कुछ विशेष अक्षर शामिल होते हैं। इनको हम तीन भागों में बाँट सकते हैं–

1. अक्षर (Letters/Alphabets)
   A,B,C,D,.........Z; a,b,c,d,............z
2. अंक/संख्याएं (Digits/Numbers)
   0, 1, 2, 3...........9
3. विशेष अक्षर (Special Characters)
   +, -, *, /, %, $, #, @, !, ^, ... इत्यादि।

बेसिक भाषा में कार्य करते समय दो प्रकार की सूचनाओं या डेटा की आवश्यकता पड़ती है। आंकिक (Numeric) और अक्षरांकिक (Alphanumeric)। आंकिक सूचनाओं में केवल संख्याएँ होती हैं जबकि अक्षरांकिक सूचनाओं में संख्याएँ, ऐल्फाबेट्स तथा विशेष अक्षर सम्मिलित होते हैं।

दो प्रकार की राशियां होती हैं– चर तथा अचर

अचर राशियाँ (Constants)

जिन राशियों का मान कम्प्यूटर प्रोग्राम के क्रियान्वयन के समय नहीं बदलता है, उन्हें अचर राशियां कहते हैं। अचर राशियां दो प्रकार की होती हैं–

अ. आंकिक अचर राशियां (Numeric Constants)

आंकिक अचर राशियों में सभी संख्याएं सम्मिलित होती हैं, जैसे–

इन्टीजर्स (Integers) =55,14,-1025, 1600456 इत्यादि

वास्तविक संख्याएँ (Real Numbers) =10.4, 67.51, -0.21 इत्यादि।

आंकिक अचर राशियों को लिखने के नियम

1. इनमें केवल संख्याएँ होती हैं।
2. संख्याओं के बीच में कोमा नहीं लगाया जाता है।
3. धानात्मक चिन्ह वैकल्पिक होता है, जैसे +20 या 20
4. इनका प्रयोग केवल गणना के लिए होता है।

ब. अक्षरांकिक अचर राशियां (Alphanumeric Constants)

अक्षरांकिक शब्द दो शब्दों-अक्षर और अंक से मिलकर बना है। अक्षरांकिक अचर राशियां अंग्रेज़ी के अक्षर, संख्याएं, अक्षर और अंको का समिश्रण या विशेष अक्षर कुछ भी हो सकती हैं, जैसे–

"NOUSHAD", "Best of Luck", "Computer 2005", "2005-2006",
"A+B+C"...., "124, "12A", "22-10", Rs. 220/-" इत्यादि

अक्षरांकिक अचर राशियों को लिखने के नियम

1. यह वर्ण (Alphabets), संख्याएं (Numbers) या विशेष अक्षर (Special Characters) कुछ भी हो सकती हैं।
2. सभी अक्षरों को डबल कुटेशन के बीच लिखना चाहिए।
3. कुटेशन चिन्ह के बीच कोई गणितीय संक्रिया नहीं होती है।

चर राशिया (Variables)

चर राशियां वह राशियां होती हैं, जिनका मान प्रोग्राम के क्रियान्वयन के समय बदलता रहता है। कम्प्यूटर पुराने मानों को बदलकर कम्प्यूटर मेमोरी में नये मान संग्रहित करता रहता है। चर राशियां दो प्रकार की होती हैं–

(अ) आंकिक चर राशियाँ (Numeric Variable)

आंकिक चर राशियाँ अंग्रेज़ी के वर्ण अक्षर से शुरु होती हैं, जैसे– ABC, A, A1 P23Q इत्यादि।

आंकिक चर राशियों को लिखने के नियम

1. आंकिक चर राशियाँ अंग्रेज़ी वर्णमाला के अक्षर से शुरू होती हैं।
2. प्रथम वर्ण अक्षर के पश्चात् कोई संख्या, अंक या वर्ण अक्षर हो सकता है।
3. चर राशियों के नाम बेसिक के कथनों जैसे– Print, Run, End, CLS, इत्यादि से शुरू नहीं करने चाहिए।

आंकिक चर राशियों को दो भागों में बाँट सकते हैं–

i. Integer: ये अक्षरों तथा अंको के मेल से बनते हैं। इनमें पहला अक्षर किसी वर्ण से शुरू होता है तथा अन्त में : का चिन्ह आता है, जैसे A%, P1:

ii. Real Number: ये चर राशियाँ वास्तविक संख्याओं का मान रखती हैं। यदि किसी राशि के अन्त में : का चिन्ह लगा हो तो उसे वास्तविक संख्या ही माना जाता है। वास्तविक संख्या के बाद ! का चिन्ह आता है, जैसे K!, L! आदि।

अक्षरांकिक चर राशियाँ अथवा स्ट्रिंग (Alphanumeric Variables or Strings)

कभी-कभी कम्प्यूटर के द्वारा हम कुछ ऐसी जानकारी का विश्लेषण करना चाहते हैं जो कि आंकिक नहीं होती, जैसे किसी संस्था में कार्यरत कार्मचारियों के नाम तथा पते की सूची तैयार कना अथवा परीक्षाफल बनाते समय अनुक्रमांक के साथ-साथ विद्यार्थी के नाम, पते आदि का

प्रयोग करना। इसके लिए हमें ऐसी चर राशियों की आवश्यकता पड़ती है, जिनका मान शुद्ध आंकिक न होकर अक्षरों, अंको और दूसरे विशेष चिन्हों जैसे +,-,/,*,= आदि के समन्वय से बनता है। ऐसी चर राशियों को अक्षरांकीय चर राशियाँ अथवा स्ट्रिंग कहते हैं। अक्षरांकीय चर राशियों को आंकिक चर राशियों से पृथक करने के लिए इसके अन्त में "$" का चिन्ह लगाते हैं जैसे A$, B$ आदि अक्षरांकीय चर राशियों के नाम हैं। उदाहरण-

```
10      LET A$= "TODAY IS"
20      Let B$="SUNDAY"
30      LET C$=A$+B$
40      Print C$
50      End
```

बेसिक भाषा के कुछ प्रमुख कथन
(Some Important Statements of Basic Language)

कम्प्यूटर, उपयोगकर्ता के द्वारा दिये गये निर्देशों का पालन करता है। इनपुट के रूप में दिये गये निर्देशों के आधार पर कम्प्यूटर आउटपुट देता है। कम्प्यूटर GIGO (Garbage In Garbage Out) नियम का पालन करता है। उपयोगकर्ता विभिन्न कथनों, निर्देशों के रूप में कम्प्यूटर को कार्य करने के लिए कहता है।

उपयोगकर्ता दो तरीकों से कम्प्यूटर से अन्तः प्रक्रिया कर सकता है-

1. प्रत्यक्ष रूप में (Direct Mode)-इस विधि के माध्यम से उपयोगकर्ता सीधे तौर पर सरल निर्देशों (Commands) के माध्यम से कम्प्यूटर से अन्तः प्रक्रिया कर सकता है। प्रत्यक्ष रूप में कम्प्यूटर को दिए गये निर्देश कम्प्यूटर की मेमोरी में संरक्षित नहीं होते हैं, बल्कि कम्प्यूटर सीधे तौर पर इनका क्रियान्वयन कर देता है। कुछ प्रमुख प्रत्यक्ष निर्देश इस प्रकार हैं-

i. New- इस आदेश के द्वारा हम कम्प्यूटर के स्मृतिकोष का प्रारम्भीकरण करते हैं। किसी भी नये प्रोग्राम को प्रारम्भ करने से पूर्व इस निर्देश को दिया जाता है, जिससे कि कम्प्यूटर की स्मृतिकोष में से पुराने प्रोग्राम को हटाया जा सके। अगर हम ऐसा नहीं करेंगे तो कम्प्यूटर की स्मृतिकोष में दोनो प्रोग्राम मिल जायेंगे। "New" आदेश के मिलने के बाद ही कम्प्यूटर का स्मृतिकोष साफ होकर नये प्रोग्राम को ग्रहण करने योग्य बन पाता है।

Syntax: New

ii. Auto- बेसिक भाषा में प्रोग्राम लिखने के लिए उसमें प्रयोग होने वाले प्रत्येक निर्देश को एक लाइन नम्बर देना पड़ता है। 10 के गुणांक जैसे - 10, 20, 30 इत्यादि अंकित करने के लिए कम्प्यूटर को Auto निर्देश देना पड़ता है। हम अपनी सुविधानुसार भी लाइन नम्बरों को विकसित कर सकते हैं। कम्प्यूटर को अपरोक्त आदेश देने पर कम्प्यूटर स्वयं लाइन नम्बर छाप देता है।

Syntax: Auto < LINE No>

```
A> Auto          A> Auto 100, 50
10               100
20               150
30               200
40               250
50
```

iii. List- कम्प्यूटर की स्मृतिकोष में उपस्थित प्रोग्राम की लिस्टिंग लेने के लिए "List" आदेश का प्रयोग किया जाता है। यदि हम प्राम्पट (Prompt) पर List आदेश देकर एण्टर की

को दबायेंगे तो हमें कम्प्यूटर मानीटर पर किसी प्रोग्राम की सभी लाइनें पढ़ने को मिल जायेंगी।

Syntax: List

iv. Load– कम्प्यूटर की मुख्य स्मृतिकोष में किसी प्रोग्राम को वापस लाने के लिए हम "Load" आदेश का प्रयोग करते हैं। ऐसा हम प्रोग्राम में संशोधन के लिए या उसके क्रियान्वयन के लिए करते हैं। "Load" आदेश के बाद उस प्रोग्राम या फाइल का नाम लिखना पड़ता है।

Syntax: Load <File Name?

v. Run–कम्प्यूटर मेमोरी में वर्तमान सुरक्षित किसी प्रोग्राम को चलाने के लिए "RUN" आदेश का प्रयोग किया जाता है।

Syntax: Run

vi. Renumber– प्रोग्राम की लाइनों के बीच एक अव्यवस्थित क्रम को या फिर बीच में अन्य लाइनों को जोड़ने के लिए हम इस आदेश का प्रयोग करते हैं।

Syntax: Renum

vii. Save– भविष्य के प्रयोग हेतु प्रोग्राम को द्वितीयक संग्राहक युक्तियों (Secondary Storage Devices) पर संरक्षित (Save) करने के लिए "Save" आदेश का प्रयोग किया जाता है।

Syntax: Save <File Name>

viii. Cls– कम्प्यूटर स्क्रीन पर लिखी सूचनाओं को साफ करने के लिए "Cls" कमाण्ड का प्रयोग किया जाता है। यहाँ यह बात ध्यान रखने की है कि यह कमाण्ड सूचनाओं को कम्प्यूटर स्क्रीन पर से साफ करता है न कि कम्प्यूटर की मेमोरी से।

Syntax: Cls

2. Indirect Mode (अप्रत्यक्ष रूप में)– इस विधि में प्रयोगकर्ता अप्रत्यक्ष रूप में कम्प्यूटर को विभिन्न कथनों (Statements) के माध्यम से निर्देश प्रदान कर सकता है। यह कथन पहले कम्प्यूटर की स्मृति में सैव हो जाते हैं। चूँकि इस प्रकार के निर्देशों का सीधे तौर पर क्रियान्वयन नहीं होता है, इसीलिए इस प्रकार के निर्देश/कथन इनडायरेक्ट मोड के अन्तर्गत आते हैं। कुछ महत्वपूर्ण कथन निम्नलिखित हैं–

i. Let– "Let" कथन के माध्यम से किसी भी चर राशि का मान निर्धारित किया जा सकता है। यह मान कोई संख्या या स्ट्रिंग हो सकती है।

Syntax: A <LINE NO.> Let <Numeric Variable>=<Numeric Constant>

ii. Print– इस कथन के माध्यम से कम्प्यूटर आउटपुट को प्रिन्ट किया जा सकता है या फिर प्राप्त परिणाम को कम्प्यूटर स्क्रीन पर प्रदर्शित भी किया जा सकता है।

Syntax: A <LINE No.> Print <Numeric Variable>

उदाहरण दो संख्याओं को जोड़कर प्रिंट देने का प्रोग्राम

```
10      LET A = 10
20      LET B = 5
30      LET C =A+B
40      Print C
50      END
```

iii. Input– "LET" कथन के माध्यम से हम चर राशियों का मान निर्धारित कर सकते हैं। परन्तु यदि हमें चर राशियों का मान बदल-बदल कर प्रोग्राम को क्रियान्वित करना हो तब हम "Input" स्टेटमेंट का प्रयोग करते हैं। उदाहरण के लिए यदि हम दो अंको का योग बार-बार अंक बदल-बदल कर निकालना चाहते हैं, तब "Input" कथन के माध्यम से यह कार्य हम निम्न प्रकार कर सकते हैं–

```
10      Input N1, N2
20      Let S = N1+N2
30      Print "Sum of two Numbers is",S
40      End
```

उपरोक्त प्रोग्राम को चलाने पर कम्प्यूटर स्क्रीन पर '?' चिन्ह बनकर आयेगा जिसका अर्थ है कि दो संख्याओं को दो। माना हम दो संख्याओं 40 तथा 50 का योग चाहते हैं तब हम इन्हें निम्न प्रकार देंगे- 40, 50 । इसके पश्चात कम्प्यूटर निम्न परिणाम को दर्शायेगा।

Sum of two Numbers is 90

iv. Rem– Rem निर्देश के द्वारा हम अपने कम्प्यूटर प्रोग्राम में आवश्कतानुसार टिप्पणियाँ डाल सकते हैं। इसके माध्यम से एक व्यक्ति द्वारा लिखा गया प्रोग्राम दूसरे व्यक्ति की आसानी से समझ में आ जाता है। इसका प्रयोग प्रोग्राम को शीर्षक देने के लिए भी किया जा सकता हैं।

Syntax: <Line No.> Rem Statement

उदाहरण: 10 Rem sum of two numbers

v. End– End निर्देश के द्वारा हम अपने प्रोग्राम के अंत को दर्शाते हैं।

Syntax: <Line No.>End

बेसिक भाषा के शिक्षा के क्षेत्र में उपयोग

बेसिक एक अत्यन्त सरल एवं बहुउपयोगी कम्प्यूटर भाषा है, जिसका प्रयोग शिक्षा के प्रत्येक स्तर पर किया जा सकता है। शिक्षा के क्षेत्र में इससे मिलने वाले लाभ निम्न प्रकार हैं–

1. बेसिक एक बहुत सहज एवं सरल कम्प्यूटर भाषा है जो कि आसानी से सीखी जा सकती है। इसे मनोरंजकपूर्ण तरीके से प्रयोग में लाया जा सकता है।
2. बेसिक भाषा नये सीखने वाले व्यक्तियों तथा विद्यालयी बच्चों के लिए बहुत उपयुक्त है।
3. इसमें अंग्रेज़ी के प्रचलित शब्दों का ही प्रयोग किया जाता है।
4. इस भाषा को सीखने अथवा प्रयोग करने के लिए गणित का बहुत अधिक ज्ञान होने की आवश्यकता नहीं होती।
5. बेसिक भाषा के द्वारा गणित, विज्ञान व कामर्स विषयों से संबंधित कार्य किये जा सकते हैं। गणितीय क्रियाएँ हों या फाइल प्रोसेसिंग, ग्राफिक, डिज़ाइन या संगीतीय कार्य, सभी किये जा सकते हैं।
6. बेसिक भाषा के माध्यम से छात्रों को कम्प्यूटर आधारित शिक्षा प्रदान की जा सकती है। शिक्षक इसके द्वारा विभिन्न विषयों के कठिन प्रकरणों पर कम्प्यूटर आधारित पाठ, जिन्हें कोर्सवेयर भी कहते हैं, का निर्माण कर सकते हैं। शिक्षक अपने शिक्षण को छात्रों की आवश्यकताओं के अनुरूप व्यवस्थित कर सकते हैं।
7. छात्र बेसिक भाषा में विकसित कोर्सवेयरों के माध्यम से अपनी सुविधानुसार अध्ययन कार्य कर सकते हैं। छात्र अपने अनुसार समय, विषय, प्रकरण, गति का चुनाव कर सकते हैं।
8. शिक्षक, छात्र की शैक्षणिक प्रगति का समय-समय पर सफल मूल्यांकन कर सकता है।
9. बेसिक भाषा छोटे माइक्रो कम्प्यूटरों या बड़े मेनफ्रेम कम्प्यूटरों दोनों पर ही बड़ी आसानी से प्रयोग में लायी जा सकती है।
10. शिक्षक इस भाषा में आसानी से अपने विषय के शिक्षण के लिए प्रोग्रामिंग कर सकते हैं क्योंकि बेसिक एक इंटरएक्टिव भाषा है। जब बेसिक के प्रोग्राम को कम्प्यूटर के

स्क्रीन पर देखा जाता है तब एक-एक लाइन स्क्रीन पर दिखाई देती है, जिससे उसमें हुई त्रुटि को तुरन्त ठीक किया जा सकता है।

11. हाई लेवेल भाषाओं में बेसिक से मिलते-जुलते नियम व वाक्य रचनाएँ होती हैं, जिसके कारण बेसिक भाषा सीखने के बाद उन्हें आसानी से सीखा जा सकता है।
12. इसके माध्यम से सभी तरह की कैलकुलैशन, वर्ड प्रोसेसिंग, देखने व सुनने वाले कार्य किये जा सकते हैं।
13. इसे रियल टाइम प्रोग्रामिंग व मल्टी कम्प्यूटर प्रोग्रामिंग में भी प्रयोग किया जा सकता है।
14. बेसिक भाषा में लिखे गये कोर्सवेयरं में आसानी से अपनी आवश्यकतानुसार फेरबदल किया जा सकता है क्योंकि बेसिक भाषा एक लचीली भाषा है।
15. शिक्षक, बेसिक भाषा के माध्यम से ऐसे प्रोग्राम विकसित कर सकते हैं, जिनका प्रयोग वे विद्यालयी कार्यों को आसानी से सम्पादित करने में कर सकते है, जैसे-
    क. कक्षा के विद्यार्थियों का परीक्षाफल बनाना।
    ख. उपस्थिति का हिसाब-किताब रखना
    ग. गणित एवं विज्ञान की समस्याओं का समाधान करना।
    घ. अन्य व्यक्तियों से सम्प्रेषण हेतु डाटा फाइल का निर्माण करना।
16. बेसिक भाषा के माध्यम से पुस्तकालय की पुस्तकों से संबंधित एक क्रमबद्ध फाइल का निर्माण किया जा सकता है।
17. इसके माध्यम से हम किसी विद्यालय में कार्यरत अध्यापकों और कर्मचारियों के वेतनमान की गणना करने के लिए प्रोग्राम बना सकते हैं।
18. बेसिक भाषा में लिखे गये प्रोग्राम में प्रोग्रामर द्वारा की गई बहुत सी गलतियों को कम्प्यूटर अपने आप बता देता है। इस क्रिया को डिबगिंग कहते हैं।
19. बेसिक भाषा कम्प्यूटर के प्रकार पर बहुत अधिक निर्भर नहीं करती है। अत: शिक्षक एक कम्प्यूटर पर लिखे गये प्रोग्राम को बड़ी आसानी से दूसरे प्रकार के कम्प्यूटर पर चला सकते हैं।

अध्याय 5

कम्प्यूटर विज्ञान शिक्षण के उद्देश्य एवं प्राप्य उद्देश्य (Aims and Objectives of Computer Science Teaching)

शिक्षा के उद्देश्य समय-समय पर जीवन दर्शन तथा देश की आवश्यकताओं के अनुसार बदलते रहे हैं। उद्देश्य, शैक्षिक प्रक्रिया का वह अन्तिम बिन्दु है, जिसकी प्राप्ति शिक्षण द्वारा नियोजित क्रियाओं से की जाती है। किसी भी उद्देश्य में तीन बातें आवश्यक होती हैं :

1. अपेक्षित परिवर्तन की दशा।
2. परिवर्तन के लिए नियोजित क्रियाएँ।
3. परिवर्तन का अंतिम बिन्दु।

विद्यालय मे विभिन्न विषयों के शिक्षण के द्वारा इन उद्देश्यों की प्राप्ति की जाती है। चूँकि शिक्षण के उद्देश्यों का सीधा संबंध बालक के व्यवहार परिवर्तन से होता है। अत: किसी विषय को पढ़ाने से पूर्व उस विषय के कुछ उद्देश्यों को निर्धारित कर लेना आवश्यक होता है, जिससे कि अपेक्षित व्यवहार परिवर्तन किया जा सके। यदि ऐसा नहीं किया जाता है तो विद्यार्थियों में अपेक्षित व्यवहारिक परिवर्तन नहीं लाया जा सकता है। यही बात कम्प्यूटर विज्ञान विषय के लिए भी सत्य है। कम्प्यूटर विज्ञान को पाठ्यक्रम में शामिल करने की सार्थकता तभी सिद्ध होगी जबकि इसके शिक्षण के उपरान्त बालकों में आवश्यक व्यवहार परिवर्तन हो सके। उदाहरण के लिए कम्प्यूटर विज्ञान के शिक्षण के उपरान्त बालक के व्यवहार में निम्न परिवर्तन आने चाहिए :

1. बालक की सोच में परिवर्तन।
2. बालक के कार्य करने की पद्धति अर्थात् कार्यप्रणाली में परिवर्तन।
3. बालक के मूल्यों में परिवर्तन।
4. बालक के दृष्टिकोण में परिवर्तन।

बीसवीं सदी मे अपेक्षा से अधिक विज्ञान तथा तकनीकी का विकास हुआ है। कम्प्यूटर विज्ञान के विकास के साथ-साथ शिक्षण के उद्देश्यों मे भी अत्यधिक परिवर्तन हुए हैं। कम्प्यूटर विज्ञान शिक्षण ने विद्यालयी पाठ्यक्रम में अपना स्थान बनाने के अलावा शिक्षा के सभी लक्ष्यों को भी प्रभावित किया है।

सामान्य उद्देश्य (Aims) और प्राप्य उद्देश्य (Objectives) का एक ही अर्थ लगाया जाता है परन्तु दोनों में अन्तर है। शैक्षिक उद्देश्य सामान्य कथन होते हैं। इनकी प्रकृति दार्शनिक होती है अत: इनका स्वरूप अधिक व्यापक होता है।

कम्प्यूटर विज्ञान शिक्षक के लिए कम्प्यूटर विज्ञान के उद्देश्यों या सामान्य उद्देश्यों और प्राप्य उद्देश्यों या विशिष्ट उद्देश्यों की स्पष्ट जानकारी आवश्यक है।

उद्देश्य या सामान्य उद्देश्य क्या हैं?

शैक्षिक उद्देश्यों को पूर्णरूप से प्राप्त करना लगभग असंभव होता है। इसकी प्राप्ति के लिए ...र्ण स्कूल, समाज तथा राष्ट्र उत्तरदायी होता है। कुछ सामान्य उद्देश्य निम्न प्रकार हैं—

1. बालक की तर्कशक्ति का विकास करना।
2. बालक में नागरिकता के गुणों का विकास करना।

उपरोक्त उद्देश्यों के अध्ययन से स्पष्ट है कि उद्देश्य बड़े ही व्यापक होते हैं और प्रायः इनका संबंध व्यक्तित्व का विकास, बौद्धिक विकास, संस्कृति का विकास इत्यादि से होता है। इनकी प्राप्ति कक्षा विषय से संबंधित एक-दो पाठों या अध्यायों के शिक्षण से संभव नहीं है। सामान्य उद्देश्यों की प्राप्ति के लिए एक लम्बी शैक्षिक प्रक्रिया से होकर गुज़रना होता है।

विशिष्ट उद्देश्य/प्राप्य उद्देश्य क्या हैं?

बालक के व्यक्तित्व का सर्वांगीण विकास करने के उद्देश्य से संपूर्ण शैक्षिक प्रक्रिया संचालित की जाती है। इस उद्देश्य की पूर्ति हेतु शैक्षिक उद्देश्यों को निर्धारित किया जाता है। परन्तु जैसा कि उपरोक्त स्पष्ट किया जा चुका है कि एक शिक्षक के लिए सामान्य उद्देश्यों की पूर्ण रूप से प्राप्ति असंभव है क्योंकि इसके लिए विद्यालय तथा विद्यालय के बाहर के अधिगम-अनुभवों की आवश्यकता होती है। इसीलिए विद्यालयी कार्यक्रम पूर्ण शैक्षिक कार्यक्रम का एक भाग ही होते हैं।

स्पष्ट है कि विद्यालय से यह आशा नहीं की जा सकती कि वह पूर्ण रूप में सामान्य उद्देश्यों की प्राप्ति कर लेगा। सामान्य उद्देश्यों का वह भाग जिसे विद्यालय द्वारा प्राप्त करने की आशा की जाती है, प्राप्य उद्देश्य (अर्थात प्राप्त करने योग्य) या विशिष्ट उददेश्य कहलाता है। अतः हम कह सकते हैं कि विशिष्ट उद्देश्य, सामान्य उद्देश्य का एक भाग होता है। तुलनात्मक रूप में यह (प्राप्य उद्देश्य) उद्देश्य से संकुचित होता है।

प्राप्य उद्देश्य को निम्न प्रकार परिभाषित किया जा सकता है –

"An objective is a point or an end-view of the possible achievement in terms of what a student is able to do when the whole educational system is directed towards educational aims."

अर्थात् प्राप्य उद्देश्य बालक के द्वारा प्राप्त सफलता है जबकि समस्त शिक्षा प्रक्रम उद्देश्यों की ओर प्रयत्नशील है।

उदाहरणार्थ – कुछ विशिष्ट उद्देश्य निम्न प्रकार हो सकते हैं :

1. छात्र कम्प्यूटर के विभिन्न भागों के कार्यों के बारे में प्रत्यास्मरण कर सकेंगे।
2. छात्र कम्प्यूटर की विशेषताओं के बारे में ज्ञान प्राप्त कर सकेंगे।

उद्देश्य एवं प्राप्य उद्देश्यों में अन्तर

कार्टर बी गुड के अनुसार "उद्देश्य पूर्व निर्धारित साक्ष्य होता है जो किसी कार्य या क्रिया का मार्गदर्शन करता है।"

जब हम किसी उद्देश्य को प्राप्त करने के लिए कार्य करते हैं तो उसके लिए हमें जिन छोटी- छोटी बातों को ध्यान में रखना पड़ता है उसे उद्देश्य के प्राप्य उद्देश्य कहते हैं। प्राप्य उद्देश्य वह मानदंड या उद्देश्य है जिसको छात्र पाठ्यक्रम के एक विशेष भाग को पूर्ण करने पर प्राप्त कर लेता है जबकि सामान्य उद्देश्य छात्र द्वारा विद्यालयी क्रिया को पूर्ण करके प्राप्त किया जाता है। प्राप्त उद्देश्य, छात्र के व्यवहार में वह इच्छित परिवर्तन है जो विद्यालय द्वारा पथ प्रदर्शित अनुभव का परिणाम होता है। उद्देश्य एवं प्राप्य उद्देश्य के अन्तर को निम्न तालिका 5.1 द्वारा स्पष्ट किया जा रहा है–

तालिका 5.1

उद्देश्य (Aims)	प्राप्य उद्देश्य (Objectives)
1. उद्देश्य एक सामान्य कथन होता है।	1. प्राप्य उद्देश्य एक निश्चित कथन होता है।
2. उद्देश्यों का क्षेत्र व्यापक होता है।	2. इनका क्षेत्र सीमित एवं विशिष्ट होता है।
3. उद्देश्यों का आधार दार्शनिक होता है।	3. प्राप्य उद्देश्यों का आधार मनोवैज्ञानिक होता है।
4. उद्देश्य परोक्ष रूप में परिभाषित किये जाते हैं।	4. प्राप्य उद्देश्य प्रत्यक्ष रूप में परिभाषित किये जाते हैं।
5. उद्देश्य शैक्षिक प्रक्रिया को एक दिशा प्रदान करते हैं।	5. प्राप्य उद्देश्य छात्र द्वारा प्राप्त निश्चित सफलता है।
6. उद्देश्य औपचारिक होते हैं।	6. प्राप्य उद्देश्य कार्यपरक होते हैं।
7. इनकी प्राप्ति लम्बी अवधि में होती है।	7. इनकी प्राप्ति एक निश्चित समय सीमा के अन्तर्गत हो जाती है। इनको एक इकाई या एक पाठ के शिक्षण के उपरान्त भी प्राप्त किया जा सकता है।
8. उद्देश्यों की प्राप्ति के लिए सम्पूर्ण विद्यालय कार्यक्रम, समाज तथा राष्ट्र उत्तरदायी होता है।	8. इनकी प्राप्ति का दायित्व शिक्षण तथा विषय वस्तु पर होता है।
9. उद्देश्य पूरी जनसंख्या को आधार मानकर निर्धारित किये जाते हैं।	9. प्राप्य उद्देश्य न्यादर्श को आधार मानकर निर्धारित किये जाते हैं।
10. उद्देश्य शैक्षिक होते हैं।	10. ये अनुदेशनात्मक होते हैं।
11. इसके उदाहरण हैं -व्यक्तित्व का सर्वांगीण विकास, सांस्कृतिक विकास, राष्ट्रीय एकता का विकास आदि।	11. इसके उदाहरण हैं–छात्र में विषय विशेष से सम्बन्धित ज्ञान, अवबोध कौशल, अभिरुचि आदि का विकास।

व्यावहारिक उद्देश्य (Behavioural Objectives)

व्यावहारिक पदों में लिखे गये प्राप्य उद्देश्य व्यावहारिक उद्देश्य कहलाते हैं। व्यवहार एक अदृश्य क्रिया है। व्यवहार का निरीक्षण किया जा सकता है तथा इसकी माप भी संभव है।

व्यवहारिक उद्देश्य हमें बताते हैं कि कोई व्यक्ति किस प्रकार कार्य करता है, सोचता है अथवा महसूस करता है। उदाहरण के लिए- "छात्र कम्प्यूटर की विशेषताओं के अध्ययन में रुचि लेंगे।"

व्यावहारिक उद्देश्यों को लिखने की आवश्यकता

1. व्यावहारिक उद्देश्यों के माध्यम से उन योग्यताओं तथा मूल्यों की जानकारी प्राप्त होती है, जिन्हें एक शिक्षक अपने शिक्षण के माध्यम से अपने छात्रों में संप्रेषित या विकसित करना चाहता है। ये वे अधिगम बिन्दु हैं, जिनकी प्राप्ति की आशा शिक्षक को एक पाठ–योजना, इकाई या फिर पाठ्यक्रम के शिक्षण के उपरान्त होती है।
2. व्यावहारिक उद्देश्यों के निर्धारण से छात्रों के लिए उपयुक्त पाठ्य–वस्तु एवं अधिगम–अनुभवों के चयन एवं संगठन में मदद मिलती है।
3. शिक्षण विधि एवं मूल्यांकन प्रविधियों का चयन इनके आधार पर ही किया जाता है।

यहाँ कम्प्यूटर विज्ञान शिक्षण के कुछ साभान्य उद्देश्यों का उल्लेख करना भी उचित है-

उदाहरणार्थ–

1. छात्रों में कम्प्यूटर अभिवृत्ति का विकास करना।
2. छात्रों में कम्प्यूटर की मदद से निष्कर्ष निकालने एवं किसी समस्या का समाधान प्रस्तुत करने की क्षमता का विकास करना।
3. छात्रों में वैज्ञानिक दृष्टिकोण का विकास करना।
4. छात्रों में कम्प्यूटर के प्रति अभिरुचि उत्पन्न करना।
5. छात्रों को कम्प्यूटर विज्ञान की शब्दावली से अवगत कराना।
6. छात्रों को देश विदेश में होने वाली कम्प्यूटर संबंधी नवीनतम खोजों की जानकारी देना।
7. छात्रों में कम्प्यूटर के कारण जीवन के विभिन्न क्षेत्रों में हो रहे द्रुत विकास को समझने, अपनाने तथा सहयोग करने की क्षमता का विकास करना।
8. छात्रों में कम्प्यूटर विज्ञान शिक्षण के माध्यम से सूचना क्रान्ति से जुड़ने की योग्यता का विकास करना एवं सूचना क्रान्ति के कारण सिमटते संसार के संदर्भ में ''वसुधैव–कुटुम्बकम'' की भावना का विकास करना।

ब्लूम के अनुसार शैक्षिक उद्देश्यों का वर्गीकरण (Bloom's Taxonomy of Educational Objectives)

शिक्षा का उद्देश्य है बालक के व्यक्तित्व का सर्वांगीण विकास करना। इस कार्य के लिए ज़रूरी है कि शिक्षा के माध्यम से बालक को वह ज्ञान और कौशल प्रदान किये जायें जिनके द्वारा बालक के व्यवहार के तीन पक्षों ज्ञानात्मक (Cognitive), भावात्मक (Affective) और क्रियात्मक (Psychomotor) का समुचित विकास किया जा सके। बी.एस. ब्लूम और उनके सहयोगियों ने इस दिशा में कार्य किया तथा शिकागो विश्वविद्यालय में इन तीनों वर्गों का वर्गीकरण प्रस्तुत किया। ज्ञानात्मक पक्ष का ब्लूम ने 1956 में, भावात्मक पक्ष का ब्लूम, कर्थावाल तथा मसीहा ने 1964 में तथा क्रियात्मक पक्ष का सिम्पसन ने 1963 में वर्गीकरण प्रस्तुत किया।

कम्प्यूटर विज्ञान शिक्षक का यह उत्तरदायित्व है कि वह अपने शिक्षण के माध्यम से बालक के व्यवहार के उपरोक्त तीनों पक्षों का विकास करें। ब्लूम और उनके सहयोगियों ने उपरोक्त तीनों पक्षों के विकास को ही शिक्षण का उद्देश्य बताया है तथा बालक की मानसिक आयु और कठिनता स्तर के आधार पर इसके विभिन्न चरण बताये हैं। शैक्षिक उद्देश्यों के इस वर्गीकरण को तालिका द्वारा समझा जा सकता है–

शैक्षिक उद्देश्यों का वर्गीकरण (Taxonomy of Educational Objetives)

क्र.	**ज्ञानात्मक पक्ष**	**भावात्मक पक्ष**	**क्रियात्मक पक्ष**
1.	ज्ञान	ग्रहण करना	उद्दीपन
2.	बोध	प्रतिक्रिया करना	कार्य करना
3.	प्रयोग	अनुमूल्यन	नियन्त्रण
4.	विश्लेषण	प्रत्ययीकरण	समायोजन
5.	संश्लेषण	व्यवस्थापन	स्वाभावीकरण
6.	मूल्यांकन	चरित्र–निर्माण	आदत, निर्माण तथा कौशल

ज्ञानात्मक पक्ष (Cognitive Domain)

इस पक्ष का संबंध उन उद्देश्यों से है जिनके अन्तर्गत सोचना, जानना तथा समस्या समाधान आते हैं। इस पक्ष के अन्तर्गत वे उद्देश्य आते हैं जिनका संबंध हमारे ज्ञान के पुनः स्मरण, पहचान, बौद्धिक क्षमताओं एवं कौशलों के विकास से होता है।

"The cognitive domain includes those objectives which deal with recall and recognition of knowledge and the development of intellectual abilities and skills" Bloom et al., 1956.

ज्ञानात्मक पक्ष के अन्तर्गत छः उद्देश्यों को सम्मिलित किया गया है, जिन्हें कार्यों की सरल से कठिन या जटिल व्यवहार तथा स्थूल से सूक्ष्म व्यवहार के आधार पर एक बढ़ते हुए क्रम में व्यवस्थित किया गया है। प्रत्येक उद्देश्य को पुनः आगे उपभागों में बाँटा गया है। तालिका 5.2 में ज्ञानात्मक पक्ष के उद्देश्यों को दर्शाया गया है–

तालिका 5.2: ज्ञानात्मक पक्ष के शैक्षिक उद्देश्य

उद्देश्य	भाग या सीखने की उपलब्धि	स्पष्टीकरण
1. **ज्ञान**	विशिष्ट वस्तुओं का ज्ञान प्राप्त करना। साधनों का ज्ञान प्राप्त करना सार्वभौम वस्तुओं का ज्ञान प्राप्त करना।	इस उद्देश्य का संबंध तथ्यों, सूचनाओं और प्रत्ययों आदि के पुनः स्मरण और पहचान करने की योग्यता से है।
2. **अवबोध**	अनुवाद करना (Translation) व्याख्या करना (Interpretation) उल्लेख करना (Extrapolation)	इस उद्देश्य का संबंध तथ्यों, प्रत्ययों इत्यादि के समझने की योग्यता से है।
3. **प्रयोग**	प्रयोग करना सामान्यीकरण करना निदान करना	इस उद्देश्य का संबंध नयी–नयी समस्याओं के समाधान में तथ्यों, प्रत्ययों इत्यादि के प्रयोग करने की योग्यता से है।
4. **विश्लेषण**	तत्व का विश्लेषण करना। संबंध देखना सिद्धान्त का विश्लेषण करना	किसी पूर्ण तत्व को उसके अँशों में बाँटने की योग्यता तथा उसके अँशों में आपसी सह–संबंध देखने की योग्यता।
5. **संश्लेषण**	अनोखा सम्प्रेषण करना। योजना का निर्माण करना संबंध स्थापित करना	इस उद्देश्य का संबंध बहुत से छोटे–छोटे तत्वों को मिलाकर एक नये तत्व के निर्माण करने की योग्यता से है।
6. **मूल्यांकन**	आन्तरिक तथ्यों के आधार पर मूल्यांकन बाह्य तथ्यों के आधार पर मूल्यांकन	इस उद्देश्य का संबंध पाठ्य–वस्तु, नियमों तथा सिद्धान्तों इत्यादि के मूल्यांकन अर्थात् आलोचनात्मक व्यवहार की योग्यता से है।

भावात्मक पक्ष (Affective Domain)

भावात्मक पक्ष के उद्देश्यों का संबंध बालक की रुचियों, संवेगों, मनोवृत्तियों तथा मूल्यों के विकास से होता है। निम्न तालिका 5.3 की सहायता से भावात्मक पक्ष के उद्देश्यों को स्पष्ट किया गया है।

तालिका 5.3: भावात्मक पक्ष के शैक्षिक उद्देश्य

उद्देश्य	भाग या सीखने की उपलब्धि	स्पष्टीकरण
1. **ग्रहण करना**	चेतना ग्रहण करने की चाह नियंत्रित आकर्षण	यह किसी उद्दीपक की उपस्थिति में संवेदनशीलता से संबंधित है।
2. **प्रतिक्रिया करना**	प्रतिक्रिया में सहमति प्रतिक्रिया की इच्छा प्रतिक्रिया में सन्तोष	इस उद्देश्य का संबंध बालक की उद्दीपक के प्रति प्रतिक्रिया से है। यहाँ पर बालक का उद्दीपक के साथ संबंध स्थापित हो जाता है

3. **अनुमूल्यन**	मूल्य को स्वीकार करना मूल्य को प्राथमिकता देना मूल्य में विश्वास करना	इसका संबंध मूल्यों के प्रति आस्था से होता है। इसके अन्तर्गत विशिष्ट मूल्यों के प्रति स्वीकृति, प्राथमिकता व निष्ठा आती है।
4. **प्रत्ययीकरण**	प्रत्यय निर्माण भेद करना विश्लेषण करना	मूल्यों की विविधता के परिणामस्वरूप स्वीकार किये गये मूल्यों के प्रति एक निश्चित धारणा बनाने के लिए प्रत्यय निर्माण इसके अन्तर्गत आता है।
5. **व्यवस्थापन**	मूल्य पद्धति का व्यवस्थापन करना	इसके अन्तर्गत निश्चित किये हुए मूल्यों पर विचार किया जाता है तथा उसको व्यवस्थित रूप दिया जाता है।
6. **चरित्र निर्माण**	सामान्यीकरण चरित्रीकरण	जो भी मूल्य ग्रहण किये जाते हैं उन्हें चरित्र का स्थायी अंग बनाया जाता है।

क्रियात्मक पक्ष (Psychomotor Domain)

क्रियात्मक क्षेत्र या पक्ष में वे शैक्षिक उद्देश्य सम्मिलित हैं जिनका संबंध शारीरिक क्रियाओं के प्रशिक्षण तथा कौशलों के विकास से होता है। इस क्षेत्र के उद्देश्य विभिन्न पेशीय क्रियाओं के मध्य सामंजस्य पर आधारित हैं। क्रियात्मक पक्ष के शैक्षिक उद्देश्यों तालिका 5.4 में दर्शाया गया है।

तालिका 5.4: क्रियात्मक पक्ष के शैक्षिक उद्देश्यों का डेवस वर्गीकरण

उद्देश्य	भाग या सीखने की उपलब्धि	स्पष्टीकरण
1. **उद्दीपन**	अनुकरण दोहराना	इस प्रथम उद्देश्य के लिए घटनाओं, वस्तुओं तथा कार्य के प्रति उत्तेजना लायी जाती है। इसको दोहराया जाता है, जिससे कि बालक किसी क्रिया का अनुकरण कर सके।
2. **कार्य करना**	क्रिया को दोहराना या उसका अनुकरण करना क्रिया का चुनाव स्थिरीकरण	बालक उत्तेजना मिलने पर कोई गत्यात्मक क्रिया करता है। यहाँ वह विभिन्न माँसपेशीय गतियों में विभेदन करने के साथ-साथ अपने लिए उपयुक्त क्रियाओं का चुनाव भी करता है।
3. **नियन्त्रण**	क्रिया को दोहराना या पुनर्निर्माण शुद्धता	इस स्तर पर बालक अपने द्वारा की गई क्रियाओं को नियंत्रित करता है तथा कार्य की शुद्धता, अनुपात और क्रिया के सही होने का ख्याल रखता है।
4. **समायोजन**	क्रमबद्धता समायोजन एकरूपता	अनेक क्रियाओं पर नियंत्रण करने के बाद बालक विभिन्न माँसपेशीय क्रियाओं के मध्य सामंजस्य, क्रम तथा एकरूपता बनाये रखता है।
5. **स्वाभावीकरण**	स्वाचालन	इस स्तर पर कार्य करने की एक शैली बन जाती है और एक विशेष गति एवं ढंग से कार्य सम्पादित होता है।
6 **आदत निर्माण तथा कौशल**	आदत निर्माण कौशल का निर्माण	इसके अन्तर्गत कार्य करते रहने की शैली एक आदत बन जाती है। यहाँ कार्य की शैली इतनी स्वचालित हो जाती है कि यह अचेतन रूप से भी एक विशेष गति तथा ढंग से सम्पादित हो जाती हो जाती है।

उद्देश्यों को व्यावहारिक रूप में लिखना
(Writing Objectives in Behavioural Terms)

शिक्षण क्रियाओं को सीमित तथा सुनिश्चित करने, अधिगम-अनुभवों को सुगम बनाने एवं छात्र की निष्पत्तियों के मूल्यांकन को सुनिश्चित करने के लिए शिक्षण के उद्देश्यों को उनके व्यावहारिक रूप में लिखना अत्यन्त आवश्यक है। उद्देश्यों को व्यावहारिक रूप में लिखने से तात्पर्य यह है कि उद्देश्य को देखकर फौरन यह मालूम हो जाए कि इस उद्देश्य की प्राप्ति के लिए जब शिक्षक द्वारा कक्षा में अधिगम-अनुभव प्रदान किये जायेंगे तब छात्र के व्यवहार में किस पक्ष (संज्ञानात्मक, भावात्मक या क्रियात्मक) के किस स्तर पर परिवर्तन आयेगा। वैसे तो शैक्षिक उद्देश्यों को व्यावहारिक रूप में लिखने की कई विधियां हैं लेकिन रार्बट मेगर (1962) की विधि सुविधाजनक है। मेगर के अनुसार किसी भी शैक्षिक उद्देश्य को व्यवहारिक रूप में लिखने के लिए निम्न तीन बातों को निर्धारित करना अनिवार्य है-

1. अंतिम व्यवहार अथवा परिवर्तित व्यवहार की पहचान करना तथा उन्हें निर्धारित करना।
2. अपेक्षित व्यवहारों की परिभाषा करना अर्थात् उन परिस्थितियों का वर्णन करना जिनके अन्तर्गत छात्र अपेक्षित व्यवहार कर सकें।
3. निष्पत्ति परीक्षा के लिए मानदण्ड का निर्धारण करना।

मेगर ने उद्देश्यों को व्यावहारिक रूप में लिखने के लिए ब्लूम की टैक्सोनोमी को आधार माना है। प्रत्येक उद्देश्य को कार्यसूचक क्रियाओं द्वारा व्यावहारिक रूप में लिखा जाता है। एक शिक्षक कार्य सूचक क्रियाओं की सहायता से उद्देश्यों को व्यावहारिक रूप में लिख सकता है ज्ञानात्मक उद्देश्यों के लिए कार्यसूचक क्रियाओं की सूची निम्न है।

तालिका 5.5: ज्ञानात्मक उद्देश्यों के लिए कार्यसूचक क्रियाओं की सूची
(A List of Action Verbs of Cognitive Objectives)

उद्देश्य	कार्यसूचक क्रियाएँ
1. **ज्ञान**	प्रत्यास्मरण, पहचान, परिभाषा देना, कथन देना, चयन करना, सूची देना, मिलाना, मापन करना, लिखाना
2. **बोध**	व्याख्या करना, उदाहरण देना, संकेत करना, प्रस्तुत करना, वर्गीकरण करना, चयन करना, अनुवाद करना, अर्थापन करना, समझना।
3. **प्रयोग**	प्रयोग करना, जाँच करना, भविष्यवाणी करना, गणना करना, प्रदर्शन करना उल्लेख करना ।
4. **विश्लेषण**	विश्लेषण करना, विभाजन करना, निष्कर्ष निकालना, तुलना करना, भेद करना, अलग करना, पुष्टि करना, समर्थन, सिद्ध करना, परीक्षण करना, लिखना ।
5. **संश्लेषण**	सामान्यीकरण करना, सुधारना, तुलना करना, संगठित करना, योजना बनाना, वैधता सिद्ध करना, सुधारना, दोबारा बनाना, प्रारूप तैयार करना, सृजित करना, पुनः संगठित करना, प्रारम्भीकरण करना, एकीकरण करना।
6. **मूल्यांकन**	मूल्यांकन करना, उचित ठहराना, अनुमान लगाना, आलोचना करना, तर्क देना, समर्थन देना, निर्णय लेना, दूर करना, बचाव करना।

तालिका 5.6: भावात्मक उद्देश्यों के लिए कार्यसूचक क्रियाओं की सूची (A List of Action Verbs of Affective Objectives)

उद्देश्य (Objective)	कार्यसूचक कियाएँ (Action Verbs)
1. **ग्रहण करना**	सुनना, स्वीकार करना, पसन्द करना, ग्रहण करना, प्रत्यक्षीकरण, चाहना, छाँटना।
2. **प्रतिक्रिया करना**	उत्तर देना, विकास करना, कथन करना, सारणीयन, लिखना, प्रस्तुत करना।
3. **अनुमूल्यन**	स्वीकार करना, पहचानना, भाग लेना, प्रभावित करना, दिखाना, निर्णय लेना, इंगित करना।
4. **प्रत्ययीकरण**	विभेदीकरण करना, संबंध स्थापित करना, विश्लेषण करना, प्रदर्शित करना, तुलना करना।
5. **व्यवस्थापन**	व्यवस्था करना, सहसंबंध स्थापित करना, छाँटना, संगठित करना, ज्ञात करना, बनाना।
6. **चरित्र निर्माण**	दोहराना, बदलना, स्वीकार करना, विकसित करना, प्रदर्शित करना।

तालिका 5.7: क्रियात्मक उद्देश्यों के लिए कार्य सूचक क्रियाओं की सूची (A List of Action Verbs of Psychomotor Objectives)

उद्देश्य (Objectives)	कार्य सूचक क्रियाएँ (Action Verbs)
1. प्रत्यक्षीकरण	निर्मित करना, रेखाचित्र खींचना, चुनना, विभेदीकरण करना।
2. व्यवस्था	प्रारूप बनाना, प्रारम्भ करना, प्रदर्शन करना।
3. निर्देशित अनुक्रिया	पहचानना, स्थापित करना, अनुसरण, पुनः निर्माण, अनुक्रिया।
4. कार्य प्रणाली	मरम्मत करना, अभ्यास करना।
5. जटिल प्रत्यक्ष अनुक्रिया	जोड़ना, सृजन करना, परिवर्तित करना, स्थानीयकरण करना।

E.J.Simpson ने क्रियात्मक पक्ष के निम्न स्तर बताये हैं–

1. प्रत्यक्षीकरण
2. व्यवस्था
3. निर्देशात्मक अनुक्रिया
4. कार्यप्रणाली
5. जटिल प्रत्यक्ष अनुक्रिया

भारत में प्रचलित उद्देश्य संवर्ग

ब्लूम टेक्सोनोमी के आधार पर यह स्पष्ट है कि शिक्षण की योजना बनाते समय एक शिक्षक को 18 प्रकार (6–संज्ञानात्मक, 6–भावात्मक तथा 6–क्रियात्मक) के उद्देश्यों के ध्यान में रखना पड़ेगा जो कि एक जटिल कार्य है। इस बात को ध्यान में रखते हुए तथा कम्प्यूटर विज्ञान शिक्षण में इस टेक्सोनोमी का व्यवहारिक प्रयोग करने के लिए इन 18 उद्देश्यों में से कुछ निम्नलिखित प्रमुख उद्देश्यों को शमिल किया गया है–

1. **ज्ञानात्मक उद्देश्य**

   क. ज्ञानात्मक उद्देश्य ख. बोधात्मक उद्देश्य ग. प्रयोगात्मक उद्देश्य

2. **भावात्मक उद्देश्य**

   क. अभिरुचियात्मक उद्देश्य ख. अभिवृत्यात्मक उद्देश्य ग. प्रशंसात्मक उद्देश्य

3. क्रियात्मक उद्देश्य

(i) प्रयोगशाला कौशल (Laboraroty Skills)– यह कौशल कम्प्यूटर प्रयोगशाला में ठीक ढ़ंग से कार्य करने से संबंधित है। इसके अन्तर्गत कम्प्यूटर, उसके विभिन्न भागों, जैसे–मॉनीटर, सी0पी0यू0, की–बोर्ड, प्रिंटर, इत्यादि का उचित एवं ठीक प्रयोग, इनको ठीक प्रकार से व्यवस्थित करना, त्रुटिरहित एवं सावधानीपूर्वक कार्य करना, आदि सम्मिलित है।

(ii) संप्रेषण कौशल (Communication Skills)– यह कौशल छात्रों में कम्प्यूटर विज्ञान विषय से संबंधित शब्दावली के सही एवं उचित प्रकार से प्रयोग करने से संबंधित है।

(iii) रचनात्मक कौशल (Construction Skills)– इसके अन्तर्गत कम्प्यूटर विज्ञान विषय से संबंधित चार्ट, मॉडलों आदि का निर्माण करना तथा कम्प्यूटर के प्रमुख भागों में आवश्यकतानुसार सुधार करना सम्मिलित है।

(iv) चित्रकला कौशल (Drawing Skills)– यह कौशल विभिन्न प्रकार के चार्ट बनाने की योग्यता से संबंधित है।

(v) निरीक्षण कौशल (Objective Skills)– निरीक्षण कौशल के अन्तर्गत कम्प्यूटर प्रक्रिया का सही निरीक्षण प्राप्त करना, परिणाम या डेटा को समझना व उसका सुरक्षित रिकार्ड रखना तथा निष्कर्ष निकालना इत्यादि सम्मिलित है।

(vi) उपकरणों का हस्तलाघव कौशल (Manipulative Skills)– इस कौशल के अन्तर्गत निम्नांकित क्रियाएँ आती हैं–

(i) प्रयोगशाला में कम्प्यूटर व उससे संबंधित पार्ट्स की व्यवस्था करना।
(ii) उपकरणों का उचित प्रयोग करना।
(iii) आवश्यकतानुसार उपकरणों में जोड़–तोड़ कर उन्हें कार्य करने की अवस्था में लाना।

(vii) संकलन, आरोपण एवं संरक्षण कौशल (Collection, Mounting and Prservation Skills)– इस कौशल के अंतर्गत निम्न क्रियाएं आती हैं–

(i) किसी समस्या से संबंधित विश्वसनीय आँकड़ों एवं सूचनाओं का चयन व संकलन करना।
(ii) प्राप्त परिणाम और सूचनाओं का समस्या समाधान के लिए प्रयोग करना।
(iii) प्राप्त परिणाम को संरक्षित करना अर्थात भविष्य में उपयोग के लिए कम्प्यूटर डिस्क या सी.डी. पर संरक्षित करना।

(viii) सूचना स्रोत अवस्थिति कौशल (Information Source Location Skills)– यह कौशल छात्रों में निम्नलिखत योग्यताओं से संबंधित है–

(i) कम्प्यूटर विज्ञान विषय से संबंधित सूचनाओं एवं नवीनतम जानकारियों की प्राप्ति हेतु सम्भावित साधनों की कुशलता से तलाश करना।
(ii) वांछनीय ज्ञान की प्राप्ति हेतु पुस्तकालय में सूचक पत्र का कुशलता से प्रयोग करना, इन्टरनेट पर सर्च इंजन की मदद से कार्य करना।
(iii) उपर्युक्त सन्दर्भ सामग्री को ठीक से निर्दिष्ट करना।

(ix) गणनात्मक कौशल (Computational Skills)– यह कौशल छात्रों में कम्प्यूटर प्रयोगशाल आधारित कार्यों में गणनात्मक कार्यों जैसे, MS World, Ms Excel, Tally, Spredsheet इत्यादि कार्यक्रमों (क्रमबद्ध कोर्स) को चलाने की योग्यता के विकास से संबंधित है।

(x) अध्ययन कौशल (Study Skills)– यह छात्रों द्वारा कम्प्यूटर विज्ञान पाठ्यक्रम को ठीक प्रकार के अध्ययन करने से संबंधित है।

(xi) कार्य कौशल (Work Skills)– इसके अन्तर्गत कम्प्यूटर विज्ञान विषय के अध्ययन के लिए आवश्यक विभिन्न प्रकार के कार्यों के सम्पादन में सहायक कौशल आते हैं।

अध्याय 6

कम्प्यूटर विज्ञान शिक्षण की विधियाँ
(Methods of Computer Science Teaching)

शिक्षण, शिक्षक द्वारा केवल विषय-वस्तु का ज्ञान छात्रों को प्रदान करना नहीं हैं, बल्कि व्यापक अर्थ में शिक्षण का अर्थ बालक के व्यक्तित्व का सम्पूर्ण विकास है। व्यापक अर्थ में शिक्षण का अर्थ छात्र के व्यक्तित्व का समग्र विकास है। चूँकि शिक्षा का उद्देश्य - शिक्षार्थी की शरीरिक, मानसिक एवं भावात्मक शक्तियों एवं क्षमताओं का ऐसा समन्वयात्मक, उत्कृष्ट और सामंजस्यपूर्ण विकास करना है जिससे कि उसके व्यक्तित्व का सर्वागीण विकास हो सके और वह योग्यतानुसार अपने परिवार, समाज एवं राष्ट्र की उन्नति में योगदान कर सके। अतः स्पष्ट है कि इस उद्देश्य की पूर्ति शिक्षक के शिक्षण कौशलों पर निर्भर करती है।

एक शिक्षक की पहचान उसके शिक्षण विद्या/कौशल से होती है। यह कोई ज़रूरी नहीं है कि जो शिक्षक बहुत विद्वान है वह बहुत अच्छा अध्यापन (शिक्षण) कर्ता भी होगा। अध्ययन करना और अध्यापन करना अलग-अलग दक्षताएँ हैं। आप ज़बरदस्ती छात्रों पर कोई ज्ञान या अपनी विद्धता थोप नहीं सकते। अच्छे शिक्षण कार्य के लिए आपको छात्रों के मानसिक स्तर को समझना होगा। उनकी रुचियों, आदतों, योग्यताओं एवं मनोविज्ञान को समझना होगा। एक अच्छा शिक्षक वह है जो कि अपने शिक्षण के माध्यम से छात्रों की अध्ययन संबंधी उत्सुकता को शान्त कर देता है। शिक्षक यदि उपरोक्त बातों को ध्यान में रखे तब वह उपयुक्त शिक्षण विधियों के माध्यम से जटिल से जटिल विषय-वस्तु को भी अपने छात्रों तक सरलता से पहुँचाने में सफल हो सकता है?

शिक्षण विधि क्या है?

एक प्रश्न यहाँ यह उठता है कि आखिर शिक्षण विधि है क्या? साधारण शब्दों में हम यह कह सकते है कि जब एक शिक्षक छात्रों को अपने विषय से सम्बन्धित कुछ जानकारी या ज्ञान प्रदान करता चाहता है अर्थात् अधिगम-अनुभव प्रदान करता है तब वह बहुत सी बातों को ध्यान में रखता है जैसे अपनी और छात्रों की सक्रियता, विषय-वस्तु, शिक्षण उद्देश्य आदि। इन सब कारकों के आधार पर वह विषय-वस्तु को छात्रों तक पहुँचाने के लिए कोई उपयोगी तरीका चुनता है, जिसको शिक्षण विधि कहते हैं। अतः हम यह कह सकते हैं कि "शिक्षण विधि छात्रों को विषय-वस्तु को प्रस्तुत करने की एक विधि है।" (Method is the style of presentation of the content to the students).

उपरोक्त विवरण से स्पष्ट है कि किसी विषय-वस्तु का शिक्षण, एक से अधिक शिक्षण विधियों द्वारा किया जा सकता है। कम्प्यूटर विज्ञान विषय के लिए भी यह बात लागू होती है। एक कम्प्यूटर विज्ञान शिक्षक पढ़ाने के लिए बहुत सी शिक्षण विधियों का प्रयोग कर सकता है। इनका उपयोग वह विषय-वस्तु के अनुसार कक्षा शिक्षण में कर सकता है।

कम्प्यूटर विज्ञान शिक्षण की विधियाँ

कम्प्यूटर विज्ञान शिक्षक के लिए यह ज़रूरी है कि वह किसी भी शिक्षण विधि के चुनाव में

उस विधि के गुण दोषों को ध्यान में रखे तथा उस विधि का चुनाव करें जिससे कि समुचित अधिगम परिस्थितियाँ उत्पन्न की जा सकें एवं शिक्षा के उद्देश्यों की प्राप्ति पूर्ण रूप से हो सके। दूसरे अर्थ में कक्षा में, शिक्षक और छात्रों के बीच अन्तः प्रक्रिया होती है। इस अन्तः प्रक्रिया को क़ायम रखना एवं आगे बढ़ाना ही शिक्षण के अन्तर्गत आता है। हिन्दी भाषा में 'विधि' (Method) शब्द, लैटीन भाषा के (Mode) से लिया गया है, जिसका तात्पर्य है 'माध्यम'। अतः हम कह सकते हैं कि शिक्षण विधि से तात्पर्य शिक्षण के दौरान छात्रों में विषय से संबंधित ज्ञान और कौशलों को प्रदान करने के प्रयुक्त तरीके से है जिसकी सहायता से शिक्षक, अधिगम प्रक्रिया के दौरान छात्रों को ज्ञान, और कौशलों को प्रदान करते हैं।

गेज ने शिक्षण विधि को इस प्रकार परिभाषित किया है।

"Patterns of teacher behaviour that are recurrent, applicable to various subject matters, characteristics of more than one teacher and, are relevant to learning."

(Gage)

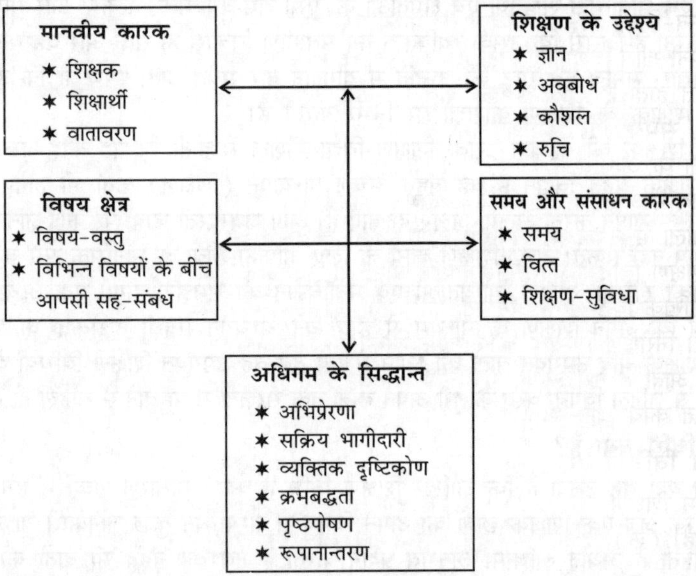

चित्र : शिक्षण-विधियों के चुनाव को प्रभावित करने वाले मुख्य कारक

शिक्षण विधि के चुनाव में ध्यान रखने योग्य कारक

शिक्षण विधि के चयन में कुछ महत्वपूर्ण कारक निम्न प्रकार हैं:-

1. मानवीय कारक– मानवीय कारक का शिक्षण विधि के चुनाव में महत्वपूर्ण स्थान है। शिक्षक, छात्र/छात्रों से सम्बन्धित परिवेश इसके उदाहरणार्थ हैं।

क. शिक्षक– एक शिक्षक को किसी भी विधि का चुनाव करते समय अपने स्वयं के ज्ञान, शिक्षण-अनुभवों, व्यक्तित्व तथा संप्रेषण कौशल को ध्यान में रखना चाहिए तभी वह कक्षा में सुचारू रूप से शिक्षण कार्य कर पायेगा। अन्यथा उद्देश्योन्मुख अधिगम परिस्थितियों को उत्पन्न करने में वह विफल रहेगा।

ख. छात्र– शिक्षण विधि का चुनाव करते समय छात्रों के संबंध में निम्नलिखित महत्वपूर्ण बातों को ध्यान में रखना चाहिए–

अ. छात्रों की मानसिक क्षमताएँ और योग्यताएँ
ब. उनकी शारीरिक आयु और उनके व्यवहारिक अनुभव
स. उनसे संबंधित सामाजिक और सांस्कृतिक वातावरण
ग. विद्यालय का वातावरण

शिक्षण विधि के चुनाव में विद्यालयी एवं कक्षागत वातावरण को भी ध्यान में रखना ज़रूरी है।

2. शिक्षण के उद्देश्य– चूँकि शिक्षण उद्देश्यों को छात्रों के व्यवहार में परिवर्तन के रूप में अर्थात् ज्ञान, बोध, अनुप्रयोग, कौशल, अभिवृत्ति के रूप में लिया जाता है। अतः इनको किस प्रकार प्राप्त किया जा सकता है, यह ध्यान में रखना ज़रूरी है। ज्ञानात्मक, भावात्मक और क्रियात्मक स्तर के उद्देश्यों को प्राप्त करने के लिए उसी स्तर के अधिगम-अनुभव प्रदान करने होंगे।

3. विषय क्षेत्र– विज्ञान, गणित, इतिहास, हिन्दी, कम्प्यूटर विज्ञान की विषय-वस्तु की प्रकृति भिन्न-भिन्न प्रकार की है। यहां तक की एक ही प्रकृति की विषय-वस्तु के अलग अलग प्रकरणों को भिन्न-भिन्न शिक्षण विधियों के माध्यम से सुगमता से पढ़ाया जा सकता है। प्रत्येक विषय की अपनी खास विशेषताएँ होती हैं। उदाहरण के लिए कम्प्यूटर विज्ञान की विषय-वस्तु प्रयोगशाला आधारित होती है। अतः इसको केवल व्याख्यान विधि से नहीं पढ़ाया जा सकता है।

4. समय और संसाधन कारक– शिक्षण विधि के चयन का निर्णय समय और वित्तीय संसाधनों के आधार पर लिया जाना चाहिए। शिक्षण की तैयारी के समय के आधार पर विधियों के चुनाव में अन्तर आ सकता है। सहायक सामग्री, कमरों की संख्या, स्थान, प्रयोगशाला सहायक, प्रयोगशाला में उपलब्ध उपकरण तथा उनकी व्यवस्था को ध्यान में रखना चाहिए।

शिक्षण विधियों को तीन भागों में बाँटा जा सकता है– मौखिक, निरीक्षण तथा प्रयोगात्मक।

मौखिक विधियों के अन्तर्गत बात करना, विचार-विमर्श, व्याख्या तथा किताब से कार्य करना आते हैं। निरीक्षण विधियों के अन्तर्गत प्राकृतिक वस्तुओं, चार्ट, मॉडल तथा फिल्मों इत्यादि का प्रदर्शन आता है तथा प्रयोगात्मक विधियों के अन्तर्गत प्रयोग करना तथा आवश्यक प्रयोगशाला आधारित कार्य आते हैं।

शिक्षण विधियों का आधार

हम शिक्षण विधियों को शिक्षक और छात्र सक्रियता के आधार पर भी दो भागों में बाँट सकते हैं। (क) शिक्षक केन्द्रित और (ख) छात्र केन्द्रित ।

(क) शिक्षक केन्द्रित विधियाँ

इन विधियों के अन्तर्गत कक्षा में शिक्षक अधिक क्रियाशील होता है। छात्रों के लिए अधिगम प्रक्रिया में विचलनशीलता कम होती है। शिक्षक का छात्रों के प्रति दृष्टिकोण प्रभुत्ववादी होता है। इसके अन्तर्गत व्याख्यान, पाठ-प्रदर्शन, अनुवर्ग शिक्षण, आदि विधियाँ आती हैं। इनमें छात्रों की व्यक्तिगत रुचियों, क्षमताओं, योग्यताओं को विशेष महत्व नही दिया जाता है। शिक्षण तथा अधिगम व्यवस्था स्मृति स्तर पर आधारित होती है।

(ख) छात्र केन्द्रित विधियाँ

इन विधियों में छात्र तथा शिक्षक की अन्तः प्रक्रिया को महत्व दिया जाता है। शिक्षण अधिगम प्रक्रिया में छात्र सक्रिय रूप से भाग लेता है। इसमें छात्रों की रुचियों, क्षमताओं तथा योग्यताओं को महत्व प्रदान किया जाता है। इसके अन्तर्गत अन्वेषण, योजना विधि, कम्प्यूटर द्वारा अनुदेशन, मस्तिष्क आक्रामक विधि (Brain Storming Method) आदि विधियाँ आती हैं। उक्त सभी शिक्षण विधियों के बारे में आगे विस्तार में चर्चा की गयी है।

शिक्षण विधियां (Pedogogy)

1. व्याख्यान विधि (Lecture Method)

व्याख्या विधि समस्त शिक्षण विधियों में सबसे प्राचीन मानी जाती है। यद्यपि शोधों के परिणामों से यह सिद्ध हो चुका है कि क्रियात्मक शिक्षण विधियों की तुलना में यह विधि अधिक उपयोगी नहीं है, फिर भी अधिकतर शिक्षक इस विधि के माध्यम से अपने कुल कक्षा-शिक्षण का 50 से 60 प्रतिशत तक शिक्षण कार्य करते हैं। यह विधि आर्दशवादी विचारधारा की देन है। इस विचारधारा के अनुसार छात्र के ऊपर शिक्षक का प्रभाव पूर्ण रूप से पड़ना चाहिए। शिक्षक ही एक मात्र ऐसा साधन है जो कि छात्र के व्यक्तित्व को प्रभावित करता है। विद्यार्थियों को ज्ञान प्रदान करने के लिए व्याख्यान विधि सबसे सरल विधि है। लेकिन सच्चाई यह है कि इस विधि से न तो छोटी कक्षओं के विद्यार्थी ही लाभ उठा पाते हैं और न ही बड़ी कक्षा के विद्यार्थी। व्याख्यान विधि के माध्यम से प्रारम्भिक सैद्धान्तिक ज्ञान प्रदान करना लाभकारी होता है अगर कक्षा में छात्रों की संख्या अधिक है, शैक्षिक संसाधन सीमित मात्रा में हैं और अगर समय चक्र (समय-सारणी) में कालांशों की संख्या काफी कम हो तब केवल एक मात्र व्याख्यान विधि ही सम्पूर्ण पाठ्यक्रम का ज्ञान देने में सहायक होती है। व्याख्यान विधि के माध्यम से निम्न चार उद्देश्यों की पूर्ति होती है–

क. छात्रों को अभिप्रेरणा प्रदान करना   ख. विषय-वस्तु को स्पष्ट करना
ग. सर्वेक्षण करना   घ. कम समय में अधिक ज्ञान देना।

कार्टर गुड्स डिक्शनरी के अनुसार "व्याख्यान विधि एक ऐसी अनुदेशनात्मक प्रक्रिया है जिसमें कि एक शिक्षक अधिकतर केवल मौखिक रूप में या फिर कुछ कक्षा अन्त प्रक्रिया उदाहरणों, नक्शे, चार्ट तथा अन्य दूसरी श्रव्य सहायक-सामग्री के माध्यम से छात्रों तक ज्ञान को पहुँचाने, उनकी आलोचनात्मक शक्तियों का विकास करने तथा उनकी सोच को बदलने का कार्य करता है।"[1]

व्याख्यान विधि का स्वरूप

इसमें पाठ्य-वस्तु के प्रस्तुतीकरण पर अधिक बल दिया जाता है। यह विधि मुख्यत: शिक्षक की '3Ps' पर निर्भर करती है। ये '3Ps' हैं - Prepartation (तैयारी), Presentation (प्रस्तुतीकरण) और Personality (व्यक्तित्व)। स्पष्ट है कि इसमें शिक्षक को अधिक क्रियाशील रहना पड़ता है और छात्र केवल एक श्रोता की तरह व्यवहार करता है।

व्याख्यान विधि के शिक्षण सिद्धान्त

1. विषय-वस्तु को पूर्ण रूप से छात्रों के समक्ष प्रस्तुत करना।
2. विषय- वस्तु को प्रस्तुतीकरण पर अधिक महत्व देना।
3. सरल भाषा का धाराप्रवाह प्रयोग, जिससे छात्र सुगमता से ज्ञान अर्जित कर लें।
4. अन्य विषयों के साथ सहसंबंध स्थापित करके पढ़ाना।

व्याख्यान विधि के चरण– व्याख्यान विधि के मुख्यत: तीन चरण होते हैं।

1. शिक्षक द्वारा शिक्षण की योजना बनाना– इस प्रथम चरण पर शिक्षक छात्रों को क्या पढ़ाना है ? इसकी योजना बनाता है अर्थात् वह शिक्षण के उद्देश्यों, विषय-वस्तु उसकी क्रमबद्धता

---

1. "Lecture method is an instructional procedure by which the lecturer seeks to create interest to influence, stimulate or would opine to promote largely by the use of the verbal message with a minimum of class participation; illustrations, maps, charts or other visual aids may be employed to supplement the oral technique." –Carter Good's Dictionary.

शिक्षण प्रविधियों, मूल्यांकन प्रविधियों इत्यादि के संबंध में निर्णय लेता है।

2. शिक्षण का प्रस्तुतीकरण– व्याख्यान की योजना बनाकर शिक्षक अपना प्रस्तुतीकरण करता है। वह छात्रों के समक्ष प्रभावशाली तरीके से पाठ्य-वस्तु को प्रस्तुत करता है।

3. छात्रों द्वारा ज्ञान ग्रहण करना– इस अन्तिम चरण में छात्र केवल ज्ञान या सूचनाओं को ग्रहण करते हैं।

व्याख्यान विधि के गुण

1. इस विधि में थोड़े समय में अधिक विषय-वस्तु का बोध अधिक छात्रों को कराया जा सकता है। अर्थात् कम समय में अधिक ज्ञान दिया जा सकता है।
2. इस विधि के माध्यम से नवीन विषय की पृष्ठभूमि आसानी से प्रस्तुत की जा सकती है।
3. अध्यापक व छात्रों को कोई विशेष श्रम नहीं करना पड़ता है।
4. अन्य विषयों के साथ आसानी से सह-संबंध स्थापित किया जा सकता है।
5. इस विधि का प्रयोग अन्य विधियों की सहायक विधि के रूप में किया जा सकता है।
6. पाठ्यवस्तु के प्रस्तुतीकरण पर अधिक बल दिया जाता है।

व्याख्यान विधि के दोष

1. इस विधि में विषय-वस्तु के प्रस्तुतीकरण पर अधिक बल दिया जाता है जबकि छात्र क्रियाशीलता पर कोई ध्यान नहीं दिया जाता है।
2. प्रारम्भिक कक्षाओं में इसका प्रयोग नहीं हो सकता है।
3. यह विधि मनोविज्ञान के सिद्धान्त के प्रतिकूल है। इसमें व्यक्तिगत भिन्नता को ध्यान में नहीं रखते हैं तथा छात्रों की रुचियों, अभिवृत्तियों, मानसिक क्षमताओं को कोई महत्व नहीं दिया जाता है।
4. इसके द्वारा कम्प्यूटर विज्ञान के उद्देश्यों की प्राप्ति संभव नहीं है।
5. प्रस्तुतीकरण के समय, विषय-वस्तु की मनोवैज्ञानिक और तार्किक क्रमबद्धता का अभाव होता है।
6. इस विधि के द्वारा केवल ज्ञानात्मक पक्ष के छोटे (lower) उद्देश्यों की प्राप्ति ही संभव है। भावात्मक और क्रियात्मक पक्ष की अनदेखी होती है।
7. शिक्षण सामग्री में शिक्षक का एकाधिकार रहता है।
8. इस विधि के अन्तर्गत कम्प्यूटर विज्ञान का वास्तविक उद्देश्य ही समाप्त हो जाता है क्योंकि इसमें कार्य करके सीखने के सिद्धान्त का कोई स्थान नहीं है।
9. छात्रों की निरीक्षण तथा तार्किक क्षमताओं का विकास नहीं हो पाता है।
10. इस विधि की गति बहुत तीव्र होती है। कक्षा के अधिकांश छात्र शिक्षक के प्रस्तुतीकरण के साथ नहीं चल पाते हैं।

व्याख्यान विधि के प्रयोग में आवश्यक सावधानियाँ

(i) व्याख्यान विधि का प्रयोग करते समय छात्रों को क्रियाशील रखना चाहिए। इसके लिए व्याख्यान बालकों के मानसिक स्तर एवं रुचियों के अनुसार होना चाहिए।

(ii) व्याख्यान की गति ऐसी होनी चाहिए जो न तो औसत छात्रों एवं धीमी गति से सीखने वाले छात्रों के लिए नुकसानदायक हो और न ही अच्छे बालक उसमें अरुचि दिखाएं। ऐसी दशा मे शिक्षक को यह चाहिए कि वह कक्षा की औसत मानसिक योग्यता और अनुभवों को ध्यान में रखते हुए गति को निर्धारित करे, जिससे सभी प्रकार की योग्यता वाले छात्र लाभान्वित हो सकें।

(iii) चूँकि व्याख्यान के समय कक्षा का वातावरण नीरस तथा गम्भीर हो जाता है। अतः

बीच-बीच में मुहावरों, हास्य, विनोद का भी प्रयोग करना चाहिए।

(iv) अन्तः प्रक्रिया को बढ़ाने के लिए चार्ट, मॉडल, उदाहरणों, दृष्टान्तों इत्यादि का भी प्रयोग करना चाहिए।

(v) व्याख्यान की भाषा सरल व स्पष्ट होनी चाहिए।

(vi) प्रस्तुतीकरण के समय विषय-वस्तु को एक निर्धारित क्रम में प्रस्तुत करना चाहिए।

(vii) व्याख्यान के समय पुस्तक या नोट्स का प्रयोग जहाँ तक हो सके नहीं करना चाहिए क्योंकि इससे व्याख्यान की जीवंतता खत्म हो जाती है।

कम्प्यूटर विज्ञान शिक्षण में व्याख्यान विधि का प्रयोग

जैसा कि उपरोक्त स्पष्ट किया जा चुका है कि व्याख्यान विधि एक प्राचीन एवं उपयोगी विधि है। कम्प्यूटर विज्ञान शिक्षण में इसका प्रयोग विषय-वस्तु की प्रकृति के अनुसार किया जा सकता है। कम्प्यूटर का इतिहास, कम्प्यूटर की पीढ़ियाँ, इण्टरनेट, विभिन्न सॉफ्टवेयर इत्यादि से सम्बन्धित विषय-वस्तु को छात्रों के समक्ष स्पष्ट करने में व्याख्यान विधि का उपयोग हो सकता है। इस विधि के माध्यम से कम समय में अधिक छात्रों को लाभान्वित किया जा सकता है।

व्याख्यान विधि में कम्प्यूटर का उपयोग

कम्प्यूटर का प्रयोग व्याख्यान विधि को प्रभावशाली तथा छात्रों के लिए उपयोगी बना सकता है। कम्प्यूटर विज्ञान शिक्षक, व्याख्यान विधि में कम्प्यूटर का प्रयोग करके अपने शिक्षण के निर्धारित उद्देश्यों की प्राप्ति कर सकता है। कम्प्यूटर का प्रयोग व्याख्यान विधि के दोषों को एक सीमा तक कम कर सकता है। व्याख्यान विधि के बीच में शिक्षक कम्प्यूटर के माध्यम से छात्रों को विषय-वस्तु से संबंधित चार्ट, नक्शों, तस्वीरों, एनीमेशन, आँकड़ों, रेखाचित्रों इत्यादि का प्रदर्शन कर सकता है। इसके माध्यम से छात्रों की पाठ में रुचि बनी रहेगी।

2. प्रदर्शन विधि (Demonstration Method)

वैज्ञानिक घटना को दृश्य रूप में प्रस्तुत करना तकनीकी भाषा में प्रदर्शन कहलाता है। यह विधि शिक्षण के सूत्र 'मूर्त से अमूर्त' पर आधारित है। शोधों के परिणाम यह दर्शाते हैं कि सीखने की प्रक्रिया में अमूर्त (सूक्ष्म) विषय-वस्तु का ज्ञान छात्र के मस्तिष्क में स्थायी नहीं रह पाता जबकि इसके विपरीत मूर्त (स्थूल) ज्ञान पर्याप्त सीमा तक स्थायी रहता है। प्रदर्शन विधि में शिक्षक छात्रों के समक्ष विषय-वस्तु से संबंधित प्रयोग का प्रदर्शन करता है। प्रदर्शन के समय छात्र भी सक्रिय रहते हैं। सम्पत एवं अन्य के अनुसार- "इस तकनीकी का उपयोग शिक्षक अधिकतर विभिन्न विषयों में, विचारों, क्रियाओं, अभिवृत्तियों और प्रक्रियाओं को प्रदर्शित करने के लिए करते हैं। बोले गये शब्दों को विभिन्न सहायक सामग्रियों के प्रदर्शन के द्वारा विकसित किया जाता है। जिसके परिणामस्वरूप श्रव्य व दृश्य सीखना होता है। मूर्त प्रदर्शन को जब सहायक सामग्री द्वारा प्रस्तुत किया जाता है तो यह सूचना ग्रहण करने के दो स्रोत आँख और कान को उत्तेजित करते हैं।"[2]

व्याख्यान विधि तथा प्रदर्शन विधि में काफी विभिन्नता है। व्याख्यान विधि में अध्यापक

---

2. "Demonstration is a technique which is often used by all teachers in teaching various subjects, ideas, skills, attitudes and process can be domestrated. The spoken words are supplemented with demonstration using varied aids resulting in auditory and visual learning. Concrete demonstration through aids is reinforced instruction through two channels — eyes and ears."

केवल मौखिक शिक्षा देता है, परन्तु प्रदर्शन विधि में वह उपकरणों, चार्ट, मॉडल तथा यंत्रों की सहायता से अपनी पाठ्य-वस्तु को भली-भांति स्पष्ट करते हुए पाठ को आगे बढ़ाता है। प्रदर्शन पद्धति में छात्र सक्रियता से भाग लेते हैं।

प्रदर्शन विधि, व्याख्यान विधि की तरह एकांगी नहीं है। इस विधि में अध्यापक कक्षा में छात्रों की मदद से प्रयोग का प्रदर्शन करता हैं। चूँकि छात्र वास्तविक प्रयोग व उसकी प्रक्रियाएं देखते हैं तथा वे उसके क्रियान्वयन में पूरी मदद करते हैं इसलिए छात्रों की इसमें रुचि बनी रहती है। छात्र आलोचनात्मक दृष्टिकोण से प्रदर्शन का निरीक्षण करके निष्कर्ष निकालने का प्रयास करते हैं। इस प्रकार उनकी निरीक्षण व तर्क करने की क्षमता का विकास होता है।

शिक्षण सिद्धान्त

1. यदि शिक्षण-अधिगम प्रक्रिया के दौरान बालक की दृश्य और श्रव्य इन्द्रियाँ सक्रिय रहें, तब वह अधिक सीखता है।
2. छात्र, शिक्षक अनुकरण से सीखते हैं।
3. अनुकरण के प्रत्यक्षीकरण का अवसर दिया जाता है।

प्रदर्शन विधि के चरण

इस विधि के निम्न तीन चरण होते हैं-

1. **प्रस्तावना**- इस विधि के प्रथम चरण के अन्तर्गत सर्वप्रथम शिक्षक छात्रों को प्रदर्शन के उद्देश्यों से अवगत कराता है।
2. **विकास**- द्वितीय चरण में शिक्षक पाठ्य-वस्तु को प्रस्तुत करता है तथा इसमें वह दृश्य-श्रव्य सहायक सामग्री का प्रदर्शन करते हुए इस पाठ का विकास करता है।
3. **एकीकरण**- अंतिम चरण में पाठ्य-वस्तु के एकीकरण के लिए अर्थात यह देखने के लिए कि छात्रों को पाठ्य-वस्तु का कितना बोधा हुआ है, यह जानने के लिए मूल्यांकन प्रश्न पूछे जाते हैं।

प्रदर्शन विधि के गुण

1. प्रदर्शन विधि के माध्यम से शिक्षक, छात्रों की सोच को एक खास दिशा प्रदान कर सकता है।
2. प्रदर्शन विधि निम्न परिस्थितियों में लाभकरी होती है जबकि-
   क. वास्तविक उपकरण तथा यंत्र काफी महँगे हों,
   ख. वास्तविक प्रयोग के क्रियान्वयन में खतरा हो,
   ग. प्रयोग के क्रियान्वयन तथा संचालन में कठिनाई हो,
3. यह विधि शिक्षक एवं छात्र दोनों को कक्षा में सक्रिय रखती है। छात्र अपनी आँखों से प्रदर्शन होते हुए देख सकते हैं।
4. प्रदर्शन एक शिक्षक के समय और उसकी मेहनत को बचाता है। प्रयोग के प्रदर्शन एवं निरीक्षण से सरलता से जटिल ज्ञान को छात्रों को समझाया जा सकता है।
5. छात्रों में निरीक्षण, तर्क व विचार शक्ति का विकास होता है।
6. इस विधि में बालक दृश्य श्रव्य सहायक सामग्री के माध्यम से सीखता है। अतः उसकी पाठ में रुचि बनी रहती है तथा इस प्रकार सीखा हुआ ज्ञान स्थायी हो जाता है।

प्रदर्शन विधि के दोष

1. इसमें मनोविज्ञान के प्रमुख सिद्धान्त 'क्रिया द्वारा सीखना' को कोई स्थान नहीं दिया जाता है।
2. कक्षा के सभी छात्र प्रदर्शन के विवरण तथा परिणामों को नहीं देख पाते हैं।
3. सभी छात्रों को प्रदर्शन में भागीदारी प्रदान करने का अवसर प्राप्त नहीं हो पाता है।

4. इस विधि के माध्यम से छात्रों में विभिन्न शिक्षण-कौशलों का विकास नहीं हो पाता है। छात्र उपकरणों और यंत्रों के प्रयोग की दक्षता को प्राप्त करने में असफल रहते हैं।
5. प्रत्यक्ष व व्यक्ति अनुभवों का कोई स्थान नहीं है।

कम्प्यूटर विज्ञान शिक्षण में प्रदर्शन विधि का प्रयोग

कम्प्यूटर विज्ञान शिक्षण में प्रदर्शन विधि की बहुत उपयोगिता है। कम्प्यूटर विज्ञान की प्रकृति ही ऐसी है कि इसमें विभिन्न प्रक्रियाओं, सिद्धान्तों, नियमों, साफ्टवेयरों इत्यादि की कार्यप्रणाली की समझ की आवश्यकता होती है। प्रदर्शन विधि के माध्यम से एक शिक्षक छात्रों का आसानी से उपरोक्त का ज्ञान प्रदान कर सकता है।

प्रदर्शन विधि में कम्प्यूटर का उपयोग

कम्प्यूटर के माध्यम से प्रदर्शन विधि की उपयोगिता तथा प्रभावशीलता को आश्चर्यजनक रूप से बढ़ाया जा सकता है। कम्प्यूटर की विशेषताओं जैसे कि एनीमेशन, ग्रॉफिक्स, ध्वनि, बहुमाध्यम इत्यादि के प्रयोग से छात्रों के समक्ष कम्प्यूटर विज्ञान की प्रकृति के अनुकूल विभिन्न तथ्यों, प्रत्ययों, कार्यप्रणाली इत्यादि का प्रदर्शन किया जा सकता है। कम्प्यूटर के माध्यम से छात्रों को कम्प्यूटर प्रयोगशाला के लिए पहले से तैयार किया जा सकता है।

3. अनुवर्ग/ट्यूटोरियल विधि (Tutorial Method)

अच्छा शिक्षण वह है जिसमें बालक की व्यक्तिगत भिन्नताओं को ध्यान में रखा जाए। उनकी इच्छाओं, रुचियों, योग्यताओं एवं अभिवृत्तियों का ध्यान रखा जाए। कक्षा-शिक्षण अर्थात सामूहिक शिक्षण का सबसे बड़ा दोष यह है कि इसके माध्यम से बालक की व्यक्तिगत समस्याओं का समाधान नहीं हो पाता है। ट्यूटोरियल विधि के माध्यम से इस समस्या का समाधान संभव है।

ट्यूटोरियल एक प्रकार से व्यक्तिगत रूप से बालक की समस्याओं का निराकरण करने की पद्धति है। यह एक प्रकार से बच्चों को दिया जाने वाला उपचारात्मक शिक्षण है जिसमें एक शिक्षक के नियंत्रण में कुछ छात्र रहते हैं। इस विधि के अन्तर्गत संपूर्ण कक्षा में छात्रों को उनकी बुद्धि-लब्धि, रुचियों, योगयताओं, पूर्वज्ञान के आधार पर बाँट दिया जाता है ताकि बालकों की व्यक्तिगत कठिनाईयों को सरलतापूर्वक दूर किया जा सके। एक अनुवर्ग के लिए एक शिक्षक को निर्धारित कर दिया जाता है। वह शिक्षक अपने अनुवर्ग की अध्ययन सबंधी सभी कठिनाईयों के समाधान में सहायता करता है। इस प्रकार के शिक्षण को अनुवर्ग शिक्षण कहा जाता है।

अनुवर्ग (टयूटोरियल) विधि का स्वरूप

ट्यूटोरियल विधि, व्यक्तिगत भिन्नता के सिद्धान्त पर आधारित विधि है। इसमें शिक्षक कक्षा को छोटे समूहों में विभाजित कर देता है तथा प्रत्येक छात्र के संपर्क में रहता है। जिसके कारण वह उनकी अध्ययन संबंधी व्यक्तिगत समस्याओं को जान लेता है। शिक्षक छात्र संपर्क निकट का होता है।

शिक्षण सिद्धान्त– इस विधि के अन्तर्गत निम्न शिक्षण सिद्धान्तों को अपनाया जाता है–

1. बालकों की व्यक्तिगत भिन्नता को ध्यान में रखा जाता है।
2. शिक्षक-शिक्षार्थी का संपर्क निकट का होता है।
3. छात्रों को शैक्षिक निर्देशन दिया जाता है।
4. धीमी गति से सीखने वाले बालकों की समस्याओं का निवारण किया जाता है।
5. उपचारात्मक शिक्षण की व्यवस्था की जाती है।

अनुवर्ग (ट्यूटोरियल) के प्रकार– अनुवर्ग मुख्यतः तीन प्रकार का होता है–

1. निरीक्षणात्मक अनुवर्ग (ट्यूटोरिल)– इसमें शिक्षक और छात्र मिलकर किसी प्रकरण या समस्या पर विचार विमर्श करते हैं। वाद-विवाद की प्रक्रिया चलती है। छात्र अपनी कठिनाईयों को व्यक्त करते हैं। शिक्षक, छात्रों की शंकाओं और कठिनाईयों का निवारण करने में उनकी मदद करता है। यह पद्धति बच्चे को विषय की गहराई तक पहुँचाने के लिए महत्वपूर्ण मानी जाती है। इसमें पाठ्य-वस्तु की गहनता तथा स्वामित्व पर बल दिया जाता है। इसके माध्यम से शिक्षण के उच्च उद्देश्यों की प्राप्ति संभव है।

2. सामूहिक अनुवर्ग (ट्यूटोरिल)– सामूहिक अनुवर्ग की व्यवस्था विशेष तौर पर सामान्य बच्चों की समस्याओं के निवारण के लिए की जाती है। इसमें शिक्षक, बच्चों की मनो-सामाजिक विशेषताओं के आधार पर अध्यापन कार्य करता है। शिक्षक के लिए समूह गतिशीलता का ज्ञान आवाश्यक है।

3. प्रयोगात्मक अनुवर्ग (ट्यूटोरिल)– इसका प्रयोग विशेष रूप से क्रियात्मक पक्ष के उद्देश्यों की प्राप्ति के लिए किया जाता है। इसके लिए छात्रों को प्रयोगशाला में कार्य करना पड़ता है।

अनुवर्ग विधि के चरण (Steps Involved in Tutorial Method)

1. छात्रों की व्यक्तिगत भिन्नताओं का ज्ञान– सर्वप्रथम शिक्षक, कक्षा के छात्रों की अधिगम संबंधी व्यक्तिगत कठिनाईयों का पता लगता है, जिसके आधार पर वह पूरे समूह को उप-समूहों में विभाजित कर देता है।

2. शिक्षण की योजना बनाना– द्वितीय चरण पर वह अपने शिक्षण के उद्देश्यों, प्रविधियों, रणनीतियों को निर्धारित करता है।

3. कक्षा अन्तः प्रक्रिया– इस स्तर पर शिक्षक और छात्रों के बीच पाठ्य-वस्तु को लेकर अन्तः प्रक्रिया होती है। शिक्षक छात्रों की अधिगम प्रक्रिया में उनकी मदद करता है।

4. मूल्यांकन– छात्रों ने पाठ्य वस्तु का कितना बोध किया है, इसका पता लगाने के लिए शिक्षक छात्रों का मूल्यांकन करता है।

5. छात्रों की समस्याओं का निदान करना– मूल्यांकन के आधार पर शिक्षक उन छात्रों का पता लगा लेता है जिनको विषय-वस्तु को समझने में कठिनाई हो रही है। शिक्षक इन कठिनाईयों को जानने का प्रयास करता है।

6. उपचारात्मक शिक्षण– छात्रों की समस्याओं के निदान के आधार पर शिक्षक ऐसे छात्रों के लिए उपचारात्मक शिक्षण की व्यवस्था करता है।

अनुवर्ग विधि के गुण

i. इस विधि के अन्तर्गत व्यक्तिगत भिन्नता को ध्यान में रखा जाता है। इसके माध्यम से बालक की योग्यताओं के अनुकूल शिक्षण कार्य संभव है।
ii. उपचारात्मक शिक्षण की समुचित व्यवस्था की जाती है।
iii. इसके अन्तर्गत बालकों की समस्याओं का निवारण व्यक्तिगत रूप में होता है।
iv. इसमें बालक को कक्षा में हीन भावना का अहसास नहीं होता है क्योंकि एक ही मानसिक क्षमताओं वाले बालक एक साथ अध्ययन करते हैं।
v. बालक पूर्ण स्वतंत्रता तथा रुचि के अनुकूल कार्य करता है।

अनुवर्ग विधि के दोष

i. शिक्षक में बच्चों के मध्य भेद-भाव करने की प्रवृत्ति उत्पन्न हो जाती है। शिक्षक सभी छात्रों की कठिनाईयों के समाधान में रुचि नहीं लेते हैं।
ii. बच्चे सीखते कम है और अनियंत्रित व्यवहार अधिक करने लगते हैं।

iii. समूह के अधिक तेज़ व बोलने वाले छात्र नेता बन जाते हैं और उन्हें ही सुविधाओं का फायदा मिलने लगता है।

iv. एक शिक्षक सभी विषयों की कठिनाईयों के समाधान में समर्थ नहीं होता है। वह अपने विषय मे अधिक रुचि लेता है।

v. धीरे-धीरे शिक्षण-अधिगम प्रक्रिया यांत्रिक बन जाती है।

vi. बच्चों के बीच ईर्ष्या की भावना उत्पन्न हो जाती है।

vii. कक्षा के विभिन्न वर्गों में स्पर्धा की भावना का विकास हो जाता है।

कम्प्यूटर विज्ञान शिक्षण में अनुवर्ग विधि का उपयोग

कम्प्यूटर विज्ञान शिक्षण में अनुवर्ग विधि के उपयोग से छात्रों की व्यक्तिगत विभिन्नता को कम किया जा सकता हैं चूँकि कम्प्यूटर विज्ञान एक जटिल विषय है, इसलिए इस विधि का प्रयोग लाभकारी है।

अनुवर्ग विधि में कम्प्यूटर का उपयोग

कम्प्यूटर के उपयोग से अनुवर्ग विधि के उद्देश्यों की प्राप्ति की जा सकती है। छात्र अपनी गति, रुचि, इच्छा, समय, विषय-वस्तु के अनुकूल अध्ययन कर सकते हैं।

4. परियोजना विधि (Project Method)

परियोजना विधि, प्रसिद्ध अमेरिकन दर्शनशास्त्री जान डी०वी० के दर्शन पर आधारित है। परियोजना विधि के प्रर्वतक W.H. Kilpatrick हैं। इस विधि का विकास शिक्षा में सामाजिक प्रवृत्ति के फलस्वरूप हुआ है। यह प्रयोजनवाद के सिद्धान्तों पर आधारित है।

परियोजना विधि का अर्थ

ऑक्सफोर्ड लरनर्स डिक्शनरी के अनुसार परियोजना का अर्थ कार्य की एक योजना से है। इसके अन्तर्गत किसी एक समस्या पर कार्य होता है, जिसको छात्र द्वारा पूरा किया जाता है। शिक्षाशास्त्रियों द्वारा परियोजना शब्द को विभिन्न तरीकों से परिभाषित किया गया है।

बैलार्ड के अनुसार– "परियोजना बहुत कुछ यथार्थ जीवन का अंग है जो कि विद्यालय में प्रयुक्त होता है।"[3]

डब्ल्यू.एच. किल्पैट्रिक के अनुसार-- "परियोजना सामाजिक पर्यावरण में सम्पन्न की जाने वाली एक सोद्देश्य क्रिया है।"[4]

जे.ए. स्टीवेन्सन के शब्दों में– "प्रोजेक्ट एक समस्या प्रधान पद्धति है जिसको उसकी स्वाभाविक परिस्थिति में ही सम्पन्न किया जाता है।"[5]

पार्कर के अनुसार– "प्रोजेक्ट एक ऐसे कार्य-कलाप की इकाई है जिसके नियोजन तथा क्रियान्वयन के लिए विद्यार्थी स्वयं ही उत्तरदायी होते हैं।"[6]

उपरोक्त परिभाषाओं के अध्ययन से स्पष्ट है कि प्रत्येक योजना का कुछ उद्देश्य होता है तथा इस उद्देश्य की प्राप्ति विद्यालय में सामाजिक, वास्तविक और प्राकृतिक परिस्थितियों को उत्पन्न करके की जाती है।

---

3. "A project is a bit of real life that has been imparted into school."
4. "A project is a whole hearted purposeful activity proceeding in a social environment."
5. "A project is a problematic act carried out in its natural setting."
6. "A project is a unit of activity in which pupils are made responsible for its planning and implementation."

परियोजना विधि का स्वरूप

प्रत्येक योजना के अन्तर्गत अनेक समस्याएँ होती हैं। इनके समाधान के द्वारा ही योजना के उद्देश्य की पूर्ति होती है। योजना ही व्यक्ति के चिन्तन को संगठित करती है। इस विधि में समस्या के रूप में ऐसा उपयोगी कार्य होता है जिसे छात्र मिल-जुलकर सम्पन्न कर सकें। योजना की दूसरी महत्वपूर्ण बात इसका स्वभाविक परिस्थितियों में सम्पन्न किया जाना है जो समस्या की प्रकृति के अनुसार सामाजिक पर्यावरण भी हो सकता है और प्राकृतिक पर्यावरण भी।

शिक्षण सिद्धान्त

योजना पद्धति के द्वारा छात्र सक्रिय होकर विषय का वास्तविक ज्ञान प्राप्त करते हैं। उन्हें चिन्तन एवं तर्क करने का अवसर प्रदान किया जाता है। योजना पद्धति छात्रों की रुचियों, अभिरुचियों तथा आवश्यकताओं पर आधारित होती है। इसके द्वारा उन्हें सामाजिक दृष्टिकोण के आधार पर शिक्षा दी जाती है। योजना विधि शिक्षा को एक नया रूप प्रदान करती है क्योंकि यह मनोवैज्ञानिक सिद्धान्तों "कार्य करके सीखना" और "साथ रहकर सीखना" पर आधारित है। कम्प्यूटर विज्ञान शिक्षण का उद्देश्य जाँच पड़ताल (Inquiry), खोज (Investigation) और सृजनात्मकता होना चाहिए। योजना विधि के माध्यम से विद्यार्थियों में सृजनात्मकता और अन्वेषण जैसे गुणों का विकास किया जा सकता है।

परियोजना विधि के चरण– इस शिक्षण विधि के अन्तर्गत वैज्ञानिक विधि के निम्नलिखित चरणों को सम्मिलित किया जाता है–

1. समस्त परिस्थिति की व्यवस्था– सर्वप्रथम शिक्षक को छात्रों के समक्ष ऐसी परिस्थितियाँ उत्पन्न करनी चाहिए जिसके माध्यम से उनके समक्ष कुछ प्रश्न खड़े हो जाएँ ओर जिनके उत्तर तलाशने का प्रयास छात्र कर सकें। इस कार्य में शिक्षक को छात्रों की योग्यताओं ओर रुचियों को ध्यान में रखना चाहिए। शिक्षक, पुस्तकालयों, प्रयोगशालाओं, जर्नल्स, पत्र-पत्रिकाओं तथा इन्टरनेट के माध्यम से उपयुक्त समस्याओं को छात्रों के समक्ष प्रस्तुत कर सकता है।

2. समस्या का चयन व उद्देश्य– आवश्यक वाद-विवाद के द्वारा समस्या का चयन किया जाना चाहिए। परियोजना विधि में समस्या का चयन करते समय यह ध्यान में रखना चाहिए कि वह छात्रों के लिए उपयोगी, रोचक एवं कम्प्यूटर विज्ञान पाठ्यक्रम से सम्बन्धित हो। द्वितीय चरण पर परियोजना के उद्देश्यों और उसकी प्रकृति की स्पष्ट जानकारी प्राप्त की जाती है। छात्रों को समस्या के उद्देश्य स्पष्ट बता देना चाहिए। छात्रों को योजना के चुनाव के कारणों को लिखने के लिए प्रेरित किया जाना चाहिए। इस चरण पर निम्न महत्वपूर्ण बातों को ध्यान में रखना चाहिए–

क. परियोजना में कठिनता स्तर   ख. छात्रों की रुचि
ग. छात्रों की योग्यताएँ   घ. परियोजना को पूर्ण करने में लगने वाला समय
ङ. मानवीय और भौतिक संसाधनों की उपलब्धता

3. परियोजना का नियोजन– परियोजना की सफलता परियोजना के सफल नियोजन पर आधारित होती है। छात्रों को शिक्षक के मार्गदर्शन में पूरी परियोजना के संबंध में नियोजन करना चाहिए। नियोजन से तात्पर्य परियोजना के उद्देश्यों को प्राप्त करने के लिए किये जाने वाले कार्यों से है। यह प्रयास करना चाहिए कि इस कार्य में कक्षा का प्रत्येक विद्यार्थी अपनी सक्रिय भागीदारी दे। योजना बनाने के पश्चात् छात्रों को उनकी रुचियों और योग्यताओं के अनुसार शिक्षक द्वारा कार्य बाँट देना चाहिए।

4. परियोजना का क्रियान्वयन– प्रत्येक छात्र को परियोजना के क्रियान्वयन में अपना सक्रिय योगदान देना चाहिए। छात्रों के बीच कार्य का वितरण किया जाना चाहिए। अध्यापक को छात्रों

की रुचियों व क्षमताओं के आधार पर कार्य का विभाजन करना चाहिए। उदाहरण के लिए पढ़ने वाले छात्र को संबंधित साहित्य के सर्वेक्षण व किताबों को एकत्र करने का काम दिया जाना चाहिए। अच्छे लेख वाले छात्र को परियोजना की रिपोर्ट लिखने व चित्र आदि बनाने का काम सौंप देना चाहिए। इस चरण पर विभिन्न प्रकार की सूचनाएँ एकत्रित करते हैं। स्थानों का भ्रमण करते हैं, प्रयोग करते हैं और विभिन्न प्रकार की क्रियाएँ करते हैं। इस दौरान शिक्षक लगातार उनके कार्य का निरीक्षण और पर्यवेक्षण करता रहता है।

5. परियोजना का मूल्यांकन– जब परियोजना पूरी हो जाएँ तब छात्रों और शिक्षक को सम्मिलित रूप से परियोजना के उद्देश्यों के संदर्भ में परियोजना का मूल्यांकन करना चाहिए। अर्थात् यह पता लगाना चाहिए कि परियोजना के उद्देश्यों की प्राप्ति हुई अथवा नहीं?

6. परियोजना का लेखा– परियोजना विधि का यह भी एक महत्वपूर्ण चरण है। इस चरण में छात्र परियोजना की रूपरेखा बनाने से लेकर उसे पूरा करने की क्रियाओं को क्रमबद्ध रूप में लिखते हैं।

परियोजना विधि के गुण

1. इस विधि के माध्यम से छात्रों में कम्प्यूटर विज्ञान विषय के प्रति रुचि उत्पन्न की जा सकती है।
2. यह विधि अनेक मनोवैज्ञानिक सिद्धान्तों और नियमों पर आधारित है।
3. परियोजना पूरी होने तक छात्र पूर्ण रूप से सक्रिय रहते हैं।
4. छात्रों के बीच विचारों का आदान प्रदान होता है।
5. अनेक मानसिक गुणों जैसे समस्या समाधान, चिन्तन, तर्क, विश्लेषण, संश्लेषण, मूल्यांकन इत्यादि का विकास किया जा सकता है।
6. छात्र के सम्मुख चुनौतीपूर्ण परिस्थितियाँ उत्पन्न की जाती हैं। इससे अमूर्त चिन्तन तथा वैज्ञानिक कौशल, वैज्ञानिक अभिवृत्ति का विकास होता है।
7. यह विधि सीखने के सिद्धान्तों-तत्परता का नियम, प्रभाव का नियम तथा अभ्यास का नियम पर आधारित है।
8. इस विधि के द्वारा छात्रों में अनेक सामाजिक गुणों जैसे- मिल-जुल कर कार्य करना, सामाजिक अन्तःप्रक्रिया, सामाजिक सहयोग का विकास किया जा सकता है।
9. छात्र के मानसिक क्षितिज का विकास होता है।
10. विभिन्न पाठ्य-विषयों में सह-संबंध स्थापित किया जा सकता है।
11. इसकी प्रकृति प्रजातांत्रिक और वैज्ञानिक है।
12. यह व्यक्तित्व विभिन्नता पर आधारित विधि है।
13. इसके माध्यम से छात्रों में आत्म-विश्वास तथा स्वानुशासन का विकास किया जा सकता है।
14. प्राप्त ज्ञान स्थायी और गहरा होता है।
15. छात्र स्वःप्रेरित होकर कार्य करते हैं।

परियोजना विधि के दोष

1. इस विधि में समय अधिक लगता है।
2. इसमें सीखे जाने वाले ज्ञान की क्रमबद्धता का आभाव होता है।
3. इस विधि के माध्यम से एक निश्चित समय में पाठ्यक्रम को पूरा नहीं किया जा सकता।
4. शिक्षण-अव्यवस्थित, अनियमित तथा निरन्तर न होने से विद्यालय का पूरा कार्यक्रम प्रभावित होता है।

5. इस पद्धति पर आधारित पाठ्य-पुस्तकों तथा शिक्षण अनुदेशनात्मक सामग्री का अभाव है।

कम्प्यूटर विज्ञान शिक्षण में परियोजना विधि का प्रयोग

परियोजना विधि के माध्यम से कम्प्यूटर विज्ञान विषय में छात्रों को स्वतन्त्र चिन्तन, स्वतः अध्ययन, मिल-जुल कर कार्य करना, सामाजिक सम्बन्धों की ओर अग्रसर किया जा सकता है। छात्र समूह में मिलकर विभिन्न प्रकार की योजनाओं पर स्वतन्त्र रूप से कार्य कर सकते हैं।

परियोजना विधि में कम्प्यूटर विज्ञान का प्रयोग

परियोजना विधि में कम्प्यूटर का प्रयोग वरदान साबित हुआ है। छात्र कम्प्यूटर का प्रयोग परियोजना के निर्माण, उसके क्रियान्वयन तथा उसके लेखन में कर सकते हैं। छात्र इण्टरनेट के माध्यम से कम्प्यूटर विज्ञान के विभिन्न क्षेत्रों से संबंधित साहित्य को पढ़ तथा डाउनलोड का सकते हैं तथा इसका प्रयोग कर अपनी परियोजना को पूर्ण कर सकते हैं। इण्टरनेट के माध्यम छात्र संसार के किसी भी कोने में बैठे अन्य छात्रों, साथियों, विषय-विशेषज्ञों इत्यादि से ऑन-लाइन विचार-विमर्श कर सकते हैं तथा उनकी राय ले सकते हैं।

6. प्रयोगशाला विधि (Laboratory Method)

कम्प्यूटर की वास्तवकि शिक्षा प्रयोगशाला में ही दी जा सकती है। इसलिए प्रत्येक विद्यालय में कम्प्यूटर विज्ञान विषय के लिए प्रयोगशाला की व्यवस्था की जानी चाहिए।

इस विधि में छात्र स्वयं प्रयोग करते हैं, इसलिए वे क्रियाशील रहते हैं। छात्रों द्वारा स्वयं उपकरणों के प्रयोग से प्राप्त अनुभव देखने और सुनने से मिलने वाले अनुभवों से अधिक स्थायी होते हैं। प्रयोग के दौरान छात्र की समस्त इन्द्रियाँ क्रियाशील रहती हैं। यदि ज्ञान एक इन्द्रिय की अपेक्षा अनेक इन्द्रियों के माध्यम से प्राप्त होगा तो वह अधिक सरलता से हम तक पहुँचेगा और चिरकाल तक स्थायी भी रहेगा। अतः प्रयोगशाला विधि शिक्षण की एक उत्तम विधि है।

प्रयोगशाला विधि का स्वरूप

इस विधि में एक कम्प्यूटर प्रयोगशाला की आवश्यकता होती है। शिक्षक कक्षा में छात्रों को कम्प्यूटर विज्ञान से संबंधित जो जानकारी, ज्ञान या सिद्धान्त बताते हैं, छात्र उनको प्रयोगशाला में आकर परखता है। वास्तव में कम्प्यूटर विज्ञान विषय का आधार ही प्रायोगिक कार्य है। कम्प्यूटर विज्ञान शिक्षक का यह कर्त्तव्य है कि वह छात्रों को सैद्धान्तिक ज्ञान को परखने का अवसर प्रदान करे। कम्प्यूटर विज्ञान विषय का उद्देश्य छात्रों को वैज्ञानिक विधि का प्रशिक्षण देना है, इसलिए यह आवश्यक है कि प्रत्येक छात्र से कुछ न कुछ प्रायोगिक कार्य अवश्य करवाया जाए। प्रयोगशाला विधि का सार यह है कि यहाँ अध्यापक पृष्ठभूमि में ओझल रहता है और समस्याएँ स्थूल रूप में सामने प्रस्तुत रहती हैं। प्रयोगों को अपने हाथ से करने तथा समस्याओं को हल करने पर बालक को आनन्द की प्राप्ति होती है तथा उसमें अध्ययन के प्रति रुचि जागृत होती है।

प्रयोगशाला विधि के चरण– इस विधि में छात्र स्वयं प्रयोगशाला में जाकर प्रायोगिक कार्य करके प्रत्यक्ष अनुभवों के माध्यम से ज्ञान प्राप्त करते हैं। छात्र सीखे गये सिद्धान्तों एवं नियमों को प्रयोग के माध्यम से परखते हैं।

प्रयोगशाला विधि की विशेषताएँ

1. इस विधि में छात्र को स्वयं करके सीखने का अवसर प्राप्त होता है। प्राप्त ज्ञान रुचिपूर्ण होने से अधिगम स्थायी होता है।
2. इस विधि में "स्थूल से सूक्ष्म की ओर", "ज्ञात से अज्ञात" शिक्षण सूत्रों तथा स्वयं करके सीखो का प्रयोग किया जाता है।

3. यह विधि स्वयं अध्ययन और खोज को बढ़ावा देती है।
4. इसके माध्यम से छात्रों में वैज्ञानिक अभिवृत्ति का विकास होता है।
5. छात्रों में निरीक्षण एवं तर्क करने की क्षमताओं का विकास होता है।
6. वैज्ञानिक कौशल तथा वैज्ञानिक अनुशासन का विकास होता है।
7. जिज्ञासा की प्रवृत्ति की सन्तुष्टि होती है।
8. इस विधि के माध्यम में छात्रों में कम्प्यूटर विज्ञान विषय के प्रति धानात्तमक दृष्टिकोण का विकास होता है।
9. छात्र कम्प्यूटर प्रयोगशाला में उपस्थित उपकरणो को चलाना सीखते हैं।

प्रयोगशाला विधि के दोष

1. यह एक अधिक खर्चीली विधि है।
2. छोटी कक्षाओं के लिए यह विधि उपयुक्त नहीं है क्योंकि वे प्रयोगशाला में ठीक प्रकार प्रयोग नहीं कर सकते।
3. यह एक बहुत ही धीमी विधि है। कक्षा के निर्धारित पाठ्यक्रम को इसकी सहायता से समय पर पूरा नहीं किया जा सकता।

शिक्षण सिद्धान्त– यह शिक्षण विधि निम्नलिखित शिक्षण सिद्धान्तों पर आधारित है।

क. करके सीखना
ख. निरीक्षण द्वारा सीखना
ग. स्थूल से सूक्ष्म की ओर
घ. ज्ञात से अज्ञात की ओर

कम्प्यूटर विज्ञान में प्रयोगशाला विधि का प्रयोग

चूँकि कम्पयूटर विज्ञान एक प्रायोगिक विषय है, इसीलिए इसमें प्रयोगशाला कार्य का विशेष महत्व है। छात्र प्रयोगशाला में प्रायोगिक कार्य को करके ही सैद्धान्तिक ज्ञान का परीक्षण कर सकते हैं तथा अपने द्वारा सीखे गये ज्ञान को स्थायी व सार्थक बना सकते हैं।

प्रयोगशाला विधि में कम्प्यूटर विज्ञान का प्रयोग

प्रयोगशाला विधि में कम्पयूटर की बहुत उपयोगिता है। कम्प्यूटर विज्ञान विषय में स्वतन्त्र चिन्तन, अन्वेषण, निरीक्षण, सामान्यीकरण, विश्लेषण इत्यादि का विशेष महत्व है। कम्प्यूटर, छात्रों में कम्प्यूटर विज्ञान विषय की विषय-वस्तु के माध्यम उपरोक्त गुणों के विकास में सक्षम है। प्रयोगशाला आधारित कार्यों में कम्प्यूटर का प्रयोग निम्न तीन स्तरों पर हो सकता है–

क. प्रयोगशाला कार्यों से पूर्व की क्रियाओं में कम्प्यूटर का प्रयोग
ख. प्रयोगशाला कार्यों में कम्प्यूटर का प्रयोग
ग. प्रयोगशाला कार्यों के पश्चात की क्रियाओं में कम्प्यूटर का प्रयोग।

7. अभिक्रमित अनुदेशन विधि (Programmed Instruction (PI) Method)

अभीक्रमित अनुदेशन का प्रारम्भ बी.एफ. स्किनर ने सन 1954 में हार्वर्ड एजुकेशनल रिव्यू (Harvard Educational Review) में एक लेख के माध्यम से किया। स्किनर के अनुसार अधिगम किसी कार्य के प्रति की गयी क्रियाओं की एक श्रृंखला है। सही अनुक्रिया पर किया जाने वाला पुनर्बलन भविष्य में उसी प्रकार के उद्दीपक की उपस्थित पर उसी प्रकार की सही अनुक्रिया होने की संभावना को बढ़ा देता है। जिन सही अनुक्रियाओं को पुर्नबलित नही किया जाता है, भविष्य में उनके घटित होने की संभावना घट जाती है।

बी.एफ. स्किनर ने इस प्रत्यय को शिक्षण की कला और अधिगम के विज्ञान की संज्ञा दी है। सुसन मारकल के अनुसार "अभिक्रमित अनुदेशन एक ऐसी व्यूह रचना है जिसकी सहायता से शिक्षण सामग्री को एक ऐसे क्रम में नियोजित किया जाता है जिससे छात्रों में लगातार अपेक्षित व्यवहार परिवर्तन लाने का प्रयास किया जा सकता है और उनका मापन भी किया जा सकता है।"[7]

अभिक्रमित अनुदेशन कई नामों से जाना जाता है। इसे व्यक्तिगत अनुदेशन (Individualized Instruction) तथा स्वत: अनुदेशन (Self Instruction) भी कहा जाता है। इसे निम्न प्रकार परिभाषित किया जा सकता है–

"अभिक्रमित अनुदेशन एक ऐसी विधि है जिसमें शिक्षक की आवश्यकता नहीं होती है। इसमें व्यक्तिगत अनुदेशन के रूप में सीखने के लिए अवसर दिया जाता है। इमसें छात्र तत्पर होकर अपनी गति एवं क्षमताओं के अनुसार सीखता है और अपने ज्ञान प्राप्ति का भी बोध करता है। इसे व्यवहार परिवर्तन की प्रक्रिया मानते हैं।"[8]

अभिक्रमित अनुदेशन विधि का स्वरूप

इस विधि में पाठ्य-वस्तु को छोटे छोटे पदों में विभाजित करके उन्हें छात्रों को पढ़ने के लिए दिया जाता है। प्रत्येक पद को पढ़ने के साथ छात्र को अनुक्रिया करनी होती है। इस अनुक्रिया की जाँच वह स्वयं करता है। छात्र को सही अनुक्रिया से पुनर्बलन भी मिलता है और वह अपने सीखने की गति के अनुसार आगे बढ़ता है। छात्रों की अनुक्रियाएँ उनमें अपेक्षित व्यवहार परिवर्तन लाने में सहायक होती हैं। इसको निम्न चित्र से भली भाँति समझा जा सकता है–

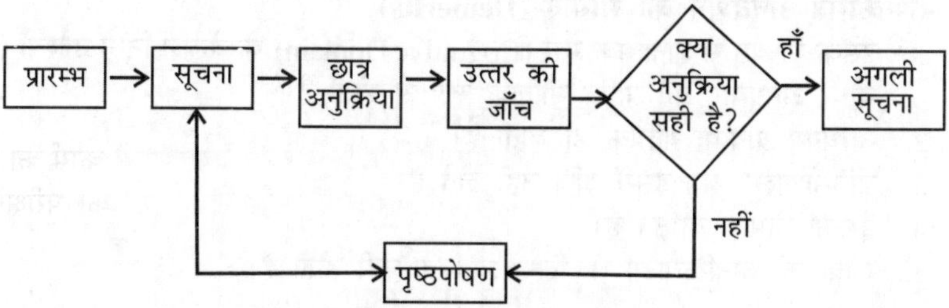

चित्र : अभिक्रमित अनुदेशन विधि के चरण

शिक्षण सिद्धान्त– बी.एफ. स्किनर ने अभिक्रमित अनुदेशन के निम्नांकित पाँच आधारभूत सिद्धान्तों का उल्लेख किया है।

क. लघु पद सिद्धान्त– इस सिद्धान्त के अनुसार छात्रों को छोटे-छोटे पदों के रूप में पाठ्य-वस्तु पढ़ने के लिए दी जाती है। ये पद मनोवैज्ञानिक एवं तार्किक क्रम में व्यवस्थित होते हैं।

ख. सक्रिय अनुक्रिया सिद्धान्त– अभिक्रमित अनुदेशन के पदों को पढ़ने के बाद छात्र को रिक्त स्थान के लिय समुचित अनुक्रिया करनी पड़ती है। बिना तत्पर रहे छात्र सही अनुक्रिया

---

7. "Programmed Instruction (PI) is a method of designing a reproducible sequence of instrucional events to produce a measurable and consistent effect on behaviour of each and every acceptable student."
8. "Programme Instruction (PI) has been defined as a method of giving individualized instructions in which the student is active and proceeds at his own pace and is provided with immediate knowledge of result. The physical presence of teacher is not required in this method."

नहीं कर सकता है। छात्र को पदों के लिए सही अनुक्रिया करने के लिए अधिक तत्पर रहना पड़ता है।

ग. तत्कालीन जाँच या पृष्ठापोषण का सिद्धान्त– प्रश्न पर अपनी अनुक्रिया करने के पश्चात छात्र को तुरन्त अपने उत्तर की जाँच करनी होती है जिससे उसे तत्काल पृष्ठपोषण (Immediate Feedback) प्राप्त होता है। सही अनुक्रिया करने पर छात्र को नया ज्ञान प्राप्त होता है और उसे पुर्नबलन भी मिलता है।

घ. स्वतः अध्ययन गति का सिद्धान्त– अभिक्रमित अनुदेशन विधि में प्रत्येक छात्र अपनी रुचि, क्षमता, योग्यता एवं समय (Self Pacing) के अनुसार पढ़ता है।

ङ. विद्यार्थी परीक्षण सिद्धान्त– छात्र अपने अध्ययन के आलेख (Record) की जानकारी से अधिक सीखता है। इस विधि में प्रत्येक छात्र अपना अध्ययन आलेख तैयार करता है।

अभिक्रमित अनुदेशन विधि की विशेषताएँ (Merits)

1. यह विधि मनोविज्ञान के सिद्धान्तों पर आधारित है।
2. प्रखर बुद्धि, सामान्य बुद्धि, मन्द बुद्धि वाले सभी प्रकार के छात्र अपनी अपनी गति के अनुसार सीख सकते हैं।
3. छात्र की सक्रिय अनुक्रिया छात्र को अधिगम की प्रक्रिया में संलग्न रखती है।
4. शिक्षक की अनुपस्थिति में भी छात्र सीखते हैं
5. व्यक्तिगत विभिन्ताओं के अनुसार सीखने की स्वतंत्रता प्रदान की जाती है।

अभिक्रमित अनुदेशन की सीमाएँ (Demerits)

1. इसके माध्यम से ज्ञानात्मक स्तर (Cognitive Domain) के केवल निम्न उद्देश्यों (ज्ञान, बोध, अनुप्रयोग की प्राप्ति मौलिक रूप से होती है।
2. अधिगम प्रक्रिया यांत्रिक हो जाती है।
3. प्रतिभाशाली छात्र इसमें रुचि नहीं लेते हैं।
4. इसका निर्माण कठिन है।
5. छात्रों की अनुक्रियाओं के लिए स्वंतत्रता नहीं होती है।

8. कम्प्यूटर सहायक अनुदेशन (Computer Assisted Instruction)

व्यक्तिगत विभिन्नता के अनुकूल शिक्षण तथा अधिगम की बात हमेशा ही उठायी जाती रही है। परम्परागत कक्षा में परम्परागत शिक्षण विधियों के माध्यम से बालक की वैयक्तिक रुचि, क्षमता, योग्यता का ध्यान रखना असम्भव नहीं तो कठिन अवश्य है किन्तु कम्प्यूटर प्रौद्योगिकी के उपयोग से व्यक्तिगत अधिगम (Self-Paced Learning) सम्भव है। कम्प्यूटर अपनी असाधारण विशेषताओं जैसे संग्रहण क्षमता (Memory Capability), अन्तः प्रक्रिया (Interactity), बहुमाध्यम (Multimedia), छात्रों की योग्यताओं, ज्ञान और अधिगम संबंधी निदान की योग्यताओं, (Ability to diagnose students' level of mastery and capability) के बल पर व्यक्तिगत विभिन्नता के अनुकूल शिक्षण-अधिगम प्रक्रिया संचालित करने में सक्षम है।

कम्प्यूटर सहायक अनुदेशन का अर्थ (Meaning of Computer Assisted Instruction)

जब कम्प्यूटर की सहायता से छात्रों को अनुदेशन प्रदान किया जाता है तब इस प्रक्रिया को कम्प्यूटर सहायक शिक्षण कहते हैं। इस विधि में कम्प्यूटर तथा अधिगमकर्ता के मध्य परस्पर अन्तः प्रक्रिया होती है। कम्प्यूटर छात्रों के समक्ष छोटे-छोटे पदों के रूप में शिक्षण-सामग्री प्रस्तुत करता है। छात्र इन पदों को अपनी सुविधानुसार पढ़कर अपनी अनुक्रिया देते हैं, जिनका विश्लेषण

कम्प्यूटर द्वारा किया जाता है। कम्प्यूटर छात्रों को प्रत्येक चरण पर तुरन्त पृष्ठपोषण तथा पुनर्बलन भी प्रदान करता है। स्पिलटगर्बर (1979) ने कम्प्यूटर सहायक शिक्षण की परिभाषा निम्न शब्दों में दी है– "कम्प्यूटर सहायक शिक्षण, शिक्षण की एक ऐसी प्रक्रिया है जिसमें प्रत्येक विद्यार्थी को शिक्षण सामग्री प्रदान करने के लिए तथा उनके व्यक्तिगत अधिगम को नियंत्रित करने के लिए कम्प्यूटर का प्रयोग किया जाता है।"[9]

इन्टरनेशनल डिक्शनरी ऑफ एजुकेशन (1982) के अनुसार "व्यक्तिगत अधिगमकर्ता की शैक्षणिक आवश्यकताओं को ध्यान में रखते हुए कम्प्यूटर के माध्यम से छात्र को पाठ्य वस्तु प्रदान करना, उसकी अधिगम प्रक्रिया का निरीक्षण करना तथा उसकी अतिरिक्त सहायता करना ही कम्प्यूटर सहायक शिक्षण कहलाता है।"[10]

दि कन्साईस डिक्शनरी ऑफ एजुकेशन (1982) के अनुसार कम्प्यूटर सहायक अनुदेशन एक प्रकार का अनुदेशन है, जिसमें छात्र को उचित मात्रा में अधिगम सामग्री प्रदान की जाती है। यह एक ऐसी स्वचलित अनुदेशन पद्धति है जो कि छात्र को उसकी व्यक्तिगत गति से शैक्षिक प्रगति करने लायक बनाती है।[11]

कम्प्यूटर सहायक अनुदेशन विधि का स्वरूप

कम्प्यूटर के माध्यम से व्यक्तिगत अधिगम या सामूहिक अधिगम भी सम्भव है। सामूहिक अधिगम के लिये प्रत्येक छात्र का सीधा संबंध कम्प्यूटर के हैडफोन, ध्वनि–लेखयन्त्र (टेपरिकार्डर) और कुंजीपटल (Keyboard) से कर दिया जाता है। सर्वप्रथम पाठ–वस्तु को लघु ईकाईयों में विभाजित कर अभिक्रम (Program) के रूप में संगणक (Computer) में भर देते हैं। इस शिक्षण प्रक्रिया में छोटे–छोटे पदों के रूप में पाठ्य वस्तु को छात्रों के सम्मुख प्रस्तुत किया जाता है। प्रत्येक छात्र इन पदों को ध्यानपूर्वक पढ़ता है तथा इन पर आधारित प्रश्नों के उत्तर देने का प्रयास करता है। प्रश्न का सही उत्तर देने पर छात्र को तुरन्त पुनर्बलन प्रदान किया जाता है तथा दूसरा पद पढ़ने के लिए दिया जाता है। सही उत्तर प्राप्त न होने की स्थिति में पुनः छात्रों को वही पद पढ़ने को दिया जाता है अथवा पद को ठीक से समझने के लिए अतिरिक्त सामग्री पढ़ने के लिए दी जाती है। पुनः छात्र को उसी का उत्तर देने के लिए कहा जाता है। कम्प्यूटर कक्षा में प्रदान किये गये शिक्षण का अभिलेख भी रखता है। इसका सबसे बड़ा लाभ यह होता है कि किसी पाठ के मध्य या अन्त में इस बात की जाँच की जा सकती है कि छात्र विशेष ने किस प्रकार का काम किया है। वह अन्य छात्रों से आगे बढ़ा है या पीछे रहा है। कम्प्यूटर, शिक्षण के दौरान छात्रों को शाखित अभिक्रम (Branching Programme) के द्वारा विषय–वस्तु को समझने के लिए अतिरिक्त सहायता भी प्रदान करता है। कम्प्यूटर द्वारा शिक्षण में कक्षा स्वतः अनुशासित रहती है तथा कक्षा का वातावरण सीखने में सहायक रहता है। छात्र जो कुछ सीख रहे हैं उसकी जाँच साथ–साथ होती रहती है। अपनी प्रगति के संबंध में समुचित जानकारी रहने से छात्र/छात्राओं

9. "Computer Assisted Instruction (CAI) is that kind of teaching process, in which computer is used to provide the teaching material and controlling the learning of each student."
10. "Computer Assisted Instruction (CAI) is the use of computer to assist in the presentation of instructional materials to a student, to monitor learning progress, or to select additional instructional material in accordance with the needs of individualized learners."
11. "CAI are intructions in which a computer is used to present substantial amount of learning material to the student; it often presents an auto instructional technique enabling students to progress at their own individual rates."

को प्रेरणा और प्रोत्साहन मिलता रहता है। इस विधि को चित्रिय रूप में निम्न प्रकार समझा जा सकता है–

कम्प्यूटर सहायक अनुदेशन विधि के चरण

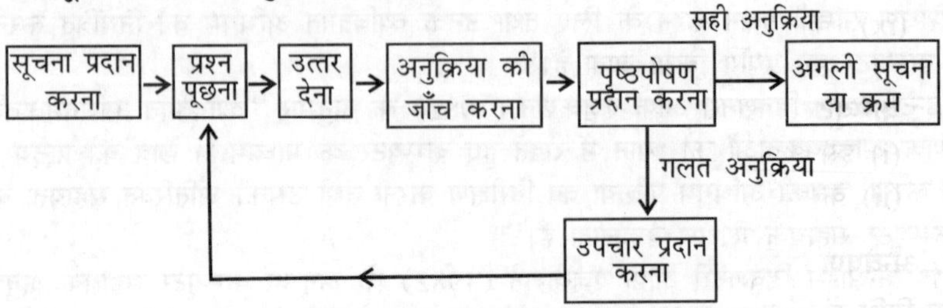

चित्र : कम्प्यूटर सहायक अनुदेशन का चक्रीय रूप

कम्प्यूटर सहायक अनुदेशन के प्रकार

कक्षा मे छात्रों के लिए कम्प्यूटर सहायक अनुदेशन का प्रयोग निम्न प्रकार से किया जा सकता है–

1. अभ्यास विधि (Drill & Practice Mode)
2 अनुवर्ग विधि (Tutorial Mode)
3. अन्वेषणात्मक विधि (Discovery Mode)
4. अनुकरणीय विधि (Simulation Mode)
5. खेल विधि (Gaming Mode)
6. समस्या समाधान विधि (Problem Solving Mode)

शिक्षण सिद्धान्त– यह विधि निम्न शैक्षिक एवं मनोवैज्ञानिक सिद्धान्तों पर आधारित है।

1. व्यक्तिगत विभिन्नता का सिद्धान्त
2. छोटे-छोटे पदों का सिद्धान्त
3. तत्परता अनुक्रिया सिद्धान्त
4. तत्कालीन जाँच का सिद्धान्त
5. स्वत: अध्ययन गति का सिद्धान्त
6. छात्र परीक्षण का सिद्धान्त
7. करके सीखने का सिद्धान्त

कम्प्यूटर सहायक अनुदेशन विधि की विशेषताएँ (Merits)

(i) इस विधि पर आधारित प्राप्त शोधों के परिणाम यह दर्शाते हैं कि इसके माध्यम से छात्रों की शैक्षिक प्रगति में सुधार होता है।

(ii) इस प्रकार के शिक्षण मे किसी भी पाठय-बिन्दु को तब तक बार-बार दोहराया जा सकता है जब तक कि वह छात्रों द्वारा आत्मसात न कर लिया जाये।

(iii) कम्प्यूटर सहायक अनुदेशन में छात्र के कमज़ोर अंशो पर समुचित ध्यान दिया जाता है तथा इसके सुधार के लिए पर्याप्त अभ्यास के अवसर प्रदान किये जाते हैं।

(iv) कम्प्यूटर अधिगमकर्ता को तुरन्त पृष्ठपोषण तथा पुनर्बलन प्रदान करता है।

(v) स्व-शिक्षण और अध्यापक नियन्त्रित शिक्षण दोनों में ही इस प्रकार के शिक्षण की असीमित सम्भावनाएँ हैं।

(vi) यह विधि उपचारात्मक शिक्षण के लिए बहुत लाभकारी है।
(vii) दूरस्थ शिक्षा तथा सतत् शिक्षा कार्यक्रमों में इसका प्रयोग लाभकारी है।
(viii) बहुमाध्यम का प्रयोग छात्रों को सीखने के लिए प्रेरणा प्रदान करता है।
(ix) कम्प्यूटर सहायक अनुदेशन की सही विधि का चुनाव करके संज्ञानात्मक स्तर के उच्च उद्देश्यों (विश्लेषण, संश्लेषण तथा मूल्यांकन) को भी प्राप्त किया जा सकता है।

कम्प्यूटर सहायक अनुदेशन विधि के दोष (Demerits)

(i) इस विधि के प्रयोग में मानवीय संबंधो की कमी रहती है।
(ii) कम्प्यूटर साक्षर शिक्षकों का अभाव है।

9. अन्वेषण विधि (Heuristic Method)

इस विधि में विद्यार्थी स्वतः अन्वेषण या खोज करके सीखते हैं। इस विधि में शिक्षक का स्थान एक पथ-प्रदर्शक का होता है, जो कि समय रहते विद्यार्थियों की त्रुटियों को ठीक करता है। इस विधि में विद्यार्थी स्वतः कार्य करके और प्रयोग करके नवीन ज्ञान पर अपना प्रभुत्व स्थापित कर लेते हैं। इस विधि का प्रतिपादन प्रो. आर्मस्ट्रांग ने किया था। प्रो. आर्मस्ट्रांग के अनुसार, "विज्ञान के अधिगम की आत्मा, अन्वेषण है। विद्यार्थियों को स्वयं प्रत्ययों और सिद्धान्तों को खोजना चाहिए।" इस विधि में विद्यार्थी एक अन्वेषक के तौर पर कार्य करता है। नवीन सिद्धान्तों और सूचनाओं का पता लगाने के लिए वह बहुत से प्रयोगों को करता है। वह सम्बन्धित साहित्य का अध्ययन भी करता है। कम्प्यूटर विज्ञान के शिक्षण में इस विधि का बहुत महत्व है क्योंकि इस विधि की मदद से विद्यार्थियों की निरीक्षण, चिन्तन और अन्वेषण योग्यताओं में वृद्धि होती है।

10. विचार-विमर्श विधि (Discussion Method)

विचार-विमर्श विधि में विद्यार्थी और शिक्षक किसी खास समस्या पर मिल-जुलकर चर्चा करते हैं। इस विधि में पाठ्यक्रम से सम्बन्धित किसी एक समस्या को लिया जाता है और फिर शिक्षक, विद्यार्थियों को इस समस्या पर सामूहिक चर्चा करने के लिए अभिप्रेरित करता है। शिक्षक अपने पाठ को विद्यार्थियों के ज़रिए प्राप्त किए गये उत्तरों और अनुक्रियाओं की मदद से आगे बढ़ाता है। इस विधि में शिक्षक और शिक्षार्थियों के मध्य आपसी अन्तःप्रक्रिया होती है। इस विधि की सफलता के लिए यह अति आवश्यक है कि शिक्षक, विद्यार्थियों को उनकी स्व-अभिव्यक्ति के लिए स्वतन्त्रता प्रदान करें। कक्षा के सभी अधिगमकर्त्ताओं को इस बात के लिए अभिप्रेरित करना चाहिए कि वह अपने स्वतन्त्र विचार प्रकट करें किन्तु शिक्षक को किसी भी परिस्थिति या घटना पर काबू रखने के लिए तैयार रहना चाहिए।

11. समस्या-समाधान विधि (Problem Solving Method)

इस विधि में एक समस्या होती है, जिसका समाधान किया जाता है। इस विधि में शिक्षक सर्वप्रथम विद्यार्थियों को किसी एक विशेष समस्या का एहसास करवाता है। समस्या से अवगत होने के पश्चात् विद्यार्थी स्वतः अध्ययन के द्वारा उस समस्या के समाधान की ओर अग्रसर हो जाते हैं। विद्यार्थी समस्या के समाधान के लिए प्रयोग करते हैं, अपने साथियों और शिक्षक के साथ विचार-विमर्श करते हैं और दूसरी तरह की सहायता लेते हैं। समस्या समाधान विधि के निम्नलिखित सोपान होते हैं–

- समस्या का चयन करना
- समस्या का प्रस्तुतीकरण

- तथ्यों का एकत्रीकरण
- एक रूपरेखा बनाना
- संतोषप्रद निष्कर्ष तक पहुँचना
- रिपोर्ट को लिखना

12. मस्तिष्क तूफान विधि (Brain Storming Method)

मस्तिष्क तूफान विधि, जैसा कि इसके नाम से ही प्रतीत हो रहा है कि इस विधि में शिक्षक के द्वारा ऐसे संसाधन प्रयोग किए जाते हैं, जो कि नये ज्ञान की प्राप्ति और चिंतन के लिए विद्यार्थियों के मस्तिष्क में कोलाहल उत्पन्न कर देते हैं। इस विधि में शिक्षक के द्वारा एक समस्या या प्रश्न उठाया जाता है, जिस पर कक्षा के सभी छात्र अपने विचार व्यक्त करते हैं, बहस करते हैं और सामूहिक चर्चा करते हैं। शिक्षक कक्षा के सभी छात्रों द्वारा व्यक्त किए गये विचारों को ब्लैक-बोर्ड पर लिखता रहता है। बहस, चर्चा और चिंतन की इस प्रक्रिया में उस बिन्दु या सोपान पर पहुँचा जाता है, जहाँ पर पहुँचकर छात्र समस्या का समाधान कर लेते हैं। इस विधि के द्वारा छात्रों की विश्लेषण, संश्लेषण, चिन्तन और आलोचनात्मक तर्कशक्तियों का विकास होता है।

अध्याय 7

कम्प्यूटर विज्ञान शिक्षक
(Computer Science Teacher)

"अगर आपको एक साल की योजना बनानी है, तो आप कोई बीज बोइये, अगर दस साल की योजना बनानी है तो एक पेड़ लगाइये और अगर सौ साल की योजना बनानी है तो लोगों को पढ़ाइये। आप एक बार बीज बोएंगे तो आपको एक फसल मिलेगी, लेकिन जब आप लोगों को पढ़ाएंगे तो बार-बार असीमित फसलें मिलती रहेंगी।" (कुआन त्सू. 551-479 ई.पू.)। यही कारण है कि आज की आधुनिक दुनिया में किसी भी समाज में शिक्षक का बड़ा विशिष्ट और महत्वपूर्ण स्थान है। राष्ट्र के भाग्य के निर्धारण में स्कूलों के शिक्षक कितना बड़ा योगदान कर सकते हैं, इसे रेखांकित करने के लिए बड़ी सुन्दर-सुन्दर उपमाओं का उपयोग किया जाता है। शिक्षक को समाज का "पथ प्रदर्शक", "भविष्य निर्माता" तथा "रीढ़ की हड्डी" कहा जाता है। शिक्षक, समाज और राष्ट्र के निर्माण का मूलाधार है। शिक्षक पर ही समाज की उन्नति निर्भर होती है। शिक्षक बालकों को समुचित शिक्षा प्रदान कर देश के भविष्य को उज्जवल करता है। शिक्षक का महत्व अगाध है, अवर्णनीय है। प्राचीन काल में शिक्षक को गुरू का स्थान दिया गया। गुरु को भगवान तुल्य माना जाता था। कहा जाता है कि–

"गुरू ब्रह्मा गुरू विष्णु गुरू देवो महेश्वरः
गुरू साक्षात् परंब्रह्मा तस्मै श्री गुरूवे नमः"

गुरू को त्रिमूर्ति का दर्जा दिया गया है। ब्रह्मा ज्ञान के भंडार हैं, विष्णु ज्ञान के दाता हैं और शिव ज्ञान के सदुपयोगीकर्ता हैं। स्वामी विवेकानन्द जी का कहना है कि जो शिक्षक विद्यार्थियों के स्तर पर उतरकर उनकी आत्मा का परीक्षण करके ज्ञान देता है, वहीं सच्चा शिक्षक है। पंडित जवाहर लाल नेहरू के अनुसार निम्न चार प्रकार के शिक्षक होते हैं–

सामान्य शिक्षक - केवल कहता है।
अच्छा शिक्षक - समझाता है।
उत्तम शिक्षक - प्रदर्शित करता है।
महान शिक्षक - विद्यार्थियों को प्रेरणा देता है।

शिक्षक की उपयोगिता

1. कोठारी कमीशन रिपोर्ट (1966) के अनुसार– "शिक्षा के स्तर में सुधार तथा राष्ट्रीय विकास में इसके योगदान को जहाँ दूसरे बहुत से तत्व प्रभावित करते हैं, वहीं अध्यापकों की दक्षता, कार्य कुशलता एवं चरित्र भी निःसन्देह अत्यन्त महत्वपूर्ण है।

2. हुमायूँ कबीर के शब्दों में– "शिक्षा पद्धति की कुशलता शिक्षकों की योग्यता पर निर्भर है। अच्छे शिक्षकों के अभाव में सर्वोत्तम शिक्षा पद्धति का भी असफल होना संभव है। अच्छे शिक्षकों द्वारा शिक्षा पद्धति के दोषों को भी अधिकांशतः दूर किया जा सकता है।"

3. डा. राधा कृष्णन् ने कहा है कि "समाज में अध्यापक का स्थान अत्यन्त महत्वपूर्ण है। वह एक पीढ़ी से दूसरी पीढ़ी को बौद्धिक परम्पराओं और तकनीकी कौशल सौपनें की प्रक्रिया

का केन्द्र बिन्दु है ओर इस प्रकार वह सभ्यता के दीपक को प्रज्जवलित रखने में सहायक होता है। वह केवल व्यक्तियों का ही मार्ग दर्शन नहीं करता बल्कि राष्ट्र के भाग्य को भी दिशा प्रदान करता है।''

4. शिक्षा प्रक्रिया में शिक्षक के महत्व को स्वीकार करते हुए माध्यमिक शिक्षा आयोग ने कहा कि ''शैक्षिक पुर्नरचना में सबसे महत्वपूर्ण कारक है -शिक्षक- उसके व्यक्तिगत गुण, शैक्षिक योग्यता, व्यावसायिक प्रशिक्षण और स्कूल तथा समाज में उसका स्थान। किसी स्कूल की ख्याति या प्रसिद्धि तथा इसके द्वारा समाज तथा समुदाय पर पढ़ने वाला प्रभाव शिक्षक की कार्य कुशलता पर निर्भर करता है।''

5. स्वामी विवेकानन्द ने एक बार कहा था कि ''एक सच्चा शिक्षक वह है जो कि तुरन्त विद्यार्थी के स्तर पर आ जाता है और अपनी आत्मा को उसकी आत्मा में स्थानान्तरण कर देता है तथा उसके मस्तिष्क को पहचान लेता है। ऐसा शिक्षक ही वास्तव में शिक्षण कार्य कर सकता है।'' अतः एक गत्यात्मक शिक्षक वह है जो कि शिक्षण-अधिगम प्रक्रिया को भली भाँति जानता है, जो शिक्षा को जीवन के विभिन्न पहलुओं (पक्षों) से जोड़ देता है, विरोधाभासों को दूर करता है, शैक्षिक समस्याओं का समाधान करता है तथा शिक्षा के क्षेत्र में सुधार के लिये सुझाव प्रस्तुत करता है।

कम्प्यूटर विज्ञान शिक्षक के कार्य

समाज और राष्ट्र की अध्यापक से बहुत सी आशायें होती हैं। उसका कार्य केवल अध्ययन-अध्यापन तक ही सीमित नहीं है बल्कि उसके कंधो पर स्कूल और समाज के बीच मधुर संबंध स्थापित करने जैसा जटिल कार्य भी होता है। एक शिक्षक का सर्वप्रथम एवं सबसे महत्वपूर्ण कार्य बालक के व्यक्तित्व का सर्वांगीण विकास करना है, उसे आत्मनिर्भर बनाना है तथा उसे समाज एवं राष्ट्र के लिए एक उपयोगी सदस्य बनाना है। यह कार्य वह अपने शिक्षण के माध्यम से कर सकता है। कम्प्यूटर विज्ञान शिक्षक से निम्न कार्यों की अपेक्षा की जाती है कि वह-

1. अपने विषय (कम्प्यूटर विज्ञान) के प्रति छात्रों में रुचि, उत्सुकता एवं जिज्ञासा जागृत करेगा। अपने व्यक्तिगत ज्ञान और सूचनाओं के आधार पर छात्रों में कम्प्यूटर विज्ञान विषय के प्रति प्यार पैदा करेगा।
2. अपने विषय का शिक्षण कार्य सफलता से करेगा, छात्रों में कम्प्यूटर विज्ञान विषय की समझ पैदा करेगा तथा उनमें अधिगम के प्रति समय-समय पर प्रेरणा प्रदान करेगा।
3. अपने विषय के प्रति लगातार अध्ययनरत रहेगा। छात्रों के लिए अधिगम योजनाओं को संगठित करेगा तथा प्रत्येक छात्र को उनकी योग्यताओं के अनुरूप कार्यभार सौंपेगा।
4. व्यक्तिगत विभिन्नता के सिद्धान्त को सम्मान देगा तथा इसके अनुरूप ही कार्य करेगा।
5. सूचना क्रांति के इस दौर में अपने विषय से संबंधित होने वाले नवीन अविष्कारों व जानकारियों से अपने आपको लगातार वाक़िफ़ रखेगा तथा इन सबसे छात्रों को जागरूक करेगा।

अध्यापक के कार्य की सफलता का मूल्यांकन इस बात से किया जाता है कि वह अपने छात्रों में वांछित व्यावहारिक परिवर्तन लाने में कहाँ तक सफल हो पाया है। निःसन्देह अध्यापक का कार्य अन्य व्यवसाय के लोगों के कार्यों से बहुत जटिल है क्योंकि अध्यापक का संबंध जीवित प्राणियों की रुचियों, इच्छाओं, सन्तुष्टियों और अभिलाषाओं से होता है।

कम्प्यूटर विज्ञान शिक्षक की विशेषताएँ (Qualties of Computer Science Teacher)

शिक्षक शब्द में इसकी विशेषताएँ समाहित हैं-

T - Truthful/Tolerante (विश्वसनीय/धैर्यवान)
E - Enthusiasm/Efficient (जोशीला/कुशल)
A - Affectionate (मिलनसार)
C - Cheerful/Confident (प्रसन्नचित्त/विश्वासपूर्ण)
H - Honest/Hardworker/Healthy (ईमानदार/मेहनती/स्वस्थ)
E - Energetic/Eager (शक्ति से भरपूर/लगनशील)
R - Rational thinking/Resourceful/Regular (तार्किक चिन्तन/साधन सम्पन्न/नियमित)

अत: स्पष्ट है कि उपरोक्त सभी गुणों से युक्त व्यक्ति ही एक सफल शिक्षक हो सकता है। कम्प्यूटर विज्ञान शिक्षक के गुणों का वर्गीकरण निम्न प्रकार से किया जा सकता है–

कम्प्यूटर विज्ञान शिक्षक की विशेषताओं एवं गुणों का वर्गीकरण (Classification of Characteristics and Qualities of Computer Science Teacher)

कम्प्यूटर विज्ञान शिक्षक के गुणों को निम्न प्रकार विभाजित किया जा सकता है–

1. व्यक्तिगत गुण 2. व्यावसायिक गुण 3. सामाजिक गुण

1. व्यक्तिगत गुण (Individual Qualities)

कम्प्यूटर विज्ञान शिक्षक में निम्नलिखित व्यक्तिगत गुण होने चाहिए–

(i) प्रभावी व्यक्तित्व– कम्प्यूटर विज्ञान शिक्षक का व्यक्तित्व प्रभावशाली होना चाहिए। व्यक्तित्व के अन्तर्गत शिक्षक का रहन-सहन, वेश-भूषा, बोलचाल, उठना-बैठना, उत्साह, लगन, स्वास्थ्य, आदि सम्मिलित हैं। शिक्षक को अपना कार्य ईमानदारी एवं धैर्यपूर्वक करना चाहिए। एक शिक्षक का शारीरिक, मानसिक और नैतिक स्तर उच्च होना चाहिए। उन्नत व्यक्तित्व वाला अध्यापक छात्रों को स्वाभाविक रूप से आसानी से प्रभावित कर लेता है। अच्छे व्यक्तित्व वाले अध्यापक की ओर बालक आकृष्ट होते हैं और उसके गुणों को अपने में जागृत करने का प्रयास करते हैं। अध्यापक में प्रेम, दया, बन्धुत्व, सद्भावना, सहानुभूति आदि गुण होने चाहिए। शिक्षक प्रसन्नचित, हँसमुख होना चाहिए। उसका मस्तिष्क क्रियाशील तथा स्फूर्त होना चाहिए।

(ii) शिक्षण के प्रति लगाव– शिक्षक का प्रथम गुण है– शिक्षण के प्रति उसका लगाव। सिर्फ वे लोग अपने क्षेत्र में सफल होते हैं, जिन्हें अपने व्यवसाय से प्यार होता है। शिक्षण व्यवसाय के प्रति किसी प्रकार के लगाव के बिना कोई शिक्षक सफल और प्रभावशाली नहीं हो सकता है।

(iii) कम्प्यूटर विज्ञान में रुचि– कम्प्यूटर विज्ञान शिक्षक की अपने विषय पर पूरी पकड़ होनी चाहिए। इसके लिए उसकी रुचि इस क्षेत्र में होनी आवश्यक है।

(iv) कम्प्यूटर विज्ञान के प्रति सकारात्मक दृष्टिकोण– कम्प्यूटर विज्ञान शिक्षक में अपने विषय के शिक्षण के प्रति सकारात्मक दृष्टिकोण होना चाहिए। शिक्षक का अपना स्वयं का दृष्टिकोण छात्रों की अधिगम प्रक्रिया पर प्रभाव डालता है।

(v) संवेगात्मक सन्तुलन– शिक्षक में संवेगात्मक सन्तुलन का होना परम आवश्यक है। शिक्षक के भावात्मक रूप से असन्तुलित होने पर छात्र तथा विद्यालय संगठन दोनों ही समस्याग्रस्त हो सकते हैं।

(vi) उत्तम स्वास्थ्य– कम्प्यूटर विज्ञान शिक्षक को शारीरिक एवं मानसिक रूप से पूर्ण स्वस्थ होना चाहिए। परीक्षणों के आधार पर यह देखा गया है कि स्वस्थ शरीर का स्वस्थ मस्तिष्क से उच्च प्रकार का सह-संबंध है। अगर किसी शिक्षक का शारीरिक स्वास्थ्य अच्छा नहीं है तो वह ठीक प्रकार शिक्षण कार्य नहीं कर सकता। एक अच्छे शिक्षक का उसूल होता है–'सादा जीवन और उच्च विचार'।

(vii) आत्मविश्वास– कम्प्यूटर विज्ञान शिक्षक को अपने ऊपर पूर्ण विश्वास होना चाहिए। इसके अभाव में वह शिक्षण कार्य में असफल हो सकता है। शिक्षक के शिक्षण कार्य में आत्मविश्वास की झलक होनी चाहिए तभी वह अपने छात्रों को प्रभावित कर सकता है।

(viii) संसाधनपूर्ण– कम्प्यूटर विज्ञान शिक्षक को सृजनात्मक और कल्पनाशील होना चाहिए तथा शिक्षण की परिस्थितियों के अनुकूल विभिन्न संसाधनों की व्यवस्था करने में सक्षम होना चाहिए।

(ix) धैर्यवान, सहिष्णु एवं अनुशासित– शिक्षक के लिये यह आवश्यक है कि कक्षा उसके नियंत्रण में रहे, अन्यथा अनुशासनहीनता की समस्या उत्पन्न हो जाती है और शिक्षक और शिक्षार्थी के मध्य कटुता का वातावरण तैयार होने लगता है। इसके लिए अच्छे शिक्षक में विषय के सम्यक ज्ञान के अतिरिक्त कुछ अन्य गुण भी होते हैं। कम्प्यूटर विज्ञान शिक्षक को समय से कक्षा में पहुँचना चाहिए और समय पूरा होने के पहले कक्षा को नहीं छोड़ना चाहिए। शिक्षक को छात्रों की प्रत्येक शंका का समाधान करने के लिए और छात्रों के प्रत्येक प्रश्न का उत्तर देने के लिए सदैव तत्पर रहना चाहिए। कम्प्यूटर शिक्षक को विद्यार्थियों द्वारा की गयी छोटी-मोटी शरारतों को सहज भाव से लेना चाहिए।

(x) उच्च चरित्र एवं दृढ़ संकल्प– कम्प्यूटर विज्ञान शिक्षक का चरित्र निर्मल हो, उसमें अपने कार्य के प्रति उत्साह हो। यदि शिक्षक में सच्चरित्रता का अभाव है तो वह अपने छात्रों व समाज का नेतृत्व नहीं कर सकता है।

(xi) मित्रता एवं सहानुभूतिपूर्ण व्यवहार– कम्प्यूटर विज्ञान शिक्षक के लिये यह आवश्यक है कि वह अपने छात्रों तथा सहयोगी शिक्षकों के साथ मैत्रीपूर्ण व्यवहार करे। यदि कम्प्यूटर विज्ञान शिक्षक इस प्रकार का व्यवहार करेगा तब वह उनके विश्वास को शीघ्र ही प्राप्त कर लेगा। शिक्षक को सदैव अपने छात्रों के साथ मित्रवत् व पथ प्रदर्शक के रूप में व्यवहार करना चाहिए। छात्र उन्हीं अध्यापक को पसन्द करते हैं तथा उससे अधिकाधिक सम्पर्क रखते हैं, अपनी समस्याओं को रखते हैं, जो उनके प्रति सहानुभूति का व्यवहार करते हैं।

(xii) समदर्शी– कम्प्यूटर विज्ञान शिक्षक को छात्रों के प्रति समदर्शी होना चाहिए। उसे लिंग, जाति, नस्ल आदि के आधार पर छात्रों में विभेद नहीं करना चाहिए। क्योंकि शिक्षक सभी छात्रों की प्रेरणा का स्रोत होता है। शिक्षक के लिये सभी छात्र उसके पास राष्ट्र की धरोहर हैं जिनमें उसे सामाजिक, नैतिक आदि गुणों का विकास करना है।

(xiii) अनुकूलता– विभिन्न परिस्थितियों के अनुकूल अपने को बनाने की क्षमता तथा कुशलता कम्प्यूटर विज्ञान शिक्षक में होनी चाहिए जिससे वह छात्रों को कम्प्यूटर विज्ञान की शिक्षा प्रभावशाली ढंग से दे सके।

2. व्यावसायिक गुण

(i) विषय का व्यापक एवं स्पष्ट ज्ञान– कम्प्यूटर विज्ञान के शिक्षक में यह गुण होना अति आवश्यक है कि वह अपने विषय में पूर्णरूप से निपुण तथा पूर्ण जानकारी रखता हो। विषय का अधिकार तभी हो सकता है जबकि अध्यापक विषय का विस्तृत अध्ययन करे तथा विषय को गहराई से समझे। इसके साथ ही उसे कम्प्यूटर विज्ञान के क्षेत्र में हो रही नवीनतम खोजों की भी जानकारी होनी चाहिए। उसे नियमित रूप से विषय के अध्ययन के साथ कम्प्यूटर विज्ञान की नवीनतम पुस्तकों व पत्रिकाओं का भी अध्ययन करना चाहिए जिससे वह छात्रों को कम्प्यूटर विज्ञान के नए आविष्कारों, सिद्धान्तों से परिचित करा सके।

(ii) ज्ञान संचय की इच्छा– कम्प्यूटर विज्ञान शिक्षक में ज्ञान प्राप्ति की तीव्र इच्छा होनी चाहिए। शिक्षक के लिये आवश्यक है कि अपने विषय में कुशल होने के साथ–साथ उसे अन्य विषयों का भी ज्ञान होना चाहिए तभी वह अपने अध्यापन में सह–संबंध का समावेश कर सकेगा। अपने अध्यापन मे अन्य विषयों का समन्वय रोचकता और आकर्षण ले आता है।

(iii) शिक्षण की नवीन विधियों का ज्ञान– प्रभावशली शिक्षण के लिए यह आवश्यक है कि अध्यापक को कम्प्यूटर विज्ञान की नवीन शिक्षण विधियों का ज्ञान हो। शिक्षक को किसी एक विधि तक सीमित नहीं होना चाहिए। विद्यार्थियों के स्तर तथा पाठ्य–पुस्तक के अनुकूल उसे शिक्षण विधि का चयन करना चाहिए।

(iv) समझाने की कला में दक्ष– कम्प्यूटर विज्ञान शिक्षक के लिए विषय का ज्ञान जितना आवश्यक है, उतना ही आवश्यक है कि वह उस ज्ञान को अपने छात्रों को हृदयंगम कर सके। पढ़ाने का अर्थ सिर्फ व्याख्यान देना नहीं होता। यह धारणा कि अच्छा व्याख्याता अच्छा शिक्षक भी होता है महज़ इसलिए कायम है कि शिक्षण–विधियों में व्याख्यान विधि की भूमिका हावी रही है।जबकि वास्तविकता यह है कि सामूहिक चर्चा, वाद–विवाद, सेमीनार, ट्यूटोरियल जैसी आधुनिक विधियाँ और दृश्य–श्रव्य उपकरणों का उपयोग शिक्षण को और अधिक प्रभावी बनाने के लिए अनिवार्य है। बहुत हद तक माना जा सकता है कि शिक्षण का अर्थ विषय–वस्तु को छात्रों को समझाना है। अतः जो शिक्षक सुगमता और स्पष्ट रूप से दुरुह विषय–वस्तु को छात्रों को समझा देते हैं, उन्हें श्रेष्ठ शिक्षक समझा जाता है।

(v) बाल मनोविज्ञान एवं अधिगम सिद्धान्तों का ज्ञान– कम्प्यूटर विज्ञान शिक्षक को बाल–मनोविज्ञान एवं अधिगम सिद्धान्तों का ज्ञान अनिवार्य रूप से होना चाहिए। ऐसा शिक्षक बालक की रुचि, मानसिक योग्यता, क्षमता व व्यक्तिगत विभिन्नता के अनुकूल शिक्षण कार्य कर सकता है। अध्यापक को व्यक्तिगत विभिन्नताओं का ज्ञान होना आवश्यक है जिससे छात्रों को उचित शैक्षिक व व्यवसायिक निर्देशन दिया जा सके। इसके अतिरिक्त कम्प्यूटर विज्ञान शिक्षक को सीखने के विभिन्न सिद्धान्तों, जैसे- प्रेरणा तथा अधिगम स्थानान्तरण का भी ज्ञान होना चाहिए। इन सिद्धान्तों के प्रयोग से वह शिक्षण को प्रभावशाली, रुचिकर व सार्थक बना सकता है।

(vi) व्यावसायिक प्रशिक्षण– कम्प्यूटर विज्ञान शिक्षक के लिए आवश्यक है कि वह यह जाने कि उसे क्या पढ़ाना है तथा साथ–साथ यह भी जानना आवश्यक है कि उसे किसको पढ़ाना है तथा किस प्रकार पढ़ाना होगा। इन प्रश्नों का उत्तर जानने के लिए उसको व्यावसायिक प्रशिक्षणयुक्त होना चाहिए।

(vii) पाठ्य सहगामी क्रियाओं में रुचि– जो शिक्षक पाठ्य सहगामी क्रियाओं में सक्रिय रूप से भाग लेते हैं, वह उन शिक्षकों से अपेक्षा अधिक पसन्द किये जाते हैं जो स्वयं को केवल कक्षा तक ही सीमित रखते हैं। छात्रों के साथ घुल–मिल जाने वाले शिक्षक अच्छे शिक्षक समझे जाते हैं।

(viii) अनुसंधान कार्य में रुचि– आधुनिक शिक्षा प्रणाली में शिक्षकों से यह भी आशा की जाती है कि उनको अपने कार्य क्षेत्र में अनुसंधानकर्ता होना चाहिए जिससे कि वह विद्यार्थियों के सामने आने वाली समस्याओं का पूर्ण रूप से निवारण कर सकें।

3. सामाजिक गुण

(i) नेतृत्व की क्षमता– कम्प्यूटर विज्ञान शिक्षक में छात्र नेतृत्व की क्षमता का होना आवश्यक है। शिक्षक के नेतृत्व का गुण उसके व्यक्तित्व पर आधारित होता है। अगर शिक्षक का चरित्र

और उसका व्यक्तित्व उत्तम हो तो वह छात्रों को समूह में मिलकर विभिन्न कार्यक्रमों को करने के लिए प्रेरित कर सकता है।

(ii) मानवीय दृष्टिकोण– कम्प्यूटर विज्ञान शिक्षक का दृष्टिकोण मानवीय होना चाहिए। शिक्षक में दयालुता और संवेदना का भाव ज़रूरी है। कठोर, पत्थर-दिल, निर्दयी अध्यापक न सिर्फ अलोकप्रिय होते हैं बल्कि प्रभावशून्य भी होते हैं।

(iii) बालक और समाज की आवश्यकता का ज्ञान– अध्यापक बालक को शिक्षा उसकी और समाज की आवश्यकताओं के अनुसार देता है इसलिए उसे बालक और समाज दोनों की आवश्यकताओं का अध्ययन कर लेना चाहिए।

कम्प्यूटर विज्ञान शिक्षक के कार्यभार

विद्यालय का केन्द्र बिन्दु होने के कारण एक शिक्षक को विद्यालय में निम्न कार्य करने होते हैं–

1. मीटिंग में भाग लेना।
2. कम्प्यूटर विज्ञान क्लब में सक्रिय योगदान देना।
3. विद्यालयी, सामाजिक एवं सांस्कृतिक कार्यक्रमों में भाग लेना।
4. पत्रिका प्रकाशन में मदद देना।
5. शैक्षिक भ्रमणों का संचालन करना एवं इनमें योगदान देना।
6. छात्र के कम्प्यूटर प्रोजेक्टस में मदद करना।
7. शैक्षिक मेलों (Educational Fairs) में जाना।
8. विद्यालय का शैक्षिक रिकार्डस बनाने में मदद करना।

उपरोक्त के अतिरिक्त विद्यालय प्रशासन एक शिक्षक से निम्न कार्यों को ज़िम्मेदारीपूर्वक निभाने की अपेक्षा करता है।

1. शैक्षणिक कार्यों की योजना बनाना।
2. पाठ योजनाओं, दृश्य-श्रव्य सहायक सामग्री का निर्माण करना।
3. छात्र-केन्द्रित शिक्षण कार्य करना।
4. छात्रों को अभिप्रेरणा प्रदान करना।
5. छात्रों को समय-समय पर शैक्षिक एवं व्यवासायिक निर्देशन प्रदान करना।
6. छात्रों की व्यक्तिगत, शैक्षणिक और सामाजिक समस्याओं का समाधान करना।
7. छात्रों की उपलब्धियों का मूल्यांकन करना।
8. छात्रों के व्यक्तित्व का सर्वांगीण विकास करना
9. कक्षा में समय पर आना।
10. बालकों में अपने विषय के प्रति रुचि पैदा करना।
11. देश प्रेम की भावना का विकास करना।
12. छात्रों को आत्मनिर्भर बनाना।
13. छात्रों में नैतिक, सामाजिक एवं राष्ट्रीय मूल्यों का विकास करना।
14. कम्प्यूटर प्रयोगशाला में छात्रों के प्रयोग की व्यवस्था करना।

विद्यालय की उन्नति में कम्प्यूटर विज्ञान शिक्षकों का योगदान

विद्यालय की प्रसिद्धि उसमें कार्य करने वाले शिक्षकों, उनके शिक्षण कार्य तथा उसमें संचालित होने वाले विभिन्न कार्यक्रमों पर निर्भर करती है। अतः एक विद्यालय की गरिमा बनाये रखने

तथा उसे ऊँचां उठाने के लिए शिक्षक को विभिन्न प्रकार से शैक्षणिक कार्यों में अपना सक्रिय योगदान देना होता है। कम्प्यूटर विज्ञान शिक्षक, विद्यालय की उन्नति में निम्न प्रकार से मदद प्रदान कर सकता है–

1. कम्प्यूटर विज्ञान शिक्षक को समय का पाबन्द होना चाहिए। शिक्षक को निर्धारित समय पर कक्षा में आना चाहिए तथा निश्चित समय के पश्चात् ही कक्षा छोड़नी चाहिए।
2. कम्प्यूटर विज्ञान शिक्षक को समय चक्र के अनुसार ही शिक्षण कार्य करना चाहिए।
3. उसे छात्रों की व्यक्तिगत विभिन्नता को सम्मान देना चाहिए तथा इसी के अनुरूप अपने शिक्षण की व्यवस्था करना चाहिए।
4. शिक्षक को छात्रों की व्यक्तिगत योग्यताओं को ध्यान में रखते हुए उन्हें उपयुक्त मात्रा में कक्षा कार्य, गृह कार्य, तथा अभ्यास कार्य देना चाहिए।
5. कम्प्यूटर विज्ञान शिक्षक को छात्रों की शैक्षणिक, सामाजिक एवं व्यक्तिगत समस्याओं के समाधान में उनकी मदद करनी चाहिए।
6. कम्प्यूटर विज्ञान शिक्षक का छात्रों के साथ पक्षपात रहित सहयोगपूर्ण व्यवहार होना चाहिए।
7. कम्प्यूटर विज्ञान शिक्षक को छात्रों में अनुशासन की भावना का विकास करना चाहिए।
8. उसे विद्यार्थियों में आपसी सहयोग और स्वस्थ प्रतिस्पर्धा का भाव विकसित करना चाहिए।
9. कम्प्यूटर विज्ञान शिक्षक को शिक्षक-अभिभावक संघ के क्रिया-कलापों के माध्यम से अभिभावकों के विद्यालय के प्रति दृष्टिकोण को बदलने का प्रयास करना चाहिए।
10. कम्प्यूटर विज्ञान शिक्षक को पाठ्य-सहगामी क्रियाओं में सक्रिय रूप से भाग लेना चाहिए तथा छात्रों को इसमें शामिल करने के लिए प्रेरित करना चाहिए।
11. कम्प्यूटर विज्ञान शिक्षक को यह चाहिए कि वह अभिभावकों को विद्यालय के विभिन्न कार्यक्रमों में आमंत्रित करे, जिससे कि वह विद्यालय तथा अपने बच्चों की प्रगति से रूबरू हो सकें।

कम्प्यूटर विज्ञान शिक्षक डायरी

एक शिक्षक को प्रतिदिन बहुत से कार्यों को करना पड़ता है। इन सभी कार्यों में तालमेल बिठाने के लिए तथा कार्यों के क्रियान्वयन में सुविधा के लिए प्रत्येक कम्प्यूटर विज्ञान शिक्षक को यह चाहिए कि वह अपने पास एक व्यक्तिगत डायरी रखे। इस डायरी में वह निम्नलिखित कार्यों का लेखा-जोखा रख सकता है–

1. शिक्षक जिन कक्षाओं में पढ़ा रहा है, उनका पाठ्यक्रम
2. विभिन्न कक्षाओं का शिक्षण समय चक्र
3. सतत मूल्यांकन का चार्ट जैसे - माहवार परीक्षण, वाद-विवाद, निबन्ध प्रतियोगिता, आदि।
4. खेलकूद से संबंधित समय का विवरण
5. पूरे वर्ष का शैक्षणिक कार्यक्रम। कितना पाठयक्रम कितने समय में पूरा करना है? आदि का विवरण
6. कम्प्यूटर विज्ञान क्लब की गतिविधियों का विवरण।
7. कक्षा के किसी विशेष छात्र से संबंधित सूचनाएँ।
8. कक्षा के पिछड़े तथा अच्छे छात्रों का शैक्षणिक रिकार्ड।

9. गृह कार्य का विवरण
10. उन छात्रों के नाम आदि का विवरण जो अक्सर कक्षा में अनुपस्थित रहते हैं।
11. कम्प्यूटर प्रयोगशाला के उपकरणों की सूची
12. आस-पास के ऐसे स्थानों की जानकारी जहाँ कम्प्यूटर प्रौद्योगिकी का प्रयोग विभिन्न व्यवसायों में हो रहा हो।

शिक्षक बनने से पूर्व विचारणीय बातें

एक अध्यापक से सामान्यत: तीन बातों की अपेक्षा की जाती है– वह संतोषी हो, अपने व्यवसाय के प्रति निष्ठवान हो तथा अपने विद्यार्थियों अथवा शिष्यों का हित चिंतक हो। अध्यापक को धन की अपेक्षा ज्ञानार्जन हेतु अधिक प्रयास करना चाहिए। आजकल बहुत से शिक्षक ट्यूशन के प्रति लालयित रहते हैं। ट्यूशन कराने के लिए किसी छात्रा/छात्र को विवश किया जाये अथवा कक्षा में पूरे मनोयोग से न पढ़ाया जाये तो यह अध्यापक की गरिमा के प्रतिकूल है।

किसी व्यक्ति को विवशता की स्थिति मानकर अध्यापक नहीं बनाना चाहिए। इस व्यवसाय के प्रति तभी उन्मुख होना चाहिए जब अध्यापन के प्रति रुचि हो तथा इस कार्य को वह गौरवपूर्ण कृत्य मानता हो। अध्यापक किसी भी महान पुरुष की अपेक्षा बड़ा होता है क्योंकि महानतम व्यक्तिय को अध्यापक ही पढ़ाता है। एक अध्यापक को डा. राधाकृष्णन की तरह यह सोचना चाहिए कि विद्यालय महापुरुषों का निर्माण करने वाले कारखाने हैं और अध्यापक उनमें काम करने वाले कारीगर हैं।

योगीराज अरविंद घोष का कथन है कि– "अध्यापक राष्ट्र की संस्कृति के चतुर माली होते हैं। वे संस्कारों की जड़ों में अपने ज्ञान की खाद देते हैं और अपने श्रम सीकर से सींच-सींच कर उन्हें महाप्राण शक्तियां बनाते हैं।" शिक्षक को यह स्पष्ट होना चाहिए कि उसका उत्तरदायित्व कितना गुरूतर है।

भावी अध्यापकों को संस्कृत के महान नाटककार कालिदास के इस कथन पर गम्भीरतापूर्वक विचार करना चाहिए "जो अध्यापक केवल जीविकोपार्जन के लिये विद्या पढ़ाता है, वह पंडित नहीं, ज्ञान बेचने वाला दुकानदार कहा जाता है।" अध्यापक बन जाना जितना सरल है, अध्यापक बने रहना उतना ही कठिन है। इस व्यवसाय को अपनाने से पूर्व इस बात को भली प्रकार समझ लेना आवश्यक है।

अध्याय 8

कम्प्यूटर विज्ञान की पाठ्य पुस्तक
(Computer Science Text-Book)

प्राचीन काल में शिक्षा का केन्द्र बिन्दु ऋषियों के आश्रम होते थे। यहाँ ऋषि-मुनि अपने शिष्यों को मौखिक रूप में उपदेश (शिक्षा) देते थे। शिष्य अपने गुरूओं द्वारा प्रदान किये गये ज्ञान को कंठस्थ करते थे। इस प्रकार गुरू और शिष्य के बीच मौखिक रूप में ज्ञान प्रदान करने और ज्ञान-ग्रहण करने की यह प्रक्रिया चलती रहती थी। परन्तु इस प्रक्रिया में एक समस्या यह थी कि किसी भी विषय जैसे कि- युद्धनीति, राजनीतिशास्त्र, गणित, अर्थव्यवस्था से संबंधित ज्ञान बिखरा हुआ था। अर्थात् इस ज्ञान की एक स्थान पर उपलब्धता नहीं थी जिसके कारण ज्ञान के हस्तान्तरण, संचरण और फैलाव मे बाधा आ रही थी। ज्ञान केवल कुछ स्थानों पर कुछ लोगों तक ही सीमित था। इस समस्या के निदान के लिए ज्ञान को ताड़ के पत्तों इत्यादि पर लिखकर व्यक्त किया जाने लगा। धीरे-धीरे विज्ञान एवं तकनीकी के क्षेत्र में बदलाव आये जिसके कारण ऐसे माध्यमों का विकास हुआ जिसके कारण किसी भी विषय से संबंधित ज्ञान को लिखित एवं क्रमबद्ध रूप में विश्व के एक कोने से दूसरे कोने में भेजा जाने लगा। पाठ्य पुस्तक एक ऐसा ही सरल एवं प्रभावी माध्यम है जिसके द्वारा किसी भी विषय से संबंधित ज्ञान को सरल और प्रभावी रूप में छात्रों तक पहुँचाया जा सकता है। संक्षेप में -

"Text book is a memory aid for the pupils, a guide for the teacher, a permanent record of what has been learnt, a means of extending linguistic expericence, an exercise ground for reading and a check book of unnecessary repetition and omission and important visual aid in the teaching learning process."

पाठ्य पुस्तक का अर्थ

ज्ञान प्राप्त करने की प्रमुख रूप से दो विधियाँ हैं– प्रत्यक्ष अनुभवों द्वारा तथा अप्रत्यक्ष अनुभवों द्वारा। पाठ्य पुस्तकें दूसरे प्रकार के अधिगम के ज्ञान के स्रोत का कार्य करती हैं। पाठ्य पुस्तकें अधिगम का साधन होती हैं जिनका प्रयोग विद्यालयों में शिक्षा-कार्यक्रमों को पूरा करने के लिए किया जाता है। पाठ्य पुस्तक में निश्चित उद्देश्यों के अनुसार पाठ्य-वस्तु का चयन किया जाता है। सभी शिक्षण साधनों में पाठ्य-पुस्तकों का प्रयोग सबसे प्राचीन एवं व्यापक है। पाठ्य-पुस्तक अधिगमकर्ता की आयु, रुचि और कक्षा स्तर की आवश्यकता के परिप्रेक्ष्य में निर्धारित पाठ्यक्रम के आधार पर चयनित तथा व्यवस्थित पाठ्य-वस्तु है।

बेकर के अनुसार - "पाठ्य-पुस्तक, कक्षा प्रयोग के लिए विशेषज्ञों द्वारा सावधानी के साथ तैयार की जाती है। यह शिक्षण युक्तियों से भी सुसज्जित होती है।"

लैंग के शब्दों में - "यह अध्ययन क्षेत्र की किसी शाखा की एक प्रमाणित पुस्तक होती है।"

कम्प्यूटर विज्ञान की पाठ्य-पुस्तक

विद्यालय प्रणाली में किसी कक्षा के लिए कम्प्यूटर विज्ञान की विषय-वस्तु उसकी पाठ्यचर्या द्वारा निर्धारित की जाती है। इसके आधार पर विद्यार्थियों के अध्ययन हेतु इस विषय-सामग्री को

तार्किक एवं मनोवैज्ञानिक क्रम में संगठित किया जाता है। इस अध्ययन सामग्री का पुस्तकीय स्वरूप ही इस विषय की सम्बन्धित कक्षा के लिए पाठ्य-पुस्तक है। पाठय पुस्तक किसी कक्षा के अध्ययन की आधार पुस्तिका होती है। कम्प्यूटर विज्ञान की पाठ्य-पुस्तक छात्र के अधिगम हेतु विषय-वस्तु का प्रस्तुतीकरण, विशिष्ट तकनीकों द्वारा करती है। यह शिक्षक को छात्रों के लिए उचित अधिगम परिस्थितियों के निर्माण में मदद करती हैं। पाठ्य पुस्तक, कम्प्यूटर विज्ञान शिक्षक के लिए शिक्षण का उपकरण तथा अधिगमकर्ता के लिए अधिगम का संसाधन होती है। पाठ्य पुस्तक सूचनाओं एवं ज्ञान का संग्रह मात्रा नहीं है। यह विचारों, ज्ञान सूचनाओं और संप्रेषण का एक शक्तिशाली साधन है। कम्प्यूटर विज्ञान की पाठ्य पुस्तक की उपर्युक्त विशेषताओं के आधार पर हम कह सकते हैं कि कम्प्यूटर विज्ञान की पाठ्य पुस्तक के निम्नलिखित कार्य हैं-

कम्प्यूटर विज्ञान पाठ्य पुस्तक के कार्य

1. पाठ्य-पुस्तक शिक्षा के उद्देश्यों को प्राप्त करने का एक साधन है।
2. कम्प्यूटर विज्ञान की पाठ्य पुस्तक में पाठ्यक्रम के लक्ष्यों की प्राप्ति, सामाजिक आवश्यकताओं की पूर्ति तथा शिक्षार्थी की जिज्ञासाओं को तृप्त करने के लिये विशिष्ट विषय-वस्तु होती है।
3. पाठ्य-पुस्तक में शिक्षण सामग्री मनोवैज्ञानिक एवं तार्किक क्रम में व्यवस्थित होती है।
4. यह शिक्षण को निर्देशित तथा अधिगम में सुविधा प्रदान करती है।
5. यह शिक्षक एवं शिक्षार्थी के बीच के संबंधों की आधारशिला होती है।
6. यह किसी निर्धारित पाठयक्रम पर आधारित होती है।
7. पाठ्य पुस्तक विषय के तथ्यों, सिद्धान्तों, प्रत्ययों, आदि को समझने एवं उनकी व्याख्या करने में समर्थ बनाती है।
8. पाठ्य पुस्तक स्वध्याय, मनन और चिन्तन का अवसर प्रदान करती है।
9. यह कम्प्यूटर प्रयोगशाला में कार्य करने के लिए दिशा निर्देश प्रदान करती है।
10. पाठ्य पुस्तक छात्रों को पाठ को दोहराने एवं गृहकार्य करने में सहायता प्रदान करती है।
11. कम्प्यूटर विज्ञान की पाठ्य पुस्तक विषय के व्यावहारिक उद्देश्यों को प्राप्त करने में शिक्षक को मदद प्रदान करती है।

कम्प्यूटर विज्ञान पाठ्य-पुस्तक की आवश्यकता

शिक्षा एक त्री-ध्रुवीय प्रक्रिया है। इसके तीन ध्रुव-शिक्षक, शिक्षार्थी और विषय-वस्तु होते हैं। संपूर्ण शिक्षा प्रक्रिया इन तीनों के अर्न्तसम्बन्धों का ताना-बाना है। इस प्रक्रिया में तीनों ध्रुवों की अपनी उपयोगिता है। यहाँ विषय-वस्तु का संग्रह पाठ्य पुस्तक में उपलब्ध है। विषय-वस्तु (पाठ्य-पुस्तक) ही शिक्षक और अधिगमकर्ता के संयोजन और संप्रेषण का माध्यम बनती है। डा. राधाकृष्णन के अनुसार "ज्ञान किसी की बपौती नहीं है, उसका माध्यम केवल पुस्तक है।" स्पष्ट है कि ज्ञान के प्रचार एवं प्रसार में पाठ्य पुस्तकों का अति महत्वपूर्ण योगदान है। एक कहावत है कि जैसी पाठ्य पुस्तक वैसा ही शिक्षण और अधिगम। अर्थात् शिक्षण-अधिगम प्रक्रिया पाठ्य-पुस्तको पर निर्भर करती है। एक अच्छी पाठ्य-पुस्तक में सरल, सस्ती एवं आसानी से उपलब्ध होने वाली विषय-वस्तु होती है। कम्प्यूटर विज्ञान की पाठ्य-पुस्तक की आवश्यकता को निम्न बातों से आसानी से समझा जा सकता है-

1. कम्प्यूटर विज्ञान की पाठ्य-पुस्तक शिक्षक को कक्षा के निर्धारित पाठ्यक्रम के अनुसार चलने में मार्गदर्शन प्रदान करती है।

2. कम्प्यूटर विज्ञान एक पूर्णतयः प्रयोगिक वैज्ञानिक विषय है। अपनी इस प्रकृति के कारण इसकी गिनती जटिल विषय के रूप में की जाती है। अतः कम्प्यूटर विज्ञान के ज्ञान से अवगत तथा इसकी समझ के लिए पाठ्य पुस्तक की सख्त ज़रूरत है।

3. पाठ्य-पुस्तक एक निर्धारित रूप में लिखी जाती है। छात्र इनकी मदद से कम्प्यूटर विज्ञान विषय से संबंधित ज्ञान को क्रमबद्ध एवं संगठित रूप में प्राप्त कर सकते हैं।

4. एक शिक्षक अपनी योग्यताओं, अनुभवों, ज्ञान एवं क्षमताओं के अनुसार छात्रों को ज्ञान प्रदान करता है। चूँकि शिक्षक के लिए कई बार हर एक विद्यार्थी को पाठ पूरी तरह से समझाना सम्भव नहीं होता है तब छात्र कम्प्यूटर विज्ञान पाठ्य पुस्तक की सहायता से ज्ञान के अपूर्ण भाग को स्वयं पढ़कर समझ सकता है।

5. पाठ्य-पुस्तक के द्वारा छात्र को अपने अध्ययन से संबंधित विषय-वस्तु की स्पष्ट जानकारी हो जाती है।

6. यह छात्रों में स्वध्याय की आदत का विकास करती है।

7. प्रायः पाठ्य-पुस्तकें अनुभवी एवं विशेषज्ञ कम्प्यूटर विज्ञान शिक्षकों द्वारा लिखी जाती हैं। शिक्षक इन अनुभवों का फायदा शिक्षण के दौरान पाठय-पुस्तकों के माध्यम से ले सकते हैं।

8. पाठ्य-पुस्तक के द्वारा शिक्षकों को पाठ-योजनाओं के निर्माण में मदद मिलती है।

9. कम्प्यूटर विज्ञान की पाठ्य-पुस्तक के माध्यम से सीखे गये ज्ञान का बार बार अभ्यास किया जा सकता है।

10. पाठ्य-पुस्तक शिक्षक के शिक्षण कार्य में दक्षता को बढ़ाती है।

11. यह शिक्षक तथा छात्र दोनों के समय एवं ऊर्जा को बचाती है।

12. पाठ्य-पुस्तक, शिक्षण के दौरान कम्प्यूटर विज्ञान का अन्य विषयों से सहसंबंध स्थापित करने में शिक्षक को मदद प्रदान करती है।

कम्प्यूटर विज्ञान पाठ्य-पुस्तक की उपयोगिता

केन्द्रीय सलाहकार परिषद ने अपने प्रतिवेदन में पाठ्य-पुस्तक के महत्व को स्पष्ट करते हुए लिखा है- ''जैसे डेनमार्क के राजा के बिना हेमलेट की कल्पना करना भी सम्भव नहीं है, उसी प्रकार आधुनिक शिक्षा में पाठ्य-पुस्तकों के बिना शिक्षा की कल्पना नहीं की जा सकती है।'' प्रत्येक विषय में पाठ्य-पुस्तक का होना अनिवार्य होता है। पाठ्य-पुस्तक में विषय का संगठित ज्ञान एक स्थान पर रखा जाता है। कम्प्यूटर विज्ञान में पाठ्य-पुस्तक की निम्नलिखित उपयोगिता है-

1. कम्प्यूटर विज्ञान एक जटिल एवं कठिन विषय है। इसलिए इसको सरलता से समझने के लिए पाठ्य-पुस्तक का पढ़ना बहुत आवश्यक है। पाठ्य-पुस्तकों में कक्षा के सम्पूर्ण पाठयक्रमों को एक क्रमबद्ध रूप में प्रस्तुत किया जाता है।

2. पाठ्य-पुस्तक के आधार पर कक्षा कार्य तथा छात्रों की निष्पत्तियों का मूल्यांकन सम्भव होता है।

3. अच्छी पाठ्य-पुस्तकों में कम्प्यूटर विज्ञान की सभी सूचनाएँ क्रमबद्ध रूप से मिल जाती हैं, इसलिए अध्यापक तथा छात्रों को इधर उधर भटकना नहीं पड़ता है।

4. बालकों को वैज्ञानिक सिद्धान्तों, नियमों तथा तथ्यों को समझने के लिए पाठ्य-पुस्तक शिक्षक की सहायता करती है तथा बालकों के छूटे हुए ज्ञान की प्राप्ति हो जाती है।

5. पाठ्य-पुस्तक द्वारा छात्र और अध्यापक दोनों को पाठ्यक्रम की रूपरेखा मिल जाती है और अध्ययन का क्षेत्र निर्धारित हो जाता है।

6. परीक्षा के समय छात्रों को पाठ्य-पुस्तक से अध्ययन करने में अधिक सुविधा होती है।

7. वैज्ञानिक विधि के प्रशिक्षण और वैज्ञानिक दृष्टिकोण को अपनाने में पाठ्य-पुस्तक बड़ी मदद करती है।

कम्प्यूटर विज्ञान की पाठ्य-पुस्तक के लाभ

1. कम्प्यूटर विज्ञान की पाठ्य-पुस्तक पाठ की तैयारी में विशेष सहायक होती है।
2. इनके द्वारा शिक्षण उद्देश्यों की प्राप्ति सम्भव है।
3. पाठ्य-पुस्तक के द्वारा ही छात्रों तथा अध्यापकों को यह ज्ञात होता है कि अमुक कक्षा हेतु कितनी पाठ्य-सामग्री का अध्ययन तथा अध्यापन करना आवश्यक है।
4. पाठ्य-पुस्तक के आधार पर कक्षा कार्य तथा छात्रों का मूल्यांकन सम्भव है।
5. पाठ्य-पुस्तकें बालकों को स्वःअध्ययन के लिए प्रेरित करती हैं तथा इनके माध्यम से छात्र गहराई से अध्ययन करते हैं।
6. छात्रों को परीक्षा के लिए नोट्स बनाने में मदद मिलती है।
7. छात्र पाठ्य-पुस्तक में किसी सिद्धान्त को समझकर आसानी से प्रयोगशाला में प्रयोग कर सकते हैं।

पाठ्य-पुस्तक के दोष

1. पाठ्य-पुस्तकें एक बार बनने के बाद चलती रहती हैं। कम्प्यूटर विज्ञान एक ऐसा विषय है जिसमें बहुत तेज़ी के साथ परिवर्तन हो रहे हैं। पाठ्य-पुस्तकों में नई खोज तथा नई जानकारियां शामिल नहीं हो पाती हैं। अतः पाठ्य-पुस्तकें ज़्यादा लाभ प्रदान नहीं कर पातीं।

2. कभी-कभी पाठ्य-पुस्तकों में गलत तथ्यात्मक जानकारियाँ दी गयी होती हैं अथवा छपाई में त्रुटि रहती है। शिक्षक द्वारा इसकी सही जानकारी नहीं दी जाने की अवस्था में ये त्रुटियाँ छात्रों को आगे तक नुकसान पहुँचाती हैं।

3. पाठ्य-वस्तु छात्रों की मनोवैज्ञानिक प्रकृति के अनुसार न होने की दशा में छात्रों की रुचि पाठ्य-पुस्तकों को पढ़ने में खत्म हो जाती है।

4. केवल पाठ्य-पुस्तक पढ़कर छात्र कम्प्यूटर विज्ञान के प्रत्येक प्रकरण को नहीं समझ सकते।

5. पाठ्य-पुस्तकों में मनोवैज्ञानिक एवं तार्किक क्रमबद्धता का प्रायः अभाव होता है।

6. पाठ्य-पुस्तक का मूल्य अधिक रखा जाता है जो कि सामान्य विद्यार्थी की पहुँच से बाहर होता है।

7. अध्यापक पाठ्य-पुस्तक में निहित विषय-वस्तु पर ही कक्षा शिक्षण सीमित कर देते हैं, जिससे शिक्षण-अधिगम प्रक्रिया सीमित हो जाती है।

8. अधिकाँश पाठ्य-पुस्तकों में ग्राफ, रेखाचित्र, आँकड़े इत्यादि का अभाव होता है, जिसके कारण पाठ्य-पुस्तकों को पढ़ने में नीरसता आ जाती है।

9. पाठ्य-पुस्तकों के माध्यम से छात्रों को प्रत्यक्ष अनुभव प्राप्त नहीं हो पाते हैं। छात्रों को पहले से तैयार ज्ञान पैकेट रूप में प्राप्त होता है। इस कारण त्रे इसे आत्मसात नही कर पाते हैं।

कम्प्यूटर विज्ञान की पाठ्य-पुस्तकों के लिए मापदण्ड

एक अच्छी पाठ्य-पुस्तक वह होती है जो कि शिक्षक ओर शिक्षार्थी दोनो की आवश्यकताओं पर खरी उतरती है। कम्प्यूटर विज्ञान की पाठ्य-पुस्तक में कुछ निश्चित विशेषताओं का होना आवश्यक है। कम्प्यूटर विज्ञान की किसी भी पाठ्य-पुस्तक का चुनाव एवं निर्धारण करने से पूर्व पुस्तक का निम्नलिखित निश्चित मापदण्डों के आधार पर मूल्यांकन किया जाना चाहिए-

1. पाठ्य-पुस्तक का लेखक– कम्प्यूटर विज्ञान की पाठ्य-पुस्तक के लेखन कार्य के लिए लेखक की एक निश्चित शैक्षणिक तथा व्यावसायिक योग्यता होनी चाहिए। लेखक को शिक्षण-अधिगम प्रक्रिया के विभिन्न स्तरों व पक्षों की जानकारी होनी चाहिए।

2. पाठ्य-पुस्तक के भौतिक लक्षण– पाठ्य-पुस्तक की यांत्रिक एवं भौतिक विशेषताओं का उसके पढ़ने वालों पर सकारात्मक प्रभाव पड़ता है। कम्प्यूटर विज्ञान की पाठ्य-पुस्तक में निम्नलिखित भौतिक विशेषताओं या लक्षणों को अनिवार्य रूप से होना चाहिए–

1. पाठ्य-पुस्तक का आवरण पृष्ठ आकर्षक तथा विषय-वस्तु को प्रतिबिम्बित कर सके। 2. पाठ्य-पुस्तक का कागज़ एवं उसकी छपाई की गुणवत्ता अच्छी होनी चाहिए। 3. कम्प्यूटर विज्ञान की पाठ्य-पुस्तक की जिल्द मज़बूत होनी चाहिए। 4. पाठ्य-पुस्तक में चित्र एवं रेखाचित्र उचित स्थान पर बने हों तथा स्पष्ट, आकर्षक व उपयोगी हों। 5. पाठ्य-पुस्तक की कीमत ऐसी होनी चाहिए जिससे कि अधिकांश छात्र इसे खरीद सकें। 6. पाठ्य-पुस्तक में हाशिया (Margin) पर्याप्त होना चाहिए।

3. पाठ्य-पुस्तक की भाषा एवं शैली

1. कम्प्यूटर विज्ञन पाठ्य-पुस्तक की भाषा सरल, स्पष्ट, प्रवाहपूर्ण और वैज्ञानिक होनी चाहिए जिससे कि छात्रों को समझने में आसानी रहे। 2. पुस्तक की भाषा छात्रों के कक्षा-स्तर, शारीरिक एवं मानसिक स्तर के अनुकूल होनी चाहिए। 3. वाक्य छोटे-छोटे, स्पष्ट व सीधे होने चाहिए। 4. पाठ्य-पुस्तक में कम्प्यूटर विज्ञान के तकनीकी शब्दों का भली-भाँति स्पष्टीकरण होना चाहिए। 5. पाठ्य-पुस्तक में अलंकारिक भाषा का प्रयोग नहीं करना चाहिए।

4. पाठ्य-पुस्तक की विषय-वस्तु एवं उसका संगठन– कम्प्यूटर विज्ञान की पाठ्य-पुस्तक इसके शिक्षण उद्देश्यों को ध्यान में रखकर लिखी जानी चाहिए जिससे कि कम्प्यूटर विज्ञान के उद्देश्यों को आसानी से प्राप्त किया जा सके। कम्प्यूटर विज्ञान की पाठ्य-पुस्तक का मूल्यांकन या इसको लिखते समय निम्न बातों को ध्यान में रखना चाहिए–

1. पाठ्य-पुस्तक के प्रारम्भ में प्राक्कथन (Preface) तथा इसके बाद विषय-सूची अनिवार्य रूप से दी जानी चाहिए।
2. पाठ्य-पुस्तक को विद्यालयी कक्षा स्तर के पाठयक्रम पर आधारित होना चाहिए।
3. पाठ्य-पुस्तक में शिक्षण के सूत्रों जैसे- ज्ञात से अज्ञात, स्थूल से सूक्ष्म इत्यादि का अनुसरण करना चाहिए।
4. पाठ्य-पुस्तक की विषय-वस्तु तार्किक एवं मनोवैज्ञानिक क्रम में व्यवस्थित होनी चाहिए।
5. विषय-वस्तु को विज्ञान की विभिन्न शाखाओं से सह संबंधित करते हुए प्रस्तुत करना चाहिए।
6. प्रत्येक अध्याय के प्रारम्भ में पाठ के उद्देश्यों को शिक्षार्थियों के अपेक्षित व्यवहार परिवर्तन के रूप में दिया जाना चाहिए।
7. विषय-वस्तु छात्रों की आवश्यकताओं, रुचि एवं उनके पूर्व ज्ञान के आधार पर होनी चाहिए।
8. प्रकरणों के साथ आवश्यक चित्रों का प्रयोग करना चाहिए तथा इसके साथ उपयुक्त उदाहरण हों।
9. पाठ्य-पुस्तक में पाठ्य-वस्तु को छोटे-छोटे अध्यायों में बाँटना चाहिए।
10. पाठ्य-पुस्तक में केवल उन्हीं नियमों तथा सिद्धान्तों का उल्लेख न हो जो कि पहले निर्धारित किये जा चुके हैं बल्कि नवीन खोजों के आधार पर जो तथ्य और प्रत्यय सम्मुख आते हैं, उनका उल्लेख भी करना चाहिए।

अध्याय 9

कम्प्यूटर विज्ञान का पाठ्यक्रम
(Curriculum of Computer Science)

शिक्षा, व्यक्ति को आत्मनिर्भर एवं समाजोपयोगी नागरिक के रूप में विकसित करती है। समाज अपने नागरिकों के व्यक्तित्व के सर्वांगीण विकास हेतु विद्यालयों की स्थापना करता है। विद्यालयी शिक्षा के कुछ उद्देश्य होते हैं जिनके माध्यम से बालकों को शिक्षित किया जाता है। शिक्षा के इन उद्देश्यों की प्राप्ति के लिए बालकों को अधिगम अनुभव प्रदान किये जाते हैं। इन उद्देश्यों की प्राप्ति हेतु पाठ्य-वस्तु एक माध्यम के रूप में कार्य करती है। विद्यालयी शिक्षा के प्रत्येक स्तर के लिए विषय-वस्तु को मनोवैज्ञानिक एवं तार्किक रूप में व्यवस्थित किया जाता है। विषय-वस्तु के इस मनोवैज्ञानिक एवं तार्किक संगठन को ही पाठ्यक्रम का अंग कहा जाता है।

चूँकि शिक्षा एक गत्यात्मक प्रक्रिया है, इसीलिए शिक्षा के उद्देश्य परिवर्तित होते रहते हैं। पाठ्यक्रम केवल विषय-वस्तु का एक समूह मात्र नहीं है बल्कि व्यापक अर्थों में यह अधिगम-अनुभवों का समूह है। माध्यमिक शिक्षा आयोग [मुदालियर आयोग (1952-53)] ने अपने प्रतिवेदन में पाठ्यक्रम के महत्व पर प्रकाश डालते हुए लिखा है कि- "पाठयक्रम का अर्थ केवल विद्यालय में पढाये जाने वाले परम्परागत विषयों के शिक्षण से ही नहीं है बल्कि पाठ्यक्रम से अभिप्राय बालक को विद्यालय में प्राप्त होने वाले उन समस्त अधिगम अनुभवों से है जो कि उसको कक्षा, पुस्तकालय, प्रयोगशाला, खेल के मैदान तथा शिक्षक-छात्र अन्त:प्रक्रिया से प्राप्त होते हैं। अत: व्यापक अर्थों में संपूर्ण विद्यालय जीवन ही वास्तव में पाठ्यक्रम है जो कि बालक के जीवन के प्रत्येक पक्ष को प्रभावित करता है और उसके व्यक्तित्व के सर्वांगीण विकास में मददगार साबित होता है।"[1]

अत: हम स्पष्ट रूप से कह सकते हैं कि पाठ्यक्रम के अन्तर्गत वे अधिगम अनुभव आते हैं जिनको विद्यालय छात्रों को कक्षा के अन्दर और बाहर प्रदान करने के लिए व्यवस्थित एवं संगठित करता है।

पाठ्यक्रम (Curriculum) शब्द की उत्पत्ति लैटिन भाषा के शब्द "Currere" से हुई है, जिसका अर्थ दौड़ अथवा "दौड़ने के मैदान" से है। पाठ्यक्रम का अर्थ उस दौड़ से है जिसके द्वारा छात्र एवं शिक्षक अपने लक्ष्य तक पहुँचते हैं। शिक्षार्थी शिक्षा के उद्देश्यों की प्राप्ति हेतु पाठ्यक्रम की सहायता से विभिन्न अधिगम अनुभवों को प्राप्त करता है। शिक्षा की तुलना एक दौड़ से की

---

1. "Curriculum does not mean only the academic subject traditionally taught in the school, but it includes the totality of experiences that pupil receives through the manifold activities that do in the school, in the classrom, library, laboratory, workshop, play grounds and in the numerous informal contacts between teachers and pupils. In this sense, the whole of the school becomes the curriculum which can touch the life of the students at all points and help in the evolution of a balanced personality."

जाती है जिसमें पाठ्यक्रम वह दौड़ का मैदान है जिसको पार करके एक दौड़ने वाला अपने गंतव्य स्थान पर पहुँचता है। दूसरे शब्दों में पाठ्यक्रम वह मार्ग है जिसका अनुसरण करके अधिगम-कर्ता शिक्षा के निर्धारित लक्ष्य को प्राप्त करता है। नीचे हम पाठ्यक्रम से संबंधित कुछ विद्वानों की महत्वपूर्ण परिभाषायें दे रहे हैं-

1. कनिंघम के अनुसार "पाठ्यक्रम कलाकार (शिक्षक) के हाथ में वह साधन है जिसके द्वारा वह पदार्थ (शिक्षार्थी) को अपने आदर्श (उद्देश्य) के अनुसार अपने स्टूडियों (स्कूल) में ढाल सके।"[2]

2. मुनरों के शब्दों में -"पाठ्यक्रम में वे सभी अनुभव सम्मिलित हैं जिन्हें शिक्षा के उद्देश्यों की पूर्ति के लिए विद्यालय प्रयोग में लाता है।"[3]

उपरोक्त परिभाषाओं के अध्ययन से यह स्पष्ट है कि पाठ्यक्रम अधिगम अनुभवों का वह संगठन है जिसके माध्यम से शिक्षार्थी शिक्षा के उद्देश्यों को प्राप्त करता है। किसी भी विषय के शिक्षण के उद्देश्यों की पूर्ति हेतु उस विषय का पाठ्यक्रम बनाया जाता है।

पाठ्यक्रम का आधार

शिक्षा का स्वरूप पाठ्यक्रम के निर्धारण पर निर्भर करता है। पाठ्यक्रम का निर्धारण इस बात पर निर्भर करता है कि समाज शिक्षा के माध्यम से किन-किन उद्देश्यों की पूर्ति करना चाहता है। जैसा कि हम जानते हैं कि देश, काल एवं परिस्थितियों के अनुसार प्रत्येक देश की अपनी-अपनी आवश्यकताएँ होती हैं। जिनकी पूर्ति वह अपनी शिक्षा व्यवस्था के माध्यम से करता है। यह बात ही निर्धारित करती है कि हम अपना पाठ्यक्रम किस आधार पर बनायें। पाठ्यक्रम निर्माण के विभिन्न आधार होते हैं, जिनका विवरण निम्न प्रकार है-

1. दार्शनिक आधार (Philosophical Basis) – मानव जीवन का दर्शन से सबसे अधिक एवं सीधा संबंध है। प्रत्येक व्यक्ति का सोचने, कार्य करने एवं व्यवहार की एक शैली होती है जो उसका जीवन दर्शन बनाती है। शिक्षा/पाठ्यक्रम के उद्देश्यों के निर्धारण में दार्शनिक आधार की महत्वपूर्ण भूमिका है। जो देश, काल व परिस्थिति तथा आवश्यकताओं के अनुरूप परिवर्तित होते रहते हैं। जब बहुत से लोग एक ही प्रकार से सोचते-विचारते एवं व्यवहार करते हैं तो वह एक विशेष दार्शनिक सम्प्रदाय को जन्म देते हैं। ऐसे लोग जीवन, आत्मा, परमात्मा, मूल्य, नैतिकता, व्यवहार, शिक्षा आदि के बारे में एक जैसा सोचते हैं। वे अपने जीवन दर्शन के अनुसार शिक्षा की व्यवस्था करते हैं।

2. समाजशास्त्रीय आधार (Sociological Basis)– शिक्षा एवं समाज का बहुत गहरा एवं सीधा संबंध है। समाज शिक्षा की व्यवस्था इसलिए करता है जिससे कि वह शिक्षा के माध्यम से अपने नागरिकों को इस योग्य बना सके कि वह आत्मनिर्भर बन अपना, अपने परिवार, समाज एवं देश का विकास कर सकें। शिक्षा ही समाज की सांस्कृतिक एवं बौद्धिक संपदाओं के हस्तान्तरण, परिमार्जन तथा शोधन में सहायक होती है। अतः पाठ्यक्रम के निर्माण में समाज की सांस्कृतिक, आर्थिक, राजनैतिक तथा धार्मिक विशेषताओं को ध्यान में रखना चाहिए।

3. मनोवैज्ञानिक आधार (Psychological Basis)– पाठ्यक्रम का निर्माण करते समय हमें व्यक्ति की आवश्यकताओं, इच्छाओं, अभिरुचियों, मानसिक योग्यताओं इत्यादि विशेषताओं को

---

2. "The curriculum is the tool in the hands of the artist (the teacher) to mould his material (the pupil) according to his ideal (Objectives) in his studio (the school).
3. "Curriculum embodies all the experiences which are utilized by the school to attain the aims of education."

भी ध्यान में रखना चाहिए। चूँकि समाज एवं व्यक्ति एक दूसरे के पूरक होते हैं, इसीलिए पाठ्यक्रम का निर्माण करते समय हमें मनोवैज्ञानिक सिद्धान्तों का अनुसरण करना चाहिए। कम्प्यूटर विज्ञान के पाठ्यक्रम का निर्माण करते समय हमें निम्नलिखित महत्वपूर्ण बातों को ध्यान में रखना चाहिए–

क. कम्प्यूटर पाठ्यक्रम बालक के जीवन से सीधे तौर पर संबंधित होना चाहिए।

ख. कम्प्यूटर विज्ञान का पाठ्यक्रम व्यक्तिगत विभिन्नताओं पर आधारित हो।

ग. कम्प्यूटर विज्ञान का पाठ्यक्रम सरल से कठिन, ज्ञात से अज्ञात जैसे मनोवैज्ञानिक सिद्धान्तों पर आधारित होना चाहिए।

4. वैज्ञानिक आधार (Scientific Basis)– जैसा कि हम सभी जानते हैं कि आज का युग विज्ञान एवं तकनीकी का युग है। विश्व के जिन देशों ने विज्ञान एवं तकनीकी के महत्व को समझा एवं इसको बढ़ावा दिया, वे देश आज विकसित देशों की श्रृंखला में हैं। अगर हम विकसित देशों की शिक्षा व्यवस्था का विश्लेषण करें तब हम पायेंगे कि इनकी शिक्षा प्रणाली में स्पष्ट रूप से विज्ञान एवं तकनीकी एक महत्वपूर्ण पहलू है। अगर हमें अपने देश को विकासशील से विकसित देश की श्रृंखला में लाना है, तब हमें पाठ्यक्रमों के निर्माण में वैज्ञानिक दृष्टिकोण तथा वैज्ञानिक विषयों का समावेश करना होगा। एक ऐसा पाठ्यक्रम विकसित करना होगा जो बालकों में स्वतन्त्र चिन्तन, मनन, वैज्ञानिक दृष्टिकोण तथा ज्ञान को बढ़ावा दे सके।

कम्प्यूटर विज्ञान पाठ्यक्रम निर्माण के सिद्धान्त (Principles of Curriculum Construction in Computer Science)

पाठ्यक्रम का निर्माण एक वैज्ञानिक प्रक्रिया है जिसकी सफलता कुछ महत्वपूर्ण सिद्धान्तों के पालन पर निर्भर करती है। पाठ्यक्रम निर्माण के कुछ महत्वपूर्ण सिद्धान्त निम्नलिखित हैं–

1. आवश्यकता का सिद्धान्त (Principle of Need)– एक अच्छा पाठ्यक्रम वह होता है जिसके माध्यम से बालक की शारीरिक, संवेगात्मक, भौतिक, आर्थिक तथा सामाजिक आवश्यकताओं की पूर्ति हो। पाठ्यक्रम निर्माता को बालक की विभिन्न आवश्यकताओं का ज्ञान होना चाहिए।

2. उपयोगिता का सिद्धान्त (Principle of Utility)– पाठ्यक्रम ऐसा होना चाहिए जो बालक को आत्मनिर्भर बना सके। पाठ्यक्रम के द्वारा बालक का ऐसा शैक्षणिक एवं सामाजिक विकास होना चाहिए तथा उसे ऐसे अनुभव एवं अवसर प्राप्त होने चाहिए जिनका प्रयोग वह अपने भावी जीवन को सफल बनाने में कर सके। एक सही पाठ्यक्रम बालक को जीवन की सच्चाईयों से परिचित कराता है। जीवन की चुनौतियों को पूरा करने में बालक को मदद प्रदान करता है।

3. विविधता का सिद्धान्त (Principle of Variety)– समाज में विभिन्न आवश्यकताओं वाले व्यक्ति होते हैं। पाठ्यक्रम अधिगम के सिद्धान्तों पर आधारित होना चाहिए। पाठ्यक्रम इतना लचीला होना चाहिए जो कि विभिन्न मानसिक योग्याओं, अभिवृत्तियों, रुचियों वाले बालकों की आवश्यकताओं की पूर्ति कर सके।

4. क्रियाशीलता का सिद्धान्त (Principle of Activity)– पाठ्यक्रम अधिगम के सिद्धान्तों पर आधारित होना चाहिए। पाठ्यक्रम निर्माण में तैयारी तथा क्रियाशीलता के सिद्धान्तों का पालन करना चाहिए। दूसरे शब्दों में पाठ्यक्रम क्रिया-केन्द्रित होना चाहिए। बच्चे स्वभाव से ही क्रियाशील होते हैं। जब विद्यार्थी मानसिक तथा शारीरिक रूप से क्रियाशील होते हैं तो वे कम्प्यूटर विज्ञान के भिन्न-भिन्न तथ्यों का स्थायी ज्ञान बहुत सुविधापूर्वक थोड़े ही समय में प्राप्त कर लेते हैं। अतः कम्प्यूटर विज्ञान के पाठ्यक्रम में कुछ ऐसी बातों का समावेश करना चाहिए जिनसे विद्यार्थियों

को क्रियाशील रहने का अवसर मिल सके तथा वे स्वयं अनुभवों के आधार पर इस विषय का व्यावहारिक रूप में सफलतापूर्वक अध्ययन कर सकें।

5. संरक्षणता का सिद्धान्त (Principle of Conservation)– पाठ्यक्रम ऐसा होना चाहिए जो कि भारतीय संस्कृति, परम्पराओं एवं रीति रिवाजों के संरक्षण ओर इनके विकास में सहायक हो।

6. सामाजिक उपयोगिता का सिद्धान्त (Principle of Social Relevance)– पाठ्यक्रम ऐसा होना चाहिए जो कि बालक की व्यक्तिगत आवश्यकताओं की पूर्ति के साथ–साथ समाज की आवश्यकताओं की पूर्ति में भी सहायक हो। कम्प्यूटर विज्ञान के पाठ्यक्रम में ऐसे तथ्यों एवं ज्ञान का समावेश होना चाहिए जो कि तकनीकी समाज के निर्माण में सहायक सिद्ध हो सके।

अध्याय 10

शिक्षण में कम्प्यूटर का उपयोग : बाधायें तथा समाधान
(Adopting Computer in Teaching: Problems and Solutions)

कम्प्यूटर आज विश्व में अपनी एक अलग पहचान बना चुका है क्योंकि यह कुछ कार्यों को मनुष्य की तुलना में अधिक अच्छे ढ़ंग से कर सकता है। जीवन के प्रत्येक क्षेत्र में आज कम्प्यूटर का प्रयोग हो रहा है। शिक्षा के क्षेत्र में यह सूचनाओं तथा ज्ञान को बहुत ही सार्थक ढ़ंग से छात्रों तक पहुँचा सकता है। कम्प्यूटर को शिक्षा तकनीकी प्रथम या हार्डवेयर उपागम में ही सम्मिलित किया जाता है। कम्प्यूटर स्वत: अनुदेशनात्मक (Self-Instruction) पद्धति पर आधारित एक ऐसा उपकरण है, जिसका प्रयोग व्यक्तिगत अनुदेशन (Individualized Instruction) के लिए किया जा सकता है। आज कम्प्यूटर तकनीकी का प्रभाव विद्यालय तथा शिक्षा प्रणाली पर स्पष्ट दिखने लगा है। शिक्षा के क्षेत्र में कम्प्यूटर का प्रयोग कई प्रकार से किया जा सकता है। शिक्षण अधिगम प्रक्रिया, शोध कार्य तथा परीक्षा प्रणाली सभी क्षेत्रों को कम्प्यूटर ने बहुत प्रभावित किया है।

शिक्षा के वांछित उद्देश्यों को पूरा करने तथा इसकी गुणवत्ता को बनाये रखने के लिए समय-समय पर विकसित तकनीकों का इस क्षेत्र में प्रयोग होता रहा है। उदाहरण के लिए एक समय ऐसा भी रहा है जब शिक्षण मशीनों, दृव्य-श्रव्य सामग्रियों, अभीक्रमित अनुदेशन का प्रयोग शिक्षा के क्षेत्र में हुआ। परन्तु अब तक विकसित तकनीकों में कम्प्यूटर ही एक ऐसी शक्तिशाली तकनीक विकसित हुई है जिसने शिक्षा के क्षेत्र को बहुत प्रभावित किया है। इसमें कोई संदेह नहीं कि आज कम्प्यूटर शिक्षण-अधिगम प्रक्रिया का एक अभिन्न हिस्सा बन गया है। इसका कारण है कम्प्यूटर की शक्ति तथा योग्यता। शिक्षण के क्षेत्र में कम्प्यूटर के प्रयोग ने एक नये क्षेत्र कम्प्यूटर-सहायक शिक्षण को जन्म दिया है। शिक्षा के क्षेत्र में कम्प्यूटर का इतिहास वैसे तो बहुत पुराना है लेकिन हमारे देश में यह इसकी शुरूआत 1960 से हुई है। यद्यपि हमारे देश में विभिन्न परियोजनाओं एवं कर्यक्रमों के माध्यम से शिक्षा के क्षेत्र में कम्प्यूटर के प्रयोग के प्रयास लगातार किये जा रहे हैं। परन्तु फिर भी अन्य देशों की तुलना में हमारे देश में इस क्षेत्र के विकास की वृद्धि काफी धीमी है। इसका एक प्रमुख कारण है लोगों का कम्प्यूटर तकनीकी के प्रति नकारात्मक दृष्टिकोण। हमारे देश में शिक्षा से जुड़े हुए दो ऐसे बुद्धिजीवी वर्ग हैं जिनमें से एक वर्ग कम्प्यूटर शिक्षा को अनिवार्य बनाने पर बल दे रहा है तथा दूसरा वर्ग इसके प्रति उदासीन है। जो लोग कम्प्यूटर की विशेषताओं तथा इसकी शक्तियों को जानते हैं वे लगातार इस बात का प्रयास कर रहे है कि शिक्षा के क्षेत्र में इसका भरपूर लाभ लिया जाए। परन्तु कुछ शिक्षक ऐसे भी है जो कि इस तकनीकी का विरोध करते है। स्पष्ट है कि शिक्षा के क्षेत्र में कम्प्यूटर के प्रयोग में बाधाएं आ रही हैं। कम्प्यूटर की विशेषताओं तथा इससे मिलने वाले लाभों की जानकारी होने के बावजूद कुछ लोग विद्यालय में इसको ग्रहण करने को तैयार नहीं हैं। ऐसे लोग जो कि शिक्षण में कम्प्यूटर की अनुपयोगिता की बात करते हैं, वे अपने समर्थन में कुछ तर्क भी देते हैं।

कम्प्यूटर की अनुपयोगिता के संबंध में दिए गए तर्क

1. कम्प्यूटर चूँकि एक मशीन है, इसीलिए खराब हो जाने पर छात्र कुछ कार्य नहीं कर पायेंगे।
2. कम्प्यूटर प्रोग्राम में कभी भी खराबी आ सकती है, जिसके कारण विद्यार्थियों का नुकसान हो सकता है।
3. कम्प्यूटर छात्रों को केवल कुछ साधारण तत्वों की जानकारी प्रदान कर सकता है। अर्थात कम्प्यूटर के माध्यम से केवल ज्ञानात्मक स्तर के निम्न उद्देश्यों जैसे- ज्ञान, अवबोध तथा अनुपयोग की प्राप्ति ही की जा सकती है। इसके माध्यम से ज्ञानात्मक स्तर को उच्च उद्देश्यों जैसे कि विश्लेषण, संश्लेषण तथा मूल्यांकन की प्राप्ति नहीं की जा सकती है।
4. कम्प्यूटर के माध्यम से बालकों में सृजनात्मकता का विकास असम्भव है।
5. कम्प्यूटर स्क्रीन से रेडियेशन किरणों के उत्सर्जन के कारण वे छात्रों के लिए खतरनाक हो सकते हैं।
6. कम्प्यूटर का निरन्तर प्रयोग छात्रो की आँखों को नुकसान पहुँचाता है, क्योंकि इसमें मानीटर पर लगातार दृष्टि रखनी होती है।
7. कम्प्यूटर को लगातार प्रयोग करने से छात्रों में कार्पल टनेल सिन्ड्रोम (Corpol Tunnel Syndrome) से ग्रसित होने का खतरा रहता है। आज इस सिन्ड्रोम से हजारों लोग पीड़ित हैं।
8. प्रत्येक छात्र के लिए एक कम्प्यूटर की व्यवस्था करना आर्थिक रूप से कठिन है।
9. एक मशीन (कम्प्यूटर) उन निर्णयों को लेने में असमर्थ होती है, जिनको मानव वृद्धि ले सकती है।
10. कम्प्यूटर के माध्यम से विद्यार्थियों में जीवन मूल्यों को सम्प्रेषित नहीं किया जा सकता।
11. कम्प्यूटर, छात्रों के मध्य अन्त:प्रक्रिया को स्थापित करने में असमर्थ होता है।
12. मशीन (कम्प्यूटर) छात्र के व्यक्तित्व का विकास नहीं कर सकती।
13. कम्प्यूटर के माध्यम से अर्जित ज्ञान का मूल्यांकन शिक्षक ही सही-सहीं कर सकता है।
14. कम्प्यूटर से सीखने के लिए विशेष दक्षता की आवश्यकता होती है, जिसके कारण छात्र कम्प्यूटर के माध्यम से शिक्षा ग्रहण नहीं कर पायेंगे।
15. विद्यालय में शिक्षण-अधिगम प्रक्रिया का यांत्रिकरण हो जायेगा। शिक्षक छात्र का संबंध खत्म हो जायेगा।
16. विद्यालय में शिक्षकों पर पहले से ही काम का बोझ है। कम्प्यूटर सहायक शिक्षण प्रारम्भ करने से बोझ और बढ़ जायेगा।
17. कम्प्यूटर का शिक्षा में प्रयोग एक दिन अन्य शैक्षिक यंत्रों की भांति खत्म हो जायेगा।
18. कम्प्यूटर प्रौद्योगिकी बहुत महंगी होती है।
19. कम्प्यूटर आधारित अनुदेशन परम्परागत शिक्षण की अपेक्षा महंगा होता है तथा इसके नये साफ्टवेयर तैयार करना टेढ़ी खीर है।
20. शिक्षकों के लिए कम्प्यूटर प्रशिक्षण की व्यवस्था करना जटिल कार्य है।
21. विद्यालयों में कम्प्यूटर शिक्षकों का स्थान ले लेंगे।

भारत में जब भी शिक्षा के क्षेत्र में कम्प्यूटर के प्रयोग की बात की जाती है, तब प्रत्येक स्तर पर उपरोक्त प्रश्न हमारे समक्ष किसी न किसी रूप में खड़े हो जाते हैं। स्पष्ट है कि अभी विद्यालयों में कम्प्यूटर के प्रयोग में रूकावटें व बाधाएं हैं। शिक्षा के कम्प्यूटरीकरण के विरोध

स्वरूप उपरोक्त जितनी भी बातें कहीं गयी है उनकी सत्यता की जाँच करना आवश्यक है। शिक्षा के क्षेत्र से जुड़े लोग जो शिक्षा के कम्प्यूटरीकरण का विरोध कर रहे हैं उनको वास्तविकता से अवगत होना होगा, तभी शिक्षा के क्षेत्र में कम्प्यूटरीकरण का मार्ग प्रशस्त होगा। इसके लिए उक्त बाधाओं पर एक-एक कर विचार कर यह जानने का प्रयास करते हैं कि शिक्षा के कम्प्यूटरीकरण के विरोध स्वरूप जो डर उनके मस्तिष्क में बैठा हुआ है वह सही है अथवा गलत।

कम्प्यूटरीकरण का भय – ठीक या गलत

1. कम्प्यूटर चूँकि एक मशीन मात्रा है इसीलिए वह खराब हो जाने पर छात्र कुछ कार्य नहीं कर पायेंगे– आज कम्प्यूटर तकनीकी का इतना विकास हो चुका है कि दिन प्रतिदिन नयी-नयी तकनीकी पर आधारित विभिन्न विशेषताओं एवं योग्यताओं वाले कम्प्यूटर बाज़ार में आ रहे हैं। कम्प्यूटर जल्दी खराब नही होते हैं। विद्यालय में एक केन्द्रीय कम्प्यूटर को सर्वर बनाकर उससे जुड़े प्रत्येक टरमिनल का डाटा इसमें सुरक्षित रखा जा सकता है। यदि किसी कारणवश कम्प्यूटर में कोई खराबी आती है तब इस केन्द्रीय कम्प्यूटर में से सूचनाओं/डाटा की प्राप्ति की जा सकती है। कम्प्यूटर को अब repair करने के बजाय जिस हिस्से में खराबी आ जा जाती है उसे तुरन्त बदला जा सकता है। बेकअप कापी (Backup Copy) से तुरन्त डाटा नयी मशीन में डालकर कार्य शुरू किया जा सकता है। अतः उक्त दिया गया तर्क स्वीकार योग्य नहीं है।

2. कम्प्यूटर प्रोग्राम में कभी भी खराबी आ सकती है, जिसके कारण विद्यार्थियों का नुकसान हो सकता है– अगर प्रोग्राम में कोई खराबी आती है, तब तुरन्त टेलीफोन पर विषय-विशेषज्ञ से संपर्क स्थापित किया जा सकता है। यदि शिक्षक कम्प्यूटर का ज्ञान रखता है तब तो कोई समस्या ही नहीं है। इसे ठीक किया जा सकता है। अगर विशेषज्ञ भी कम्प्यूटर को ठीक करने में असमर्थ हो तब छात्र को दूसरे कम्प्यूटर के माध्यम से अनुदेशन प्रदान किया जा सकता है। इस प्रकार सभी समस्याओं का समाधान किया जा सकता है।

3. कम्प्यूटर छात्रों को केवल कुछ साधारण तथ्यों की जानकारी ही प्रदान कर सकता है– जो लोग ऐसा मानते हैं कि कम्प्यूटर से केवल साधारण तथ्यों की ही जानकारी प्रदान की जा सकती है, वे शायद कम्प्यूटर की विशेषताओं एवं उसकी कार्य प्रणाली से भली-भाँति अवगत नहीं हैं। कम्प्यूटर के माध्यम से ज्ञानात्मक स्तर के सभी उद्देश्यों की प्राप्ति संभव है। निम्न उद्देश्यों की प्राप्ति कम्प्यूटर के माध्यम से सम्भव है–

क. ज्ञान
ख. अवबोध
ग. अनुप्रयोग
घ. विश्लेषण
ड. संश्लेषण
च. मूल्यांकन

4. कम्प्यूटर के माध्यम से बालकों में सृजनात्मकता का विकास असंभव है– शिक्षा के क्षेत्र में कम्प्यूटर की अपार संभावनायें हैं। प्रत्येक विषय के शिक्षण हेतु कम्प्यूटर का प्रयोग किया जा सकता है। कुछ क्षेत्र निम्न हैं–

क. विज्ञान
ख. सामाजिक विज्ञान
ग. प्रौद्योगिकी
घ. कला

ङ. संगीत
च. खेल-कूद
छ. पत्रकारिता

आज प्रत्येक क्षेत्र में ऐसे सॉफ्टवेयर उपलब्ध हैं, जिनके माध्यम से छात्रों की सृजनात्मकता का विकास संभव है। उदाहरण के लिए 'कोरल ड्रा' 'पेन्ट ब्रुश' इत्यादि सॉफ्टवेयरों के माध्यम से विभिन्न प्रकार की आकृतियां बनायी जा सकती हैं तथा उनको मनचाहा रंग प्रदान किया जा सकता है। इसी प्रकार सिमुलेशन तकनीकी के माध्यम से विभिन्न परिस्थितियों को मनचाहा रूप प्रदान किया जा सकता है। स्पष्ट है कि कम्प्यूटर प्रौद्योगिकी छात्रों की सृजनात्मक क्षमता की वृद्धि में सहायक है बाधक नहीं।

5. कम्प्यूटर स्क्रीन से उत्पन्न रेडियेशन किरणें छात्रों के लिए हानिकारक होती हैं– यह बात ठीक है कि रेडियेशन किरणें छात्रों के स्वास्थ्य के लिए हानिकारक हो सकती हैं। परन्तु कम्प्यूटर स्क्रीन पर प्लास्टिक की शील्ड का प्रयोग कर इस समस्या का समाधान किया जा सकता है। ये शील्ड कम्प्यूटर स्क्रीन से उत्सर्जित रेडियेशन किरणों के प्रभाव को कम कर देती है।

6. कम्प्यूटर के प्रयोग से छात्रों में 'कार्पल टनेल सिन्ड्रोम' से ग्रसित होने का खतरा रहता है– 'कार्पल टनेल सिन्ड्रोम' के कारण व्यक्ति के हाथ में दर्द की शिकायत हो जाती है। इस सिन्ड्रोम से केवल वही लोग ग्रसित होते हैं जो कि प्रतिदिन कई-कई घण्टों तक कम्प्यूटर पर लगातार टाईप करते रहते हैं। कम्प्यूटर सहायित शिक्षण (CAI) में छात्र, विद्यालय में कम्प्यूटर के साथ केवल 2 या 3 घन्टे ही व्यतीत करते हैं तथा वे लगातार कम्प्यूटर पर की-बोर्ड के माध्यम से टाईप ही नहीं करते बल्कि कम्प्यूटर के माध्यम से पढ़ने तथा सोचने का कार्य अधिक करते हैं।

7. कम्प्यूटर का निरन्तर प्रयोग आँखें को नुकसान पहुँचाता है– कभी-कभी छात्र पाठ्य-पुस्तक पर निगाह गढ़ाकर पढ़ते हैं। श्वेत-श्याम स्क्रीन की अपेक्षा कलर पिक्चर्स से युक्त पाठ्य-वस्तु को पढ़ना आँखों को थका देता है। हम चाहें किताब से पढ़ें या कम्प्यूटर स्क्रीन से, यदि हमारे पढ़ने का तरीका गलत है तब इससे हमारी दृष्टि पर प्रभाव ज़रूर पड़ेगा।

8. कुछ छात्र कम्प्यूटर का गलत इस्तेमाल करेंगे, जिससे वे खराब हो जायेंगे– कम्प्यूटर सहायक शिक्षण की एक प्रमुख विशेषता यह है कि छात्र इसमें तत्परता के साथ संलग्न हो जाते हैं, जिससे कि कक्षा में अनुशासनहीनता की समस्या उत्पन्न नहीं हो पाती है। अगर कभी ऐसी समस्या उत्पन्न होती भी है, तब शिक्षक तुरन्त इसको रोक सकते हैं।

9. एक मशीन उन निर्णयों को लेने में असमर्थ होती है, जिनको मानव बुद्धि ले सकती है– यह बात बिल्कुल ठीक है कि मशीन की तुलना में मानव बुद्धि में अधिक गत्यात्मकता होती है। कम्प्यूटर की तुलना मानव बृद्धि से नहीं की जा सकती है परन्तु फिर भी कम्प्यूटर में कृत्रिम बुद्धि (Artificial Intelligence) का प्रयोग कर कम्प्यूटर को इस योग्य बनाया जा सकता है कि वे कुछ सीमित निर्णयों को लेने में सक्षम बन सके।

10. कम्प्यूटर मूल्यों को छात्रों तक सम्प्रेषित नही कर सकते– कम्प्यूटर छात्रों को जिस प्रकार से सूचनाएँ एवं ज्ञान प्रदान करता है, उसके आधार पर यह मानवीय मूल्यों को छात्रों तक सम्प्रेषित करने का एक माध्यम हो सकता है। स्वतंत्रता, सामाजिक समरसता, मिलजुल कर कार्य करना, सहयोग, कर्तव्यनिष्ठा, सत्यता इत्यादि जीवन मूल्यों का विकास कम्प्यूटर के माध्यम से संभव है। आवश्यकता है तो केवल सफल रणनीति बनाने और प्रयास करने की।

11. कम्प्यूटर छात्रों के मध्य अन्तः प्रक्रिया को बढ़ाने में असमर्थ होता है– कम्प्यूटर के शिक्षा के क्षेत्र में आगमन के फलस्वरूप छात्रों की आपसी, छात्रों की शिक्षक से तथा छात्रों की

विषय विशेषज्ञों से अन्तःप्रक्रिया बढ़ी है। आज इन्टरनेट के माध्यम से यह संभव हो रहा है। पहले की अपेक्षा आज विद्यालय के भीतर तथा विद्यालय के बाहर छात्रों की आपसी सहभागिता तथ अन्तःप्रक्रिया बढ़ी है। आज वर्कशॉप, सेमीनार का प्रचलन बढ़ रहा है। टेलीकम्यूनीकेशनस के द्वारा एक विद्यालय के छात्र दूसरे विद्यालय के छात्रों के साथ सम्पर्क स्थापित कर सकते हैं इन्टरनेट के कारण आज पूरा विश्व एक छोटे से गाँव में तब्दील हो गया है। छात्र भौगोलिक सीमाओं को लांघकर दूसरे समाज, देश, संस्कृति से संबंधित छात्रों के साथ विचारों का आदान-प्रदा कर सकते हैं।

12. कम्प्यूटर प्रत्येक छात्र का व्यक्तिगत ध्यान रखने में असमर्थ होते हैं– कम्प्यूटर एक आदर्श शिक्षक की भाँति कक्षा के प्रत्येक छात्र का व्यक्तिगत ध्यान रख सकते हैं। कम्प्यूटर कक्ष के प्रत्येक विद्यार्थी के लिए एक टयूटर की भाँति होता है। कम्प्यूटर की सहायता से कक्षा वे विभिन्न योग्यताओं वाले छात्र अपनी रुचि, इच्छा गति एवं समय के अनुकूल अनुदेशन प्राप्त क सकते हैं। कम्प्यूटर किसी के साथ पक्षपातपूर्ण व्यवहार नहीं कर सकता। कम्प्यूटर छात्रों को अधिगम प्रक्रिया में सक्रिय रखने के लिए उचित प्रकार से समय समय पर प्रेरणा भी प्रदान करता है छात्र कम्प्यूटर से तुरन्त पृष्ठपोषण प्राप्त करते हैं।

13. कम्प्यूटर सहायतित शिक्षण में शिक्षक की अनुपस्थिति छात्रों का समय बर्बाद करेगी- छात्र, शिक्षण-अधिगम प्रक्रिया में तभी सक्रिय रूप से भाग लेते हैं जब शिक्षक की अपने विष पर पूर्ण पकड़ हो, वह अनुभवी हो तथा वह छात्रों को अभिप्रेरित करे। यदि शिक्षक में उपरोक गुणों का अभाव है, तब विद्यार्थी कक्षा में केवल निष्क्रिय रूप से श्रोता की भाँति बैठे रहते हैं इस दौरान न तो वे शिक्षक की बातों पर कोई ध्यान ही देते हैं और न ही वे कुछ सीख पा हैं। परम्परागत शिक्षण-अधिगम प्रक्रिया में अक्सर ऐसा ही होता है। कम्प्यूटरीकृत शिक्षा के साथ यह संभव नहीं है। कम्प्यूटर छात्र को उसकी शैक्षणिक प्रगति से तुरन्त अवगत करा देता है। कम्प्यूट इसका रिकार्ड भी रखता है। मल्टीमीडिया के माध्यम से कम्प्यूटर और छात्र के मध्य एक ऐ वातावरण का निर्माण हो जाता है, जिसमें दोनो के मध्य जीवंत अन्तःप्रक्रिया होती है और इ कारण छात्र के लिए अधिगम एक कठिन कार्य की अपेक्षा एक मनोरंजकपूर्ण प्रक्रिया बन जाती है

14. विद्यालय में शिक्षण-अधिगम प्रक्रिया का यांत्रिकरण हो जायेगा– यह पूर्णतः सत्य कि केवल कम्प्यूटर के माध्यम से विद्यार्थियों के व्यक्तित्व का संतुलित विकास नहीं किया ज सकता। छात्रों में मानवीय गुणों के विकास में शिक्षक का महत्वपूर्ण योगदान होता है। शिक्ष छात्रों के लिए एक आदर्श होता है। कक्षा शिक्षण में कम्प्यूटर के प्रयोग से शिक्षक के सम और प्रयासों में बचत होती है। शिक्षक पहले की अपेक्षा अधिक समय तक कक्षा में छात्रों अन्तःप्रक्रिया कर सकता है। परिणामस्वरूप शिक्षक छात्र के बीच का संबंध मज़बूत होता है

15. कम्प्यूटर को चलाने में कठिनाईयाँ आती हैं, जिसके कारण छात्र कम्प्यूटर के माध्य से शिक्षा ग्रहण नहीं कर पायेंगे– उपरोक्त भय केवल उन्हीं लोगों को हो जिनका कम्प्यूटर के साथ कोई अनुभव नहीं है और जो कम्प्यूटर की वास्तविक शक्ति से अनभिज्ञ हैं। अगर कम्प्यूट प्रोग्रामर ने सही प्रकार से प्रोग्राम को विकसित किया है तो वह प्रयोगकर्ता (विद्यार्थी) के लि बहुत आसान हो जाता है। कम्प्यूटर अपनी योग्यता के बल पर छात्र के साथ एक शिक्षक क भांति ही शैक्षणिक संबंध स्थापित कर सकता है।

16. विद्यालय में शिक्षकों पर पहले से ही काम का बोझ है– कुछ शिक्षकों का यह मान है कि चूंकि शिक्षकों पर विद्यालय में पहले से काम का अत्याधिक बोझ होता है, ऐसी अवस्थ में उनसे यह आशा करना कि वे कम्प्यूटर तकनीकी का ज्ञान प्राप्त कर इसका प्रयोग कक्षा शिक्ष

में करेंगे, यह उनके साथ न्याय नहीं होगा। इससे शिक्षकों के उत्तरदायित्वों में वृद्धि हो जायेगी। परन्तु वास्तविकता यह है कि शिक्षण में कम्प्यूटर के प्रयोग का उद्देश्य शिक्षण-अधिगम प्रक्रिया को सरल बनाना है। इसके माध्यम से विद्यालय से संबंधित दिन-प्रतिदिन के प्रशासनिक कार्यों तथा कक्षा शिक्षण से संबंधित शिक्षकों के कार्यों को आसान बनाया जा सकता है।

17. कम्प्यूटर का प्रयोग एक दिन अन्य शैक्षिक यन्त्रों की भांति खत्म हो जायेगा– बहुत से लोगों का यह तर्क है चूंकि कम्प्यूटर मनुष्य के द्वारा विकसित एक नया आविष्कार है, इसीलिए अभी शिक्षा में इसके प्रयोग की बात अधिक की जा रही है। परन्तु एक समय वह भी आयेगा जब कि लोग इससे उकता जायेंगे तब अन्य पुराने शैक्षिक उपकरणों (शिक्षण मशीन, अभिक्रमित अनुदेशन) इत्यादि की भांति इसका प्रयोग भी खत्म हो जायेगा। जो लोग ऐसा सोचते हैं वे शायद यह भूल जाते हैं कि कम्प्यूटर अब तक विकसित अन्य यंत्रों से बिल्कुल भिन्न है। सच तो यह है कि आज के आधुनिक समाज को कम्प्यूटर ने जितना प्रभावित किया है, उतना अन्य किसी आविष्कार ने नहीं। कम्प्यूटर मात्रा केवल एक गणना करने वाली युक्ति न होकर तार्किक क्रियाएं करने वाला एक यंत्र (System) है। कम्प्यूटर केवल एक मशीन मात्र नहीं है, बल्कि कम्प्यूटर का प्रयोग आज जीवन के प्रत्येक क्षेत्र जैसे युद्ध, वाहन, बैंकों, स्वास्थ्य एवं चिकित्सा, हवाई जहाज़ एवं रेलवे आदि में हो रहा है। चूंकि विद्यालय समाज का दर्पण होता है, इसीलिए समाज की विद्यालयों से यह अपेक्षा होती है कि वे देश की भावी पीढ़ी को इस प्रकार शिक्षित करेगा जिससे कि वे समाज एंव देश के विकास में अपना योगदान दे सकें। आज इस बात की सख्त ज़रूरत है कि विद्यालयों मे ऐसी शिक्षा प्रदान की जाये जो बालकों में कम्प्यूटर प्रौद्योगिकी के प्रति रुचि को जागृत कर सके।

18. कम्प्यूटर प्रौद्योगिकी महँगी होती है– यह सच है कि कम्प्यूटर थोड़े महँगे है परन्तु इनसे मिलने वाले लाभों को देखते हुए यह इसके प्रयोग को उचित ठहराया जा सकता है।

19. कम्प्यूटर आधारित अनुदेशन परम्परागत शिक्षण की अपेक्षा मंहगा होता है– कुछ परम्परावादी लोग कम्प्यूटर अनुदेशन का केवल इसलिए विरोध करते हैं कि यह परम्परागत शिक्षण की तुलना में महंगा है। परन्तु इस क्षेत्र में हुए हज़ारों शोधों के परिणामों के आधार पर जो मेटा एनालिसीस हुई हैं, उनके परिणाम यह दर्शाते हैं कि कम्प्यूटर आधारित अनुदेशन परम्परागत कक्षा शिक्षण की अन्य विधियों की भांति ही तथा कुछ परिस्थितियों में उनसे भी अधिक मित्व्ययी होता है।

20. शिक्षकों के लिए कम्प्यूटर प्रशिक्षण की व्यवस्था का न होना– बहुत से शिक्षक यह मानते हैं कि चूंकि शिक्षण में कम्प्यूटर के प्रयोग के लिए इस क्षेत्र में विशेषता की प्राप्ति अनिवार्य है और क्योंकि उनको इस प्रकार के प्रशिक्षण की सुविधा प्राप्त नहीं हो सकती, इसलिए वे इसके प्रति उदासीन बने रहते हैं। परन्तु मेरा मानना है कि थोड़े से प्रयासों से ही इस समस्या का समाधान किया जा सकता है। हमारे देश के विभिन्न विश्वविद्यालय समय-समय पर सेवारत शिक्षकों को कम्प्यूटर साक्षर बनाने के लिए इस प्रकार के कार्यक्रमों का आयोजन करते रहते हैं।

21. विद्यालयों में कम्प्यूटर शिक्षकों का स्थान ले लेंगे– बहुत से शिक्षक यह मानते हैं कि यदि कम्प्यूटर सहभागित शिक्षण (CAI) को बढ़ावा दिया गया तो उनके अस्तित्व पर संकट आ जायेगा अर्थात् विद्यालयों में उनके स्थान पर कम्प्यूटर आ जायेंगे। तथा उनकी सेवायें समाप्त कर दी जायेंगी। जबकि वास्तविकता यह है शिक्षक के लिए यह एक बहुउपयोगी माध्यम है। शिक्षक कम्प्यूटर का प्रयोग कर अपने शिक्षण को अधिक गुणवत्ता युक्त बना सकता है तथा वह अपने कार्य में संतुष्टि प्राप्त कर सकता है। कम्प्यूटर शिक्षक को विद्यालय जीवन से संबंधित क्रिया-कलापों में सहयोग प्रदान कर इस योग्य बना सकता है कि वे कक्षा के प्रत्येक विद्यार्थी की शैक्षणिक

आवश्यकता के अनुकूल वातावरण तथा अनुभव प्रदान कर शैक्षिक उद्देश्यों को सफलतापूर्वक प्राप्त कर लें।

उपरोक्त विवरण से स्पष्ट है कि शिक्षण में कम्प्यूटर के प्रयोग में अभी बहुत सी बाधायें हैं। यह बाधायें सरकार, योजना निर्माताओं, शिक्षकों के स्तर पर हैं। एक बात तो यह निश्चित है कि यदि हम यह चाहते हैं कि छात्रों में उन विशिष्ट कौशलों एंव क्षमताओं का विकास हो जो कि उन्हें भविष्य के चुनौतियों का सामना करने में सक्षम बना सके, तो इसके लिए हमें एक संयुक्त नीति बनानी होगी। हमें एक शिक्षक होने के नाते स्वयं ही इस नवीन तकनीकी के प्रति सकारात्मक सोच पैदा करनी होगी।

उपरोक्त हमने देखा कि शिक्षकों में कम्प्यूटर तकनीकी के प्रति अभी एक भय व्याप्त है। शिक्षकों के मस्तिष्क में अभी कुछ भ्रम है जो कि कम्प्यूटर सहायक शिक्षण के विकास में बाधक है।

विद्यालय स्तर पर कक्षा-शिक्षण में कम्प्यूटर के प्रयोग में प्रमुख बाधायें

आज का युग कम्प्यूटर का युग है। जीवन के प्रत्येक क्षेत्र में आज कम्प्यूटर का प्रयोग हो रहा है। कम्प्यूटर की अपनी क्षमताओं एवं विशेषताओं के बल पर पर कम्प्यूटर की सहायता से शिक्षा के क्षेत्र में गुणात्मक सुधार लाया जा सकता है। कक्षा-शिक्षण में कम्प्यूटर का प्रयोग कर शिक्षण-अधिगम प्रक्रिया को उद्देश्योन्मुख बनाया जा सकता है। परन्तु विद्यालयों में अभी कम्प्यूटर के प्रयोग में कुछ बाधायें हैं। इन बाधाओं को समाप्त करके ही देश की वर्तमान पीढ़ी को भविष्य की चुनौतियों का सामना करने के लिए तैयार किया जा सकता है। कक्षा-शिक्षण में कम्प्यूटर के प्रयोग में आने वाली कुछ प्रमुख बाधायें निम्न प्रकार हैं:-

1. अच्छी गुणवत्ता वाले शैक्षिक सॉफ्टवेयरों की कमी- कक्षा-शिक्षण हेतु शैक्षिक प्रोग्राम या सॉफ्टवेयर का निर्माण करना एक तकनीकी कार्य है। इस कार्य हेतु शैक्षिक तकनीकी, शिक्षा मनोविज्ञान, शिक्षा कौशल विषय में प्रवीणता तथा कम्प्यूटर प्रोग्रामिंग में विशेषज्ञता का होना ज़रूरी है। इसके अतिरिक्त शैक्षिक सॉफ्टवेयर का निर्माण एक लम्बी प्रक्रिया है तथा प्रत्येक विषय के शिक्षक की शैक्षिक आवश्यकताओं के आधार पर सॉफ्टवेयर का चुनाव एक कठिन कार्य है।

2. विद्यालय प्रशासन की कम्प्यूटर शिक्षा के प्रति उदासीनता- सामान्यतः यह देखा गया है कि विद्यालयों में कम्प्यूटर विज्ञान शिक्षा के प्रति वहाँ का प्रशासन उदासीन रहता है। विद्यालय कम्प्यूटर साक्षरता के नाम पर केवल औपचारिकता ही निभाते हैं। विद्यालय प्रशासन इस संबंध में अपना यह तर्क देता है कि चूंकि विद्यालय बजट की तुलना में कम्प्यूटर की कीमतें अधिक होती हैं, इस कारण वे कम्प्यूटर सॉफ्टवेयर और हार्डवेयर पर अधिक खर्च नहीं कर सकते। परिणामस्वरूप वह विद्यालय की कम्प्यूटर आवश्यकताओं को नज़रअन्दाज़ करते रहते हैं।

3. उच्च स्तर के शोध कार्यों की कमी- कम्प्यूटर और शिक्षा प्रणाली को लेकर हमारे देश में अभी बहुत कम शोध कार्य हुए हैं। आज आवश्यकता इस बात की है कि कम्प्यूटर की शिक्षण-अधिगम प्रक्रिया में उपयोगिता, कम्प्यूटर शिक्षा की उपयोगिता, कम्प्यूटर-आधारित शिक्षण पर होने वाले खर्च तथा इससे मिलने वाले लाभ, कम्प्यूटर अधिगम की उपयोगिता, इत्यादि को लेकर उच्च सतर के शोध कार्य किये जायें।

4. शिक्षकों का दृष्टिकोण- सामान्यतः यह देखा गया है कि कक्षा अध्यापक कम्प्यूटर प्रौद्योगिकी के प्रति उदासीन बने रहते हैं। वे न तो स्वयं इसके प्रति कोई रुचि और उत्साह दिखाते हैं और न ही वे छात्रों में कम्प्यूटर तकनीकी के प्रति रुचि को विकसित करने का प्रयास करते हैं। शिक्षक, विद्यालयी तथा कक्षा कार्यों में कम्प्यूटर का प्रयोग नहीं करते हैं। यह पूर्णतयः सत्य है कि आज भी विद्यालयों के अधिकांश शिक्षक कम्प्यूटर शिक्षा का अध्ययन करने तथा उसमें दक्षता प्राप्त

करने में कोई रुचि नहीं रखते हैं। शिक्षक यह सोचते हैं कि कक्षा-शिक्षण में कम्प्यूटर उनके विद्यालयी कार्यों को बढ़ा देगा, अर्थात उनका बोझ अनावश्यक रूप से बढ़ जायेगा।

5. संसाधनों की कमी– संसाधनों की कमी के चलते जिन विद्यालयों के पास ब्लैक बोर्ड तक का अभाव रहता है उनमें कम्प्यूटर होने की कल्पना करना बेईमानी है। विद्यालय वित्तीय संसाधनों के अभाव में कम्प्यूटर का प्रयोग नहीं कर पाते हैं। कुछ पब्लिक स्कूलों में तो कम्प्यूटर हैं परन्तु सरकारी स्कूलों में तो कम्प्यूटर शिक्षा के नाम पर केवल औपचारिकताओं को ही निभाया जाता है। ग्रामीण विद्यालयों में तो और भी बुरा हाल है। ग्रामीण क्षेत्रों के अधिकांशतः विद्यालयों में तो कम्प्यूटर सुविधा का पूर्णतः अभाव है।

6. नवीन तकनीकी के प्रति भय– कक्षा शिक्षण में कम्प्यूटर तकनीकी के प्रयोग में एक प्रमुख बाधा है– कम्प्यूटर तकनीकी के कारण अपनी नौकरी के प्रति असुरक्षा का भय। इसलिए अधिकांश शिक्षक यह है सोचते हैं कि कम्प्यूटर तकनीकी, शिक्षा प्रणाली के लिए उपयुक्त नहीं है। कक्षा-शिक्षण में कम्प्यूटर का प्रयोग उनके व्यावसायिक भविष्य के लिए नुकसानदायक है। भारत में कम्प्यूटर सहायक शिक्षण (CAI) के विकास के साथ-साथ एक भ्रमपूर्ण विचारधारा का भी जन्म हुआ है कि अगर वर्तमान गति के साथ कम्प्यूटर सहायक शिक्षण का प्रचार एवं प्रसार होता रहा तब भविष्य में वह दिन दूर नहीं जब विद्यालयों में कम्प्यूटर शिक्षकों का स्थान ले लेगें तथा भविष्य में विद्यालयों में अध्यापकों की आवश्यकता ही नहीं रहेगी। अर्थात शिक्षण-अधिगम प्रक्रिया में उनका स्थान शून्य हो जायेगा किन्तु यथार्थ में ऐसा नहीं है।

7. कम्प्यूटर तकनीकी के प्रति जागरूकता का अभाव– यह बात सत्य है कि शिक्षक कम्प्यूटर तकनीकी के प्रति जागरूक नहीं हैं। वे न तो कम्प्यूटर की विशेषताओं, दक्षताओं तथा प्रभाव से भली-भाँति परिचित हैं और न ही वे यह जानते हैं कि शिक्षा-प्रणाली में कम्प्यूटर का प्रयोग किन-किन कार्यों में कर सकते हैं तथा किन सॉफ्टवेयर का उपयोग इन कार्यों के लिए हो सकता है।

8. एकीकृत योजना की कमी– कम्प्यूटर शिक्षा के क्रियान्वयन में एक प्रमुख बाधा है एकीकृत योजना का अभाव। किसी भी कार्य की सफलता के लिए एक योजना का निर्माण आवश्यक है। विद्यालय में कम्प्यूटर के प्रयोग से पूर्व एक योजना का निर्माण आवश्यक है जिसके अन्तर्गत पाठ्यक्रम में परिवर्तन, समय चक्र की व्यवस्था, शिक्षकों का प्रशिक्षण तथा विद्यालय के समक्ष आने वाली कठिनाईयों के समाधान की व्यवस्था करनी होगी।

निष्कर्ष

कम्प्यूटर एक मशीन है किन्तु यह मनुष्यों द्वारा किये जा सकने वाले अनेक कार्यों को कर सकता है। कम्प्यूटर मनुष्यों की तरह सूचनाएँ प्राप्त कर सकता है, उन्हें भविष्य में उपयोग के लिए याद रख सकता है, आँकड़ों का विश्लेषण कर उनके आधार पर विभिन्न प्रकार के निष्कर्ष निकाल सकता है तथा सूचनाओं को क्रमबद्ध ढ़ंग से प्रस्तुत कर सकता है। किन्तु इसके लिए कम्प्यूटर संसाधन के सोपानों (Steps) की जानकारी होना आवश्यक है। कम्प्यूटर को किसी कार्य को करने के लिए कम्प्यूटर को आदेश (Commands) या निर्देश (Instruction) दिया जाता है। सूचनाओं को मन चाहे रूप में लाने की प्रक्रिया को 'सूचना परिष्कारण' (Information Processing) कहते हैं। कम्प्यूटर दिये गये आदेशों के अनुसार सूचनाओं पर प्रक्रिया करता है तथा प्राप्त परिणामों को वांछित स्वरूप में व्यवस्थित करता है; अतः कम्प्यूटर को सूचना परिष्कारण की एक आज्ञापालक मशीन कहा जा सकता है।

कम्प्यूटर को कक्षा में छात्रों के लिए एक अनुदेशन प्रदान करने की युक्ति, एक प्रेरणा प्रदान करने के साधन तथा व्यक्तिगत भिन्नता के सिद्धान्तों पर आधारित शिक्षण प्रदान करने वाले एक

शक्तिशाली यन्त्र के रूप में कक्षा में अनुदेशन प्रदान करने में प्रयुक्त किया जा सकता है। छात्र इसके माध्यम से अधिगम प्रक्रिया में सक्रिय रूप में संलग्न हो सकते हैं। एक प्रेरणा प्रदान करने की युक्ति के रूप में कम्प्यूटर छात्रों की अधिगम प्रक्रिया में रुचि को निरन्तर बनाये रख सकता है। एक शक्तिशाली यंत्र के रूप में कम्प्यूटर कक्षा के प्रत्येक बालक की व्यक्तिगत विभिन्नता के अनुकूल अधिगम प्रक्रिया की व्यवस्था कर सकता है तथा उनके मानसिक विकास हेतु उपयुक्त उद्देश्यों के अनुकूल अधिगम अनुभव प्रदान कर सकता है।

जो लोग यह सोचते हैं कि वह दिन दूर नहीं जब विद्यालयों में कम्प्यूटर अध्यापक का स्थान ले लेगें। उनका यह भ्रम आधारहीन है। चार्ट, मॉडल, प्रोजेक्टर, रेडियो, टी.वी. की भाँति कम्प्यूटर का प्रयोग केवल इसलिए किया जाता है कि शिक्षण-अधिगम प्रक्रिया में गुणात्मक सुधार लाया जा सके। कम्प्यूटर के द्वारा छात्रों को सामाजीकरण नहीं सिखाया जा सकता जो कि समाज में रहने के लिए अत्यन्त आवश्यक है। यह कार्य अध्यापकों के द्वारा ही संभव है। अगर छात्र कम्प्यूटर अनुदेशन के माध्यम से सीखते हैं तो यह बात स्पष्ट है कि अध्यापक ही वह व्यक्ति होता है जो कि पाठ्य-सामग्री को अभिक्रम (प्रोग्राम) के रूप में निर्मित कर उसे कम्प्यूटर में भरता है। इसके अतिरिक्त शिक्षक ही यह निर्णय लेते हैं कि छात्रों को कब कौन से अधिगम अनुभव प्रदान किये जायें। अभियान्त्रिकी, चिकित्सा, आदि क्षेत्रों में भी आज कम्प्यूटरों का प्रोग्राम किया जा रहा है परन्तु कम्प्यूटरों ने अभियंताओं और डाक्टरों को बेरोज़गार नही बनाया बल्कि उनके कार्यों को आसान बनाया है तथा उनमें गुणात्मक वृद्धि की है।।

हाँ एक बात अवश्य है कि सूचना एवं तकनीकी के इस युग में अध्यापकों को अपनी परम्परागत छवि को बदलना होगा। भविष्य में छात्रों के बीच केवल वह अध्यापक ही प्रशंसा के पात्र होंगे, जो छात्रों के मार्गदर्शक होंगे, चिन्तक होंगे तथा नवीन तकनीकी के प्रति सकारात्मक दृष्टिकोण रखने वाले होंगे। अत: आज आवश्यकता इस बात की है कि अध्यापकगण अपने मन से बेरोज़गार होने का भय निकाल कर कम्प्यूटर को शिक्षण सहायक के रूप में अपनाने का प्रयास करें जिससे व्यक्तिगत विभिन्नता के अनुकूल शिक्षण प्रदान करने के साथ-साथ कक्षा के प्रत्येक विद्यार्थी का वास्तविक मूल्यांकन किया जा सके। कम्प्यूटर सहायक शिक्षण का प्रयोग कर अध्यापकगण अपने शिक्षण के स्तर में गुणात्मक सुधार ला सकते हैं तथा शिक्षा के उद्देश्यों को सफलतापूर्वक प्राप्त कर सकते हैं।

अध्याय 11

कम्प्यूटर विज्ञान शिक्षण में वार्षिक योजना, इकाई योजना तथा दैनिक पाठ योजना (Yearly Planning, Unit Planning and Daily Lesson Planning in Computer Science Teaching)

किसी भी कार्य को करने से पूर्व उसकी योजना बनाना अत्यन्त आवश्यक होता है। सही योजना निर्माण के द्वारा न केवल निर्धारित उद्देश्यों की प्राप्ति में पूर्ण सफलता मिलती है बल्कि इस कार्य के द्वारा मानवीय श्रम और भौतिक संसाधनों का अपव्यय नहीं होता है। यह बात शिक्षा के क्षेत्र पर भी लागू होती है। शिक्षा योजना के सफल निर्माण के द्वारा ही एक शिक्षक अपने शिक्षण के माध्यम से निर्धारित उद्देश्यों की प्राप्ति कर सकता है। शिक्षण की योजना बनाकर ही एक शिक्षक कक्षा के छात्रों की मानसिक, शारीरिक तथा संवेगात्मक आवश्यकताओं के अनुरूप अपने शिक्षण की विभिन्न क्रियाओं को सम्पादित कर सकता है। इस प्रकार से प्राप्त अधिगम अनुभव छात्रों पर स्थायी प्रभाव डालते हैं।

कम्प्यूटर विज्ञान शिक्षकों के लिए यह ज़रूरी है कि वह अपनी कक्षा से संबंधित शिक्षण के लिए निम्नलिखित तीन प्रकार की शिक्षण योजनाओं का निर्माण करें–

अ. वार्षिक योजना (Yearly Planning)

ब. इकाई योजना (Unit Planning)

ग. दैनिक पाठ योजना (Daily Leeson Planning)

कम्प्यूटर विज्ञान शिक्षण में वार्षिक योजना (YEARLY PLANNING OF COMPUTER SCIENCE TEACHING)

एक शैक्षिक सत्र के दौरान किसी अमुक कक्षा से संबंधित विषय के शिक्षण के लिए किया जाने वाला नियोजन ही वार्षिक योजना कहलाता है। वार्षिक योजना के अन्तर्गत शिक्षक, कक्षा से संबंधित संपूर्ण विषय को छात्रों की अधिगम की सुविधानुसार छोटी–छोटी इकाइयों में बाँट देता है। यह इकाइयां अधिगम के मनोवैज्ञानिक तथा तार्किक सिद्धान्तों के अनुरूप एक दूसरे से संबंधित होनी चाहिए।

शिक्षण की वार्षिक योजना शिक्षक को उसकी कक्षा से सम्बन्धित दिन प्रतिदिन के कार्यों में दिशा निर्देश प्रदान करती है तथा उसको शिक्षण के निर्धारित उद्देश्यों की प्राप्ति में अग्रसर करती है। वार्षिक योजना लचीली होनी चाहिए जिससे कि आवश्यकतानुसार इसमें संशोधन या परिवर्तन किया जा सके।

शिक्षण की वार्षिक योजना को प्रभावित करने वाले महत्वपूर्ण कारक (Important Factors Influencing the Yearly Plan of Teaching)

वार्षिक योजना का निर्माण करते समय निम्न महत्वपूर्ण बातों को ध्यान में रखना चाहिए–

(i) शिक्षक का सर्वप्रथम कार्य है कि वह यह निर्णय करे कि वह संपूर्ण विषय को कितने भागों या इकाइयों में बाँटेगा।

(ii) इकाई निर्धारण की प्रक्रिया के पश्चात प्रत्येक इकाई से संबंधित उद्देश्यों को ज्ञानात्मक भावात्मक तथा क्रियात्मक रूप में स्पष्ट रूप से व्यक्त करना चाहिए।

(iii) चयनित इकाइयों को मनोवैज्ञानिक व तार्किक क्रम में व्यवस्थित करना चाहिए।

(iv) प्रत्येक इकाई से संबंधित उद्देश्यों की प्राप्ति हेतु जिन शिक्षण क्रियाओं या अधिगम अनुभवों को कक्षा में प्रदान किया जायेगा, उनका निर्धारण शिक्षक के द्वारा विस्तृत रूप में किया जाना चाहिए।

(v) शिक्षकों को यह चाहिए कि वे सर्वप्रथम यह देखें कि उनके पास कौन-कौन से संसाधन उपलब्ध हैं। उपलब्ध संसाधनों के आधार पर ही उसे कक्षा में छात्रों को प्रदान किये जाने वाले अधिगम अनुभवों के संबंध में निर्णय लेना चाहिए।

(vi) वार्षिक योजना का निर्माण करते समय शिक्षक को यह चाहिए कि वे अपने शिक्षण अनुभवों के आधार पर यह निर्णय ले कि किस इकाई के शिक्षण को कितने कालांशों में पूर्ण किया जायेगा तथा समय-तालिका में कम्प्यूटर विज्ञान विषय की स्थिति क्या होगी।

(vii) चूँकि मूल्यांकन शिक्षण-अधिगम प्रक्रिया का एक अभिन्न हिस्सा होता है। अतः वार्षिक योजना के निर्माण के समय मूल्यांकन की तकनीकों तथा इसमें लगने वाले समय को ध्यान में रखना चाहिए।

कम्प्यूटर विज्ञान शिक्षण में इकाई योजना
(UNIT PLANNING OF COMPUTER SCIENCE TEACHING)

इकाई योजना के प्रतिपादक शिकागो विश्वविद्यालय के डा. एच.सी. मौरीसन हैं। मौरीसन की शिक्षण की विधि इकाई विधि के नाम से जानी जाती है क्योंकि यह विधि शिक्षण-अधिगम प्रक्रिया को एक इकाई के रूप में नियोजित करने से संबंधित है। इकाई योजना से तात्पर्य ऐसी योजना के निर्माण से है, जिसके अन्तर्गत शिक्षक कम्प्यूटर विज्ञान विषय से संबंधित एक समान विषय-वस्तु को एक साथ रखकर इकाइयों की व्यवस्था करता है। मनोवैज्ञानिक सिद्धान्त के अनुसार समान विषय की विषय-वस्तु को एक ही क्रम में पढ़ने से छात्रों को विषय से संबंधित प्रत्ययों एवं संकल्पनाओं का ज्ञान आसानी से हो जाता है। गेस्टाल्ट मनोविज्ञान के अनुसार- 'पूर्ण सदैव उसके अंशो के योग से बड़ा होता है (The whole is greater than the sum of its parts)' मानव-मस्तिष्क की यह एक विशेषता होती है कि वह समान विशेषताओं वाले ज्ञान को पारस्परिक सम्बन्धों एवं तथ्यों को समग्र रूप में स्थापित करके प्राप्त करना चाहता है। इकाई योजना में अधिगम अनुभवों के संगठन पर बल दिया जाता है। इकाई योजना के निर्माण में अधिगमकर्ता की आवश्यकता तथा शिक्षण उद्देश्यों को ध्यान में रखा जाता है। वास्तव में इकाई योजना शिक्षक द्वारा इकाई की विषय-वस्तु को विभिन्न पाठ-योजनाओं के माध्यम से कक्षा में प्रस्तुत करने की क्रमबद्ध तैयारी है। विषय-वस्तु को क्रमबद्ध रूप में प्रस्तुत करने की कार्य-योजना बनाना और इसको विभिन्न उप-इकाइयों या पाठ-योजनाओं के रूप में प्रस्तुत किया जाना ही ''इकाई-योजना'' है। अतः इकाइयों का एकीकृत प्रस्तुतीकरण ही इकाई-योजना है। प्रत्येक इकाई को पूरा करने के लिए बहुत से शिक्षण पाठों की योजना बनायी जाती है। जो क्रमशः आगामी पाठ के विकास में सहायक होता है।

शिक्षाविद्ों ने इकाई को निम्न प्रकार परिभाषित किया है।

1. जेरोलिमेक के शब्दों में– ''इकाई, शिक्षण के उद्देश्य के लिए वांछित सामग्री को सुव्यवस्थित करने का एक साधन है जो कि महत्वपूर्ण विषय-सामग्री अर्थात् जिसमें छात्र शारीरिक एवं मानसिक

क्रियाओं के माध्यम से सीखने की क्रियाओं में संलग्न रहते हैं, का प्रयोग करती है तथा उनके व्यवहार में उस सीमा तक सुधार लाती है जिससे कि वे नवीन समस्याओं एवं परिस्थितियों का अधिक कुशलता से सामना कर सकें।"

2. विसली के अनुसार– "इकाई ज्ञान एवं अनुभवों का वह समुचित संगठन होता है, जिसके माध्यम से छात्रों में अपेक्षित व्यवहार परिवर्तन लाने का प्रयास किया जाता है।"

उपरोक्त परिभाषाओं के अध्ययन से स्पष्ट है कि इकाई–योजना विषय–वस्तु का वह तर्कसंगत संगठन है, जिसके अन्तर्गत एक रूपता वाली विषय–वस्तु को अलग–अलग इकाइयों में बाँट दिया जाता है तथा इन इकाइयों के शिक्षण हेतु समुचित अधिगम–अनुभवों की व्याख्या की जाती है।

विशेषताएँ (Characterstics)

एक अच्छी इकाई–योजना में निम्नलिखित विशेषतायें होती हैं–

(i) इकाई–योजना के उद्देश्यों को बालक के ज्ञानात्मक, क्रियात्मक तथा भावात्मक पक्ष के सन्दर्भ में ठीक प्रकार से परिभाषित करना चाहिए।

(ii) प्रत्येक इकाई को तर्कसंगत रूप से उसकी उप–इकाइयों में बाँटना चाहिए।

(iii) इकाई–योजना कक्षा के छात्रों की आवश्यकताओं, रुचियों तथा योग्यताओं पर आधातिर होना चाहिए।

(iv) एक अच्छी इकाई–योजना बालकों को शिक्षण–अधिगम प्रक्रिया के दौरान विभिन्न प्रकार की शैक्षणिक क्रियाओं में संलग्न रखती है।

(v) एक अच्छी इकाई–योजना में व्यक्तिगत विभिन्नता का ख्याल रखा जाता है।

(vi) इकाई–योजना में विभिन्न प्रकार के अधिगम–अनुभवों को प्रदान करने की क्षमता होनी चाहिए।

(vii) एक अच्छी इकाई–योजना अन्य विषयों के साथ–साथ बालक के जीवन से भी संबंधित होती है।

(viii) एक अच्छी इकाई–योजना में छात्र विभिन्न प्रकार की योजनाओं को बनाने, उनका संगठन करने तथा उन पर काम करने के लिए स्वतन्त्र होते हैं।

(ix) एक अच्छी इकाई–योजना में शैक्षिक–मूल्यांकन पर विशेष बल दिया जाता है।

तत्व (Elements)

इकाई–योजना के प्रमुख तत्व निम्न प्रकार हैं–

1. सर्वप्रथम हमें यह ज्ञात होना चाहिए कि किस विषय तथा किस कक्षा के लिए इकाई–योजना बनाना है।
2. इकाई का नाम
3. इकाई–योजना के प्रमुख उद्देश्य निर्धारित करना।
4. शिक्षण के उद्देश्यों तथा पाठ्यक्रम में संबंध स्थापित करना।
5. जिन छात्रों के लिए इकाई–योजना का निर्माण करना है, उनकी आवश्यकताओं, योग्यताओं, रुचियों इत्यादि का विवरण।
6. इकाई से संबंधित विषय–वस्तु की प्रस्तावना/भूमिका पर विचार करना कि कक्षा में पाठ्य योजना को किस प्रकार प्रारंभ किया जायेगा?
7. कक्षा–शिक्षण के दौरान कौन–कौन से अधिगम–अनुभव प्रदान किये जायेंगे? इसकी व्याख्या करना।

8. छात्रों की निष्पत्तियों के मूल्यांकन से संबंधित तकनीकों का विवरण।
9. इकाई के शिक्षण के पश्चात् मूल्यांकन से प्राप्त परिणामों के आधार पर अपेक्षित शैक्षिक उद्देश्यों के सन्दर्भ में निर्णय।

चरण (Steps)

एक इकाई की प्रमुख विशेषता होती है, उसका एकीकृत रूप। इकाई-योजना बनाते समय निम्न चरणों का अनुसरण करना चाहिए :

1. *विषय-वस्तु विश्लेषण*– इकाई-योजना का प्रथम चरण इकाई से संबंधित प्रथम प्रश्न 'क्या' (What) से संबंधित होता है? इसके अन्तर्गत इकाई से संबंधित विषय-वस्तु (प्रत्ययों, नियमों, सिद्धान्तों, तथ्यों, सूचनाओं, प्रक्रियाओं, परिस्थितियों इत्यादि) का सूक्ष्म विश्लेषण किया जाता है। यह विश्लेषण शिक्षक को इकाई से संबंधित विषय-वस्तु को गहराई से समझने में मदद प्रदान करता है। इस कार्य के द्वारा शिक्षक में आत्मविश्वास की वृद्धि होती है तथा इसके द्वारा उसको इकाई से संबंधित योजनाओं के क्रमबद्ध निर्माण में मदद मिलती है।

2. *उद्देश्यों का विशिष्टीकरण*– शिक्षण से संबंधित दूसरा महत्वपूर्ण प्रश्न है 'क्यों' (Why)। प्रभावी तथा सार्थक शिक्षण वह होता है जो कि विशिष्ट उद्देश्यों पर आधारित होता है। पाठ्य-वस्तु विश्लेषण के पश्चात शिक्षक को यह चाहिए कि वह यह निश्चित करे कि इकाई से संबंधित कौन-कौन से विशिष्ट उददेश्य होंगे। विशिष्ट उद्देश्यों का स्पष्ट ज्ञान शिक्षक को अधिगम-अनुभवों के चुनाव में सहायता प्रदान करता है।

3. *अधिगम-अनुभव*– इकाई-योजना का तृतीय चरण छात्रों को दिए जाने वाले अधिगम-अनुभवों के निर्णय से संबंधित है। शिक्षण के निर्धारित उद्देश्यों को सफलतापूर्वक प्राप्त करने हेतु अधिगम-अनुभवों का विशेष महत्व है। विषय-वस्तु के अनुकूल शिक्षक को शिक्षण प्रक्रिया का निर्धारण करना चाहिए तथा अधिगम-अनुभव बालकों के मनोविज्ञान पर आधारित होना चाहिए।

4. *मूल्यांकन पद्धति*– इकाई-योजना के अंतिम चरण के अन्तर्गत शिक्षक द्वारा मूल्यांकन की उन पद्धतियों के संबंध में निर्णय लिया जाता है, जिनके माध्यम से छात्रों की शैक्षणिक निष्पत्तियों अर्थात् छात्रों की विषय-वस्तु की समझ के संबंध में निर्णय लिया जा सके।

प्रारूप (Format)

अ. कक्षा: ....

ब. विषय: ....

स. इकाई का नाम: ....

द. इकाई से संबंधित प्रमुख विशिष्ट उद्देश्य: ....

य. पूरी इकाई के लिए निर्धारित कालांशों की संख्या: ....

र. मूल्यांकन/पुनरावृत्ति के लिए कालांशों की कुल संख्या: ....

व. उपचारात्मक शिक्षण के लिए कालांशों की संख्या: ....

ल. उपक्रमी क्रियाकलाप: ....

उप-इकाईयाँ	शिक्षण-बिन्दु	व्यवहरात्मक उद्देश्य	शिक्षण-अधिगम परिस्थितियाँ		शिक्षण सहायक सामग्री	मूल्यांकन कार्य	गृह सामग्री
			शिक्षक क्रियाएँ	छात्र क्रियाएँ			
1. 2. 3. 4. 5. 6.							

लाभ (Advantages)

1. इकाई-योजना मनोविज्ञान के सिद्धान्तों के अनुकूल है क्योंकि इसमें संपूर्ण इकाई को छोटी-छोटी उप-इकाईयों में बाँट दिया जाता है, जिससे छात्र इसको आसानी से ग्रहण कर सकते हैं।
2. इकाई-योजना से शिक्षण के सामान्य एवं विशिष्ट उद्देश्यों के स्पष्टीकरण में सहायता मिलती है।
3. इसके अन्तर्गत छात्रों की रुचियों, योग्यताओं, अभिवृत्तियों, आवश्यकताओं इत्यादि का ध्यान रखा जाता है।
4. इकाई-योजना के माध्यम से शिक्षक को इससे संबंधित विषय-वस्तु को पाठ-योजनाओं के माध्यम से प्रस्तुत करने में मार्गदर्शन एवं मदद मिलती है।
5. इकाई-योजना के अंतर्गत विषय-वस्तु को तार्किक एवं मनोवैज्ञानिक क्रम में प्रस्तुत किया जाता है, जिससे छात्रों को सीखने में सुविधा रहती है एवं उनका अधिगम स्थायी हो जाता है।
6. यह शिक्षक एवं छात्रों के समय, परिश्रम एवं संसाधनों के अपव्यय को रोकती है।
7. इकाई-योजना के माध्यम से शिक्षक एवं छात्रों में आत्मविश्वास की वृद्धि होती है।
8. इसके माध्यम से शिक्षक एवं छात्रों के बीच कक्षा में सक्रिय सहभागिता एवं अन्त:प्रक्रिया बढ़ती है।

सीमाएँ (Limitations)

1. इकाई-योजना का निर्माण एक कठिन कार्य है। इस कार्य के लिए कुशल एवं परिश्रमी शिक्षक की आवश्यकता होती है।
2. शिक्षण-अधिगम प्रक्रिया का यांत्रिकरण हो जाता है।
3. विषय से संबंधित पाठ्य-वस्तु को अपने आप में पूर्ण तथा सार्थक इकाइयों तथा उप-इकाईयों में बाँटना आसान कार्य नहीं है। इसका विभक्तीकरण ठीक प्रकार से न होने पर शिक्षक और विद्यार्थी दोनों ही शिक्षण तथा अधिगम के उद्देश्य प्राप्त नहीं कर सकते।
4. इकाई-योजना के बन जाने के बाद प्राय: शिक्षक उसके अनुपालन में ही लगे रहते हैं। वे यह भूल जाते हैं कि नियोजन साधन है साध्य नहीं।

निक पाठ योजना (DAILY LESSON PLANNING)

ब तक हमने देखा कि शिक्षण आरम्भ करने से पूर्व सर्वप्रथम विषय की वार्षिक-योजना बनायी

जाती है। वार्षिक-योजना के माध्यम से शिक्षक विषय से संबंधित संपूर्ण पाठ्य-वस्तु को शैक्षणिक सत्र के हिसाब से विभिन्न इकाइयों में बाँट सकता है जिससे पाठ्यक्रम को समय रहते पूरा किया जा सकता है। कभी-कभी शिक्षक एक या दो इकाइयों पर ही अधिक ध्यान देते हैं जिससे कि और दूसरी इकाईयों के शिक्षण के लिए पर्याप्त समय नहीं बचता है। अतः वार्षिक-योजना शिक्षण इकाइयों की उपयोगिता के आधार पर उनको उपयुक्त समय प्रदान कर सकती है। विषय की वार्षिक-योजना बनाने के पश्चात प्रत्येक इकाई के समुचित शिक्षण के लिए इकाई-योजना का निर्माण किया जाता है। इकाई-योजना के अन्तर्गत शिक्षण-अधिगम प्रक्रिया की सुविधा के लिए प्रत्येक इकाई को विभिन्न उप-इकाइयों में बाँट दिया जाता है। इन उप-इकाइयों (पाठों) को ही शिक्षक कक्षा में दैनिक पाठ-योजनाओं के माध्यम से पढ़ाता है। दूसरे शब्दों में कहें तो पाठ-योजना इकाई से संबंधित उप-इकाईयों के कक्षा शिक्षण की योजना होती है।

शिक्षा का उद्देश्य है-छात्र का सर्वांगीण विकास करना। शिक्षण एक माध्यम है, जिसके द्वारा इस उद्देश्य की पूर्ति की जाती है। शिक्षण के माध्यम से छात्र के व्यवहार में अपेक्षित व्यवहारिक परिवर्तन लाने का प्रयास किया जाता है। एक शिक्षक की सफलता या असफलता उसके शिक्षण कार्य पर निर्भर करती है। शिक्षण की सफलता शिक्षण की योजना पर निर्भर करती है। वास्तव में पाठ-योजना कक्षा शिक्षण के दौरान किए जाने वाले कार्यों की योजना होती है। पाठ-योजना सफल एवं सार्थक शिक्षण की आधारशिला होती है। इसलिए किसी विषय के शिक्षण के संबंध में शिक्षक गहरा चिंतन कर लें। इसकी उपयुक्त रूप से पाठ-योजना तैयार करना शिक्षण अधिगम प्रक्रिया की सफलता के लिए आवश्यक है।

1. बोसिंग के अनुसार- "पाठ-योजना उस कथन को शीर्षक दिया जाता है जो यह वर्णन करता है कि क्या उपलब्धियां प्राप्त करनी हैं और किन साधनों द्वारा इन्हें कक्षा की क्रियाओं के परिणामस्वरूप प्राप्त किया जा सकता है।"

2. सी. वी. गुड के शब्दों में- "पाठ-योजना पाठ से संबंधित उन महत्वपूर्ण शिक्षण-बिन्दुओं की रूपरेखा होती है, जिसे कक्षा में प्रस्तुतीकरण करने के उद्देश्य से एक निश्चित क्रम में व्यवस्थित किया जाता है। पाठ-योजना के अन्तर्गत पाठ के उद्देश्यों, छात्रों से पूछे जाने वाले प्रश्न, विषय-वस्तु, गृह कार्य इत्यादि को सम्मिलित किया जाता है।"

3. बिनिंग और बिनिंग के अनुसार- "दैनिक पाठ-योजना में उद्देश्यो, विषय-वस्तु की व्यवस्थित रूपरेखा और विधियों का विस्तृत उल्लेख होता है।"

4. स्टैण्ड्स के शब्दों में- "पाठ-योजना वास्तव में एक कार्य-योजना हैं। इससे शिक्षक का जीवन-दर्शन, उसका ज्ञान, शिक्षक का विद्यार्थियों के संबंध में अभिज्ञान, उसके उद्देश्यों का ज्ञान, विषय ज्ञान को प्रस्तुत करने की विधियों का ज्ञान प्रतिबिम्बित होते हैं।"

उपरोक्त परिभाषाओं के अध्ययन से स्पष्ट है कि दैनिक पाठ-योजना एक शिक्षक के दिन-प्रतिदिन के शिक्षण कार्य के संपादन हेतु बनायी जाती है। कक्षा में शिक्षण-अधिगम प्रक्रिया को सुचारू रूप से चलाने हेतु शिक्षक द्वारा जो पूर्व-नियोजन किया जाता है, उसे ही पाठ-योजना निर्माण या शिक्षण की पूर्व-क्रियात्मक अवस्था के नाम जाना जाता है। पाठ-योजना से तात्पर्य शिक्षक द्वारा विद्यालय के किसी कार्य दिवस में अपने विषय विशेष के लिए निर्धारित किसी एक कालांश में अपने विषय की किसी एक इकाई से संबंधित उप-इकाई के शिक्षण हेतु किए हुए नियोजन से है जिससे इस इकाई या उप-इकाई के लिए निर्धारित अनुदेशनात्मक उद्देश्यों की प्राप्ति में अधिक से अधिक मद्द मिल सके। साधारण शब्दों में हम कह सकते हैं कि पाठ-योजना से तात्पर्य एक ऐसे नियोजन से है जिसके अन्तर्गत अध्यापक अपने ज्ञान तथा अनुभवों के आधार

पर कक्षा में शिक्षक तथा छात्रों के बीच होने वाली अन्तःप्रक्रिया का पहले से ही एक खाका (Blue Print) बना लेता है।

पाठ-योजना की महत्व तथा आवश्यकता
(Need and Importance of Lesson Planning)

पाठ योजना वास्तव में शिक्षण की वह योजना होती है, जिसमें शिक्षक पहले से ही यह निर्धारित कर लेता है कि उसे कक्षा में पाठ को किस क्रम में प्रस्तुत करना है? किन-किन शिक्षण विधियों तथा प्रविधियों का प्रयोग करना है? तथा किस सहायक सामग्री का प्रयोग करना है? किन-किन उदाहरणों का प्रयोग करना है? तथा छात्रों का मूल्यांकन किस प्रकार करना है? एक कुशल अध्यापक शिक्षण के उद्देश्यों के आधार पर पाठ-योजना का निर्माण करता है। पाठ-योजना का महत्व निम्नलिखित कारणों से है-

1. पाठ-योजना शिक्षक के शिक्षण कार्य को नियमित तथा व्यवस्थित करती है।
2. पाठ-योजना के माध्यम से शिक्षक में आत्मविश्वास तथा आत्म-सन्तुष्टि की भावना का विकास होता है।
3. पाठ-योजना अध्यापक के कक्षा कार्य को निश्चित करके अध्यापक तथा छात्रों के समय तथा परिश्रम को नष्ट होने से बचाती है।
4. इसके माध्यम से शिक्षण-अधिगम प्रक्रिया अपने निर्धारित उद्देश्यों की प्राप्ति की ओर अग्रसर होती है।
5. पाठ-योजना शिक्षण तथा अधिगम में सहसंबंध स्थापित करती है।
6. यह शिक्षक को शिक्षण सूत्रों, जैसे कि - सरल से कठिन, ज्ञात से अज्ञात, स्थूल से सूक्ष्म, आदि के अनुपालन में मदद करती है।
7. पाठ-योजना शिक्षक को विषय-वस्तु, शिक्षण-प्रक्रम, शिक्षण युक्तियों, प्रेरणा प्रदान करने की विधियों, छात्रों की क्रियाओं, छात्रों का पूर्व-ज्ञान, शिक्षण के उद्देश्यों इत्यादि के बारे में गहन विचार करने के लिए बाध्य करती है।
8. यह शिक्षक को छात्रों के पूर्व अनुभवों, विषय संबंधी पूर्व-ज्ञान, आदतों, योग्यताओं, रुचियों इत्यादि की जानकारी प्रदान करती है।
9. पाठ-योजना, विषय-वस्तु को छात्रों के जीवन से जोड़ने में सहायक होती है।
10. पाठ-योजना विषय से संबंधित विभिन्न पाठों को आपस में सह-सम्बन्धित करने में सहायक होती है।

पाठ-योजना बनाने के लिए पूर्वाकांक्षित शर्तें

प्रत्येक अध्यापक को अपने विषय से संबंधित पाठ-योजनाओं को सावधानीपूर्वक बनाना चाहिए। सावधानीपूर्वक बनायी गयी पाठ-योजनाएं न केवल शिक्षक को कक्षा शिक्षण में सहायता प्रदान करती हैं बल्कि पाठ के उद्देश्यों की प्राप्ति में भी सहायक होती हैं। पाठ-योजना बनाने से पूर्व कुछ महत्वपूर्ण बातों को ध्यान में रखना चाहिए। एक शिक्षक यदि निम्नलिखित महत्वपूर्ण तथ्यों को जानता है, तब वह इनका प्रयोग पाठ के विकास में कर सकता है। कुछ महत्वपूर्ण बिन्दु निम्न प्रकार हैं-

1. *शिक्षण के उद्देश्यों ओर प्राप्य उद्देश्यों के संबंध में ज्ञान*— शिक्षक को शिक्षण के सामान्य तथा विशिष्ट उद्देश्यों का स्पष्ट रूप से ज्ञान होना चाहिए। शिक्षक पाठ के विशिष्ट उद्देश्यों को व्यावहारिक भाषा में लिखने में दक्ष होना चाहिए। इसके लिए उसे ब्लूम की टेक्सोनॉमी का ज्ञान

होना चाहिए। अनुदेशनात्मक उद्देश्यों से संबंधित समुचित ज्ञान के अभाव में पाठ-योजना की विफलता निश्चित है। अनुदेशनात्मक उद्देश्यों को बालक के ज्ञानात्मक, भावात्मक तथा क्रियात्मक पक्ष से संबंधित करके ही लिखना चाहिए।

2. *अधिगमकर्ता के संबंध में ज्ञान*– शिक्षक को बाल-मनोविज्ञान का अच्छा ज्ञान होना चाहिए, जिससे कि वह शिक्षणार्थी की रुचियों, क्षमताओं, विभिन्नताओं, आवश्यकताओं और अभिवृत्तियों से पूर्ण रूप से परिचित हो सके। जिस स्तर के विद्यार्थियों के लिए वह पाठ-योजना बनाना चाहता है, उनके संबंध में शिक्षक को पूर्ण ज्ञान होना आवश्यक है। इसके अभाव में पाठ-योजना अपने उद्देश्यों में सफल नहीं हो पायेगी।

3. *विषय-वस्तु तथा इसके व्यवस्थापन के संबंध में ज्ञान*– शिक्षक जिस विषय-सामग्री पर पाठ-योजना बनाना चाहता है, उसका उसे पर्याप्त ज्ञान होना चाहिए। शिक्षक को बाल मनोविज्ञान का अच्छा ज्ञान होना चाहिए, जिससे कि वह पाठ से संबंधित विषय-वस्तु को मनोवैज्ञानिक ढ़ंग से प्रस्तुत कर सके।

4. *शिक्षण विधियों तथा प्रविधियों का ज्ञान*– शिक्षक को शिक्षण की परम्परागत तथा नवीन विधियों का समुचित ज्ञान होना चाहिए, जिससे कि वह विषय-वस्तु, शिक्षण के उद्देश्यों तथा छात्रों की आयु के अनुकूल सर्वोत्तम विधि का चयन कर सके। शिक्षक को शिक्षण प्रविधियों के प्रयोग में पर्याप्त अनुभव भी होना चाहिए। उसे शिक्षण विधियों को अधिक उपयोगी बनाने के लिए सीखने के सिद्धान्तों एवं शिक्षा के दार्शनिक और सामाजिक आधारों का पर्याप्त ज्ञान होना चाहिए।

5. *कक्षा शिक्षण के अनुभवों से प्राप्त ज्ञान तथा छात्रों से प्राप्त पृष्ठपोषण*– उपरोक्त ज्ञान के अतिरिक्त पाठ-योजना के निर्माण में शिक्षक को कक्षा-शिक्षण से प्राप्त होने वाले अनुभवों को भी सम्मिलित करना चाहिए। छात्र किस प्रकार अधिक सीखते हैं? कौन सी विधि उनके लिए उपयुक्त होगी? किस प्रकार उनको पेरणा प्रदान की जा सकती है? अधिगम प्रक्रिया में उनकी संलग्नता को कैसे बढ़ाया जा सकता है? उपरोक्त प्रश्नों के जबाब उसे अपने दिन-प्रतिदिन के कक्षा शिक्षण के अनुभवों से प्राप्त हो जाते हैं। अतः शिक्षक के शैक्षणिक अनुभव पाठ-योजना के निर्माण में अहम भूमिका निभाते हैं।

पाठों के प्रकार (Type of Lessons)

मानव व्यक्तित्व की तीन प्रमुख विशेषताएँ होती हैं–

सिर (Head), ह्रदय (Heart) तथा हाथ (Hand) बालक के व्यक्तित्व के सर्वांगीण विकास में उपरोक्त तीनों पर ध्यान दिया जाना आवश्यक है। इसके लिए यह आवश्यक है कि पाठ-योजना के अंतर्गत ऐसी शिक्षण-अधिगम क्रियाओं को सम्मिलित किया जाये, जिनके माध्यम से इनका विकास हो सके। पाठ निम्नलिखित तीन प्रकार के होते हैं–

1. ज्ञान पाठ (Knowledge Lessons)– ऐसे पाठ जिनके माध्यम से ज्ञानात्मक पक्ष से संबंधित उद्देश्यों जैसे– ज्ञान, अवबोध, अनुप्रयोग को प्राप्त करने का प्रयास किया जाता है, उन्हें ज्ञान पाठ कहते हैं। इन पाठों में केवल मानसिक योग्यताओं के विकास हेतु शैक्षणिक क्रियाएं की जाती हैं। उदाहरण के लिए कम्प्यूटर जनरेशन पर आधारित पाठ। इन पाठ योजनओं में प्रस्तुतीकरण पर अधिक बल दिया जाता है।

2. कौशल पाठ (Skill Lessons)– ऐसे पाठ जिनमें विभिन्न कौशलों के विकास हेतु शिक्षण-अधिगम प्रक्रिया संचालित की जाती है, उन्हें क्रियात्मक या कौशल पाठ कहते हैं। इस प्रकार की पाठ-योजनाओं का प्रयोग क्रियात्मक उद्देश्यों के प्राप्ति के लिये किया जाता है। इन पाठ-योजनाओं में माँसपेशीयों के प्रशिक्षण के लिए अवसर प्रदान किया जाता है। उदाहरणार्थ

के लिए कम्प्यूटर कार्य प्रणाली का चार्ट बनाना, फ्लोचार्ट बनाना, आदि।

3. रसानुभूति पाठ (Appreciation Lessons)– इन पाठ-योजनाओं का प्रयोग भावात्मक उद्देश्यों की प्राप्ति के लिए किया जाता है। ऐसे पाठ जिनके माध्यम से बालकों में प्रशंसात्मक भाव, सौन्दर्यानुभूति, रसानुभूति तथा रुचियों इत्यादि का विकास होता है, रसानुभूति पाठ कहलाते हैं। उदाहरण के लिए चार्ल्स बैबेज का कम्प्यूटर के क्षेत्र में योगदान। साहित्य, कला, संगीत, तथा कविता के शिक्षण के लिए इस प्रकार की पाठ योजनाओं की रचना की जाती है।

पाठ-योजना के विविध उपागम (APPROACHES OF LESSON PLANNING)

विभिन्न शिक्षाशास्त्रियों ने शिक्षा सिद्धान्तों तथा अपनी मौलिक धारणाओं के आधार पर पाठ-योजना निर्माण के लिए अलग-अलग विधियाँ दी हैं। पाठ-योजना निर्माण की प्रमुख विधियाँ निम्नलिखित हैं-

1. हरबॉर्ट की पंचपदी प्रणाली (Herbert's Formal Five Steps)

18वीं शताब्दी में जर्मन के प्रसिद्ध शिक्षाशास्त्री एवं दार्शनिक जॉन फेडरिक हरबॉर्ट (1776-1884) ने परम्परागत मानव व्यवस्था सिद्धान्त (Classical Human Organization Theory) तथा संचित ज्ञान सिद्धान्त (Apperceptive Mass Theory) के आधार पर कक्षा शिक्षण के संबंध में अपनी एक प्रणाली प्रस्तुत की। हरबॉर्ट की अधिगम के संबंध में यह धारणा थी कि शिक्षार्थी को समस्त ज्ञान बाहर से प्रदान किया जाना चाहिए। इस प्रकार दिया गया ज्ञान संचित होता रहता है। स्पष्ट है कि इस प्रणाली में शिक्षक के प्रस्तुतीकरण पर अधिक बल दिया जाता है। अतः ज्ञान पाठों की योजना बनाने में पंचपदी प्रणाली अधिक उपयोगी है। हरबॉर्ट की पंचपदी प्रणाली के प्रमुख पाँच पद निम्नलिखित हैं:

1. प्रस्तावना या तैयारी– हरबॉर्ट के अनुसार सर्वप्रथम बालक के मस्तिष्क को नये ज्ञान को ग्रहण करने के लिए तैयार करना चाहिए। ज्ञान के संचयीकरण के लिए उसे बालक के पूर्व ज्ञान से सम्बन्धित करना आवश्यक है। शून्य अवस्था में कोई भी ज्ञान प्रदान नही किया जा सकता। हरबॉर्ट की पंचपदी प्रणाली के प्रथम पद प्रस्तावना या तैयारी को हम दो भागों (i) -पूर्व ज्ञान का परीक्षण तथा (ii) उद्देश्य कथन में बाँट सकते हैं।

(i) पूर्व ज्ञान का परीक्षण– इस उप-पद का उद्देश्य छात्रों को पूर्व ज्ञान के आधार पर नये ज्ञान को ग्रहण करने के लिए तैयार करना है। यह कार्य शिक्षक पूर्व ज्ञान पर आधारित प्रश्नों को क्रमबद्ध रूप से पूछकर करता है। अंतिम प्रश्न समस्यापूर्ण, बालकों की रुचि एवं जिज्ञासा को जागृत करने वाला और प्रदान किए जाने वाले नये ज्ञान से प्रत्यक्ष रूप से संबंधित होता है।

(ii) उद्देश्य कथन– प्रस्तावना प्रश्न अर्थात पूर्व-ज्ञान पर आधारित प्रश्न पूछने के पश्चात उद्देश्य कथन कहा जाता है। उद्देश्य कथन जानकर ही छात्रों में नये ज्ञान के प्रति रुचि और जिज्ञासा उत्पन्न होती है और उनका ध्यान पाठ पर केन्द्रित हो जाता है।

2. प्रस्तुतीकरण– प्रस्तुतीकरण से पूर्व पाठ के उद्देश्य छात्रों को स्पष्ट रूप में बताये जाने चाहिए। इस चरण में छात्र नये ज्ञान को ग्रहण करते हैं। नये ज्ञान को छात्रों के मानसिक स्तर और समय की अवधि को ध्यान में रखकर निर्धारित करना चाहिए। पाठ्य-वस्तु को शिक्षण-अधिगम प्रक्रिया की सुविधा के लिए शिक्षण-बिन्दुओं में इस प्रकार बाँट लिया जाता है कि छात्र अपनी इन्द्रियों का अधिक-से-अधिक प्रयोग कर सीखें जिससे कि अधिगम स्थायी हो सके। शिक्षक को शिक्षण के दौरान छात्रों की मानसिक शक्तियों को उत्तेजित करने का प्रयास करना चाहिए। इस चरण में शिक्षक मनोवैज्ञानिक सिद्धान्तों के अनुरूप अधिगम सामग्री को प्रस्तुत करता है तथा अधिगम को स्थायी बनाने के लिए शिक्षक उपयुक्त समय पर उपयुक्त सहायक सामग्री का प्रयोग भी करता है।

3. तुलना– इस चरण में शिक्षक छात्रों से नये सीखे गये ज्ञान तथा उनके पुराने ज्ञान के बीच तुलना करते हुए संबंध स्थापित करवाता है। शिक्षक को शिक्षण के दौरान छात्रों को ऐसे अवसर प्रदान करना चाहिए, जिसमें कि वह नये सीखे गये तथ्यों की पुराने तथ्यों से तुलना कर सकें। हरबॉर्ट के अनुसार ''तथ्यों को केवल परस्पर संबंध स्थापित करके ही याद रखा जा सकता है। नया असंबंधित तथ्य प्राय: उसी क्षण विस्मृत हो जाता है, जिस क्षण याद किया जाता है।''

4. सामान्यीकरण– इस पद का उद्देश्य प्रदत्त ज्ञान को छात्रों के मस्तिष्क में स्थायी बनाना है। सीखे गये नये ज्ञान को स्थायी बनाने के लिए यह आवश्यक है कि प्रस्तुत किए गये ज्ञान की विषय-वस्तु को छात्रों को निष्कर्ष रूप में बता देना चाहिए। जिन पाठों में आगमन एवं निगमन विधियों का प्रयोग किया जाता है उनमें छात्रों का सक्रिय सहयोग प्राप्त करते हुए सूत्र, नियम या सिद्धान्त की स्थापना की जाती है।

5. अनुप्रयोग– अर्जित ज्ञान पर पूर्ण अधिकार होने का सबसे सफल प्रमाण है कि आवश्यकता और अवसर पर उसका प्रयोग करने की दक्षता उत्पन्न करना। यदि ऐसा नहीं किया जा सकता है तो उसका कोई व्यावहारिक मूल्य नहीं है। हरबॉर्ट की पंचपदी प्रणाली का अंतिम पद छात्रों को नये ज्ञान को विभिन्न परिस्थितियों में प्रयोग करने के अवसर प्रदान करता है। गृह-कार्य इसी उद्देश्य से दिया जाता है।

हरबॉर्टीयन पाठ-योजना के गुण

पाठ-योजनाओं के निर्माण में हरबॉर्टीयन प्रणाली के प्रयोग की उपयोगिता निम्नलिखित कारणों से है :

(i) इसके माध्यम से ज्ञानात्मक स्तर के उद्देश्यों की प्राप्ति आसानी से की जा सकती है।

(ii) हरबॉर्ट की पंचपदी प्रणाली में शिक्षण की आगमन और निगमन विधियों का प्रयोग आसानी से किया जा सकता है।

(iii) यह प्रणाली सीखने के मनोविज्ञान पर आधारित होने के कारण पाठय-वस्तु को छोटी छोटी इकाइयों में छात्रों के समक्ष प्रस्तुत करती है, जिससे कि सीखने का कार्य सरल और व्यवस्थित हो जाता है।

(iv) इस प्रणाली में छात्रों को स्थायी ज्ञान प्रदान किया जाता है क्योंकि पूर्व-अनुभवों व ज्ञान के आधार पर ही उनको नवीन ज्ञान प्रदान किया जाता है।

(v) हरबॉर्ट की पंचपदी प्रणाली के माध्यम से सभी विषयों के लिए पाठ योजनाओं का निर्माण किया जा सकता है।

हरबॉर्ट की पंचपदी प्रणाली की सीमाएँ

यद्यपि यह पाठ-योजना के निर्माण की बहुत प्रसिद्ध प्रणाली है, फिर भी इसके निम्नलिखित दोष हैं:

(i) इस प्रणाली से ज्ञानात्मक पक्ष के उद्देश्यों को प्राप्त किया जा सकता है किन्तु भावात्मक और क्रियात्मक पक्ष के उद्देश्य उपेक्षित रहते हैं।

(ii) यह प्रणाली छात्रों की तर्कशक्ति और विचार शक्ति का विकास न करके केवल उनकी ज्ञान और बोध शक्तियों का विकास करती है।

(iii) इस प्रणाली में शिक्षक के प्रस्तुतीकरण पर अत्यधिक बल दिया जाता है। शिक्षण के दौरान छात्रों की सक्रियता तथा उनकी सहभागिता पर उपयुक्त ध्यान नहीं दिया जाता है।

(iv) इस प्रणाली का प्रयोग केवल ज्ञान पाठों के लिए किया जा सकता है, कौशल और रसानुभूति के पाठों के लिए नहीं।

(v) यह शिक्षक-केंद्रित प्रणाली है तथा इस विधि में करके सीखने पर ध्यान नहीं दिया जाता।
(vi) यह प्रणाली शिक्षक को नियमों के बन्धन मे बांध देती है, जिससे वह अपनी मौलिकता, स्वतंत्रता और सृजनात्मकता आदि गुणों को शिक्षण में उपयोग नहीं कर पाता।

हरबॉर्ट की पंचपदी प्रणाली पर आधारित पाठ-योजना का प्रारूप

शिक्षण-बिन्दु	शिक्षण-अधिगम परिस्थितियाँ	
	शिक्षक क्रियाएँ	छात्र क्रियाएँ
	विकासात्मक प्रशन स्पष्टीकरण कथन	

हरबॉर्ट की पाठ-योजना में उपरोक्त बिन्दुओं का अनुसरण किया जाता है। ये बिन्दु निम्न प्रकार हैं-

1. कक्षा, विषय, प्रकरण, दिनांक, चक्र- पाठ-योजना निर्माण के प्रथम चरण में शिक्षक द्वारा यह निर्धारित किया जाता है कि किस कक्षा तथा किस विषय पर पाठ योजना बनानी है? इसके पश्चात पाठ-योजना किस प्रकरण पर बनानी है, यह तय किया जाता है। तत्पश्चात् यह निश्चित किया जाता है कि इस पाठ-योजना के माध्यम से किस दिन तथा किस चक्र (Period) में शिक्षण कार्य किया जायेगा।

2. सामान्य उद्देश्य- प्रत्येक विषय के अपने कुछ सामान्य उद्देश्य होते हैं। पाठ-योजना के दौरान विषय के सामान्य उद्देश्यों को लिखा जाता है।

3. विशिष्ट उद्देश्य- सामान्य उद्देश्य जहाँ विषय से संबंधित होते हैं, वहीं विशिष्ट उद्देश्य प्रकरण से संबंधित होते हैं। अर्थात विशिष्ट उद्देश्य पाठ्य-वस्तु से संबंधित होते हैं। अपनी विषय-वस्तु के माध्यम से हम बालक में जो अपेक्षित व्यावहारिक परिवर्तन चाहते हैं, वहीं हमारे विशिष्ट उद्देश्य कहलाते हैं। विशिष्ट उद्देश्यों को छात्रों की पूर्व विशेषताओं के आधार पर व्यावहारिक भाषा में ज्ञानात्मक, भावात्मक तथा क्रियात्मक पक्षों से संबंधित करते हुए लिखा जाता है।

4. प्रस्तावना- शिक्षक छात्रों के पूर्व-ज्ञान के आधार पर उनको नवीन ज्ञान प्रदान करता है। इस कार्य के लिए वह पहले छात्रों के पूर्व-अनुभवों व ज्ञान की जाँच करता है। इसक कार्य के लिए वह छात्रों के पूर्व ज्ञान पर आधारित प्रश्नों को प्रस्तावना प्रश्नों के रूप में पूछता है।

5. उद्देश्य कथन- प्रस्तावना प्रश्नों की सहायता से शिक्षक पहले छात्रों से अपना प्रकरण निकलवाता है। तत्पश्चात् छात्रों की रुचि व ध्यान को केन्द्रित करने के लिए वह अपने प्रकरण को उद्देश्य कथन के रूप में छात्रों के समक्ष कहता है कि आज हम इस प्रकरण का अध्ययन करेंगे।

6. प्रस्तुतीकरण- उद्देश्य कथन कहने के बाद शिक्षक छात्रों की मदद से अपने पाठ का प्रस्तुतीकरण करता है अर्थात् उनको नवीन ज्ञान प्रदान करता है।

7. विकासात्मक प्रश्न- किसी भी नये शिक्षण बिन्दु को प्रारम्भ करने से पूर्व शिक्षक छात्रों से विकासात्मक प्रश्न पूछता है। यह प्रश्न पाठ के तार्किक विकास के लिए आवश्यक होते हैं।

8. स्पष्टीकरण- विकासात्मक प्रश्नों का उत्तर जब छात्र ठीक प्रकार से नहीं दे पाते हैं, तब शिक्षक उनको स्पष्ट करने के लिए अपना स्पष्टीकरण देता है।

9. श्यामपट्ट सारांश- शिक्षक अपने पाठ के प्रस्तुतीकरण के साथ-साथ महत्वपूर्ण बिन्दुओं को सारांश रूप में श्यामपट्ट पर लिखता जाता है।

10. पुनरावृत्ति प्रश्न- जब शिक्षक का प्रस्तुतीकरण ख़त्म हो जाता है, तब शिक्षक छात्रों को श्यामपट्ट सारांश को अपनी उत्तर पुस्तिकाओं पर उतारने का निर्देश देता है। जब छात्र श्यामपट्ट

सारांश को उतार लेते हैं, तब शिक्षक श्यामपट्ट सारांश को मिटा देता है। इसके पश्चात शिक्षक यह देखने के लिए कि छात्रों को नवीन ज्ञान का कितना बोध हुआ है, उनसे पुनरावृत्ति प्रश्न पूछता है।

11. गृह-कार्य– अन्त में शिक्षक छात्रों को उनके द्वारा ग्रहण किए गये नवीन ज्ञान को व्यावहारिक परिस्थितियों में प्रयोग करने के अवसर प्रदान करने के लिए गृह कार्य देता है।

2. पाठ योजना की मूल्यांकन प्रणाली (Evaluation Approach of Lesson Planning)

प्रो. बी.एस. ब्लूम ने शिक्षण-अधिगम प्रक्रिया को ठीक प्रकार से समझने में महत्वपूर्ण योगदान दिया है। इस प्रणाली के अनुसार शिक्षण-अधिगम प्रक्रिया सोदेश्यपूर्ण होनी चाहिए। ब्लूम के अनुसार शिक्षण-अधिगम प्रक्रिया हमारे व्यवहार के तीन पक्षों-ज्ञानात्मक, भावात्मक तथा क्रियात्मक पर निर्भर करती है। ब्लूम ने शिक्षा को एक त्रि-ध्रुवीय प्रक्रिया माना है। यह तीन ध्रुव हैं – उद्देश्य, अधिगम-अनुभव तथा व्यवहार परिवर्तन। ब्लूम के अनुसार शिक्षा की उपरोक्त त्रि-ध्रुवीय प्रक्रिया के माध्यम से बालक के व्यवहार के तीन पक्षों (ज्ञानात्मक, भावात्मक तथा क्रियात्मक) का विकास उचित रूप में किया जा सकता है।

इस प्रणाली में केवल बालक की शैक्षिक प्रगति का मूल्यांकन न करके शिक्षण की प्रत्येक क्रिया का मूल्यांकन किया जाता है। विषय-वस्तु के संदर्भ में विद्यार्थी की निष्पत्तियों का मूल्यांकन न करके इसका मूल्यांकन अधिगम के उद्देश्यों के प्रकाश में किया जाता है। छात्र के व्यवहार परिवर्तन को उसके व्यवहार के तीन पक्षों, ज्ञानात्मक, भावात्मक तथा क्रियात्मक के संदर्भ में किया जाता है। अतः स्पष्ट है कि यह प्रणाली विषय-वस्तु केन्द्रित न होकर उद्देश्य-केन्द्रित है

ब्लूम पाठ-योजना की मूल्यांकन प्रणाली के चरण

ब्लूम की पाठ योजना के निम्नलिखित तीन चरण हैं–

अ. शैक्षिक उद्देश्यों का निर्धारण– प्रथम चरण के अन्तर्गत शिक्षण के विशिष्ट उद्देश्यों का निर्धारण किया जाता है। इन उद्देश्यों को बालक के ज्ञानात्मक, भावात्मक तथा क्रियात्मक पक्षों के रूप में लिखा जाता है। ये उद्देश्य व्यावहारिक भाषा में लिखे जाते हैं।

ब. अधिगम अनुभवों की व्यवस्था– ब्लूम की पाठ-योजना का द्वितीय चारण है –अधिगम अनुभवों की व्यवस्था करना। यह शिक्षक के शिक्षण कौशलों पर निर्भर करता है कि वह छात्र को किस प्रकार सीखने के लिए प्रेरित करता है तथा किस प्रकार विषय-वस्तु को प्रदान करता है। ब्लूम की पाठ-योजना में छात्रों की सक्रियता पर अधिक ध्यान दिया जाता है। अतः अधिगम-अनुभवों की व्यवस्था करते समय शिक्षक को ऐसी परिस्थितियों का चुनाव करना चाहिए जिनके माध्यम से छात्र स्वतंत्रपूर्वक क्रिया कर सकें।

स. व्यवहार परिवर्तन का मूल्यांकन– ब्लूम उपागम का तीसरा चरण है मूल्यांकन। ब्लूम की पाठ-योजना में मूल्यांकन पर विशेष बल दिया जाता है। अधिगम-अनुभवों की सहायता से छात्रों के व्यवहार में अपेक्षित व्यावहारिक परिवर्तन लाया जाता है। व्यवहार परिवर्तन के मूल्यांकन के लिए विभिन्न प्रकार की प्रविधियों का प्रयोग किया जाता है। छात्रों की निष्पत्तियों का मूल्यांकन इस प्रकार से किया जाता है जिससे कि उसके व्यवहार में विभिन्न प्रकार से होने वाले परिवर्तन का मूल्यांकन किया जा सके। व्यवहार-परिवर्तन के मूल्यांकन से शैक्षिक उद्देश्यों की प्राप्ति के संबंध में निर्णय लिया जाता है। व्यवहार परिवर्तन के मूल्यांकन के माध्यम से शिक्षक अपने शिक्षण की सफलता के संबंध में निर्णय ले सकता है। यह उपागम शिक्षक को अपने शिक्षण की कमज़ोरियों को पहचानकर उसे दूर करने में सहायता प्रदान करता है।

ब्लूम की मूल्यांकन प्रणाली पर आधारित पाठ-योजना का प्रारूप

शिक्षण बिन्दु	उद्देश्य/अपेक्षित व्यावहारिक परिवर्तन	सीखने के अनुभव		शिक्षण विधि/प्रविधि	श्यामपट् कार्य/ सहायक सामग्री	मूल्यांकन
		शिक्षक क्रियाएं	छात्र क्रियाएं			

3. प्रोजेक्ट उपागम (Project Approach of Lesson Planning)

पाठ-योजना के प्रोजेक्ट उपागम का प्रतिपादन अमरीका के कोलम्बिया विश्वविद्यालय के शिक्षा शास्त्रा के प्रोफेसर जान डी.वी. और उनके शिष्य डब्ल्यू. एच. किलपेट्रिक ने किया। इस प्रणाली में अधिगम के लिए अनुभवों को विशेष महत्व दिया जाता है। प्रोजेक्ट उपागम आधारित शिक्षण की योजनाओं में छात्रों को ऐसे अनुभव प्रदान किये जाते हैं, जिनसे उनमें सामाजिक क्षमताओं का विकास होता है। प्रोजेक्ट उपागम आधारित पाठ योजनाओं के निम्नलिखित चरण होते हैं-

1. परिस्थिति उत्पन्न करना– इस शिक्षण योजना के प्रथम चरण के अंतर्गत शिक्षक छात्रों के साथ विचार-विर्मश कर ऐसी परिस्थितियां उत्पन्न कर देता है कि उनकी किसी विशेष कार्य में रुचि उत्पन्न हो जाती है और वे उससे संबंधित समस्या का समाधान करने के लिए मानसिक एवं शारीरिक रूप से तैयार हो जाते हैं।

2. योजना का चुनाव– छात्र समस्या के समाधान के लिए विभिन्न प्रकार की योजनाएं शिक्षक के समक्ष प्रस्तुत करते हैं। शिक्षक छात्रों की मदद से उनमें से एक परियोजना को शैक्षिक दृष्टि से महत्वपूर्ण मानते हुए चुन लेता है।

3. योजना का कार्यक्रम बनाना– योजना को पूरा करने के लिए छात्र शिक्षक की मदद से एक कार्यक्रम बनाते हैं। पूरे कार्यक्रम को विभिन्न भागों में बाँट दिया जाता है। शिक्षक छात्रों की रुचि, योग्यता और कार्य-शक्ति के अनुसार कार्य बाँट देता है।

4. योजना को पूर्ण करना– कार्य निश्चित हो जाने के बाद कक्षा के सभी छात्र उसको पूरा करने में लग जाते हैं। शिक्षक उनका मार्गदर्शन करता रहता है।

5. योजना का मूल्यांकन करना– प्रोजेक्ट पूरा हो जाने के बाद शिक्षक और छात्र उसके संबंध में विचार-विमर्श करते हैं। इसके द्वारा वे यह जानने का प्रयास करते हैं कि जिन उद्देश्य को लेकर उन्होंने कार्य किया था, उसे प्राप्त करने में उन्हें सफलता मिली है या नहीं।

6. योजना को लिखना– प्रोजेक्ट का मूल्यांकन हो जाने के बाद कक्षा के सभी छात्र अपनी-अपनी प्रोजेक्ट पुस्तिकाओं पर उसका पूर्ण विवरण लिखते हैं। छात्र अपने द्वारा किये जाने वाले कार्यों का विवरण भी लिखते हैं।

प्रोजेक्ट/योजना विधि के गुण

(i) यह विधि अधिगम के मनोवैज्ञानिक सिद्धान्तों जैसे कि– अभ्यास का सिद्धान्त, प्रभाव का सिद्धान्त, तत्परता का सिद्धान्त इत्यादि पर आधारित है।

(ii) यह विधि शिक्षक केन्द्रित न होकर विद्यार्थी-केन्द्रित है।

(iii) यह पद्धति व्यक्तिगत विभिन्नताओं को स्वीकार करती है और योजना के क्रियान्वयन में बालकों को उनकी रुचि और योग्यता के अनुसार कार्य करने का अवसर प्रदान करती है।

(iv) यह विद्यार्थियों में सामाजिक अन्त:प्रक्रिया, सहभागिता इत्यादि समाजिक गुणों का विकास करती है।

(v) इसमें बालक स्वयं अनुभव करके सीखता है जिसके कारण उनका अधिगम स्थायी होता है।

(vi) इसके माध्यम से बालकों में स्वतंत्रा चिन्तन, तर्क, विचार इत्यादि मानसिक शक्तियों का विकास होता है।

(vii) प्राप्त किया गया ज्ञान व्यावहारिक और जीवन से संबंधित होता है।

(viii) विद्यार्थियों में आत्मविश्वास, आत्मनिर्भरता, परस्पर सहयोग जैसे गुणों का विकास होता है।

प्रोजेक्ट/योजना विधि के दोष

(i) इस विधि में समय बहुत अधिक लगता है। विद्यालयी समय-चक्र के निर्धारित कालांशों में इसके माध्यम से शिक्षण कार्य बहुत कठिन है।

(ii) एक निश्चित समय सीमा के भीतर इसके माध्यम से सम्पूर्ण पाठयक्रम को पूरा नहीं किया जा सकता।

(iii) ज्ञान को क्रमबद्ध रूप में प्राप्त नहीं किया जा सकता।

(iv) शिक्षक के ऊपर बहुत अधिक कार्य-भार आ जाता है।

4. पाठ-योजना की मौरीसन प्रणाली (Morrison's Approch of Lesson Planning)

मौरीसन की प्रणाली को इकाई-योजना के नाम से भी जाना जाता है। इकाई-योजना का प्रतिपादन शिकागो विश्वविद्यालय के प्रो.हेनरी सी.मौरीसन (1871-1945) द्वारा किया गया। इस प्रणाली को इकाई-योजना या इकाई प्रणाली के नाम से इसलिए जाना जाता है क्योंकि इसमें शिक्षण-अधिगम प्रक्रिया की योजना बनाने के लिए इकाई विधि का प्रयोग किया जाता है। अर्थात् इसमें छात्रों की अधिगम सुविधा के लिए विषय-वस्तु को एक समान इकाइयों में बाँट दिया जाता है, जिससे कि छात्रों को पाठ्य-वस्तु का बोध हो सके। मौरीसन ने अपनी पाठ-योजना के निम्नलिखित चरण बताये हैं–

1. अन्वेषण– इस चरण में शिक्षक प्रश्न पूछकर या फिर छात्रों से चर्चा कर उनके पूर्व ज्ञान का पता लगाता है। वह छात्रों को प्रेरणा प्रदान कर पूर्व ज्ञान से नवीन ज्ञान को जोड़ने का प्रयत्न करता है।

2. प्रस्तुतीकरण– द्वितीय चरण के अंतर्गत शिक्षक छात्रों के समक्ष विषय-वस्तु को छोटी-छोटी इकाइयों के रूप में प्रस्तुत करता है। प्रस्तुतीकरण के साथ वह छात्रों का निदान भी करता है कि नवीन ज्ञान का उन्हें बोध हुआ है अथवा नहीं। निदान के आधार पर ही शिक्षक पाठ्य-वस्तु की पुनरावृत्ति के सम्बन्ध में निर्णय लेता है।

3. आत्मसात– आत्मसात का उद्देश्य पाठ्य-वस्तु की गहनता पर बल देना है। छात्र आपस में विचार-विमर्श करते हैं। छात्र, शिक्षक को अपनी समस्याओं से अवगत कराते हैं। प्रत्येक छात्र अपनी आवश्यकतानुसार अध्ययन करता है। छात्रों को सामान्यीकरण के अवसर प्रदान किये जाते हैं।

4. व्यवस्थापन– व्यवस्थापन स्तर पर विषय-वस्तु को विस्तार से समझने का प्रयास किया जाता है। छात्र विषय-वस्तु को मनोवैज्ञानिक और तार्किक क्रम में प्रस्तुत करते हैं, जिससे यह ज्ञात होता है कि छात्रों ने इकाई का बोध ठीक प्रकार कर लिया है। यहाँ यह बात ध्यान रखने की है कि इस चरण में छात्र विषय-वस्तु को लिखित रूप में प्रस्तुत करते हैं।

5. प्रपठन– अंतिम चरण में कक्षा का प्रत्येक छात्र मौखिक रूप में पाठय-वस्तु को शिक्षक तथा अपने साथियों के समक्ष प्रस्तुत करता है। इसे प्रपठन (Recitation) कहते हैं।

मौरीसन प्रणाली के गुण

(i) यह छात्रों को स्व:अध्ययन के लिए प्रेरित करती है।

(ii) यह प्रणाली मनोवैज्ञानिक सिद्धान्तों पर आधारित है।

(iiii) शिक्षण-अधिगम प्रक्रिया आसान तथा रुचिपूर्ण होती है।

(iv) शिक्षक तथा छात्रो के मध्य स्वस्थ अन्त:प्रक्रिया होती है।

(v) बोध स्तर के शिक्षण के लिए यह प्रणाली अति उपयुक्त है।

मौरीसन प्रणाली के दोष

(i) इसमें पाठय-वस्तु के स्वामित्व पर अधिक बल दिया जाता है। मानव व्यवहार को ध्यान में नहीं रखा जाता है।

(ii) बालक के भावात्मक तथा क्रियात्मक पक्षों की अनदेखी की जाती है।

(iii) मनोवैज्ञानिक अभिप्रेरणा की कमी होती है।

मौरीसन इकाई के उपागम पर आधारित पाठ-योजना का प्रारूप

उप इकाईयां	शिक्षण बिन्दु	उद्देश्य/अपेक्षित व्यावहारिक परिवर्तन	शिक्षण-अधिगम परिस्थितियां		दृश्य-श्रव्य सहायक सामग्री	मूल्यांकन	गृह-कार्य
			शिक्षक क्रियाएं	छात्र क्रियाएं			

5. आर.सी.ई.एम. (एन.सी.ई.आर.टी.) उपागम (NCERT Approach of Lesson Planning)

पाठ-योजना निर्माण के भारतीय उपागम पर इंग्लैण्ड तथा अमरीका दोनों देशों का प्रभाव है। यही कारण है कि इस उपागम में पाठ-योजना बनाते समय शिक्षण उद्देश्यों, शिक्षक की क्रियाओं तथा विद्यार्थियों के मूल्यांकन पर विशेष महत्व देते हैं। पाठ-योजना की आर.सी.ई.एम. (Regional College of Education, Mysore) एप्रोच का विकास भारतीय शिक्षाशास्त्रियों द्वारा रीजनल कालेज ऑफ एजुकेशन, मैसूर में किया गया। यह एन.सी.ई.आर. टी. द्वारा संचालित होने के कारण इसको एन.सी.ई.आर.टी. एप्रोच के नाम से भी जाना जाता है। एन.सी.ई.आर.टी. ने पाठ योजना की आर. सी.ई.एम. उपागम में सिस्टम उपागम को आधार बनाया है। प्रणाली उपागम सूचनओं को एक निर्धारित क्रम में प्रस्तुत करने पर बल देती है। सिस्टम उपागम की इस विशेषता के कारण ही उद्देश्यों को व्यावहारिक पदों में लिखा जाता है। पाठ-योजना की आर.सी.ई. एम एप्रोच में उद्देश्यों के निर्धारण में ब्लूम के वर्गीकरण का ही प्रयोग किया जाता हैं। इसमें ज्ञानात्मक पक्ष के छ: उद्देश्यों के बजाए चार उद्देश्यों का ही प्रयोग किया जाता है। अन्तिम तीन उद्देश्यों (विश्लेषण, संश्लेषण तथा मूल्यांकन) को सृजनात्मक उद्देश्य के अन्तर्गत रखा जाता है। इस प्रकार इस उपागम में ज्ञानात्मक पक्ष से संबंधित चार उद्देश्य इस प्रकार हैं– ज्ञान, अवबोध, अनुप्रयोग तथा सर्जनात्मक। एन.सी.ई.आर.टी. उपागम के तीन चरण निम्नलिखित हैं।

निवेश (Input) = अपेक्षित व्यावहारिक परिवर्तन (Expected Behaviour Outcomes)

संसाधन (Process) = सम्प्रेषण व्यूह रचना (Communication Strategy)

परिणाम निर्गम (Output /Real Learning Outcomes) = (वास्तविक अधिगम)

उपरोक्त तीन पक्ष ही पाठ-योजना को तीन भागों - प्रस्तावना, प्रस्तुतीकरण, तथा मूल्यांकन में बाँटते हैं।

1. निवेश (Input): इसके अन्तर्गत अपेक्षित व्यावहारिक परिवर्तन को निर्धारित किया जाता है। इनपुट से तात्पर्य पाठ-योजना के उद्देश्यों को निश्चित करने तथा उनको व्यावहारिक भाषा में लिखने की प्रक्रिया से है। पाठ-योजना के अन्तर्गत शिक्षक उद्देश्यों को एक क्रम में व्यवस्थित करता है, जिससे कि अधिगम अनुभवों का क्रम भी निश्चित हो जाता है। छात्र के प्रारम्भिक व्यवहार की पहचान की जाती है तथा इसकी मदद से अनुदेशनात्मक उद्देश्यों को 17 मानसिक योग्यताओं के माध्यम से व्यवहारिक भाषा में लिखा जाता है।

2. प्रक्रिया/संसाधन (Process): पाठ-योजना की आर.सी.ई.एम. प्रणाली का दूसरा चरण है– प्रक्रिया या संसाधन। यह चरण बहुत ही महत्वपूर्ण है क्योंकि इसके अन्तर्गत निर्धारित उद्देश्यों की प्राप्ति हेतु शिक्षण-अधिगम की प्रक्रियाओं की व्यवस्था की जाती है। शिक्षक, शिक्षण की विभिन्न रणनीतियों तथा युक्तियों के माध्यम से कक्षा में अपना प्रसतुतीकरण करता है। इस चरण के अन्तर्गत शिक्षक तथा छात्रों के बीच अन्तःप्रक्रिया होती है। शिक्षक विषय-वस्तु के प्रस्तुतीकरण को प्रभावशाली, रुचिपूर्ण तथा छात्रों के लिए उपयोगी बनाने के लिए सहायक सामग्री का प्रयोग करता है।

3. परिणाम/निर्गम (Output): आर.सी.ई.एम. उपागम का तीसरा चरण परिणाम है। निर्गम वास्तविक व्यवहार परिवर्तन है। निवेश जहाँ अधिगमकर्ता की प्रारम्भिक विशेषताओं को दर्शाता है वही प्रदा अधिगमकर्ता में शिक्षण-अधिगम प्रक्रिया के दौरान आये वास्तविक व्यावहारिक परिवर्तन को दर्शाता है। वास्तविक व्यावहारिक परिवर्तन के मापन के लिए शिक्षक विभिन्न प्रकार की प्रविधियों का प्रयोग करता है।

पाठ-योजना की आर.सी.ई.एम. उपागम के गुण

(i) यह प्रणाली बहुत आसान तथा लाभकारी है।

(ii) इसके माध्यम से प्रत्येक विद्यालयी विषय के लिए पाठ-योजनाओं का निर्माण किया जा सकता है।

(iii) इसके माध्यम से ज्ञानात्मक, भावात्मक तथा क्रियात्मक, तीनों पक्षों के उददेश्यों की प्राप्ति संभव है।

(iv) इसमें अधिगम-प्रक्रिया पर विशेष ध्यान दिया जाता है।

पाठ-योजना की आर.सी.ई.एम. उपागम के दोष

(i) 17 मानसिक योग्याताओं के आधार पर अनुदेशनात्मक उद्देश्यों को लिखना एक कठिन कार्य है।

(ii) इसके माध्यम से क्रियात्मक पक्ष से संबंधित उद्देश्यों की प्राप्ति कठिन है।

(iii) इसके माध्यम से केवल ज्ञानात्मक पक्ष से सम्बन्धित उद्देश्यों की प्राप्ति हो पाती है।

आर०सी०ई०एम० एप्रोच पर आधारित पाठ-योजना का प्रारूप

अदा	प्रक्रिया		प्रदा
अपेक्षित व्यवहारिक परिवर्तन	अधिगम-अनुभव		वास्तविक व्यवहारिक परिवर्तन
	शिक्षक क्रियाएं	छात्र क्रियाएं	

पाठ योजना संख्या-1
(Lesson Planning-1)

दिनांक : 9.06.2015 | कक्षा : VI

विषय : कम्प्यूटर विज्ञान | कलांश : III

प्रकरण: कम्प्यूटर के मुख्य भाग व उनके कार्य | अवधि: 35 मिनट

सामान्य उद्देश्य

1. छात्रों में कम्प्यूटर विज्ञान के अध्ययन के प्रति रुचि उत्पन्न करना।
2. छात्रों में वैज्ञानिक दृष्टिकोण का विकास करना।
3. छात्रों में वैज्ञानिक अभिवृत्ति का विकास करना।
4. छात्रों को वैज्ञानिक शब्दावली से अवगत कराना।
5. छात्रों में तर्कशक्ति का विकास करना
6. छात्रों में कम्प्यूटर की मदद से निष्कर्ष निकालने एवं समस्या का समाधान प्रस्तुत करने की क्षमता का विकास करना।
7. छात्रों में कम्प्यूटर के कारण जीवन के विभिन्न क्षेत्रों में हो रहे द्रुत विकास को समझने, अपनाने तथा सहयोग करने की क्षमता का विकास करना।
8. छात्रों में कम्प्यूटर विज्ञान शिक्षण के माध्यम से ''सूचना-क्रान्ति''से जुड़ने की क्षमता का विकास करना।
9. छात्रों में ''सूचना-क्रान्ति'' के कारण सिमटते संसार के संदर्भ में ''वसुधैव कुटुम्बकम्'' की भावना विकसित करना।

विशिष्ट उद्देश्य

I. ज्ञानात्मक

1. छात्र कम्प्यूटर के मुख्य भागों को जान सकेंगे।
2. छात्र कम्प्यूटर के मुख्य भागों की कार्य विधियों से परिचित हो सकेंगे।
3. छात्र कम्प्यूटर के मुख्य भागों का प्रत्यास्मरण कर सकेंगे।

I. अवबोधात्मक

1. छात्र कम्प्यूटर के मुख्य भागों के कार्यों का अवबोध कर सकेंगे।

II. अनुप्रयोगात्मक

1. छात्र कम्प्यूटर की कार्य प्रणाली को समझ सकेंगे।
2. छात्र कम्प्यूटर को ठीक प्रकार प्रयोग करने में सक्षम हो सकेंगे।

V. अभिरुचियात्मक

1. छात्र कम्प्यूटर के मुख्य भागों को जानने में रुचि लेंगे।

. अभिवृत्यात्मक

1. छात्रों में कम्प्यूटर के मुख्य भागों व उनके कार्यों के अध्ययन से वैज्ञानिक दृष्टिकोण का विकास होगा।

पूर्व ज्ञान

1. छात्र कम्प्यूटर के नाम, उसके स्थूल स्वरूप तथा महत्व से परिचित हैं।
2. छात्र कम्प्यूटर की परिभाषा एवं विशेषताओं से परिचित हैं।
3. छात्र कम्प्यूटर के विभिन्न अवयवों एवं उनके कार्यों के बारे में जानते हैं।
4. छात्र इनपुट व आउटपुट युक्तियों के बारे में सामान्य जानकारी रखते हैं।

शिक्षण-अधिगम सामग्रीः कम्प्यूटर के चित्र को दर्शाता चार्ट, वास्तविक कम्प्यूटर तथा अन्य कक्षोपयोगी सामग्री आदि।

प्रस्तावना

प्रश्न संख्या	छात्राध्यापक क्रिया (प्रश्न)	छात्र प्रतिक्रिया (उत्तर)
1.	मुँह, हाथ, कान ये सभी क्या कहलाते हैं?	मुँह, हाथ, कान शरीर के अंग या भाग कहलाते हैं।
2.	शरीर के यह अंग क्या-क्या कार्य करते हैं? तथा ये विभिन्न अंग किस प्रकार आपस में संबंध स्थापित करते हैं?	शरीर का हर अंग अलग-अलग कार्य करता है। मुँह से हम भोजन करते हैं, बोलते हैं, हाथों से वस्तुओं को उठाने आदि का कार्य करते हैं तथा कानों से सुनने का कार्य करते हैं। शरीर के ये सभी अंग मस्तिष्क के स्नायुतंत्र द्वारा प्राप्त निर्देशों के आधार पर कार्य करते हैं।
3.	कक्षा में पढ़ाने के लिये मेज़ पर रखे हुए कम्प्यूटर की ओर इशारा करते हुए शिक्षक कुछ सामान्य प्रश्न पूछेंगे जैसे- मेज़ पर रखे गये कम्प्यूटर के अलग-अलग भागों को क्या कहते हैं? शिक्षक चार्ट की सहायता से सभी अंगों के नामों की जानकारी छात्रों को देंगे।	छात्र की बोर्ड, मॉनीटर को पहचान करके नाम बता देंगे लेकिन अन्य भागों का नाम अधिकांशतः छात्र नहीं जानते।
4.	कम्प्यूटर के इन अलग-अलग अंगों के क्या कार्य हैं?	अस्पष्ट उत्तर
5.	सभी अंग आपस में जुड़कर किस प्रकार कार्य करते हैं।	अस्पष्ट उत्तर

उद्देश्य कथनः आज हम लोग कम्प्यूटर के मुख्य भागों एवं उनके कार्यों के बारे में विस्तार से अध्ययन करेंगे।

प्रस्तुतीकरण

शिक्षण बिन्दु	छात्राध्यापक क्रिया	छात्र प्रतिक्रिया
	(छात्राध्यापक छात्रों के समक्ष कम्प्यूटर का चार्ट प्रदर्शित करते हुए निम्न विकासात्मक प्रश्न पूछेगा-)	
1. मॉनीटर	1. कम्प्यूटर के कितने मुख्य भाग हैं तथा इनके क्या नाम हैं? 2. कम्प्यूटर मॉनीटर की तरफ इशारा करते हुए, इस उपकरण की आकृति किससे	1. इस कम्प्यूटर के चार भाग हैं- मॉनीटर, की-बोर्ड, माउस, सी.पी.यू.। 2. इस उपकरण की आकृति टी.वी. के स्क्रीन से मिलती-जुलती है।

	मिलती-जुलती है?	
	(मॉनीटर पर कुछ शब्दों को टाइप करके या कोई चित्र दिखाकर)-	3. कम्प्यूटर मॉनीटर में टी.वी. के पर्दे की तरह जो भी टाइप करें या चित्र आदि बनाये वह दिखाई देता है।
	3. कम्प्यूटर मॉनीटर क्या कार्य करता है?	
2. की-बोर्ड	(की-बोर्ड की तरफ इशारा करते हुए-) 4. की-बोर्ड की कुंजियों में क्या लिखा हुआ है?	4. इनमें अक्षर तथा अंक अंकित हैं। कुछ कुंजियों में तीर के निशान दिशाओं के साथ दिखायें हैं। इसके अलावा Enter, Back, Tab आदि लिखी हुयी कुंजियाँ भी की-बोर्ड में हैं।
	5. की-बोर्ड की मदद से क्या कार्य किया जाता है?	5. अस्पष्ट उत्तर
	छात्राध्यापक कथन-टाईपराईटर की भांति ही लगने वाले इस उपकरण को की-बोर्ड कहते हैं। इसके माध्यम से कम्प्यूटर को अंकों तथा शब्दों (अक्षरों) में सूचनायें आदि प्रदान की जाती हैं।	छात्र ध्यानपूर्वक सुनेंगे तथा ज्ञानार्जन करेंगे।
3. सी.पी.यू.	(सी.पी.यू. की तरफ इशारा करते हुए-)	
	6. इस उपकरण को क्या कहते हैं ?	6. इस उपकरण को सी.पी.यू. कहते हैं।
	7. सी.पी.यू का पूरा नाम क्या है?	7. अस्पष्ट उत्तर
	छात्राध्यापक कथन: सी.पी.यू. को कम्प्यूटर की प्रोसेसिंग यूनिट या केन्द्रीय संसाधन इकाई कहते हैं। इसका कार्य है कम्प्यूटर में दी गयी सूचनाओं की प्रोसेसिंग करके परिणाम को देना। यह इकाई नियंत्रण इकाई तथा अंकगणितीय व तार्किक इकाई से मिलकर बनी होती है।	छात्र ध्यानपूर्वक शिक्षक कथन को सुनेंगे तथा सी.पी.यू. से सम्बन्धित प्रत्यय का ज्ञानार्जन करेंगे।
4. प्रिंटर	8. छपाई मशीन के द्वारा कौन सा कार्य होता है?	8. छपाई मशीन के द्वारा कागज़, पत्रों इत्यादि की छपाई होती है।
	(प्रिंटर की तरफ इशारा करते हुए) 9. कम्प्यूटर के इस भाग को क्या कहते हैं?	9. कम्प्यूटर के इस भाग को प्रिंटर कहते है।
	10. कम्प्यूटर किसी document की प्रिंटिंग कैसे करते हैं?	10. अस्पष्ट उत्तर
	छात्राध्यापक कथन: (प्रिंटर की तरफ इशारा करते हुए-) यह प्रिंटर है। यह छपाई मशीन की भांति ही कम्प्यूटर से प्राप्त किसी सूचना का output प्रिंटर की सहायता से कागज पर छपाई करता है।	छात्र रुचिपूर्वक ज्ञानार्जन करेंगे।
	11. कम्प्यूटर के यह चारों भाग आपस में किस प्रकार से जुड़े हैं?	11. अस्पष्ट उत्तर
	छात्राध्यापक कथन: जिस प्रकार हमारे कम्प्यूटर के विभिन्न भाग शिराओं तथा हड्डियों के माध्यम से आपसे में एक दूसरे	छात्र मानवीय अंगों तथा शरीर के विभिन्न अंगों की उनके कार्यों के आधार पर समानता कर सकेंगे

	से जुड़े होते हैं, उसी प्रकार कम्प्यूटर के विभिन्न भाग आपस में तारों के माध्यम से एक दूसरे से जुड़े होते हैं। कम्प्यूटर के यह सभी भाग हमारे शरीर के भागों की भांति ही कार्य करते हैं।	
	12. हमारे शरीर के सभी भागों का संबंध किससे होता है?	12. हमारे शरीर के सभी भागों का संबंध मस्तिष्क से होता है।
	13. कम्प्यूटर के सभी भागों का संबंध किससे होता हैं?	13. अस्पष्ट उत्तर
	छात्राध्यापक कथनः मानव शरीर की भांति ही कम्प्यूटर के सभी भागों का संबंध केंद्रीय संसाधन इकाई या सी.पी.यू. से होता है। की-बोर्ड, मॉनीटर तथा प्रिंटर सभी इकाईयां सी. यू. से तारों के माध्यम से जुड़ी होती है।	छात्र ध्यानपूर्वक सुनेंगे तथा ज्ञानार्जन करेंगे।
कम्प्यूटर के मुख्य भागों के कार्य	14. कम्प्यूटर द्वारा किये जाने वाले कुछ सामान्य कार्यों को बताइये?	14. गणना करना, पत्र लिखना आदि
5. की-बोर्ड का कार्य (इनपुट इकाई)	15. आप गणना किस प्रकार करते है?	15. अस्पष्ट उत्तर
	छात्राध्यापक कथनः इसे समझने के लिए एक उदाहरण लेते हैं। (छात्राध्यापक एक छात्र को किन्हीं दो संख्याओं की आपस में गुणा करने का निर्देश देगा) उदाहरणार्थ 13 X 17। अभी मैंने आपको दो संख्याओं की आपस में गुणा करने को कहा और आपने गुणनफल बताया।	छात्रा, शिक्षक कथन को ध्यापनूर्वक सुनेंगे तथा की-बोर्ड से सम्बन्धित कार्यों का बोध करेंगे।
	16. गुणनफल ज्ञात करने के लिए आपने अपने शरीर के किन भागों की सहायता ली।	16. गुणनफल ज्ञात करने में मैंने अपने शरीर के कान, मस्तिष्क आदि की सहायता ली।
	17. आपने हमारे निर्देश को अपने शरीर के किस भाग द्वारा ग्रहण किया?	17. आपके निर्देश को हमने अपने कान के द्वारा ग्रहण किया।
	18. कम्प्यूटर के लिये निर्देशों को ग्रहण करने का कार्य कौन करता है?	18. अस्पष्ट उत्तर
	छात्राध्यापक कथनः कम्प्यूटर में निर्देशों को ग्रहण करने के लिए इसका एक भाग की-बोर्ड होता है। की-बोर्ड के माध्यम से कम्प्यूटर को लिखित निर्देश दिये जाते हैं। हम अपनी बात को की-बोर्ड के द्वारा कम्प्यूटर के सी.पी.यू. तक पहुंचाते हैं। जो हमें मॉनीटर पर दिखाई देते हैं।	छात्र ध्यापनूर्वक सुनेंगे और ज्ञानार्जन करेंगे।
	19. दिये गये अंकों की आपस में कैसे	19. मस्तिष्क के द्वारा निश्चय किया।

	गुणा करना है? यह निश्चय आपने अपने शरीर के किस भाग द्वारा किया?	
6. सी.पी.यू. का कार्य (केन्द्रीय संसाधन इकाई)	20. कम्प्यूटर में मानव मस्तिष्क के समान निर्णय लेने वाला भाग कौन सा होता है?	20. अस्पष्ट उत्तर
	छात्राध्यापक कथनः कम्प्यूटर में मानव मस्तिष्क के समान कार्य करने वाला भाग सी.पी.यू. होता है, जिसे विस्तार में केन्द्रीय संसाधन इकाई कहते हैं। यह इकाई नियंत्रण इकाई तथा अंकगणितीय व तार्किक इकाई से मिलकर बनी होती है। नियंत्रण इकाई अपने नाम के अनुरुप कम्प्यूटर के समस्त भागों एवं सम्पूर्ण क्रियाप्रणाली पर नियन्त्रण करती है। यह इकाई सी.पी.यू एवं अन्य भागों के मध्य डाटा प्रवाह को नियंत्रित रखती है। समस्त गणनायें अंकगणतीय व तार्किक इकाई के द्वारा सम्पन्न की जाती है।	छात्र रुचिपूर्वक सी.पी.यू. की कार्य-प्रणाली से अवगत होंगे।
7. मॉनीटर या प्रिंटर का कार्य (आउटपुट इकाई)	21. दोनों अंकों की गुणा करने के पश्चात आपने गुणनफल को अपने शरीर के किस भाग की सहायता से हमें बताया?	21. प्राप्त गुणनफल को मस्तिष्क की मदद से हाथ की सहायता से लिखकर निकाला तथा मुँह से बताया।
	छात्राध्यापक कथनः इसी प्रकार कम्प्यूटर में संख्याओं को तथा उनके बीच गुणनफल का चिन्ह लगाया। (बराबर) = का चिन्ह लिखने पर तुरन्त उत्तर 221, मॉनीटर पर आ गया।	
	22. कम्प्यूटर से प्राप्त परिणाम की जानकारी कम्प्यूटर के किस भाग द्वारा प्रदर्शित की जाती है?	22. मॉनीटर द्वारा
	23. गुणनफल कम्प्यूटर के किस अंग द्वारा किया गया?	23. अस्पष्ट उत्तर
	छात्राध्यापक कथनः कम्प्यूटर में गुणनफल निकालने का कार्य सी.पी.यू. में निहित तार्किक इकाई द्वारा किया गया तथा मानीटर की स्क्रीन पर परिणाम को दर्शाया गया।	छात्र, ध्यानपूर्वक सुनेंगे और ज्ञानार्जन करेंगे।
	24. इस परिणाम (गुणनफल) को कागज़ पर कम्प्यूटर किसकी मदद से लिखता है? तथा कैसे लिखता है?	24. अस्पष्ट उत्तर
	छात्राध्यापक कथनः सी.पी. यू. को की-बोर्ड द्वारा Print Command भेजा जाता है तथा सी.पी.यू प्रिंटर को इसे छापने का आदेश देता है और प्रिंटर Print out निकाल के दे देता है।	छात्र ध्यानपूर्वक सुनेंगे और ज्ञानार्जन करेंगे।

	25. कम्प्यूटर के किस अंग ने सूचनाएँ (13 x 17) पहले सी.पी.यू. को दी ।	25. की-बोर्ड ने सर्वप्रथम 1, 3, 7, तथा (x) चिन्ह की कुंजियों का उपयोग करके सूचनाएँ टाइप की।
	26. यह सूचनायें किसके द्वारा भेजी गयीं? क्या गणना का परिणाम मॉनीटर पर कम्प्यूटर के अंग द्वारा गुणनफल लिखकर गया तथा मॉनीटर को भेजा गया।	26. अस्पष्ट उत्तर
	छात्राध्यापक कथन : की-बोर्ड ने (13x7) सूचना सी.पी.यू. को दीं जिसने तार्किक इकाई का उपयोग कर गुणनफल 221 निकाला तथा यह मॉनीटर पर दर्शाया गया। पुनः मॉनीटर पर माउस से प्रिंट विकल्प को चुन कर क्लिक किया तो सी.पी.यू. ने मॉनीटर पर अंकित सामग्री को कागज़ पर छपाई करने का निर्देश दिया तो कागज पर छप कर प्रिंट प्राप्त हो जाता है।	छात्र रुचि पूर्वक ज्ञानार्जन करेंगे।
	27. इस प्रकार कम्प्यूटर ने सर्वप्रथम क्या किया?	27. कम्प्यूटर नें सर्वप्रथम निर्देशों को ग्रहण किया
	28. निर्देशों को ग्रहण करने के पश्चात् कम्प्यूटर ने क्या किया?	28. कम्प्यूटर ने दिये गये निर्देशों को ग्रहण करने के पश्चात् निर्देशों को क्रियान्वित किया।
	29. कम्प्यूटर में सबसे अंत में क्या किया जाता है?	29. कम्प्यूटर ने अंत में परिणाम को बताया।
	छात्राध्यापक कथन : अतः हम कह सकते हैं कि कम्प्यूटर की कार्य प्रणाली के तीन मुख्य चरण होते हैं-निर्देश ग्रहण करना→ क्रियान्वयन करना→ परिणाम देना	छात्र कम्प्यूटर की कार्य प्रणाली को जान सकेंगे।

श्यामपट्ट सारांश लेखन एवं निरीक्षण कार्य : छात्राध्यापक छात्रों को श्यामपट्ट सारांश अपनी-अपनी उत्तर पुस्तिकाओं पर लिखने का निर्देश देकर स्वयं घूम-घूमकर छात्रों के लिखित कार्य का निरीक्षण करेगा एवं उनकी पाठ सम्बन्धी व्यक्तिगत समस्याओं का समाधान करेगा।

पुनरावृत्ति प्रश्न

1. कम्प्यूटर के मुख्य भाग कौन-कौन से होते हैं?
2. कम्प्यूटर को निर्देश देने के लिए किस भाग का प्रयोग किया जाता है?
3. सी.पी.यू. क्या कार्य करता है?
4. कम्प्यूटर परिणामों को अपने किस भाग द्वारा दर्शाता है।

गृहकार्य

प्रश्न-1 कम्प्यूटर का मस्तिष्क कहलाने वाला भाग है-

क. की-बोर्ड ख. सी.पी.यू. ग. प्रिंटर घ. मॉनीटर

प्रश्न-2 कम्प्यूटर की कार्य प्रणाली के बारे में बताइये?

प्रश्न–3 कम्प्यूटर के मुख्य भागों एवं उनके कार्यों के बारे में लिखिये।

श्यामपट्ट सारांशः

कम्प्यूटर के मुख्य भाग तथा इनके कार्य

- की-बोर्ड : कम्प्यूटर को डाटा तथा सूचनाएँ पहुँचाना।
- सी.पी.यू. : डाटा तथा सूचनाओं को संसाधित करना।
- मॉनीटर : सूचनाओं, डाटा तथा परिणामों को दर्शाना।
- प्रिंटर : कागज़ पर प्राप्त परिणाम को छापना

कम्प्यूटर की कार्यप्रणाली

निर्देश ग्रहण करना → क्रियान्वयन करना → परिणाम देना

पाठ योजना संख्या–2
(Lesson Planning-2)

दिनांक : 10.06.2015 कक्षा : VIII

विषय : कम्प्यूटर विज्ञान कलांश : III

प्रकरणः की-बोर्ड की संरचना अवधिः 35 मिनट

सामान्य उद्देश्य

1. छात्रों में कम्प्यूटर विज्ञान के अध्ययन के प्रति रुचि उत्पन्न करना।
2. छात्रों में वैज्ञानिक दृष्टिकोण का विकास करना।
3. छात्रों में वैज्ञानिक अभिवृत्ति का विकास करना।
4. छात्रों को वैज्ञानिक शब्दावली से अवगत कराना।
5. छात्रों में तर्कशक्ति का विकास करना
6. छात्रों में कम्प्यूटर की मदद से निष्कर्ष निकालने एवं समस्या का समाधान प्रस्तुत करने की क्षमता का विकास करना।
7. छात्रों में कम्प्यूटर के कारण जीवन के विभिन्न क्षेत्रों में हो रहे द्रुत विकास को समझने, अपनाने तथा सहयोग करनें की क्षमता का विकास करना।
8. छात्रों में कम्प्यूटर विज्ञान शिक्षण के माध्यम से "सूचना-क्रान्ति" से जुड़ने की क्षमता का विकास करना।
9. छात्रों में "सूचना-क्रान्ति" के कारण सिमटते संसार के संदर्भ में "वसुधैव कुटुम्बकम्" की भावना विकसित करना।

विशिष्ट उद्देश्य

1. ज्ञानात्मकः छात्र की-बोर्ड की संरचना का ज्ञान प्राप्त कर सकेंगे।
2. अवबोधात्मकः छात्र की-बोर्ड की कार्य-प्रणाली को समझ सकेंगे।
3. अनुप्रयोगात्मकः छात्र की-बोर्ड की संरचना के ज्ञान उपयोग कम्प्यूटर प्रयोग के दौरान कर सकेंगे।
4. अभिरुचियात्मकः छात्र की-बोर्ड की संरचना को जानने में रुचि लेंगे।

5. अभिवृत्यात्मक: छात्रों में की-बोर्ड की संरचना के अध्ययन से वैज्ञानिक दृष्टिकोण का विकास होगा।

पूर्व ज्ञान

1. छात्र कम्प्यूटर की परिभाषा एवं विशेषताओं से परिचित हैं।
2. छात्र कम्प्यूटर के विभिन्न अवयवों एवं उनके कार्यों के बारे में जानते हैं।
3. छात्र इनपुट व आउटपुट युक्तियों के बारे में सामान्य जानकारी रखते हैं।

शिक्षण-अधिगम सामग्री: की-बोर्ड की संरचना को दर्शाता चार्ट, वास्तवकि की-बोर्ड, माउस तथा माउस पैड, कम्प्यूटर अन्य कक्षोपयोगी सामग्री।

प्रस्तावना

प्रश्न संख्या	छात्राध्यापक क्रिया (प्रश्न)	छात्र प्रतिक्रिया (उत्तर)
1.	आजकल रेलवे टिकट के आरक्षण काउण्टर पर टिकट देने के लिए किस उपकरण का उपयोग किया जाता है?	रेलवे टिकट तथा आरक्षण काउंटर पर प्रयुक्त होने वाली टी.वी. जैसी मशीन कम्प्यूटर कहलाती है।
2.	कम्प्यूटर में अंकों को एवं निर्देशों को प्रेषित करने के प्रयुक्त युक्तियों को क्या कहते हैं?	कम्प्यूटर में अंकों/निर्देशों को प्रेषित करने के लिये प्रयुक्त युक्तियों को प्रेषण (इनपुट) युक्तिय कहते हैं।
3.	कम्प्यूटर को निर्देश देनें के लिए कौन सी मुख्य इनपुट युक्तियों का उपयोग किया जाता है?	कम्प्यूटर को निर्देश देने के लिए मुख्य युक्तियों के रूप में की-बोर्ड तथा माउस का उपयोग किया जाता है।
4.	की बोर्ड की संरचना किस तरह की होती है?	अस्पष्ट उत्तर

उद्देश्य कथन: आज हम लोग की-बोर्ड की संरचना का अध्ययन करेंगे।

प्रस्तुतीकरण

शिक्षण बिन्दु	छात्राध्यापक क्रिया	छात्र प्रतिक्रिया
कुंजियों के प्रकार	1. की-बोर्ड के द्वारा हम लोग क्या कार्य करते हैं।	1. की-बोर्ड के द्वारा हम लोग डाटा एवं निर्देशों को टाइप करते हैं।
	2. डाटा, निर्देश एवं सूचनाओं को किसके द्वारा व्यक्त किया जाता है?	2. डाटा, निर्देश एंव सूचनाओं को अंको अक्षरों, शब्दों व संकेतों द्वारा व्यक्त किया जाता है।
	3. अक्षर, शब्द, अंक तथा संकेत को टाइप करने के लिये की-बोर्ड में लगे बटनों को क्या कहते हैं ?	3. अक्षर, शब्द, अंक तथा संकेत को टाइप करने के लिए की-बोर्ड में लग बटनों को कुंजी कहते हैं।
	4. की-बोर्ड की कुंजियों को कितनं वर्गों में विभाजित किया जा सकता है?	4. अस्पष्ट उत्तर
	छात्राध्यापक कथन: (चार्ट पर बने की-बोर्ड का चित्र एवं वास्तविक की-बोर्ड छात्रों को दिखाते हुए-) कम्प्यूटर के साथ उपयोग में	छात्र, शिक्षक कथन का ध्यानपूर्वक श्रवण करेंगे तथा कुंजियों से सम्बन्धित ज्ञान प्राप्त करेंगे।

	लाये जाने वाले की-बोर्ड में 105 कुंजियाँ होती हैं।	
	5. चार्ट देखकर बताइये कि की-बोर्ड को कितने मुख्य वर्गों में विभाजित किया जा सकता है?	5. की-बोर्ड को पाँच मुख्य वर्गों में बाँटा गया है-
	6. इन पाँच मुख्य वर्गों के नाम बताइये?	6. पाँच मुख्य वर्गों के नाम हैं- 1. फंक्शन कुंजियाँ 2. एल्फान्यूमेरिक कुंजियाँ 3. न्यूमेरिक की-पैड कुजियाँ 4. नियन्त्रण कुजियाँ 5. दिशा कुंजियाँ
2. फंक्शन कुंजियाँ	7. कम्प्यूटर में प्रेषित (टाइप) किये जाने वाले तथ्यों एवं आंकड़ों को क्या कहते हैं?	7. कम्प्यूटर में टाइप करके भेजे जाने वाले तथ्यों एवं आँकड़ों को 'डाटा' कहते हैं।
	8. डाटा प्रोसेसिंग के लिए यूजर/प्रयोक्ता द्वारा कम्प्यूटर को क्या देना पडता है?	8. अस्पष्ट उत्तर
	छात्राध्यापक कथनः डाटा प्रोसेसिंग के लिये प्रयोक्ता द्वारा कम्प्यूटर को डाटा तथा निर्देश देने पड़ते हैं।	छात्र ध्यानपूर्वक सुनेंगे।
	9. निर्देशों का क्रमबद्ध समूह क्या कहलाता है? **छात्राध्यापक कथनः** निर्देशों का क्रमबद्ध समूह प्रोग्राम कहलाता है।	9. अस्पष्ट उत्तर
	10. किसी प्रोग्राम को कम्प्यूटर में चलाने के लिये प्रयुक्त कुंजियों को क्या कहा जाता है?	10. छात्र चिन्तन करेंगे
	छात्राध्यापक कथनः (चार्ट पर बने की-बोर्ड के चित्र एवं वास्तविक की-बोर्ड में छात्रों को फंक्शन कुंजियाँ दिखाते हुए) किसी प्रोग्राम को कम्प्यूटर में चलाने एवं अन्य विशेष कार्यों को सम्पन्न करने के लिए की-बोर्ड में उपस्थित कुंजियों को फंक्शन कुंजियाँ कहा जाता है। इनकी संख्या-12 होती है, जिन्हें F-1 से F-12 द्वारा निरूपित किया जाता है। इन कुंजियों का उपयोग अलग-अलग कम्प्यूटर प्रोग्रामों में अलग-अलग होता है।	छात्र शिक्षक कथन को ध्यानपूर्वक सुनेंगे तथा फंक्शन कुंजियों के कार्यों से सम्बन्धित ज्ञान प्राप्त करेंगे।
3. एल्फान यूमेरिक कुजियाँ	11. वर्णों/अक्षरों के समूह को क्या कहते हैं?	11. वर्णों/अक्षरों के समूह को वर्णमाला कहते हैं।
	12. अंग्रेजी में A से Z तक की वर्णमाला को क्या कहा जाता हैं?	12. A से Z तक की वर्णमाला को अंग्रेजी भाषा में एल्फाबेट्स कहा जाता है।
	13. एल्फाबेट्स के अक्षरों तथा अंकों को टाइप करने के लिए प्रयुक्त कुंजियों को क्या कहा जाता हैं?	13. अस्पष्ट उत्तर

	छात्राध्यापक कथन: एल्फावैटस के अक्षरों तथा अंकों को टाइप करनें के लिये प्रयुक्त कुंजियों को एल्फानयूमेरिक कुजियाँ कहा जाता है। यह टाइपराईटर की कुंजियों की तरह होती है। (चार्ट में बनें की-बोर्ड तथा वास्तविक की-बोर्ड को दिखाकर)	
	14. वर्ण कुंजियों में किस प्रकार के अक्षर लिखे हैं?	14. की बोर्ड में A से Z तक के वर्ण बड़े अक्षरों में लिखे हैं।
	छात्राध्यापक की-बोर्ड से छोटे तथा बड़े अक्षरों को मॉनीटर में टाइप करके दिखाते हुए पूछेगा-	
	15. की-बोर्ड की कुंजियों में केवल बड़े अक्षरों में A से Z तक वर्ण अंकित हैं लेकिन छोटे अक्षर में भी इन्हें टाइप कर सकते हैं। यह कैसे होता है।	15. अस्पष्ट उत्तर
	छात्राध्यापक कथन: की-बोर्ड में 26 एल्फाबेट्स कीज़ होती हैं। इन सभी पर A से Z तक अलग-अलग एल्फाबेट अंकित रहते हैं। सामान्य अवस्था में टाइप करने पर यह छोटे अक्षरों में लिखे जाते हैं। लेकिन Shift लिखे हुये कुंजी को दबाकर किसी भी एल्फाबेट्स को टाइप करने से यह बड़े अक्षरों (Capital Letter) में लिखा जा सकता है। 2-3 छात्रों को बुलाकर इसको करके भी दिखाया जायेगा जिससे छात्र व्यवहारिक रूप से इसे समझ सकें। वाक्य लिखने में प्रयुक्त होने वाली कुंजियाँ-अर्द्ध विराम (;), विराम (.), डैश (-) या प्रश्नवाचक (?) चिन्ह का तथा गणितीय कार्य करने हेतु गुणा (×), जोड़ (+), घटाना (-), भाग (/) आदि कुंजियाँ की-बोर्ड में होती हैं। इनका उपयोग भी विभिन्न कार्यों के सम्पादन में में किया जाता है।	छात्र शिक्षक कथन को ध्यानपूर्वक सुनेंगे तथा एल्फान्यूमेरिक कुंजियों से सम्बन्धित ज्ञान का अवबोध कर सकेंगे।
4. न्यूमेरिक की-पैड कुंजियाँ	16. न्यूमेरिक कुंजियों के समूह को चार्ट में तथा की-बोर्ड में दिखाते हुए इन कुंजियों में क्या अंकित है?	16. इन कुंजियों में 1 से 9 तथा शून्य शून्य संख्या अलग-अलग कुंजी में क्रम से अंकित हैं।
	17. इनको क्या कहते हैं?	17. अस्पष्ट उत्तर
	18. कुंजियों की सहायता से विभिन्न प्रकार के अंकों को मॉनीटर में टाइप करके छात्राध्यापक कक्षा से पूछेगा द्वि-आधारी अंक प्रणाली किसे कहते हैं?	18. वह अंक प्रणाली जिसका आधार 2 होता है, द्वि-आधारी अंक प्रणाली कहते हैं।
	19. वह अंक प्रणाली जिसका आधार 10 होता है, उसे क्या कहते हैं?	19. वह अंक प्रणाली जिसका आधार 10 होता है, दशमलव अंक प्रणाली कहलाती है।

	20. दशमलव अंक प्रणाली में किन अंकों का प्रयोग किया जाता है?	20. दशमलव अंक प्राणाली में 0 से 9 तक के अंकों का प्रयोग किया जाता है।
	छात्राध्यापक कथनः कुंजियों का वह समूह जो अंकों को टाइप करने के लिये प्रयुक्त होती हैं, न्यूमेरिक की-पैड कुंजियां कहलाती हैं। की-बोर्ड में 0 से 9 तक की कुल 10 न्यूमेरिक कुंजियां होती हैं।	छात्र चार्ट पर बने की-बोर्ड के चित्र एवं की-बोर्ड में न्यूमेरिक की-पैड कुंजियों का अवलोकन करेंगे तथा शिक्षक कथन का श्रवण कर ज्ञानार्जन करेंगे।
	21. हमारे शरीर की विभिन्न गतिविधियों पर हमारे शरीर का कौन सा भाग नियंत्रण रखता है।	21. मस्तिष्क, शरीर के सभी भागों की गतिविधियों पर नियंत्रण रखता है।
	22. कम्प्यूटर की-बोर्ड में वह कौन सी कुंजियाँ होती है, जो इनपुट, आउटपुट व संसाधन आदि के कार्यों को नियन्त्रित करती हैं।	22. अस्पष्ट उत्तर
	छात्राध्यापक कथनः नियंत्रण कुंजियों के द्वारा कम्प्यूटर के इनपुट, आउटपुट व संसाधन आदि के कार्यों को नियंत्रित करते हैं। इसके लिए निम्न नियंत्रण कुंजियों का प्रयोग किया जाता है– Enter/Return, Shift, Esc, Pause, Num Lock, Caps Lock, Ctrl, Alt.	छात्र शिक्षक का कथन ध्यानपूर्वक सुनेंगे तथा नियंत्रण कुंजियों से सम्बन्धित जानकारी प्राप्त करेंगे।
	23. Enter/Return: कुंजी का उपयोग किस कार्य हेतु किया जाता है?	23. अस्पष्ट उत्तर
	छात्राध्यापक कथनः इनका उपयोग कम्प्यूटर को संदेश देने व कम्प्यूटर से संदेश प्राप्त करने के लिए किया जाता है। इसका उपयोग टाईपिंग करते समय अगली लाईन में जाने के लिये भी किया जाता है।	छात्र ध्यानपूर्वक सुनेंगे।
	24. की-बोर्ड में Shift कुंजी कि संख्या कितनी है?	24. अस्पष्ट उत्तर
	छात्राध्यापक कथनः इसी बोर्ड में बाई तथा दाई ओर एक-एक Shift लिखी हुयी कुंजी होती है। Shift की को दबाकर कैपिटल लेटर लिखे जा सकते हैं।	छात्र Shift कुंजी से संबंधित जानकारी प्राप्त करेंगे।
	25. Esc तथा Pause लिखी हुई कुंजी का कार्य क्या है?	25. अस्पष्ट उत्तर
	Esc: यह कुंजी कम्प्यूटर को प्रोसेसिंग के दौरान रोकने के काम आती है। Pause: यह कुंजी कम्प्यूटर को प्रोसेसिंग के दौरान अस्थायी रूप से रोकने के काम आती है।	छात्र शिक्षक कथन को Esc तथा Pause कुंजियों से संबंधित जानकारी ध्यानपूर्वक सुनकर ग्रहण करेंगें।

	26. Num Lock तथा Caps Lock कुंजियों से क्या क्या कार्य किये जाते हैं?	26. अस्पष्ट उत्तर
	शिक्षक कथन Num Lock: इस कुंजी की सहायता से सम्पादन कीज़ को न्यूमेरिक कीज की तरह इस्तेमाल किया जाता है। Caps Lock: इस कुंजी के द्वारा बिना Shift दबाये 'की' से बडे अक्षर लिखे जा सकते हैं। Ctrl: इस कुंजी को अन्य कुंजियों विशेषकर 'वर्ण कुंजियों' के साथ उपयोग में लाते हैं। Alt: इस कुंजी को भी अन्य विशेष वर्ण के साथ उपयोग लेते हैं।	छात्र विभिन्न प्रकार की नियंत्रण कुंजियों से संबंधित जानकारी प्राप्त करेंगे।
6. दिशा कुंजियां	27. जब हम पुस्तक का एक पृष्ठ पढ़ लेते हैं तब उसका अगले पृष्ठ पढ़ने के लिए हम क्या करते हैं?	27. पुस्तक का अगला पृष्ठ पढ़ने के लिए पृष्ठ पलटते हैं।
	28. कम्प्यूटर स्क्रीन पर यदि कई पन्ने हैं तथा हमें इन्हें बदल-बदल कर पढ़ना है तो आगे बढ़ने या पीछे हटने के लिए हम क्या करते हैं?	28. अस्पष्ट उत्तर
	छात्राध्यापक कथन: कम्प्यूटर स्क्रीन पर आगे बढ़ने या पीछे हटने के लिए दिशा कुंजी का प्रयोग करते हैं। दिशा कुंजियॉं कर्सर को कम्प्यूटर के पर्दे पर गतिशील करने के काम आती हैं।	छात्र शिक्षक का कथन ध्यानपूर्वक सुनेंगे तथा नियंत्राण कुंजियों से सम्बन्धित जानकारी प्राप्त करेंगे।
	उदाहरणतया:- ↑ कुंजी - यह कर्सर को एक लाईन ऊपर ले जाने का काम आती है। ↓ कुंजी - यह कर्सर को एक लाईन नीचे ले जाने का काम आती है। → कुंजी - यह कर्सर को एक अक्षर दांई ओर ले जाने का काम आती है। ← कुंजी - यह कर्सर को एक अक्षर बांई ओर ले जाने का काम आती है। शिक्षक - कम्प्यूटर मॉनीटर के दाहिने साइड में Page up, Page down कुंजी से भी एक पृष्ठ से दूसरे पृष्ठ में बने हुये चिन्ह तथा स्क्रीन के अंत में बने हुए दायें-बायें के चिन्हों पर माउस की सहायता से कर्सर को ले जाकर पृष्ठ या लाइनों को ऊपर या नीचे, दांये या बांये ले जाकर दिखायेगा तथा 2-3 छात्रों से भी अभ्यास के रूप यही कार्य की-बोर्ड की दिशा कुंजियों से भी करायेगा या जिससे व्यावहारिक ज्ञान प्राप्त हो सके।	छात्र रुचिपूर्वक दिशा कुंजियों से संबंधित व्यावहारिक ज्ञान प्राप्त करेंगे।

श्याम पट्ट सारांश एवं निरीक्षण कार्य :

छात्राध्यापक छात्रों को श्यामपट्ट सारांश अपनी-अपनी उत्तर पुस्तिकाओं पर लिखने का निर्देश देकर स्वयं घूम-घूमकर छात्रां के लिखित कार्य का निरीक्षण करेगा एवं उनकी पाठ सम्बन्धी व्यक्तिगत समस्याओं का समाधान करेगा।

पुनरावृत्ति प्रश्न

1. की-बोर्ड की कुंजियों को कितने भाग में बाँटा जा सकता है?
2. फंक्शन कुंजियां किसे कहते हैं?
3. एल्फान्यूमेरिक कुंजियों का प्रयोग क्या टाइप करने के लिए किया जाता है?
4. न्यूमेरिक की-पैड कुंजियां किसे कहा जाता है।

गृहकार्य

प्रश्न-1. फंक्शन कुंजियों का प्रयोग किन कार्यों के लिए किया जाता है?
प्रश्न-2 की-बोर्ड में उपस्थित कुंजियों के विभिन्न प्रकारों के नाम लिखिये?
प्रश्न-3 की-बोर्ड एक .... युक्ति है।
प्रश्न-4 आधुनिक की-बोर्ड में .... कुंजियाँ होती हैं।

अध्याय 12

कम्प्यूटर प्रयोगशाला
(Computer Laboratory)

प्रत्येक विषय से सम्बन्धित ज्ञान को सैद्धान्तिक तथा प्रयोगात्मक दो भागों में बाँटा जा सकता है। सैद्धान्तिक ज्ञान जहाँ किसी भी विषय की आधारशिला है, वही प्रयोगात्मक ज्ञान उस विषय के व्यावहारिक पक्ष को समझने के लिए अनिवार्य है। विषय से संबंधित नियमों, प्रत्ययों, अवधारणाओं, सिद्धान्तों इत्यादि का सही रूप में ज्ञान प्रयोगशाला में प्रयोगों के माध्यम से ही हो सकता है। अत: हम कह सकते हैं कि विषय का प्रयोगात्मक या व्यावहारिक ज्ञान उस विषय से सम्बन्धित सैद्धान्तिक ज्ञान को जाँचने या परखने का एक माध्यम है। प्रयोगशाला में प्रयोगों के माध्यम से विषयों को ठीक प्रकार समझा जा सकता है।

कम्प्यूटर विज्ञान विषय का शिक्षण अन्य विद्यालयी विषयों के शिक्षण से थोड़ा हटकर है। कम्प्यूटर विज्ञान विषय को ठीक प्रकार से समझने के लिए कम्प्यूटर की कार्य प्रणाली का व्यावहारिक ज्ञान बहुत आवश्यक है। छात्र कम्प्यूटर प्रयोगशाला में जब तक स्वयं कम्प्यूटर पर बैठकर कार्य नहीं करेंगे, तब तक वे इस विषय को ठीक प्रकार से नहीं समझ पायेंगे। कम्प्यूटर प्रयोगशाला में छात्र न केवल कम्प्यूटर की कार्यप्रणाली का व्यावहारिक ज्ञान प्राप्त करते हैं बल्कि वे ये भी सीखते हैं कि दैनिक जीवन से संबंधित कार्यों में कम्प्यूटर का प्रयोग किस प्रकार किया जा सकता है।

कम्प्यूटर विज्ञान प्रयोगशाला का महत्व

कम्प्यूटर विज्ञान विषय में कम्प्यूटर प्रयोगशाला का महत्व निम्न बिन्दुओं से स्पष्ट हो जाता है:

1. छात्र कम्प्यूटर प्रयोगशाला में व्यक्तिगत रूप से स्वतंत्रतापूर्वक कार्य करके कम्प्यूटर की कार्य प्रणाली से तथा मानव-जीवन में कम्प्यूटर के उपयोग से मिलने वाले लाभों से भली-भाँति परिचित हो सकते हैं।

2. कक्षा-शिक्षण के माध्यम से प्राप्त ज्ञान का वास्तविक बोध कम्प्यूटर प्रयोगशाला के माध्यम से ही हो सकता है।

3. छात्रों में कम्प्यूटर प्रयोगशाला के माध्यम से स्वतन्त्र चिन्तन, परिकल्पनाओं के निर्माण की क्षमता, सृजनात्मकता, समस्या समाधान जैसी मानसिक शक्तियों का विकास होता है।

4. कम्प्यूटर प्रयोगशाला, छात्रों में ज्ञान के प्रति रुचि व उत्सुकता को बढ़ाती है साथ ही कम्प्यूटर प्रयोगशाला छात्रों की कम्प्यूटर विज्ञान विषय से संबंधित आवश्यकताओं की पूर्ति भी करती है।

5. कम्प्यूटर प्रयोगशाला में जब छात्र सामूहिक रूप से मिल-जुल कर कार्य करते हैं, तब इससे उनमे सामाजिक गुणों- जैसे कि मिल-जुल कर कार्य करना, प्रोत्साहन, साथियों को प्रेरित करना इत्यादि का विकास होता है।

6. कम्प्यूटर प्रयोगशाला आधारित कार्य छात्रों में आत्म-विश्वास की वृद्धि करते हैं।

उपरोक्त बिन्दुओं से स्पष्ट है कि कम्प्यूटर विज्ञान विषय में कम्प्यूटर प्रयोगशाला का अपना एक विशेष महत्व है। कम्प्यूटर विज्ञान शिक्षकों का यह प्रयास होना चाहिए कि वह समय-चक्र

का निर्धारण करते समय प्रयोगशाला आधारित कार्यों के लिए पर्याप्त समय का प्रावधान करने पर विशेष ध्यान दें जिससे कि छात्रों में कम्प्यूटर आधारित कौशलों का उचित विकास हो सके एवं वे अपने विषय को ठीक प्रकार समझ सकें।

डी.एस. कोठारी के शब्दों में– ''विज्ञान को सीखने का अर्थ है प्रयोग करना। विज्ञान को सीखना, विज्ञान को करना है। विज्ञान को सीखने के लिए और कोई विधि नहीं है।'' यह बात कम्प्यूटर विज्ञान विषय पर भी लागू होती है। कम्प्यूटर विज्ञान शिक्षण का प्रयोगशाला कार्य से घनिष्ठ संबंध होता है। कम्प्यूटर प्रयोगशाला के बिना कम्प्यूटर विज्ञान शिक्षण की सफलता की आशा नहीं की जा सकती।

कम्प्यूटर विज्ञान के कुशल शिक्षण के लिए एक अच्छी कम्प्यूटर प्रयोगशाला अति आवश्यक है। कम्प्यूटर प्रयोगशाला में विद्यार्थी विभिन्न क्रियाओं के माध्यम से स्वयं अपने अनुभवों के आधार पर ज्ञान प्राप्त करते हैं। कम्प्यूटर प्रयोगशाला छात्रों की उपलब्धि को बढ़ाकर कम्प्यूटर विज्ञान शिक्षण के उद्देश्यों की प्राप्ति में सहायता देती है।

कम्प्यूटर प्रयोगशाला के उद्देश्य

कम्प्यूटर विज्ञान शिक्षण के उद्देश्यों की प्राप्ति के लिए प्रयोगशाला कार्य न केवल महत्वपूर्ण है बल्कि आवश्यक भी है। अत: प्रत्येक विद्यालय में एक अच्छी कम्प्यूटर प्रयोगशाला होना अनिवार्य है। सैद्धान्तिक ज्ञान तथा व्यावहारिक ज्ञान (प्रयोग) एक ही सिक्के के दो पहलू होते हैं। कम्प्यूटर विज्ञान शिक्षा में इन दोनो ही पक्षों का उचित समन्वय त्र एकीकरण किया जाना चाहिए। कम्प्यूटर प्रयोगशाला के माध्यम से कम्प्यूटर विज्ञान शिक्षण के निम्न उद्देश्यों की पूर्ति की जा सकती है–

1. छात्रों को कम्प्यूटर तकनीकी के प्रति जागरूकता प्रदान करना।
2. छात्रों को मानव जीवन में कम्प्यूटर से मिलने वाले लाभों की व्यावहारिक जानकारी प्रदान करना।
3. छात्रों को कम्प्यूटर कार्य प्रणाली से अवगत कराना तथा उनमें कम्प्यूटर के माध्यम से विभिन्न कार्यों को करने की योग्यता का विकास करना।
4. छात्रों को कम्प्यूटर साक्षर बनाना।
5. छात्रों में कम्प्यूटर विज्ञान से संबंधित आवश्यक कौशलों, जैसे कि चिन्तन, तर्क, समस्या-समाधान, परिकल्पना निर्माण इत्यादि का विकास करना।
6. छात्रों में कम्प्यूटर तकनीकी के प्रति रुचि व जिज्ञासा उत्पन्न करना।
7. छात्रों को समस्या हल करने की वैज्ञानिक विधि का अभ्यास करवाना।
8. छात्रों में वैज्ञानिक दृष्टिकोण तथा वैज्ञानिक ढंग से कार्य करने की आदतों का विकास करना।
9. छात्रों में कम्प्यूटर तकनीकी संबंधित विभिन्न उपकरणों जैसे कि कम्प्यूटर साफ्टवेयर, प्रिन्टर, सीडी राइटर आदि पर कार्य करने का कौशल विकसित करना।

कम्प्यूटर विज्ञान प्रयोगशाला की विशेषताएँ

एक अच्छी कम्प्यूटर प्रयोगशाला में निम्न विशेषताएँ होनी चाहिए:

1. प्रयोगशाला में इतना स्थान होना चाहिए कि विद्यार्थी सुविधापूर्वक कम्प्यूटर पर कार्य कर सकें।
2. कम्प्यूटर प्रयोगशाला में बिजली, ताज़ी हवा, ए.सी. इत्यादि की सुविधा होनी चाहिए।
3. कम्प्यूटर प्रयोगशाला का प्रारूप आकर्षक तथा लचीला होना चाहिए, जिससे कि परिस्थिति

के अनुसार छात्र इसमें व्यक्तिगत रूप में या फिर समूह में मिलकर कार्य कर सकें।

4. कम्प्यूटर प्रयोगशाला में बुलेटिन बोर्ड, व्हाईट बोर्ड, ओ.एच.पी. (ओवर हेड प्रोजेक्टर), एल.सी.डी. (लिक्विड क्रिस्टेलाइस्ड प्रोजेक्टर) आदि होने चाहिए।
5. प्रयोगशाला से संबंधित उपकरणों को रखने के लिए इसके बराबर में एक स्टोर रूम होना चाहिए।
6. कम्प्यूटर प्रयोगशाला से संबंधित सभी कम्प्यूटर एक केन्द्रीय कम्प्यूटर (सर्वर) से जुड़े होने चाहिए।
7. प्रयोगशाला का प्रारुप इस प्रकार का होना चाहिए, जिससे कि शिक्षक एक स्थान पर बैठकर सभी छात्रों की गतिविधियों पर नज़र रख सके।
8. प्रयोगशाला में कम्प्यूटर का पर्याप्त ज्ञान रखने वाले परिचर/प्रयोगशाला सहायक होना चाहिए।

कम्प्यूटर विज्ञान प्रयोगशाला का नियोजन

प्रयोगशाला की कम्प्यूटर विज्ञान शिक्षण में उपयोगिता को देखते हुए यह आवश्यक है कि प्रत्येक विद्यालय में कम्प्यूटर की एक सुसज्जित प्रयोगशाला हो। प्रायः यह देखा गया है कि विद्यालयों में कम्प्यूटर प्रयोगशालाओं की स्थिति संतोषजनक नहीं है। एक अच्छी कम्प्यूटर प्रयोगशाला के निर्माण के लिए कम्प्यूटर विज्ञान के अनुभवी अध्यापकों तथा विशेषज्ञों की मदद अवश्य लेनी चाहिए। विद्यालय की प्रकृति, छात्रों की संख्या तथा उपलब्ध संसाधनों के आधार पर विद्यालय को यह निर्णय लेना चाहिए कि प्रयोगशाला कितनी बड़ी बनायी जायेगी। भविष्य के विकास की सम्भावनाओं को भी कम्प्यूटर प्रयोगशाला का प्रारुप निर्धारित करते समय ध्यान में रखना चाहिए। इसी के आधार पर कम्प्यूटर प्रयोगशाला की योजना बनानी चाहिए। कम्प्यूटर प्रयोगशाला का निर्माण करते समय निम्नलिखित बातों पर विशेष ध्यान देना चाहिए–

1. रूपरेखा– सबसे पहले हमें यह जानना होगा कि कम्प्यूटर प्रयोगशाला में एक साथ कितने लोग बैठकर कार्य करेंगे। इस संख्या के आधार पर ही हमें प्रयोगशाला की रूपरेखा बनानी चाहिए। उदाहरण के लिए कम्प्यूटर प्रयोगशाला में एक साथ 30 छात्रों के बैठकर कार्य करने के लिए 50 फिट x 30 फिट का स्थान चाहिए।

2. दीवारें– कम्प्यूटर प्रयोगशाला की दीवारों की मोटाई 1.5 फिट होनी चाहिए। प्रयोगशाला की दीवारों पर चूने या सफेदी की जगह प्लास्टिक के पेन्ट का प्रयोग करना चाहिए। कम्प्यूटर प्रयोगशाला में ब्लैक बोर्ड का प्रयोग बिल्कुल नहीं करना चाहिए क्योंकि चाक के कण कम्प्यूटर के लिए हानिकारक होते हैं। प्रयोगशाला की खिड़कियों पर पर्दे लगाना चाहिए क्योंकि सूर्य की सीधी किरणें कम्प्यूटर के लिए हानिकारक होती हैं। अगर कम्प्यूटर प्रयोगशाला में ही सिद्धान्त की कक्षाएँ चलाने की योजना हो, तब प्रयोगशाला में व्हाईट-बोर्ड का प्रयोग करना चाहिए।

3. फर्श– कम्प्यूटर प्रयोगशाला के फर्श पर टाईल्स का प्रयोग करना चाहिए। इससे सफ़ाई करने में सुविधा रहती है। कम्प्यूटर मेज़ों के बीच में इतना स्थान अवश्य छोड़ना चाहिए जिससे कि इनके बीच गन्दगी आदि जमा न हो सके।

4. विद्युत– कम्प्यूटर प्रयोगशाला को विद्युत की आपूर्ति विद्यालय बिल्डिंग के मुख्य पावर डिस्ट्रीब्यूशन चैनल के माध्यम से देनी चाहिए। इस लाइन पर अन्य प्रकार के विद्युतीय उपकरणों जैसे- ए.सी., कूलर, हीटर इत्यादि के बोझ को नहीं डालना चाहिए।

कम्प्यूटर प्रयोगशाला में सी.वी.टी. (कोन्स्टेन्ट वोल्टेज ट्रान्सफार्मर) अथवा यू.पी.एस. के माध्यम से विद्युत कनेक्शन को लेना चाहिए। कम्प्यूटर प्रयोगशाला में बिजली सोकेट्स के बीच की दूरी 3.5 फिट होनी चाहिए।

5. वायरिंग– कम्प्यूटर प्रयोगशाला की वायरिंग क्षैतिज होनी चाहिए। बिजली के तार कभी भी कम्प्यूटर की मेज़ के नीचे नहीं होने चाहिए। प्रत्येक कम्प्यूटर के लिए 5 एम्पियर के सोकेट् को लगाना चाहिए तथा Earthing ठीक होनी चाहिए।

6. फर्नीचर– प्रयोगशाला में कम्प्यूटरों को रखने के लिए मेज़ की चोड़ाई 2.5 फिट तथा लम्बाई 3 फिट होनी चाहिए। अगर प्रिंटर को भी लगाना है तब मेज़ की लम्बाई 4 फिट होनी चाहिए। आजकल बाज़ार में कम्प्यूटर को रखने के लिए उपयुक्त प्रकार की मेज़े उपलब्ध हैं।

7. एयर कन्डीशिनिंग– आज कम्प्यूटर तकनीकी इतनी उन्नत हो गयी है कि आज के पर्सनल कम्प्यूटर (PC) बहुत ही कम ताप पैदा करते हैं फिर भी कम्प्यूटर की कार्य-प्रणाली की उपादेयता को बढ़ाने के लिए कम्प्यूटर प्रयोगशाला में कम से कम 1.5 टन का ए.सी. लगाना चाहिए।

कम्प्यूटर प्रयोगशाला की देखभाल तथा सुरक्षा

कम्प्यूटर प्रयोगशाला को स्थापित करने के पश्चात शिक्षक का उत्तरदायित्व होता है कि वह इसकी उचित रूप में देखभाल करे। कम्प्यूटर ठीक प्रकार से कार्य करें, इसके लिए हमें कुछ विशेष बातों पर ध्यान देना होगा। आइये देखते हैं कि हमें पी.सी. की सुरक्षा के लिए किन-किन कार्यों को करना चाहिए तथा किन कार्यों से बचना चाहिए–

क्या करना चाहिए?

- सम विद्युत प्रवाह (CVT) के लिए वोल्टेज ट्रांसफार्मर या निर्बाध विद्युत आपूर्ति उपकरण (UPS) का उपयोग करना चाहिए। कम्प्यूटर प्रयोगशाला में वोल्टेज स्टेबलाइज़र का उपयोग बिल्कुल नहीं करना चाहिए।
- कम्प्यूटर का धूल से बचाव करना चाहिए।
- कम्प्यूटर प्रयोगशाला के अन्दर प्रतिदिन ठीक प्रकार से सफाई करनी चाहिए।
- हमेशा ध्यान रखें कि सी.पी.यू. का पंखा चल रहा है या नहीं। इससे पी.सी. के अन्दर उत्पन्न गर्मी बाहर निकलती रहती है।
- कम्प्यूटर प्रयोगशाला में कम्प्यूटर को एक स्थान से दूसरे स्थान पर ले जाने के लिए पहले कम्प्यूटर को उचित रूप में बंद कर देना चाहिए। फिर 5-10 मिनट की प्रतिक्षा के बाद कम्प्यूटर को हिलाना-डूलाना चाहिए ताकि सी.पी.यू. के अन्दर के अवयवों को हानि न पहुँचे।
- कम्प्यूटर की समय-समय पर जाँच व सेफाई करते रहना चाहिए।
- सी.डी. को प्रयोग करने के पश्चात उसको कवर में ही रखना चाहिए अन्यथा उन पर स्क्रेचेज़ आ सकती हैं।
- सी.डी. को उसके किनारों से ही ठीक प्रकार पकड़ना चाहिए।
- कम्प्यूटर प्रयोगशाला बन्द करने से पहले उसकी विद्युत आपूर्ति को बन्द कर देना चाहिए।
- कम्प्यूटरों को ढ़क कर रखना चाहिए।
- समय-समय पर माउस का कवर खोल कर उचित सफाई करनी चाहिए।

क्या नहीं करना चाहिए?

- कम्प्यूटर पर सीधे सूर्य का प्रकाश/किरणें नहीं पड़नी चाहिए। कम्प्यूटरों को ऐसी जगह पर रखनी चाहिए, जहाँ प्रकाश तो हो परन्तु सीधे सूर्य की किरणें न पड़ती हों।
- समय के साथ तकनीकी उन्नति के कारण आज के पी.सी. बहुत ही कम तापक्रम पर संवेदनशील हो गये हैं फिर भी पी.सी. को ऐसी जगह पर नहीं रखना चाहिए जहाँ

तापक्रम बहुत अधिक और शीघ्रता से बदलता हों, जैसे- पी.सी. वातानुकूलित उपकरण, कूलर, हीटर आदि के साथ सीधे संपर्क में नहीं आना चाहिए।

- जब कम्प्यूटर कार्यरत हो तो उसे हिलाना-डूलाना नहीं चाहिए। यदि कोई कनेक्शन जोड़ना या निकालना हो तो यह कार्य कम्प्यूटर को बन्द करके करना चाहिए नहीं तो हार्ड डिस्क या दूसरे अवयवों को नुकसान पहुँच सकता है।
- यू.पी.एस. या सी.वी.टी. को फर्श पर या किसी अन्य स्थन पर कम्प्यूटर मॉनीटर से लगभग तीन फिट की दूरी पर रखना चाहिए, जिससे कि मॉनीटर पर चुम्बकीय क्षेत्र का प्रभाव न पड़े।
- कम्प्यूटर का प्रयोगशाला में प्रयोग करते समय धूमपान या पेय पदार्थों का प्रयोग नहीं करना चाहिए।
- बिना ढके स्पीकर को मॉनीटर के पास नहीं रखना चाहिए। स्पीकरों से विद्युत चुम्बकीय क्षेत्र पैदा होने के कारण मॉनीटर को नुकसान पहुँच सकता है।
- कम्प्यूटर के विद्युत आपूर्ति वाले स्विच पर विद्युत के ज़्यादा उपकरण लगाकर अधिक भार नहीं डालना चाहिए।
- विद्युत के लिए Earthing की विशेष रूप से जाँच कर लेनी चाहिए। न्यूट्रल और Earthing के बीच दो वोल्ट से ज्यादा विद्युत प्रवाह नहीं होना चाहिए।
- समय-समय पर सीडी डिस्क के हेड की सफाई करते रहना चाहिए ताकि उनके रीडर व राइटर की पिनें अच्छी तरह से काम कर सकें।

कम्प्यूटर वायरस

कम्प्यूटर की देखभाल के लिए कुछ उपायों का ऊपर ज़िक्र किया गया है परन्तु आन्तरिक रखरखाव के अतिरिक्त हमें कम्प्यूटर को बाहय दुष्प्रभावों से भी बचाना होगा। जिसमें प्रमुख है कम्प्यूटर वायरस। आज इन्टरनेट के माध्यम से हम विश्व के किसी भी कोने में बैठे हुए व्यक्ति से कम्प्यूटर की सहायता से संपर्क स्थापित कर सकते हैं तथा सूचनाओं का आदान-प्रदान कर सकते हैं पर इसमें सबसे बड़ा जोखिम कम्प्यूटर के वायरस से संक्रमित होने से है। कम्प्यूटर वायरस कम्प्यूटर प्रयोगकर्ता के न चाहते हुए भी एक कम्प्यूटर से दूसरे कम्प्यूटर में कम्प्यूटर फाइल के माध्यम से आ जाता है। यूँ तो कम्प्यूटर वायरस का इतिहास पुराना है पर कम्प्यूटर नेटवर्किंग के इस युग में नये-नये वायरस पहले से कहीं अधिक आक्रामक और ख़तरनाक सिद्ध हो रहे हैं।

कम्प्यूटर वायरस की खोज सन् 1980 में की गयी। 1980 से लेकर आज तक आई.बी. एम. का थॉमस जे वॉटसन रिसर्च सेन्टर लगभग 10,000 कम्प्यूटर वायरसों का पता लगा चुका है। यह अनुमान लगाया गया है कि प्रतिदिन 6 से लेकर 9 कम्प्यूटर वायरस आते हैं। कम्प्यूटर वायरस सांकेतिक भाषा में लिखे गये कम्प्यूटर प्रोग्राम होते हैं जो कि न चाहते हुए भी किसी के भी कम्प्यूटर में प्रवेश कर सकते हैं। कुछ वायरस ई-मेल वायरस के नाम से जाने जाते हैं ये ई-मेल मैसेज के माध्यम से पूरे विश्व में एक कम्प्यूटर से दूसरे कम्प्यूटर में प्रवेश कर जाते हैं। कम्प्यूटर वायरस कम्प्यूटर की कार्य प्रणाली के लिए बहुत घातक होते हैं।

कम्प्यूटर वायरस के प्रकार

कुछ महत्वपूर्ण कम्प्यूटर वायरस निम्नलिखित हैं-

1. बूट सेक्टर वायरस- बूट सेक्टर वायरस हार्ड डिस्क के बूट रिकार्ड को क्षति पहुचाते हैं। इसके कारण कम्प्यूटर में बूटिंग की समस्या आ जाती है। अर्थात् कम्प्यूटर कार्य करने के

लिए तैयार नही हो पाता है। कम्प्यूटर हार्ड डिस्क में एक बूट एरिया होता है जिसमें कुछ महत्वपूर्ण फाइलें होती हैं। कम्प्यूटर को ऑन करने के पश्चात कम्प्यूटर सर्वप्रथम इनको पढ़ता है। जब कम्प्यूटर बूट सेक्टर वायरस से संक्रमित हो जाता है, तब कम्प्यूटर इन बूटिंग फाइलों को पढ़ने में असमर्थ हो जाता है और आगे की प्रक्रिया रूक जाती है।

2. फाइल इनफेक्टिंग वायरस– इस प्रकार के वायरस डिस्क की प्रोग्राम फाइलों जैसे कि EXE या Com फाइलों को नष्ट कर देते हैं। जब किसी कम्प्यूटर पर इस प्रकार के वायरस से संक्रमित प्रोग्राम को चलाया जाता है, तब वायरस के संकेतों का क्रियान्वयन अपने आप हो जाता है।

3. बोमबस– इस प्रकार के कम्प्यूटर वायरस सुप्त अवस्था में कम्प्यूटर की हार्ड डिस्क में किसी विशेष दिन, समय, या घटना के इंतज़ार में पड़े रहते हैं। उपयुक्त समय आने पर यह कम्प्यूटर की समस्त कार्य प्रणाली को ख़राब कर देते हैं।

4. मेक्रो वायरस– इस प्रकार के वायरस किसी विशेष प्रकार की डाक्यूमेन्ट फाइलों जैसे कि माइक्रोसॉफ्ट वर्ल्ड या एक्सेल फाइलों को ख़राब करने के लिए निर्मित किये जाते हैं।

वायरस संक्रमण की विधियाँ

कम्प्यूटर प्रयोगकर्ता को वायरस से बचाव के लिए निम्न बातों को ध्यान में रखना चाहिए:

1. पैन ड्राइव या सीडी रोम इत्यादि कम्प्यूटर वायरस से ग्रसित होने के प्रमुख स्रोत होते हैं। यह जाँच करने के बाद की सीडी कम्प्यूटर वायरस से संक्रमित नहीं है, इनको अपने कम्प्यूटर पर चलाना चाहिए।
2. ई–मेल के माध्यम से जुड़ी हुई फाइल के द्वारा कम्प्यूटर वायरस आ सकता है।
3. इन्टरनेट के माध्यम से किसी सॉफ्टवेयर या सूचनओं को डाउनलोड करने पर कम्प्यूटर वायरस से ग्रसित हो सकता है।

कम्प्यूटर के वायरस से ग्रसित होने के लक्षण

नीचे हम कम्प्यूटर की कार्य–प्रणाली के कुछ विशेष लक्षण दे रहे हैं, जो कि कम्प्यूटर के वायरस से ग्रसित होने के लक्षण हैं:

1. बिना किसी कारण के कम्प्यूटर की गति धीमी हो जाती है।
2. कम्प्यूटर प्रोग्राम को 'लोड' करने में अधिक समय लगता है।
3. हार्ड ड्राइव से फाइलें लुप्त हो जाती हैं।
4. प्रोग्राम फाइलें आकार में बड़ी हो जाती हैं।
5. फाइलों को खोलने और उन्हें संरक्षित (ैअम) करने में परेशानी आती है।
6. कम्प्यूटर स्क्रीन के रंगों में परिवर्तन आने लगता है। स्क्रीन पर विभिन्न प्रकार के मैसेज आते हैं।
7. हार्ड–डिस्क क्रेश हो जाती है।

कम्प्यूटर वायरस से बचाव

कम्प्यूटर वायरस से बचाव के निम्नलिखित उपाय हैं–

1. कम्प्यूटर पर एंटी–वायरस सॉफ्टवेयर बैक ग्राउंड में कार्यरत रहना चाहिए।
2. एंटी वायरस प्रोग्राम का उचित अन्तराल पर अधातन (Upgradation) करते रहना चाहिए।
3. इलेक्ट्रानिक बुलेटिन बोर्ड या नेटवर्किंग सिस्टम से अनाधिकृत फाइलें डाउनलोड नहीं करनी चाहिए।

4. किसी भी अन्जान फाइल को कम्प्यूटर पर अनज़िप नहीं करनी चाहिए।
5. चुराए हुए सॉफ्टवेयर प्रोग्रामों को कम्प्यूटर पर लोड नहीं करना चाहिए।
6. सदैव अधिकृत सीडी/फाइलों को ही कम्प्यूटर पर लोड करना चाहिए।
7. कम्प्यूटर के सिस्टम सॉफ्टवेयर और एप्लीकेशन सॉफ्टवेयर की इलैक्ट्रानिक बैकअप कापी तैयार करके सुरक्षित रखनी चाहिए ताकि समय पर यह काम आ सके।

एक सफल शिक्षक वह होता है जो कि अपनी कक्षा के छात्रों की शैक्षिक आवश्यकताओं को ध्यान में रखते हुए कार्य करता है। कम्प्यूटर विज्ञान शिक्षक को विद्यालय में अपने विषय से संबंधित कई प्रकार के कार्यों को करना पड़ता है। इन कार्यों को हम दो भागों– कम्प्यूटर प्रयोगशाला आधारित कार्य तथा छात्र आधारित कार्य में क्रमशः बाँट सकते हैं–

कम्प्यूटर प्रयोगशाला संबंधी कार्य

चूंकि कम्प्यूटर विज्ञान शिक्षक को कम्प्यूटर प्रयोगशाला का रख-रखाव भी करना पड़ता है, इसीलिए उसको कम्प्यूटर प्रयोगशाला आधारित निम्नलिखित ज़रूरी कार्य करने होते हैं–

1. कार्यक्रम योजना तैयार करना– इसके अंतर्गत शिक्षक को निम्न कार्य करने होते हैं–

क. कम्प्यूटर प्रयोगशाला के कार्य

(i) विद्यालय के शैक्षिक सत्र के प्रारम्भ में कम्प्यूटर प्रयोगशाला की योजना बनाना।

(ii) कम्प्यूटर लैब के उपकरणों की व्यवस्था-कम्प्यूटर सैट, सी.डी., प्रिन्टर., सॉफ्टवेयर, कम्प्यूटर मैनुअल्स, कम्प्यूटर मैगज़ीन, पेपर इत्यादि।

ख. प्रशासनिक कार्य

(i) कम्प्यूटर प्रयोगशाला के निर्माण या इसके सुधार की योजना बनाना या फिर इस कार्य में विद्यालयी प्रशासनिक समिति को मदद प्रदान करना।
(ii) कम्प्यूटर लैब से संबंधित वित्तीय हिसाब का लेखा-जोखा
(iii) कम्प्यूटर प्रयोगशाला के बजट को बनाना।
(iv) कम्प्यूटर सॉफ्टवेयर को चुनना या इस कार्य में मदद प्रदान करना।
(v) अच्छे कम्प्यूटर सॉफ्टवेयर को ख़रीदना या ख़रीदने में सहायता प्रदान करना।
(vi) नये कम्प्यूटर हार्डवेयर का चुनाव करना या इस कार्य में मदद प्रदान करना।
(vii) नये कम्प्यूटर हार्डवेयर को ख़रीदना या ख़रीदने में मदद करना।
(viii) कम्प्यूटर प्रयोगशाला से संबंधित अन्य सामग्री की व्यवस्था करना।
(ix) कम्प्यूटर प्रयोगशाला से संबंधित उपकरणों की सूची बनाना।

2. प्रशिक्षण तथा अधिगम– कम्प्यूटर तकनीकी में आज दिन-प्रतिदिन तेज़ी के साथ बदलाव आ रहे हैं। शिक्षक को इस क्षेत्र से संबंधित नवीनतम ज्ञान, आविष्कारों, तकनीकों, उपकरणों जानकारियों इत्यादि से स्वयं को हमेशा ताज़ा रखना होगा। इस कार्य के लिए शिक्षक को निम्नलिखित कार्य करने होंगे:

1. कम्प्यूटर हार्डवेयर तथा सॉफवेयर से संबंधित नवीन आविष्कारों तथा तकनीकों में निपुणत प्राप्त करने के लिए समय-समय पर आयोजित होने वाले प्रशिक्षण कार्यक्रमों, कार्यशालाओं मे भाग लेना।

2. कम्प्यूटर विज्ञान से संबंधित मेलों, कार्यक्रमों, मीटिंग, सम्मेलनों, कार्यशालाओं में सक्रिय रूप से भागीदारी करना तथा इनके माध्यम से अधिगम करना।

3. कम्प्यूटर प्रयोगशाला प्रशासन तथा क्रियाएँ– कम्प्यूटर प्रयोगशाला के सफ़ल प्रशास हेतु एक शिक्षक को निम्नलिखित कार्य करने होते हैं–

1. ***कम्प्यूटर तन्त्र प्रबन्धन* (Computer System Management)–** कम्प्यूटर की कार्य प्रणाली के सफ़ल प्रयोग के लिए निम्न कार्य करने होते हैं:

1. कम्प्यूटरों पर उपभोगकर्ता एकाउन्ट की व्यवस्था करना।
2. नये एकाउन्ट बनाना तथा अनुपयोगी एकाउन्ट को समाप्त करना।

2. ***कम्प्यूटर लैब की जाँच करना–***

1. कम्प्यूटर लैब खोलना।
2. कम्प्यूटर तन्त्र को चालू करना।
3. इसकी जाँच करना कि छात्र क्या ठीक प्रकार से कम्प्यूटरों को बन्द करते हैं।

3. ***कम्प्यूटर फाइलों को संभालना–***

1. विभिन्न प्रकार की फाइलों को ढूंढना
2. विभिन्न प्रकार की सूचनाओं और आँकड़ों को फाइलों में सुरक्षित रखना।
3. कम्प्यूटर फाइलों का सम्पादन करना।
4. अनुपयुक्त आँकड़ों और फाइलों को समाप्त करना।
5. सुरक्षा की दृष्टि से फाइलों का बैकप लेना।

4. ***टेलीकम्यूनिकेशनस् के उपकरण***

(ई-मेल, फाइल ट्रांसफर) के माध्यम से प्रशासनिक अधिकारियों, शिक्षाधिकारियों, विषय विशेषज्ञों तथा अन्य व्यक्तियों से सम्प्रेषण करना।

5. ***कम्प्यूटर प्रयोगशाला में सुरक्षा बनाये रखना***

1. बिजली व्यवस्था की समय-समय पर जाँच करना।
2. सॉफ्टवेयरों से सम्बन्धित लाइसेंस तथा कॉपीराइट के बारे में जानकारी प्राप्त करना।
3. कम्प्यूटर वायरस की रोकथाम के उपाय करना। कम्प्यूटर तन्त्र में एंटीवायरस प्रोग्राम डालना।
4. कम्प्यूटर आलेखों की गोपनीयता को बनाये रखना।

6. ***प्रयोगशाला सत्र की समाप्ति के पश्चात कम्प्यूटर लैब ठीक प्रकार बन्द करना।***

1. कम्प्यूटरों को Shutdown की युक्ति के इस्तेमाल से ठीक प्रकार से बन्द करना।
2. छात्रों द्वारा बन्द किये गये कम्प्यूटरों की ठीक से बन्द किये जाने की तसल्ली करना।

7. ***नये कम्प्यूटर सॉफ्टवेयरों को इन्स्टाल करना।***

8. ***आवश्यकतानुसार डायरेक्ट्री सेटअप को बदलना।***

9. ***कम्प्यूटर हार्डवेयर की देखभाल करना।***

1. हार्ड डिस्क पर फाइलों को ठीक प्रकार संगठित करना।
2. अनावश्यक और क्रप्ट फाइलों को समाप्त करना।
3. छपाई मशीन के रिबन, कार्टिज को समय-समय पर बदलना।
4. कप्प्यूटर हार्डवेयर (मॉनीटर, की-बोर्ड, डिस्क ड्राइव, माउस) आदि की समय-समय पर सफ़ाई करना।

10. ***कम्प्यूटर हार्डवेयर और सॉफ्टवेयर की समस्या का समाधान करना***

1. कम्प्यूटर हार्डवेयर और सॉफ्टवेयर की समस्या की पहचान कर समस्या का समाधान खोजना।
2. कम्प्यूटर विशेषज्ञ को बुलाकर उसकी मदद लेना।
3. आवश्यकतानुसार कम्प्यूटर हार्डवेयर की रिपेयर की व्यवस्था करना।

11. *कम्प्यूटर प्रयोगशाला कार्यों को संज्ञान में लाना*

1. कम्प्यूटर लैब की गतिविधियों को बुलेटिन बोर्ड, नोटिस बोर्ड, पोस्टर, चार्ट आदि के माध्यम से प्रदर्शित करना।
2. कम्प्यूटर प्रयोगशाला को साफ तथा सुन्दर बनाये रखना।
3. प्रयोगशाला के लिए घातक परिस्थितियों जैसे कि अचानक बिजली चले जाना, आग लग जाना, भूकम्प आदि के लिए पहले से तैयार रहना।

12. *कम्प्यूटर प्रयोगशाला से संबंधित उपकरणों का लेखा-जोखा रखना*

1. कम्प्यूटर उपकरणों की सूची, कार्य करने वाले उपकरणों की सूची तैयार करना तथा खराब हार्डवेयर की सूची तैयार करना।
2. ख़रीदे गये कम्प्यूटर उपकरणों की रसीदें तथा वांरटी कार्डस् का लेखा-जोखा तैयार करना।
3. कम्प्यूटर हार्डवेयर में सिरियल नम्बर डालना।

छात्र आधारित कार्य

1. अनुदेशनात्मक कार्य

1. पाठ योजना बनाना।
2. शिक्षण उद्देश्यों की पहचान करना।
3. शिक्षण रणनीति बनाना।
4. कम्प्यूटर सॉफ्टवेयरों के संबंध में निर्णय लेना।
5. व्यक्तिगत और सामूहिक रूप से कम्प्यूटर अभ्यास की योजना बनाना।

2. सहायक सामग्री और कम्प्यूटर उपकरणों के संबंध में निर्णय लेना

3. छात्रों के लिए वर्कशीट, सूचनाओं इत्यादि की व्यवस्था करना

4. छात्रों के कार्यों का सूक्ष्म निरीक्षण करना

1. यह देखना कि छात्र अपने-अपने कम्प्यूटर पर बैठे हैं।
2. छात्रों के द्वारा किए जा रहे कार्यों की जाँच करना।
3. अनुशासन बनाये रखना
4. छात्रों को कार्य करने के लिए प्रेरणा प्रदान करना।

अध्याय 13

कम्प्यूटर विज्ञान शिक्षण में मूल्यांकन
(Evaluation in Computer Science Teaching)

विद्यालयी पाठ्यक्रम से संबंधित कोई भी विषय चाहें वह गणित, अंग्रेज़ी, हिन्दी, इत्यादि चाहें वह कोई भी हो, उसका विद्यार्थियों के अधिगम अर्थात् छात्रों के अपेक्षित व्यावहारिक परिवर्तन से सीधा संबंध होता है। यह बात कम्प्यूटर विज्ञान विषय पर भी लागू होती है। कम्प्यूटर विज्ञान के कुछ निश्चित उद्देश्य होते हैं, जिनकी प्राप्ति शिक्षक अपने शिक्षण की सहायता से करता है। इस कार्य हेतु वह शिक्षण-अधिगम प्रक्रिया का संचालन करता है और इस प्रक्रिया के द्वारा वह छात्रों के व्यवहार में परिवर्तन लाने का प्रयास करता है। शिक्षक इस कार्य हेतु पूर्णतः मनोयोग से विभिन्न प्रकार की क्रियाएं करता है। इस स्तर पर आने के पश्चात् बहुत से प्रश्न हमारे मस्तिष्क में आते हैं जैसे कि -

1. शिक्षक, छात्रों के व्यवहार परिवर्तन को कैसे मापता है?
2. शिक्षण-अधिगम प्रक्रिया के दौरान शिक्षक यह कैसे पता लगाता है कि वह किस दिशा में जा रहा है?
3. शिक्षण के पश्चात् छात्रों की उपलब्धि क्या रही?
4. शिक्षक यह निर्णय कैसे लेता है कि उसने अपने शिक्षण के उद्देश्यों की प्राप्ति कर ली है अथवा नहीं?
5. शिक्षक अपने शिक्षण की प्रभावशीलता के संबंध में किस प्रकार निर्णय लेता है?
6. शिक्षक यह कैसे पता लगाता है कि छात्रों का व्यवहार परिवर्तन उद्देश्यों के अनुरूप हुआ है?
7. शिक्षार्थी ने विषय के किसी पक्ष विशेष या पूर्ण विषय का ज्ञान किस मात्रा तक प्राप्त किया है?

उपरोक्त प्रश्न अति महत्वपूर्ण हैं तथा इन प्रश्नों की अनदेखी नहीं की जा सकती। उपरोक्त प्रश्न कुछ महत्वपूर्ण प्रत्ययों जैसे - मापन तथा मूल्यांकन से संबंधित हैं। मापन तथा मूल्यांकन के माध्यम से ही हम उपरोक्त प्रश्नों के उत्तर पा सकते हैं। अतः एक कम्प्यूटर विज्ञान शिक्षक के लिए यह अनिवार्य है कि वह मापन एवं मूल्यांकन की अवधारणाओं से अच्छी प्रकार अवगत हो।

शैक्षिक मापन (Educational Measurement)

मापन किसी वस्तु या उपलब्धि का संख्यात्मक मान है। वास्तव में मापन के अन्तर्गत व्यक्तियों या वस्तुओं में उपस्थित किसी गुण अथवा विशेषता का वर्णन करना निहित होता है। गुण या विशेषता का यह वर्णन गुणात्मक भी हो सकता है और मात्रात्मक भी। व्यक्तियों को उनके लिंग भेद के आधार पर पुरूष अथवा महिला कहना गुणात्मक मापन है। किसी गुण अथवा विशेषता के मात्रात्मक वर्णन में व्यक्ति अथवा वस्तु में उपस्थित उस गुण या विशेषता की मात्रा को बताया जाता है। जैसे यह कहना कि रमेश ने गणित में 100 में से 45 अंक प्राप्त किये, मात्रात्मक मापन का उदाहरण है। अतः हम कह सकते हैं कि मात्रात्मक मापन के द्वारा 'कितना' (How Much)

प्रश्न का उत्तर प्रदान किया जाता है, जबकि गुणात्मक मापन के द्वारा 'किस प्रकार का' (What Type) प्रश्न का उत्तर दिया जाता है।

मापन की उपरोक्त प्रकृति के आधार पर हम यह कह सकते हैं कि मापन में व्यक्तियों अथवा वस्तुओं को ऐसे शब्द अथवा अंक प्रदान किये जाते हैं, जो उन व्यक्तियों या वस्तुओं में उपस्थित वांछित गुण के प्रकार अथवा मात्रा की अभिव्यक्ति कर सकें। मापन के संबंध में कुछ विद्वानों के विचार अधोलिखित हैं:

1. लिंडमैन के अनुसार– "मापन की परिभाषा इस प्रकार की जा सकती है कि इसमें पूर्व निश्चित नियमों के अनुसार लोगों अथवा वस्तुओं को निश्चित अंक प्रदान किये जाते हैं।"

2. एस.एस. स्टीवेन्स के शब्दों में– "मापन किन्हीं निश्चित स्वीकृत नियमों के अनुसार वस्तुओं को अंक प्रदान करने की प्रक्रिया है।"

3. गैरीसन तथा अन्य के अनुसार– "मापन मूलरूप से मूल्यांकन के भाग के रूप में उस प्रक्रिया से सम्बन्धित है जिसके द्वारा शिक्षक एक छात्र की किसी विशेषता को एक क्रम या अन्य संख्यात्मक मूल्य प्रदान करता है।"

उपरोक्त परिभाषाओं के अध्ययन से यह स्पष्ट है कि व्यक्तियों अथवा वस्तुओं में उपस्थित गुणों या विशेषताओं के प्रकार अथवा मात्रा को अभिव्यक्ति करने के लिए कुछ नियमों अथवा कसौटियों का होना आवश्यक है। निश्चित नियमों या कसौटियों के आधार पर ही व्यक्तियों अथवा वस्तुओं को अंक, अक्षर, शब्द, संकेत आदि व्यवस्थित ढ़ंग से प्रदान किये जा सकते हैं। अतः हम कह सकते हैं कि पूर्व निर्धारित तथा मान्य नियमों के आधार पर व्यक्तियों के किसी समूह के प्रत्येक सदस्य को अंको के किसी समूह से एक–एक अंक प्रदान करना ही मापन है। स्पष्ट है कि मापन की इस प्रक्रिया में तीन बातें निहित होती हैं–

क. व्यक्तियों का कोई समूह ख. अंकों का समूह

ग. व्यक्तियों को अंक प्रदान करने के लिए निश्चित नियम

अतः हम कह सकते है कि शैक्षिक मापन में छात्रों को अंक प्रदान किये जाते हैं। शिक्षक छात्रों की उत्तर पुस्तिकाओं की जाँच करके उन्हें अंक प्रदान करता है। परीक्षा में प्राप्त किये गये अंक बालक की शैक्षिक उपलब्धि का प्रतीक मात्र ही हैं। अतः शैक्षिक मापन वह प्रक्रिया है जिसके द्वारा छात्रों की विभिन्न योग्यताओं तथा शील गुणों के परिमाण के संबंध में बताया जाता है। परन्तु शिक्षक के द्वारा मापन की प्रक्रिया के माध्यम से छात्रों की किसी योग्यता या शीलगुण को केवल अंक प्रदान करना ही पर्याप्त नहीं हैं। शिक्षक को यह भी समझना होता है कि मापन के द्वारा प्राप्त अंकों का स्तर क्या है? अर्थात् छात्रों के प्राप्तांक कितने अच्छे हैं? इसका निर्धारण करना शैक्षिक मूल्यांकन के अन्तर्गत आता है।

शैक्षिक मूल्यांकन (Educational Evaluation)

शिक्षा का संबंध बालक के सर्वांगीण विकास से है। बालक के व्यक्तित्व के चर्तुमुखी विकास हेतु शिक्षण–अधिगम प्रक्रिया संचालित की जाती है। शिक्षक अपने शिक्षण के माध्यम से कुछ निर्धारित उद्देश्यों के अनुसार छात्रों के व्यवहार में परिवर्तन लाने का प्रयास करता है। बिना मूल्यांकन के शिक्षण अपूर्ण रहता है चूँकि शिक्षण का मुख्य उद्देश्य बालकों के व्यवहार में अपेक्षित परिवर्तन होता है। अतः शिक्षण के दौरान तथा अन्त में छात्रों का मूल्यांकन किया जाता है जिससे कि छात्रों के व्यवहार परिवर्तन के बारे में निर्णय लिया जा सके। मूल्यांकन के माध्यम से छात्रों की निष्पत्तियों या शिक्षण के उद्देश्यों की प्राप्ति के संबंध में ही निर्णय नहीं लिया जाता है बल्कि इसके परिणामों से शिक्षक अपने शिक्षण की प्रभावशीलता के संबंध में भी निर्णय लेता है। शिक्षक

को अपने अनुदेशन तथा शिक्षण युक्तियों में सुधार एवं विकास के लिए आधार मिलता है।

यदि मूल्यांकन से यह निष्कर्ष निकलता है कि शिक्षण के निश्चित उद्देश्यों की प्राप्ति नहीं हो पायी है या अधूरी प्राप्ति हुई है तो ऐसा न होने के कारणों और उनके परिहारों के उपायों को खोजना शिक्षक का कर्तव्य हो जाता है। ऐसा करते समय शिक्षक यह जान लेता है कि जिन शैक्षणिक क्रियाओं या चरणों का प्रयोग उसने किया है वे या तो गलत हैं या अपर्याप्त। अतः उसे नये सिरे से शैक्षणिक क्रियाओं का चयन तथा प्रयोग करने की आवश्यकता हो जाती है।

शैक्षिक मूल्यांकन का अर्थ

मूल्यांकन एक विस्तृत एवं निरन्तर चलने वाली वह प्रक्रिया है जहाँ कि किसी माप की उपयोगिता के संबंध में निर्णय या मूल्य प्रदान किया जाता है उदाहरणार्थ, कक्षा के किसी टेस्ट में एक बालक द्वारा प्राप्त 100 में से 70 अंक उस बालक को प्रथम श्रेणी में मूल्यांकित करते हैं। अतः हम कह सकते हैं कि मूल्यांकन की प्रक्रिया के अन्तर्गत किसी गुण, योग्यता अथवा विशेषता का मूल्य निर्धारित किया जाता है। अर्थात मूल्यांकन द्वारा परिमाणात्मक तथा गुणात्मक दोनों ही प्रकार की सूचनाएँ प्राप्त होती हैं, जिनके आधार पर बालक की योग्यता एवं उपलब्धियों का आकलन किया जाता है।

1. जे.डब्ल्यू. राइटस्टोन के अनुसार– "मूल्यांकन सापेक्षिक रूप से नवीन प्रविधिक पद है, जिसका प्रयोग मापन की परम्परागत जाँचों एवं परीक्षाओं की अपेक्षा अधिक व्यापक रूप में व्यक्त करने के लिए किया गया है। मूल्यांकन में व्यक्तित्व संबंधी परिवर्तनों एवं शैक्षिक कार्यक्रम के मुख्य उद्देश्यों पर बल दिया जाता है। इसमें केवल पाठ्य वस्तु की उपलब्धि ही निहित नहीं है वरन् वृत्तियों, रुचियों, आदर्श, सोचने के ढंग, कार्य करने की आदतें तथा वैयक्तिक एवं सामाजिक अनुकूलन भी निहित है।"

2. डान्डेकर के अनुसार– "मूल्यांकन एक ऐसी क्रमबद्व प्रक्रिया है जों हमें यह बताती है कि बालक ने किस सीमा तक किन उद्देश्यों को प्राप्त किया है।"

3. कोठारी आयोग के अनुसार– "मूल्यांकन एक सतत् प्रक्रिया है तथा शिक्षा की सम्पूर्ण प्रक्रिया का अभिन्न अंग है। यह शिक्षा के उद्देश्यों से पूर्णरूप से सम्बन्धित है। मूल्यांकन के द्वारा शैक्षिक उपलब्धि की ही जाँच नहीं की जाती बल्कि उसके सुधार में भी सहायता मिलती है।"

उपरोक्त परिभाषाओं के अध्ययन से स्पष्ट है कि मूल्यांकन सदैव उद्देश्यों के अनुरूप किया जाता हैं। अतः मूल्यांकन और उद्देश्यों में घनिष्ठ संबंध होता है। शिक्षा के क्षेत्र की किसी बालक ने किन्हीं उद्देश्यों की प्राप्ति किस सीमा तक की है, इसका ज्ञान हमें मूल्यांकन के द्वारा ही होता है।

राष्ट्रीय शैक्षिक अनुसन्धान एवं प्रशिक्षण परिषद् द्वारा प्रकाशित पुस्तक "Concept of Evaluation" में मूल्यांकन प्रक्रिया द्वारा हमें निम्नांकित तीन बातों का पता चलता है :–

अ. हमने अपने पूर्व निर्धारित उद्देश्य किस सीमा तक प्राप्त किये हैं?

ब. कक्षा में दिये जाने वाले शैक्षिक निर्देश या अधिगम-अनुभव कितने प्रभावकारी हैं?

स. शैक्षिक उद्देश्यों की पूर्ति कितने अच्छे ढ़ंग से हुई है?

शिक्षण, अधिगम तथा मूल्यांकन

शिक्षण, अधिगम तथा मूल्यांकन एक दूसरे से संबधित प्रत्यय हैं। शिक्षण की व्यवस्था इसलिए की जाती है, जिससे कि अधिगम हो। अधिगम से तात्पर्य छात्रों के व्यवहार परिवर्तन से है। शिक्षण के पश्चात् अपेक्षित अधिगम हुआ है अथवा नहीं इसका निर्णय मूल्यांकन द्वारा किया जाता है। मूल्यांकन द्वारा शिक्षक यह निश्चित करता है कि उसने अपने उद्देश्यों की प्राप्ति किस सीमा तक

ही है? कम्प्यूटर विज्ञान शिक्षक को शिक्षण, अधिगम तथा मूल्यांकन के आपसी रिश्ते को गहराई से समझना चाहिए।

मूल्यांकन प्रक्रिया के चरण

मूल्यांकन एक निरन्तर चलने वाली प्रक्रिया है। इसके द्वारा कम्प्यूटर विज्ञान शिक्षक निम्नलिखित प्रश्नों के उत्तरों को प्राप्त करने का प्रयास करता है:

- शैक्षिक उद्देश्य क्या हैं?
- इन शैक्षिक उद्देश्यों को प्राप्त करने के लिए कौन-कौन सी शिक्षण विधियों का इस्तेमाल होगा ?
- शैक्षिक उद्देश्यों के संदर्भ में हमारे अधिगम-अनुभव कैसे हैं?
- शैक्षिक उद्देश्यों की प्राप्ति के लिए हमें शैक्षणिक प्रक्रिया में कौन-कौन से सुधार करने होंगे?

मूल्यांकन प्रक्रिया के अधोलिखित तीन चरण होते हैं:

1. शिक्षण उद्देश्यों का निर्धारण
2. अधिगम अनुभव प्रदान करना
3. व्यवहार परिवर्तन के आधार पर मूल्यांकन करना

प्रथम चरण के अंतर्गत शिक्षक को निम्नांकित क्रियाएं करनी होती हैं-

क. विषय के सामान्य उद्देश्यों का निर्धारण

ख. विषय-वस्तु से सम्बन्धित विशिष्ट उद्देश्यों का निर्धारण

ग. विशिष्ट उद्देश्यों को छात्रों में अपेक्षित व्यवहार परिवर्तन के रूप में लिखना

घ. छात्रों के व्यवहार परिवर्तन को पाठ्य-वस्तु से सम्बन्धित करना।

अधिगम अनुभवों से तात्पर्य शिक्षक द्वारा निर्मित ऐसी परिस्थितियों से है, जिनमें छात्र वांछित क्रियाएँ करते हैं। शिक्षक इन परिस्थितियों के माध्यम से ही छात्रों के व्यवहार में सकारात्मक/वांछित परिवर्तन लाने का प्रयास करता है। अधिगम-अनुभवों के अन्तर्गत शिक्षक-छात्र क्रियाएँ, युक्तियाँ, आव्यूह, सामूहिक कार्य, प्रयोग इत्यादि आते हैं। इस चरण के अन्तर्गत शिक्षक का मुख्य कार्य शैक्षिक उद्देश्यों एवं पाठ्यक्रम को ध्यान में रखते हुए उपयुक्त अधिगम-अनुभवों को प्रदान करना होता है। यह अधिगम क्रियाएं शैक्षिक उद्देश्यों, विषय-वस्तु तथा मूल्यांकन प्रविधियों से जुड़ी होती हैं क्योंकि ये अधिगम अनुभव या क्रियाएं मूल्यांकन पद्धतियों का चुनाव करने में सहायक होती हैं। अधिगम-अनुभवों की व्यवस्था करते समय कम्प्यूटर विज्ञान शिक्षक को निम्न प्रश्नों पर विचार करना चाहिए-

मूल्यांकन प्रक्रिया के इस अंतिम चरण के अन्तर्गत शिक्षक मूल्यांकन की विभिन्न प्रविधियों के माध्यम से न केवल छात्रों के व्यवहार परिवर्तन के संबंध में निर्णय लेता है बल्कि अपनी समस्त शैक्षणिक क्रियाओं को जाँचने का प्रयास भी करता है। मूल्यांकन प्रविधियों का चुनाव करते समय शैक्षिक उद्देश्यों, विषय-वस्तु एवं अधिगम-क्रियाओं को ध्यान में रखना चाहिए।

- क्या ये अधिगम अनुभव शैक्षिक उद्देश्यों से सीधे तौर पर संबंधित हैं?
- क्या ये अधिगम अनुभव छात्रों के लिए सार्थक हैं?
- क्या ये अधिगम अनुभव छात्रों की आयु एवं कक्षा स्तर के अनुकूल हैं?
- क्या ये अधिगम अनुभव पर्याप्त हैं?
- क्या ये अधिगम अनुभव बालक के व्यवहार में अपेक्षित परिवर्तन ला सकते हैं?

कम्प्यूटर विज्ञान शिक्षण में मूल्यांकन के उद्देश्य

निम्नलिखित उद्देश्यों की प्राप्ति हेतु कम्प्यूटर विज्ञान शिक्षण में मूल्यांकन आवश्यक है–

1. छात्रों की आवश्यकताओं तथा उनकी योग्यताओं की जानकारी प्राप्त करना।
2. अधिगम के लिए छात्रों को प्रेरणा प्रदान करना।
3. पाठ्यक्रम में आवश्यक संशोधन करना।
4. विद्यार्थियों के शिक्षण व्यवहार सम्बन्धी परिवर्तनों को सकारात्मक दिशा देना।
5. परीक्षा प्रणाली में संशोधन करना।
6. बालकों की अधिगम संबंधी कठिनाईयों का पता लगाना।
7. छात्रों को विभिन्न श्रेणियों में वर्गीकृत करना।
8. शिक्षण की नवीन विधियों को खोजने में मदद करना।
9. शिक्षण प्रविधियों तथा आव्यूह में सुधार करना।
10. शिक्षक को क्रियात्मक अनुसन्धान में संलग्न होने के लिए प्रेरणा प्रदान करना।
11. शिक्षण की उपयोगिता एवं प्रभावशीलता का पता लगाना।
12. निदानात्मक तथा उपचारात्मक शिक्षण को उपयोगी बनाना।
13. विद्यालयी शिक्षा को समाज के लिए उपयोगी बनाना।
14. छात्रों के ज्ञानात्मक, भावात्मक तथा क्रियात्मक पक्षों का समुचित विकास करना।
15. शैक्षिक क्रियाओं में सुधार करना।
16. विषय-वस्तु की उपयोगिता का पता लगाना।
17. छात्रों की शैक्षिक प्रगति के बाधक तत्वों को जानना।

शैक्षिक मूल्यांकन की विशेषताएँ

- शैक्षिक मूलयांकन एक व्यवस्थित एवं निरन्तर चलने वाली प्रक्रिया है।
- मूल्यांकन छात्रों के विकास के शैक्षणिक एवं गैर-शैक्षणिक पक्षों का मूल्यांकन करता है।
- मूल्यांकन की प्रक्रिया के अन्तर्गत छात्रों के व्यवहार-परिवर्तन का मापन करने के लिए विभिन्न प्रकार की विधियों का प्रयोग किया जाता है।
- मूल्यांकन एक विस्तृत प्रत्यय है। इसके अन्तर्गत शैक्षिक उद्देश्य, विषय-वस्तु, अधिगम क्रियाएं तथा मूल्यांकन का तरीके शामिल होते हैं।
- मूल्यांकन गुणात्मक तथा संख्यात्मक दोनों होता है।
- मूल्यांकन शिक्षक, छात्रों, प्रबन्धक, प्रशासक तथा शिक्षा से जुड़े अन्य व्यक्तियों को मदद प्रदान करता है।
- मूल्यांकन, शैक्षिक उददेश्यों के परिप्रेक्षय में छात्र की उपलब्धि की व्याख्या करता है।
- मूल्यांकन शिक्षक को शिक्षण विधियों तथा शिक्षण-क्रियाओं के चुनाव में मदद प्रदान करता है।
- छात्रों को उपचारात्मक शिक्षण प्रदान करनें में मूल्यांकन ही अहम भूमिका निभाता है।

मूल्यांकन एवं मापन में अन्तर : मापन एवं मूल्यांकन में निम्नलिखित अन्तर है–

मापन (Measurement)	मूल्यांकन (Evaluation)
1. मापन का क्षेत्र संकुचित होता है।	1. इसका क्षेत्र व्यापक होता है।
2. मापन संख्यात्मक होता है।	2. मूल्यांकन संख्यात्मक और गुणात्मक दोनों होता है।
3. मापन के आधार पार छात्र के संबंध	3. मूल्यांकन के परिणामों के आधार पर छात्र के

में स्पष्ट धारणा नहीं बनायी जा सकती।	संबंध में स्पष्ट धारणा का निर्माण किया जा सकता है।
4. मापन के परिणाम वस्तुनिष्ठ होते हैं।	4. मूल्यांकन के परिणाम विषयगत होते हैं।
5. मापन का संबंध व्यक्ति विशेष से होता है।	5. मूल्यांकन का संबंध व्यक्ति और समाज दोनों से होता है।
6. मापन में समय कम लगता है।	6. इसमें समय अधिक लगता है।
7. इसका संबंध विज्ञान से है।	7. मूल्यांकन का संबंध दर्शन से है।
8. मापन, मूल्यांकन का एक भाग होता है।	8. मूल्यांकन एक निरन्तर चलने वाली प्रक्रिया है।
9. मापन की प्रक्रिया के माध्यम से केवल ज्ञानात्मक पक्ष के उद्देश्यों का मापन किया जा सकता है।	9. इसके माध्यम से ज्ञानात्मक, भावात्मक तथा क्रियात्मक पक्ष से संबंधित उद्देश्यों का मूल्यांकन संभव है।
10. निदानात्मक तथा उपचारात्मक शिक्षण संभव नहीं है।	10. निदानात्मक तथा उपचारात्मक शिक्षण सम्भव है।

मूल्यांकन के प्रकार

शैक्षिक मूल्यांकन को हम कक्षा कार्य तथा उद्देश्यों के आधार पर निम्नलिखित भागों में बाँट सकते हैं–

1. अनुदेशन देने से पहले छात्रों की योग्यताओं को निर्धारित करना। (प्लेसमेन्ट मूल्यांकन)
2. शिक्षण–अधिगम प्रक्रिया के दौरान छात्रों के अधिगम की जाँच करना। (संरचनात्मक मूल्यांकन)
3. शिक्षण–अधिगम प्रक्रिया के बीच में छात्रों की अधिगम समस्याओं को जानना। (निदानात्मक मूल्यांकन)
4. शिक्षण की समाप्ति के पश्चात छात्रों की उपलब्धि का मूल्यांकन करना (योगात्मक मूल्यांकन)
5. छात्रों की शैक्षिक उपलब्धि की तुलना किसी मानदंड या कसौटी से करना (मानदंड संदर्भित मूल्यांकन)
6. छात्रों की शैक्षिक उपलब्धि की तुलना मानकों से करना (मानक संदर्भित मूल्यांकन)

मिथैल स्क्रीवेन ने सन 1967 में मूल्यांकन की भूमिका की चर्चा करते हुए मूल्यांकन को केवल दो भागों में विभाजित किया– संरचनात्मक तथा योगात्मक ।

1. स्थापन (प्लेसमेन्ट) मूल्यांकन

अनुदेशन देने से पहले छात्रों की योग्याताओं को निर्धारित करना प्लेसमेन्ट मूल्यांकन कहलाता है। इस प्रकार का मूल्यांकन छात्रों के पूर्व ज्ञान तथा अनुभवों का पता लगाने के लिए किया जाता है। एक शिक्षक स्थापन मूल्यांकन के माध्यम से छात्रों से संबंधित निम्न जानकारियों को जानने का प्रयास करता है–

(i) क्या छात्र उस आवश्यक ज्ञान, अनुभव तथा कौशलों को रखते हैं, जिसकी आवश्यकता शिक्षण को प्रारम्भ करने के लिए पड़ेगी? उदाहरण के लिए क्या कम्प्यूटर विज्ञान के छात्र उन आवश्यक प्रयोगशाला कौशलों की जानकारी रखते हैं? जिनकी आवश्यकता उन्हें कम्प्यूटर पर कार्य करते समय पड़ेगी।

(ii) छात्रों के लिए जिन शिक्षण उद्देश्यों को निर्धारित किया गया है, क्या ये उद्देश्य छात्रों के पूर्व–ज्ञान व अनुभवों पर आधारित हैं?

(iii) छात्रों की रुचियों, योग्यताओं तथा आवश्यकताओं को देखते हुए अनुदेशन प्रदान करने का कौन सा माध्यम उचित रहेगा?

अतः हम कह सकते हैं कि प्लेसमेन्ट मूल्यांकन का उद्देश्य छात्रों के पूर्व-ज्ञान व व्यवहारों के आधार पर शिक्षण-अधिगम क्रियाओं के संबंध में निर्णय लेना है।

2. संरचनात्मक मूल्यांकन

संरचनात्मक मूल्यांकन शिक्षण-अधिगम प्रक्रिया के दौरान किया जाता है। शिक्षक, शिक्षण के दौरान यह जानने का प्रयास करता है कि जिन उद्देश्यों को लेकर वह शिक्षण कार्य कर रहा है, क्या उनकी प्राप्ति शिक्षण के अंत में हो जायेगी। दूसरे शब्दों में हम यह कह सकते हैं कि शिक्षक, शिक्षण-अधिगम प्रक्रिया के बीच में छात्रों के व्यवहार परिवर्तन की जाँच करता है। अतः हम कह सकते हैं कि यदि शैक्षिक कार्यक्रम या शिक्षा सत्र के दौरान समय-समय पर छात्रों की उपलब्धि का मूल्यांकन किया जाता है तो इस प्रकार के मूल्यांकन को संरचनात्मक मूल्यांकन कहा जायेगा। संरचनात्मक मूल्यांकन का उद्देश्य शिक्षक तथा छात्रों को पृष्ठपोषण प्रदान करना है। संरचनात्मक मूल्यांकन के कार्यों को निम्न तीन भागों में बाँटा जा सकता है–

(i) शैक्षिक कार्यक्रम या सामग्री के विभिन्न अंगो के गुण व दोषों के संबंध में स्पष्ट प्रमाण एकत्रित करना।

(ii) इन प्रमाणों के आधार पर कार्यक्रम या सामग्री की कमियों को सम्मुख रखना।

(iii) इन कमियों को दूर करके कार्यक्रम या सामग्री को अधिक प्रभावपूर्ण बनाने के लिए सुझाव प्रस्तुत करना।

संरचनात्मक मूल्यांकन के उदाहरण : अर्द्धवार्षिक परीक्षा, कक्षा परीक्षण (Class Test), इकाई परीक्षण, कूट प्रश्न (Quiz) आदि

3. योगात्मक मूल्यांकन

किसी पाठ, इकाई या पाठ्यक्रम की समाप्ति के पश्चात छात्रों की प्रगति को जाँचने के लिए योगात्मक मूल्यांकन का प्रयोग किया जाता है। विद्यालय की वार्षिक परीक्षा, योगात्मक मूल्यांकन का एक उदाहरण है। इसके माध्यम से यह पता लगाने का प्रयास किया जाता है कि हम अपने उद्देश्यों की प्राप्ति में कहा तक सफल रहे तथा छात्रों के व्यवहार में किस तरह के परिवर्तन आये।

योगात्मक मूल्यांकन के उदाहरण : सत्र समाप्ति (Semester) परीक्षा, वार्षिक परीक्षा, बाह्य परीक्षण आदि।

योगात्मक मूल्यांकन की विशेषताएं

(i) योगात्मक मूल्यांकन का प्रथम उद्देश्य पाठ्यक्रम के निर्धारित उद्देश्यों के परिप्रेक्ष्य में छात्रों को उनकी निष्पत्तियों के आधार पर श्रेणी प्रदान करना है।

(ii) यह मूल्यांकन विद्यालय में किसी शैक्षिक कार्यक्रम, अर्द्धवार्षिक परीक्षा, निश्चित अवधि (Term) परीक्षा या किसी पाठ्यक्रम की समाप्ति के पश्चात किया जाता है।

(iii) यह छात्रों की अगली कक्षा में प्रोन्नति दिये जाने का निर्धारण करता है।

(iv) यह शिक्षक तथा छात्रों को पृष्ठपोषण प्रदान करने में अधिक उपयोगी नहीं है।

(v) यह शिक्षण-अधिगम प्रक्रिया के संपूर्ण परिणाम को दर्शाता है।

(vi) योगात्मक मूल्यांकन के परिणाम छात्रों को वर्गीकृत करने तथा उनकी भविष्य की सफलता के संबंध में निर्णय लेने के काम में आते हैं।

योगात्मक तथा संरचनात्मक मूल्यांकन में अन्तर

संरचनात्मक मूल्यांकन (Formative Evaluation)	योगात्मक मूल्यांकन (Summative Evaluation)
1. संरचनात्मक मूल्यांकन का उद्देश्य छात्रों की कमियों तथा विशेषताओं को जानना है।	1. योगात्मक मूल्यांकन का उद्देश्य छात्रों को वर्गीकृत करना तथा उन्हें अगली कक्षा में भेजना है। अर्थात उन्हें श्रेणी प्रदान करना है।
2. संरचनात्मक मूल्यांकन का प्रयोग अनुदेशन प्रदान करने की प्रक्रिया के बीच में छात्रों की अधिगम से संबंधित समस्याओं को जानने के लिए किया जाता है।	2. योगात्मक मूल्यांकन का प्रयोग पाठ्यक्रम या सत्र की समाप्ति के पश्चात छात्रों की निष्पत्तियों को जानने के लिए किया जाता है।
3. यह शिक्षण अधिगम प्रक्रिया का एक अभिन्न अंग (Integral Part) है।	3. यह पाठ्यक्रम की अंतिम क्रिया है।
4. यह छात्रों तथा शिक्षकों को पृष्ठपोषण प्रदान करता है।	4. यह किसी प्रकार का पृष्ठपोषण प्रदान नहीं करता है।
5. यह एक सतत् प्रक्रिया है। इसके अंतर्गत इकाई परीक्षण, एसाइनमेंट इत्यादि का प्रयोग किया जाता है।	5. यह शिक्षण–अधिगम की अंतिम प्रक्रिया होती है। इसके अतंर्गत वार्षिक परीक्षा के रूप मे पेपर–पेंसिल टेस्ट का प्रयोग किया जाता है।
6. संरचनात्मक मूल्यांकन शैक्षिक कार्यक्रम या सत्र के बीच में समय–समय पर किया जाता है।	6. योगात्मक मूल्यांकन पाठ्यक्रम की समाप्ति पर या शैक्षिक कार्यक्रम के अंत में या शिक्षा सत्र के समापन पर किया जाता है।
7. यह अल्पकालीन निर्णयों को लेने में सहायक होता है।	7. यह दीर्घकालीन निर्णयों को लेने में सहायक होता है।
8. इसके द्वारा प्राप्त परिणाम उपचारात्मक शिक्षण प्रदान करने में सहायक होते हैं।	8. इसके द्वारा प्राप्त परिणाम छात्रों की सफलता से संबंधित भविष्यवाणी करने में सहायक होते हैं।
9. संरचनात्मक मूल्यांकन से पूर्व मानक निर्धारित नहीं किये जाते हैं।	9. योगात्मक मूल्यांकन से पूर्व मानक निर्धारित किये जाते हैं

4. निदानात्मक मूल्यांकन (Diagnostic Evaluation)

निदानात्मक मूल्यांकन शिक्षण की क्रियात्मक अवस्था के दौरान किया जाता है। अर्थात् शिक्षण–अधिगम प्रक्रिया के दौरान जब छात्रों को अधिगम में कठिनाई उत्पन्न होती है, तब उसके निदान के लिए इस प्रकार का मूल्यांकन किया जाता है। शिक्षक इसकी सहायता से छात्रों की अधिगम से संबंधित समस्याओं को जानने का प्रयास करता है, तदुपरान्त वह इसके द्वारा प्राप्त परिणामों के माध्यम से उपचारात्मक शिक्षण की व्यवस्था करता है।

5. मानदण्ड संदर्भित मूल्यांकन (Criterion Referenced Evaluation)

जब छात्रों की शैक्षिक उपलब्धि की तुलना विशिष्ट पाठ्यक्रम के उद्देश्यों की प्राप्ति का मूल्यांकन करने हेतु की जाती है, तब इसे मानदंड संदर्भित मूल्यांकन कहते हैं। जैसा कि इसके नाम से स्पष्ट है कि मानदंड संदर्भित मूल्यांकन में किसी पाठ, इकाई या पाठ्यक्रम के शिक्षण के प्रारम्भ होने से पहले ही छात्रों के लिए शैक्षिक उपलब्धि या निष्पत्ति का एक मान्य स्तर, (जिसे स्वामित्व स्तर कहा जाता है), को एक मानदंड का कसौटी के रूप में निर्धारित कर लिया जाता है। इसके

पश्चात् शिक्षण-अधिगम प्रक्रिया संचालित की जाती है। तत्पश्चात् मूल्यांकन तकनीकों का प्रयोग कर यह पता लगाने का प्रयास किया जाता है कि छात्रों की उपलब्धि या निष्पत्ति निर्धारित मानदंड या कसौटी पर खरी उतरती है अथवा नहीं। प्रत्येक छात्र के द्वारा प्राप्त उपलब्धि की इस कसौटी के आधार पर व्याख्या की जाती है।

6. मानक संदर्भित मूल्यांकन (Norm Referenced Evaluation)

शैक्षिक व्यवस्था में छात्रों की शैक्षिक उपलब्धि की तुलना जब प्रतिनिधित्व करने वाले छात्रों के प्रतिदर्श (Sample) के प्रतिमानों से की जाती है, तब उस मूल्यांकन पद्धति को मानक संदर्भित मूल्यांकन कहते हैं। जैसा कि इसके नाम से स्पष्ट है कि मानक संदर्भित मूल्यांकन प्रणाली मानक (Norms) पर आधारित है। मानक संदर्भित मूल्यांकन में हम छात्र के किसी परीक्षण पर प्राप्त प्राप्तांकों की व्याख्या विभिन्न प्रकार के मानकों (आयु मानक, श्रेणी मानक, शतांशीय मानक, प्रतिमान प्राप्तांक मानक) के आधार पर करते हैं। ऐसा हम इसीलिए करते हैं क्योंकि परीक्षण के आधार पर प्राप्त प्राप्तांको का अपने आप में कोई अर्थ नहीं होता है, जब तक कि इनको किसी मानक से संदर्भित न किया जाये।

मानदंड संदर्भित और मानक संदर्भित मूल्यांकन में अन्तर

मानदंड संदर्भित मूल्यांकन	मानक संदर्भित मूल्यांकन
1. मानदंड संदर्भित मूल्यांकन में छात्र के द्वारा अर्जित ज्ञान की निरपेक्ष स्थिति का वर्णन किया जाता है।	1. मानक संदर्भित मूल्यांकन की सहायता से किसी छात्र की अन्य छात्रों के सापेक्ष स्थिति ज्ञात की जाती है।
2. इसमें व्यक्ति की योग्यता को किसी कसौटी के संदर्भ में व्यक्त किया जाता है।	2. मानक संदर्भित मूल्यांकन में छात्रों की योग्यता को किसी मानक समूह के संदर्भ में व्यक्त किया जाता है।
3. मानदंड या कसौटी संदर्भित मूल्यांकन यह सूचना देता है कि हमें अपने विशिष्ट उद्देश्यों की प्राप्ति में कहाँ तक सफलता प्राप्त हुई है।	3. मानक संदर्भित मूल्यांकन हमें यह सूचना देता है कि छात्रों ने पाठ्य-वस्तु का कहाँ तक अध्ययन किया है।
4. यह मूल्यांकन कम उपयोगी माना जाता है क्योंकि यह छात्र के संबंध में सामान्य जानकारी ही प्रदान करता है।	4. यह मूल्यांकन अधिक उपयोगी होता है क्योंकि यह छात्र के संबंध में विशिष्ट जानकारी प्रदान करने में सक्षम होता है।

मूल्यांकन की प्रविधियां (Techniques of Evaluation)

मूल्यांकन की प्रविधियों से अभिप्राय उन सारी विधियों से है जिनके द्वारा हम बालक के ज्ञान और व्यवहार में हुए परिवर्तनों तथा उनकी व्यक्तिगत विशेषताओं का मूल्याांकन करते हैं।

मूल्यांकन की प्रविधियों के माध्यम से हम विद्यार्थी के व्यहार के सभी पक्षों (ज्ञानात्मक, भावात्मक तथा क्रियात्मक) में आने वाले परिवर्तनों का मूल्यांकन करते हैं। चूंकि व्यवहारगत परिवर्तन दो प्रकार के परिमाणात्मक तथा गुणात्मक होते हैं, इसीलिए मूल्यांकन की प्रविधियों को दो भागों-परिमाणात्मक तथा गुणात्मक में बाँटा जा सकता है।

अ. परिमाणात्मक प्रविधियाँ (Quantitative Techniques)– परिमाणात्मक मूल्यांकन द्वारा बालक के व्यवहार में आने वाले परिमाणात्मक परिवर्तनों का मापन तथा व्याख्या की जाती है। इसकी सहायता से विद्यार्थियों से प्राप्त किये गये ज्ञान, कौशलों एवं उपलब्धियों का मूल्यांकन किया जाता है।

ब. गुणात्मक प्रविधियाँ (Qualitative Techniques)– मूल्यांकन की गुणात्मक प्रविधियों की सहायता से छात्रों की रुचि, आदतों, अभिवृत्तियों तथा व्यक्तित्व के गुणों को मापा जाता है तथा उनकी व्याख्या की जाती है।

अ. परिमाणात्मक प्रविधियां (Quantitative Techniques)

1. मौखिक परीक्षा (Oral Test)–इन परीक्षाओं का उद्देश्य विद्यार्थियों की तुरन्त अभिव्यक्ति तथा क्रियाशीलता की जाँच करना है। मौखिक मूल्यांकन के अंतर्गत शिक्षक छात्रों से मौखिक रूप में किसी प्रकरण से संबंधित प्रश्न पूछता है, जिनका उत्तर छात्र मौखिक रूप में देता है। कम्प्यूटर विज्ञान शिक्षण के अन्तर्गत शिक्षक छात्रों से कम्प्यूटर विज्ञान से संबंधित किसी प्रकरण पर उनको मौखिक रूप में अपने विचारों को व्यक्त करने के लिए कह सकता है। मौखिक परीक्षाओं का प्रयोग छात्रों की निम्न योग्यताओं का मूल्यांकन करने के लिए किया जाता है।

(i) मौखिक सम्प्रेषण।
(ii) कम्प्यूटर विज्ञान विषय से सम्बन्धित किसी ज्वलन्त समस्या या प्रकरण पर छात्रों की अभिव्यक्ति की योग्यता।
(iii) किसी दूसरे के विचारों से सहमत या असहमत होने पर अपने पक्ष में तर्क प्रस्तुत करना।
(iv) छात्रों की प्रत्यास्मरण, चिन्तन, बोध, विश्लेषण आदि योग्यताओं का मापन करना।
(v) शैक्षिक स्थायित्व।
(vi) तुरन्त विचार करने की योग्यता।
(vii) समस्या को समझना और उसका समाधान प्रस्तुत करना।

2. प्रयोगात्मक परीक्षा (Practical Test)–लिखित परीक्षाओं या मौखिक परीक्षाओं के माध्यम से हम छात्रों के कौशलों का मूल्यांकन नहीं कर सकते। कुछ प्रमुख कौशल निम्न प्रकार हैं– प्रयोगशाला कौशल, सामाजिक कौशल आदि। इन कौशलों का मूल्यांकन छात्रों को प्रत्यक्ष रूप में इन परिस्थितियों में रखकर ही किया जा सकता है।

3. लिखित परीक्षा (Written Test)–सामान्यतः विद्यालयों में मूल्यांकन के इस रूप का प्रचलन अधिक है। इस प्रकार की परीक्षा में छात्र प्रश्नों का उत्तर लिखित रूप में देते हैं। लिखित परीक्षा के माध्यम से छात्रों की स्मरण शक्ति, लेखन क्षमता, अभिव्यक्ति कौशल तथा विश्लेषण की योग्याताओं का मूल्यांकन किया जाता है। लिखित परीक्षाएँ दो प्रकार की होती हैं–

क. निबन्धात्मक परीक्षण   ख. वस्तुनिष्ठ परीक्षण

क. निबन्धात्मक परीक्षण– निबन्धात्मक परीक्षणों का निर्माण शिक्षकों द्वारा किया जाता है। इसके द्वारा कम्प्यूटर विज्ञान शिक्षण के माध्यम से छात्रों में आये व्यवहार परिवर्तन का मूल्यांकन किया जाता है। इन परीक्षाओं के अंतर्गत छात्रों को एक निश्चित समय सीमा के अन्तर्गत शिक्षक द्वारा पूछे गये कुछ प्रश्नों का उत्तर लिखित रूप में देना होता है। इन परीक्षाओं का प्रयोग सामान्यतः स्मरण शक्ति, संगठन तथा संश्लेषण की योग्यता का आकलन करने के लिए किया जाता है। छात्र को इन प्रश्नों का उत्तर विस्तृत रूप में देना होता है। इसके द्वारा छात्रों की अभिव्यक्ति क्षमता, स्पष्ट लेखन कौशल तथा भाषा पर आधिपत्य आदि का मूल्यांकन किया जाता हैं।

निबन्धात्मक परीक्षाओं की विशेषताएँ

1. निबन्धात्मक परीक्षाओं का निर्माण आसान होता है।
2. यह छात्रों को अपने विचारों को स्वतन्त्र रूप से व्यक्त करने के अवसर प्रदान करती हैं।
3. इनके माध्यम से छात्रों की उच्च मानसिक योग्यताओं का मापन किया जा सकता है।

4. यह सृजनात्मक चिन्तन को बढ़ावा देती हैं।
5. यह मितव्ययी होती हैं।
6. एक साथ बहुत से छात्रों का मूल्यांकन संभव है।
7. नकल की संभावना कम होती है।
8. यह छात्रों की भाषा तथा अभिव्यक्ति क्षमता का मापन कर सकती हैं।
9. इनका प्रयोग सभी विषयों में किया जा सकता है।

निबन्धात्मक परीक्षाओं के दोष

1. यह परीक्षाएँ रटने पर बल देती हैं। इन परीक्षाओं के माध्यम से ज्ञानात्मक पक्ष से संबंधित उच्च स्तरों (विश्लेषण, संश्लेषण तथा मूल्यांकन) आदि का मूल्यांकन संभव नहीं है।
2. इन परीक्षाओं में आत्मनिष्ठ तथ्यों को स्थान मिलता है।
3. इनके माध्यम से छात्रों की विषय-संबंधी कमज़ोरियों का पता लगाना कठिन कार्य है।
4. निबन्धात्मक परीक्षाएँ कम विश्वसनीय होती हैं।
5. इसमें अंक प्रदान करने की कोई वस्तुनिष्ठ विधि नहीं होती है। एक छात्र को एक ही प्रश्न के उत्तर पर दो भिन्न-भिन्न शिक्षकों द्वारा अलग अलग अंक प्राप्त हो सकते हैं। यहाँ तक कि एक ही शिक्षक द्वारा अलग-अलग समय में मूल्यांकन करने पर भी अंकों में अन्तर होने की सम्भावना रहती है।

निबन्धात्मक परीक्षाओं के प्रकार

निबन्धात्मक्र परीक्षाओं को हम निम्न तीन भागों में बाँट सकते हैं–

अ. दीर्घ उत्तर वाले प्रश्न : इस प्रकार के प्रश्नों के उत्तर विस्तृत रूप में दिये जाते हैं।

ब. लघु उत्तर वाले प्रश्न : इन प्रश्नों का उत्तर छात्रों को 8 से लेकर 10 पंक्तियों के अन्दर देना होता है।

स. अति लघु उत्तर वाले प्रश्न : छात्र इस प्रकार के प्रश्नों का उत्तर कुछ शब्दों या चिन्हों के माध्यम से देते हैं।

निबन्धात्मक परीक्षाओं में प्रयुक्त होने वाले प्रश्न

निबन्धात्मक परीक्षाओं में उद्देश्यों के अनुकूल निम्न प्रकार के प्रश्नों को सम्मिलित किया जाता है–

***1.** वर्णनात्मक प्रश्न–* इनमें बालक से किसी वस्तु, घटना, प्रक्रिया या व्यक्ति विशेष आदि का वर्णन करने के लिए कहा जाता है। जैसे ताजमहल पर एक लेख लिखिए, गांधी जी की जीवनी पर प्रकाश डालिए या कम्प्यूटर की कार्य प्रणाली का वर्णन कीजिए। यह वर्णन संक्षिप्त एवं विस्तृत दोनों प्रकार का हो सकता है।

***2.** व्याख्यात्मक प्रश्न–* इस प्रकार के प्रश्नों में कारण-प्रभाव के संबंध की तार्किक व्याख्या करनी होती है। इनके उत्तर देने में तथ्य एवं तर्क प्रस्तुत करने होते हैं। जैसे मनोवैज्ञानिक परीक्षणों का शैक्षिक क्षेत्र में क्या उपयोग है? व्याख्या कीजिए, दूरस्थ शिक्षा में ई-मेल का क्या उपयोग है, व्याख्या कीजिए?

***3.** विवेचनात्मक प्रश्न–* विवेचनात्मक प्रश्नों में व्यक्ति किसी वस्तु या प्रक्रिया के वर्णन के साथ-साथ उसकी विशेषताओं एवं दोषों की व्याख्या भी करता हैं जैसे - शैक्षिक कार्यक्रमों को प्रस्तुत करने में ETV के कार्यों की विवेचना कीजिए।

***4.** उदाहरणार्थ प्रश्न–* इस प्रकार के प्रश्नों में व्यक्ति से किसी तत्व को उदाहरणों की सहायता

से समझाने या प्रस्तुत करने को कहा जाता है। जैसे, सीखने के 'प्रयास एवं त्रुटि' सिद्धान्त पर उदाहरण देते हुए प्रकाश डालिए। उदाहरणों की सहायता से DOS के आन्तरिक (Internal) तथा बाह्य (External) निर्देशों (Commands) पर प्रकाश डालिए। ये प्रश्न व्यक्ति के व्यवहारिक ज्ञान का आभास करने में सहायक होते हैं।

5. तुलनात्मक प्रश्न– इन प्रश्नों में तथ्यों, विचारों, वस्तुओं या व्यक्तियों की समानता या गुण–दोषों की तुलना करने के लिए कहा जाता है, जैसे निबन्धात्मक एवं वस्तुनिष्ठ उपलब्धि परीक्षणों का तुलनात्मक अध्यन कीजिए, अथवा प्रथम पीढ़ी तथा द्वितीय पीढ़ी के कम्प्यूटरों का तुलनात्मक अध्ययन कीजिए।

6. विश्लेषणात्मक प्रश्न– इस प्रकार के प्रश्नों में किसी तथ्य के विभिन्न पहलुओं का वर्णन करते हुए उनका विश्लेषण करना होता है। जैसे क्या अध्यापक बालकों के मानसिक विकास में सहायक हो सकता है? क्या कम्प्यूटर आधारित अनुदेशन (CAI) शिक्षण–अधिगम प्रक्रिया के सुधार मे सहायक है? विश्लेषण कीजिए।

7. वर्गीकरणात्मक प्रश्न– इस प्रकार के प्रश्नों में किसी वस्तु या प्रक्रिया के विभिन्न प्रकारों का उल्लेख कराया जाता है। जैसे कम्प्यूटर स्मृति (Memory) कितने प्रकार की होती है? इनका वर्गीकरण कीजिए।

8. आलोचनात्मक प्रश्न– इस प्रकार के प्रश्नों में किसी विचार की शुद्धता, सत्यापन, पर्याप्ता आदि का मूल्यांकन कर उसके सुधार हेतु सुझाव देने पड़ते हैं।

9. परिभाषात्मक प्रश्न– इस प्रकार के प्रश्नों द्वारा किसी वस्तु, प्रक्रिया या तत्व के स्वरूप के संबंध में जानने की चेष्टा की जाती है जैसे AI से आपका क्या अभिप्राय है? WWW से क्या अभिप्राय है?

वस्तुनिष्ठ परीक्षा (Objective Type Tests)

जैसा कि इनके नाम से स्पष्ट है कि इन परीक्षाओं के प्रश्नों के फलांकन में वस्तुनिष्ठता पायी जाती है। इन परीक्षणों में उद्देश्यों को पूर्ण रूप से निश्चित कर लिया जाता है तथा समस्त पाठ्य–वस्तु में से पदों का चयन कर उन्हें एक परीक्षण के रूप में छात्रों के सम्मुख प्रस्तुत किया जाता है।

वस्तुनिष्ठ परीक्षण के प्रकार

1. पुनःस्मरण प्रकार के परीक्षण– इस प्रकार के परीक्षण के प्रश्नों में किसी सीखे हुए तथ्यों की पुनरावृत्ति या पुनः स्मरण किया जाता है। अतएव यह परीक्षण परीक्षार्थी की धारण शक्ति का मापन करने में सहायक होते हैं। इन प्रश्नों को हम दो हिस्सों में बाँट सकते हैं–

क. साधारण पुनः स्मरण प्रकार के परीक्षण : इस प्रकार के परीक्षण के प्रश्न लघु वाक्य के रूप में होते हैं तथा जिनका उत्तर भी एक छोटे से वाक्य या शब्द के रूप में देना होता है। जैसे–1 किलोबाइट में कितने बाइट्स होते हैं?

ख. रिक्त स्थान पूर्ति प्रकार के परीक्षण : इस प्रकार के परीक्षण के प्रश्नों को वाक्य के रूप में प्रस्तुत कर एक या अधिक रिक्त स्थान छोड़ दिए जाते हैं जिनकी पूर्ति परीक्षार्थी को करनी होती है। जैसे कम्प्यूटर का पिता .... को कहा जाता है।

2. प्रत्याभिज्ञान प्रकार के परीक्षण– इस प्रकार के परीक्षण के प्रश्नों के उत्तरों में से सही उत्तर की पहचान करनी होती है। यह निम्न प्रकार के होते हैं–

क. बहुनिर्वचन/बहुविकल्प प्रकार के परीक्षण : इस प्रकार के प्रश्नों में एक कथन दिया होता है जिसके 3 या 4 विकल्प दिए रहते हैं। परीक्षार्थी को सही विकल्प की पहचान करनी

होती है। लेजर प्रिंटर है– (अ) नॉन इम्पैक्ट (ब) इम्पैक्ट (स) डॉटमैट्रिक्स (द) तीनों प्रकार का।

ख. एकान्तर अनुक्रिया प्रकार परीक्षण : इस प्रकार के प्रश्नों के दो संभावित उत्तर होते हैं। छात्रों को दो विकल्पों में से एक को छाँटने के लिए कहा जाता है। इस प्रकार के प्रश्न हाँ/नहीं या सत्य/असत्य के रूप में हो सकते हैं।

ग. समानता प्रकार परीक्षण : समानता रूप वाले प्रश्नों में दो स्तम्भों (Columns) मे कुछ शब्द, संकेत, सूत्र इत्यादि दिए होते हैं। छात्रों से दोनों स्तम्भों की आपस में तुलना करके सही जोड़े बनाने के लिए कहा जाता है।

घ. वर्गीकरण प्रकार परीक्षण : इस प्रकार के प्रश्नों के अंतर्गत छात्रों को कुछ शब्दों का एक समूह दिया जाता है, जिनमें एक शब्द अन्य से किसी विशेषता के आधार पर भिन्न होता है। छात्रों को इस असंगत शब्द को अलग करना होता है जैसे- हाथी, घोड़ा बैल, गाय।

ड. सादृश अनुभव प्रकार परीक्षण : इनमें दो समान परिस्थितियों को प्रस्तुत किया जाता है। पहली परिस्थिति पूर्ण तथा दूसरी अपूर्ण होती है। छात्रों को पहली पूर्ण परिस्थिति के आधार पर संबंध स्थापित करते हुए दूसरी अपूर्ण स्थिति को पूर्ण करना होता है। प्रिन्टर : आउटपुट : की बोर्ड : ?

वस्तुनिष्ठ परीक्षणों की विशेषताएँ

1. अंक देने में सरलता– इसमें अंक प्रदान करना अत्यधिक सुलभ तथा यांत्रिक कार्य है। अंक प्रदान करने के लिए किसी विशेषज्ञ की आवश्यकता नहीं होती है बल्कि कुंजी की सहायत से कोई भी अंक प्रदान कर सकता है अथवा कम्प्यूटर की सहायता से भी अंक प्रदान किए जा सकते हैं।

2. पाठ्यक्रम की व्यापकता– इस परीक्षा के प्रश्न पाठ्यक्रम के सीमित क्षेत्र पर आधारित न होकर सम्पूर्ण पाठ्यक्रम पर आधारित होते हैं जिससे परीक्षार्थी के पाठ्य-वस्तु सम्बन्धी ज्ञान का उचित रूप से मापन हो जाता है।

3. वस्तुनिष्ठता– ये परीक्षण वस्तुनिष्ठ होते हैं, इसमें आत्मगत तत्वों को कोई स्थान नहीं मिलता है। इनमें विद्यार्थी जितने प्रश्न हल कर लेता है, उसे उतने ही अंक मिल जाते हैं। अध्यापक को किसी विशेष छात्र को लाभ या हानि पहुँचाने का अवसर नहीं मिल पाता है।

4. समय की मितव्ययता– इनके प्रशासन में समय कम लगता है, इसलिए परीक्षण काल में व्यक्ति किसी प्रकार की थकान एवं उदासीनता महसूस नहीं करते। अंकन कार्य में भी कम समय लगता है।

5. अधिक वैध एवं विश्वसनीय– चूँकि ये परीक्षण किसी निश्चित उद्देश्य को लेकर बनते हैं, अतएव ये अधिक वैध होते हैं। परीक्षण के पदो से ही यह ज्ञात हो जाता है कि अमुक प्रश्न किस उद्देश्य या योग्यता का मापन कर रहा है। ये अधिक विश्वसनीय होते हैं। यदि इन परीक्षणों को कई बार दिया जाए तब भी परीक्षार्थी लगभग वही अंक प्राप्त करेगा।

6. मानकीकरण की सम्भावना– इन परीक्षणों में मानकीकरण करना आसान होता है। एक लम्बे समूह पर उन्हें प्रशासित कर मानकों को ज्ञात कर मानकीकरण किया जा सकता है।

7. विभेदकारी– ये परीक्षायें विभेदकारी होती हैं। इनके प्रश्न अच्छे, औसत और कमज़ोर बालकों में विभेदकर सकते हैं।

वस्तुनिष्ठ परीक्षण की सीमाएँ

1. अनुमान को प्रोत्साहन– इनमें अनुमान को प्रोत्साहन मिलता है। इन परीक्षाओं के द्वारा यह ज्ञात नहीं हो पाता है कि कहाँ पर बालक ने अपनी वास्तविक बुद्धि का प्रयोग किया है और कहाँ पर अनुमान का। इसके अलावा इस परीक्षण में नकल करना सरल है। अनुमान के द्वारा पाठय-वस्तु का बिल्कुल ज्ञान न होने पर भी उसे कुछ अंक मिल जाते हैं।

2. निर्माण में कठिनता– इन परीक्षणों की रचना अत्यन्त कठिन होती है। इसकी रचना में अत्याधिक परिश्रम, समय एवं धन की आवश्यकता होती है। इनके निर्माण हेतु विशेषज्ञ की आवश्यकता होती है क्योंकि समस्त विषय-वस्तु से पदों का चयन करना होता है।

3. विचारों एवं अभिव्यक्ति की नगण्यता– इस प्रकार के परीक्षणों में व्यक्ति को अपने विचारों को प्रस्तुत करने का अवसर नही मिलता है और न ही वह अन्य लोगों के विचारों का मूल्यांकन कर पाता है। इसमें व्यक्ति के उत्तर नियंत्रित रहते हैं।

4. नकल की अधिक सम्भावना– इस प्रकार के परीक्षणों में नकल की अत्यधिक सम्भावना रहती है। प्रश्नों के उत्तर क्योंकि छोटे होते हैं अतएव शीघ्रता से उनकी नकल की जा सकती है।

ब. गुणात्मक प्रविधियाँ (Qualitative Techniques)

1. निरीक्षण (Observation): अवलोकन या निरीक्षण बालक के व्यवहार का विश्लेषण करने की एक महत्वपूर्ण विधि है। अवलोकन के अंतर्गत वास्तविक परिस्थितियों में विद्यार्थियों के बाह्य तथा आन्तरिक व्यवहारों का अध्ययन किया जाता है। निरीक्षण के माध्यम से बालक के ज्ञानात्मक, भावात्मक तथा क्रियात्मक तीनों पक्षों से संबंधित व्यवहारों का अध्ययन संभव है। निरीक्षण के माध्यम से बालक की कम्प्यूटर विज्ञान में शैक्षिक उपलब्धि के साथ-साथ हम उसके सोचने-विचारने, कार्य करने, आदतों, रुचियों, संवेगात्मक स्थिरता, नैतिक एवं बौद्धिक विकास इत्यादि के संबंध में भी जानकारी प्राप्त कर सकते हैं।

निरीक्षण के प्रकार

अ. स्वअवलोकन तथा बाह्य अवलोकन

ब. व्यवस्थित अवलोकन तथा अव्यवस्थित अवलोकन

स. नियंत्रित तथा अनियन्त्रित अवलोकन

द. प्रत्यक्ष तथा अप्रत्यक्ष अवलोकन

य. सहभागिक तथा असहभागिक अवलोकन

2. मतसूची (Check List): मतसूची के माध्यम से हम बालक के व्यक्तित्व तथा उसके व्यवहार का अध्ययन कर सकते हैं। मतसूची के अंतर्गत कथन के रूप में छात्रों से प्रश्न पू[छे] जाते हैं, जिनका उत्तर छात्र को हाँ या नहीं के रूप में देना होता है। इसके माध्यम से हम छा[त्रों] की अभिवृत्तियों, रुचियों, इच्छाओं इत्यादि का मापन कर सकते हैं।

3. संचयी अभिलेख (Cumulative Records): संचयी अभिलेख छात्र व्यवहार के मूल्यांक[न] की एक महत्वपूर्ण विधि है। इसके अंतर्गत कक्षा से सम्बन्धित प्रत्येक छात्र का व्यक्तिगत रू[प] में अभिलेख तैयार किया जाता है। इसमें छात्र से संबंधित विभिन्न सूचनाओं एवं जानकारियों [को] क्रमबद्ध रूप में व्यवस्थित किया जाता है। संचयी अभिलेख वास्तव में छात्र का शैक्षिक इतिहा[स] होता है क्योंकि इसके अन्तर्गत छात्रों की कक्षा उपस्थिति, पाठ्यक्रम सहगामी क्रियाओं में भागीदा[री,] रुचियां, शैक्षिक प्रगति, व्यवहार, व्यक्तित्व इत्यादि सभी बातों को शामिल किया जाता है।

4. साक्षात्कार (Interview): साक्षात्कार का आधार साक्षात्कार लेने वाले और देने वा[ले]

के बीच की मौखिक अन्तःप्रक्रिया या सम्प्रेषण होता है। साक्षात्कार विद्यार्थियों से विषय से संबंधित विभिन्न प्रकार की सूचनाओं को संकलित करने की एक सर्वाधिक प्रचलित प्रविधि है। जॉन डब्ल्यू बेस्ट के अनुसार – "साक्षात्कार एक प्रकार से एक मौखिक प्रकार की प्रश्नावली है। इसके अन्तर्गत उत्तर लिखने के स्थान पर आमने–सामने की स्थिति में विषयी मौखिक उत्तर देता है।" साक्षात्कार एकल तथा समूह दोनों प्रकार से लिये जा सकते हैं।

5. प्रश्नावली (Questionnaire): प्रश्नावली के अन्तर्गत प्रश्नों का एक समूह होता है, जिसे छात्रों के सम्मुख प्रस्तुत किया जाता है। छात्र इन प्रश्नों को पढ़कर इनका उत्तर देते हैं। लुण्डबर्ग के अनुसार– "मूल रूप में प्रश्नावली उत्तेजनाओं का समूह है जिसे शिक्षित व्यक्तियों को दिखाया जा सके।" वानडैलेन के अनुसार – "प्रश्नावली एक उपकरण है, जो शिक्षा के क्षेत्र में कार्य करने वालों के द्वारा वर्तमान परिस्थितियों तथा क्रियाओं के विषय में तथा अभिवृत्ति एवं मत को ज्ञात करने के लिए व्यापक रूप में प्रयोग किया जाता है।"

प्रश्नावली के प्रकार (Types of Questionnaire)

1. प्रतिबन्धित या बन्द प्रश्नावली
2. खुली प्रश्नावली
3. चित्र–रूपी प्रश्नावली
4. मिश्रित प्रश्नावली

6. आकस्मिक निरीक्षण अभिलेख (Anecdotal Record): ऐनकडोटल अभिलेख वास्तव में छात्रों के शैक्षिक विकास से सम्बन्धित महत्वपूर्ण घटनाओं का वस्तुनिष्ठ प्रस्तुतीकरण है। इसके अन्तर्गत शिक्षक छात्र से संबंधित महत्वपूर्ण घटनाओं को लिखता है। घटना से संबंधित पूर्ण विवरण भी दिया जाता है। अर्थात् घटना कब घटी, कैसे घटी, घटना के पीछे क्या कारण थे तथा घटना के वक्त छात्र का व्यवहार कैसा था इत्यादि। इसके पश्चात् शिक्षक घटना के आधार पर छात्र के संबंध में अपनी व्याख्या देता है।

7. क्रम निर्धारण मापनी (Rating Scale): निर्धारण मापनी छात्र के व्यवहार तथा उसके व्यक्तित्व से संबंधित विभिन्न पहलुओं का गुणात्मक विवरण प्रस्तुत करती है। जॉन डब्ल्यू बेस्ट के अनुसार – "निर्धारण मापनी किसी व्यक्ति के गुणों अथवा वस्तु के सीमित पक्षों का गुणात्मक विवरण प्रस्तुत करती है।" इस मापनी की सहायता से बालक के व्यवहार के विभिन्न पक्षों का मापन किया जा सकता है। इसमें कुछ संकेत होते हैं। ये संकेत अथवा अंक कम से अधिक के बढ़ते हुए क्रम में व्यवस्थित रहते हैं। छात्र के मापे जाने वाले गुण के आधार पर इन अंकों में किसी एक अंक का चयन करना होता है। यह अंक छात्र में उपस्थित उस गुण की सीमा के बारे में बताता है।

अध्याय 14

कम्प्यूटर सहायक शिक्षण
(Computer Assisted Teaching)

शिक्षा का पर्याय है अधिगम अथवा सीखना तथा इसका मुख्य उद्देश्य है छात्रों के व्यवहार में अपेक्षित परिवर्तन लाना। इस उद्देश्य की प्राप्ति हेतु एक अध्यापक अनेक प्रकार की शिक्षण विधियों तथा तकनीकों का उपयोग करता है। इसमें कुछ बातों का विशेष ध्यान रखा जाता है, जैसे उपयुक्त विषय सामग्री का चयन, अधिगम के लिए वातावरण का निर्माण, प्रभावशाली शिक्षण विधियों तथा प्रविधियों का उपयोग आदि। कक्षा में शिक्षण कार्य करते समय प्रत्येक शिक्षक का प्रयास रहता है कि कक्षा के अधिकांश छात्र उसके द्वारा पढ़ाई गयी शिक्षण सामग्री को समझ लें अर्थात् जिस उद्देश्य की प्राप्ति हेतु शिक्षक शिक्षण कार्य कर रहा है उसमें वह पूर्ण रूप से सफल हो।

एक प्रभावशाली शिक्षक होने के उपरान्त भी एक शिक्षक के लिए विभिन्न क्षमता युक्त छात्रों के एक बड़े समूह वाली कक्षा में निम्न क्रियाओं को करना कठिन होता है–

1. कक्षा के प्रत्येक छात्र को उसकी व्यक्तिगत आवश्यकतानुसार तथा सीखने की गति के अनुकूल अधिगम सामग्री प्रदान करना।
2. कक्षा के प्रत्येक छात्र को उस समय तक अधिगम सामग्री प्रदान करना, जब तक कि छात्र उस अधिगम सामग्री का अध्ययन करना चाहता है।
3. कक्षा के प्रत्येक छात्र की अधिगम प्रक्रिया का सूक्ष्म निरीक्षण करना तथा उनकी व्यक्तिगत प्रगति का आलेख तैयार करना।
4. छात्रों को उनकी व्यक्तिगत विभिन्नता के अनुकूल शैक्षिक तथा व्यावसायिक निर्देशन प्रदान करना।
5. शिक्षण के दौरान पाठ के प्रति छात्रों की रुचि को बनाए रखना तथा प्रत्येक चरण पर छात्रों को पृष्ठपोषण (Feedback) तथा पुनर्बलन (Reinforcement) प्रदान करना।

परम्परागत शिक्षण में शिक्षक का ध्यान अपनी पाठ्य-वस्तु के प्रस्तुतीकरण पर अधिक होता है। पाठ को प्रस्तुत करने की प्रक्रिया में वह अध्ययन-अध्यापन के उद्देश्यों के अनुसार छात्र के व्यवहार में उद्देश्योन्मुख परिवर्तन लाने में संलग्न रहता है। कक्षा के प्रत्येक छात्र ने शिक्षक की बात को कितना समझ लिया है, इस बात का पता लगाना एक शिक्षक के लिए असम्भव नहीं पर अत्यन्त कठिन अवश्य है। परम्परागत शिक्षण कक्षा के औसत विद्यार्थी के आधार पर किया जाता है। इसमें धीमी गति अथवा तेज़ गति से सीखने वाले विद्यार्थियों का ध्यान नहीं रखा जाता है। फलस्वरूप इन दोनों प्रकार के विद्यार्थियों के लिए शिक्षण अधिगम प्रक्रिया अरुचिकर बन जाती है। इस प्रकार की शिक्षण अधिगम व्यवस्था में एक शिक्षक कक्षा की औसत बाधाओं का पता तो लगा सकता है परन्तु व्यक्तिगत कठिनाईयों को जानने में वह असफल रहता है।

विज्ञान तथा तकनीकी के क्षेत्र में तीव्रता के साथ हो रहे परिवर्तनों ने शिक्षा के क्षेत्र में बहुत क्रांतिकारी परिवर्तन ला दिये हैं। विज्ञान तथा तकनीकी के शिक्षा के क्षेत्र में अनुप्रयोगों ने शिक्षा के क्षेत्र में ''शैक्षिक तकनीकी'' को जन्म दिया हैं आज शिक्षा के क्षेत्र में चार्ट, मॉडल, प्रोजेक्टर

के अलावा वीडियो फिल्म, रेडियो, टेलीविज़न, कम्प्यूटर जैसे माध्यमों का प्रयोग किया जा रहा है। शिक्षण-अधिगम प्रक्रिया में गुणात्मक सुधार लाने के लिए उपरोक्त सभी माध्यमों में से कम्प्यूटर संम्प्रेषण के साथ-साथ शिक्षण के क्षेत्र में भी सबसे अधिक सशक्त व शक्तिशाली माध्यम के रूप में स्थान बना चुका है।

टेलर (1981) के अनुसार "एक माइक्रो कम्प्यूटर एक निजी शिक्षक, एक माध्यम और छात्रों को एक अन्वेषक के रूप में कार्य करने के लिए प्रोत्साहित करने के साधन के रूप में कार्य कर सकता है।" जब कम्प्यूटर को एक ट्यूटर (निजी शिक्षक) की भाँति प्रयोग किया जाता है तब कम्प्यूटर एक योग्य शिक्षक की तरह छात्रों को शिक्षण प्रदान कर सकता है। कम्प्यूटर का यह कार्य कम्प्यूटर-सहायक-शिक्षण (Computer Assisted Instruction: CAI) कहलाता है। जब कम्प्यूटर को एक टूल (सहायक) की तरह प्रयोग में लाया जाता है, तब यह छात्र को किसी कार्य को सम्पन्न करने में मदद करता है।

कम्प्यूटर प्रौद्योगिकी और व्यक्तिगत शिक्षण/अधिगम

व्यक्तिगत विभिन्नता के अनुकूल शिक्षण तथा अधिगम की बात हमेशा ही उठाई जाती रही है परन्तु पूर्व अनुच्छेद से यह सुस्पष्ट है कि परम्परागत कक्षा में बालक की वैयक्तिकता का ध्यान रखना अत्यन्त कठिन है किन्तु कम्प्यूटर प्रौद्योगिकी के उपयोग से व्यक्तिगत शिक्षण/अधिगम सम्भव है। अधिगमकर्ता अपनी सुविधानुसार शिक्षण सामग्री, अधिगम-क्रम, समय आदि का चुनाव कर सकता है। कम्प्यूटर एक ऐसा वातावरण प्रदान करता है जिसमें अधिगमकर्ता अपनी व्यक्तिगत क्षमताओं का उचित प्रयोग करते हुए नयी शिक्षण-सामग्री पर अपनी पकड़ बना सकता है। शोधों के परिणामों से यह स्पष्ट हो चुका है कि कम्प्यूटर-सहायक शिक्षण (CAI) बालकों की शैक्षिक उपलब्धि को बढ़ाता है। इस प्रकार के शिक्षण में छात्रों की पाठ के प्रति रुचि प्रारम्भ से लेकर अन्त तक बनी रहती है तथा प्राप्त किया गया ज्ञान अधिक सार्थक तथा स्थायी होता है। शिक्षक प्रत्येक विद्यार्थी की अधिगम प्रक्रिया का सूक्ष्म निरीक्षण कर सकता है तथा भविष्य के लिए उनका व्यक्तिगत अभिलेख सुरक्षित रख सकता है। छात्रों की शैक्षिक समस्याओं का निदान करके उनका उपचार सम्भव है। शिक्षक छात्रों की व्यक्तिगत उपलब्धियों को ध्यान में रखते हुए उनको शैक्षिक तथा व्यावसायिक निर्देशन प्रदान कर सकता है।

कम्प्यूटर सहायक शिक्षण (Computer Assisted Instruction)

इसमें कम्प्यूटर की सहायता से छात्रों को अनुदेशन प्रदान किया जाता है। इस विधि में कम्प्यूटर तथा अधिगमकर्ता के मध्य परस्पर अन्तःप्रक्रिया होती है। कम्प्यूटर छात्रों के समक्ष छोटे-छोटे पदों के रूप में शिक्षण-सामग्री प्रदान करता है। छात्र इन पदों को अपनी सुविधानुसार पढ़कर अपनी अनुक्रिया देते हैं, जिनका विश्लेषण कम्प्यूटर द्वारा किया जाता है। कम्प्यूटर छात्रों को प्रत्येक चरण पर तुरन्त पृष्ठपोषण तथा पुनर्बलन भी प्रदान करता है।

स्पिलटगर्बर (1979) ने कम्प्यूटर सहायक शिक्षण की परिभाषा निम्न शब्दों में की है, "कम्प्यूटर-सहायक-शिक्षण, शिक्षण की एक ऐसी प्रक्रिया है जिसमें प्रत्येक विद्यार्थी को शिक्षण सामग्री प्रदान करने के लिए तथा उनके व्यक्तिगत अधिगम को नियंत्रित करने के लिए कम्प्यूटर का प्रयोग किया जाता है।"

कम्प्यूटर सहायक शिक्षण की विशेषताएँ

☞ इस प्रकार के शिक्षण में किसी भी पाठ्य-बिन्दु को तब तक बार-बार दोहराया जा सकता है जब तक वह छात्रों द्वारा आत्मसात न कर लिया जाये।

- ☞ कम्प्यूटर सहायक शिक्षण में छात्र के कमज़ोर अंशों पर समुचित ध्यान दिया जाता है तथा इसके सुधार के लिए पर्याप्त अभ्यास के अवसर प्रदान किये जाते हैं।
- ☞ कम्प्यूटर पूर्वाग्रहों से रहित होता है अतः छात्रा/छात्राओं की जाति, लिंग, वर्ग आदि का उस पर कोई प्रभाव नहीं पड़ता है।
- ☞ कम्प्यूटर अधिगमकर्ता को तुरन्त पृष्ठपोषण तथा पुनर्बलन प्रदान करता है।
- ☞ कम्प्यूटर के निर्देशन में विद्यार्थी अपने पाठ के विकास के साथ-साथ अपने सीखने की उपयुक्त गति बनाये रख सकता है।
- ☞ स्व-शिक्षण और अध्यापक नियंत्रित शिक्षण दोनों में ही इस प्रकार के शिक्षण की असीमित सम्भावनाएं हैं।
- ☞ जो छात्र संकोच या भय के कारण सामान्य कक्षा में उत्तर नहीं दे पाते हैं उनके लिए तथा विशेष आवश्यकता वाले अधिगमकर्ताओं के लिए इस प्रकार का शिक्षण बहुत ही लाभकारी है।

कम्प्यूटर द्वारा कैसे शिक्षा प्रदान की जाती है?

कम्प्यूटर के माध्यम से व्यक्तिगत अधिगम या सामूहिक अधिगम भी सम्भव है। सामूहिक अधिगम के लिए प्रत्येक छात्र का सीधा संबंध कम्प्यूटर के हैडफोन, ध्वनि-लेख-यन्त्र (टेपरिकॉर्डर) और कुंजी पटल से कर दिया जाता है। सर्वप्रथम पाठ-वस्तु को लघु इकाईयों में विभाजित कर अभिक्रम के रूप में संगणक (कम्प्यूटर) में भर देते हैं। इस शिक्षण प्रक्रिया में छोटे-छोटे पदों के रूप में में पाठ्य-वस्तु को छात्रों के सम्मुख प्रस्तुत किया जाता है। प्रत्येक छात्र इन पदों को ध्यानपूर्वक पढ़ता है तथा इन पर आधारित प्रश्नों के उत्तर देने का प्रयास करता है। प्रश्न का सही उत्तर देने पर छात्र को तुरन्त पुनर्बलन प्रदान किया जाता है तथा दूसरा पद पढ़ने के लिए दिया जाता है। सही उत्तर प्राप्त न होने की स्थिति में पुनः छात्र को वहीं पद पढ़ने के लिए दिया जाता है अथवा पद को ठीक से समझने के लिए अतिरिक्त सामग्री पढ़ने के लिए दी जाती है। तत्पश्चात् उसे प्रश्न का उत्तर देना पड़ता है। कम्प्यूटर कक्षा में प्रदान किये गये शिक्षण का अभिलेख भी रखता है। इसका सबसे बड़ा लाभ यह होता है कि किसी पाठ के मध्य या अन्त में इस बात की जाँच की जा सकती है कि किस छात्र ने किस प्रकार का काम किया है। वह अन्य छात्रों से आगे बढ़ा है या पीछे रहा है। कम्प्यूटर, शिक्षण के दौरान छात्रों को शाखीय अभिक्रम के द्वारा विषय-वस्तु को समझने के लिए अतिरिक्त सहायता भी प्रदान करता है। कम्प्यूटर द्वारा शिक्षण में कक्षा का वातावरण एकदम शांत रहता है। इससे सीखने में सुगमता रहती है। छात्र जो कुछ सीख रहे हैं उसकी जाँच साथ-साथ होती रहती है। अपनी प्रगति के संबंध में समुचित जानकारी रहने से छात्रा/छात्राओं को प्रेरणा और प्रोत्साहन मिलता रहता है।

कम्प्यूटर सहायक शिक्षण के प्रकार

शिक्षण के उद्देश्यों तथा छात्रों की व्यक्तिगत आवश्यकताओं को ध्यान में रखते हुए कम्प्यूटर सहायक शिक्षण के निम्नलिखित प्रमुख रूप हैं :

1. अनुशिक्षण (Tutorial)
2. कवायद एवं अभ्यास (Drill & Practice)
3. अनुकरण (Simulation)
4. खेल (Gaming)

1. अनुशिक्षण (Tutorial)– कम्प्यूटर ट्यूटोरियल एक प्रस्तावना खण्ड के साथ आरम्भ किया जाता है। प्रस्तावना खण्ड का कार्य छात्रों को पाठ के उद्देश्यों तथा पाठ की प्रकृति से अवगत कराना है। इसके पश्चात् एक चक्र शुरू हो जाता है। सूचना को प्रस्तुत किया जाता है तथा उसकी

व्याख्या की जाती है। इसके पश्चात् इस सूचना पर आधारित एक या दो प्रश्न पूछे जाते हैं, जिनका उत्तर छात्रों को देना होता है। छात्रों की अनुक्रियाओं का कम्प्यूटर अभिक्रम द्वारा विश्लेषण किया जाता है, जिसका उद्देश्य छात्रों के बोध स्तर का पता लगाना है। इसके आधार पर कम्प्यूटर छात्र के बोध-स्तर में सुधार तथा भविष्य की प्रगति के सन्दर्भ में पृष्ठपोषण प्रदान करता है। यह चक्र तब तक चलता रहा है जब तक कि अभिक्रम की स्वयं समाप्ति नहीं हो जाती अर्थात् पूरे प्रकरण से सम्बन्धित पदों को प्रस्तुत नहीं कर दिया जाता या अधिगमकर्ता द्वारा बीच में ही अभिक्रम को रोक नहीं दिया जाता।

कम्प्यूटर-सहायक शिक्षण पर आधारित अध्ययन के परिणाम यह दर्शाते हैं कि परम्परागत शिक्षण की अपेक्षा कम्प्यूटर ट्यूटोरियल के द्वारा पढ़ाया गया पाठ छात्रों के लिए अधिक लाभकारी होता है। इसकी सहायता से प्राप्त किया गया ज्ञान अधिक स्थायी होता है। निरन्तर पुनर्बलन तथा पृष्ठपोषण प्राप्त होने के कारण छात्रों की अधिगम प्रक्रिया में रुचि लगातार बनी रहती है। छात्रों ने इस शिक्षण विधि से सीखने में अधिक रुचि दिखायी तथा वे अधिक उत्साहित दिखे। कम्प्यूटर आधारित ट्यूटोरियल में कम्प्यूटर तथा छात्र के मध्य अन्तःप्रक्रिया को निम्न प्रकार भली भांति समझा जा सकता है–

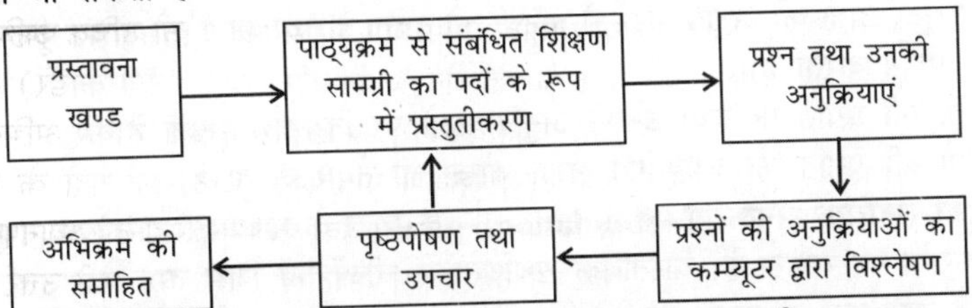

चित्र : कम्प्यूटर ट्यूटोरियल अभिक्रम का चक्रीय स्वरूप

2. कवायद एवं अभ्यास (Drill and Practice)– कक्षा में किसी नये ज्ञान के प्रस्तुतीकरण के पश्चात् अध्यापक का प्रयास होता है छात्रों से उस नये ज्ञान से सम्बन्धित कार्य का अभ्यास करवाना। अर्थात् छात्रों के समक्ष ऐसी नयी-नयी परिस्थितियाँ प्रस्तुत करना, जिसमें कि वह नये सीखे गए ज्ञान का समुचित प्रयोग कर सकें। कम्प्यूटर सहायक-शिक्षण के 'ड्रिल एड प्रैक्टिस' रूप के माध्यम से यह कार्य बहुत ही सुविधापूर्वक किया जा सकता है। कम्प्यूटर के माध्यम से छात्रों को उन तथ्यों, नियमों, प्रत्ययों आदि का अभ्यास करवाया जाता है जो कि वे पहले ही सीख चुके हैं। अर्थात् वे इस कम्प्यूटर-अभिक्रम के माध्यम से नयी-नयी समस्याओं के समाधान में सीखे गए ज्ञान का प्रयोग कर सकते हैं। इसमें छात्रों से तब तक समस्याओं (प्रश्नों) को हल करवाया जाता है जब तक छात्र पूर्ण आत्मविश्वास के साथ किसी विशेष ज्ञान का प्रयोग नवीन समस्याओं को हल करने में न कर लें। इसमें किसी भी कार्य को तब तक करने के लिए दिया जाता है जब तक कि अधिगमकर्त्ता उस क्षेत्र विशेष में पारंगता हासिल न कर लें। एक कम्प्यूटर 'ड्रिल एण्ड प्रैक्टिस प्रोग्राम' का चित्रिय स्वरूप निम्न प्रकार है–

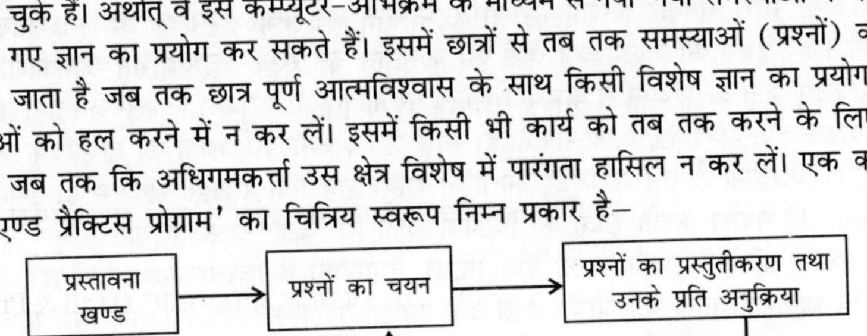

चित्र : कम्प्यूटर आधारित ड्रिल एण्ड प्रैक्टिस प्रोग्राम

एक कम्प्यूटर आधारित 'ड्रिल एण्ड प्रैक्टिस अभिक्रम' में कम्प्यूटर और अधिगमकर्ता के बीच की अन्त:प्रक्रिया निम्न प्रकार से होती है –

- छात्रों को प्रश्नों के एक समूह के साथ प्रस्तुत किया जाता है। यह प्रश्न कठिनाई के बढ़ते हुए क्रम में प्रस्तुत किये जाते हैं।
- छात्र अपनी सुविधानुसार विकल्प के रूप में यह निर्णय लेता है कि उसे एक समय में कितने प्रश्न हल करने हैं?
- यह प्रश्न एक-एक करके कम्प्यूटर की स्क्रीन पर प्रदर्शित किये जाते हैं।
- प्रत्येक प्रश्न के प्रति छात्र हाँ/नहीं या फिर विकल्पों को चुनकर अपनी अनुक्रिया देता है।
- कम्प्यूटर अभिक्रम इन अनुक्रियाओं का विश्लेषण करता है।
- इस विश्लेषण के आधार पर कम्प्यूटर छात्रों की व्यक्तिगत कठिनाईयों तथा आवश्यकताओं की जानकारी प्राप्त करता है तथा छात्रों को उचित मदद भी प्रदान करता है।
- कम्प्यूटर छात्रों को यह सिखाता है कि किसी समस्या (प्रश्न) को कैसे हल किया जाए तथा छात्रों के आग्रह पर किसी समस्या को चरणबद्ध रूप में स्वयं हल करके भी दिखाता है।
- कम्प्यूटर छात्रों की अनुक्रियाओं में त्रुटियों को ढूंढता है तथा छात्रों को उचित पृष्ठपोषण भी प्रदान करता है।
- छात्रों की प्रगति पर तथा उनकी अनुक्रियाओं पर नियन्त्रण रखता है।
- छात्रों की प्रगति का व्यक्तिगत लेखा-जोखा भी तैयार करता है।

3. कम्प्यूटर सहायक अनुकरण (Simulation)– कम्प्यूटर के माध्यम से वास्तविक यथार्थता का अभ्यास कराया जा सकता है। वास्तविक यर्थाथता में चीजों को जिस तरह वे यथार्थ रूप में पाई जाती हैं उसी रूप में प्रस्तुत करने की अपार सम्भावनाएं होती हैं। वास्तविक यर्थाथता हमें पूरी तरह से दूसरी दुनिया में ले जाती है। जहाँ हम अन्तरिक्ष में जाये बिना ही अन्तरिक्ष में होना अथवा सागर में जाए बिना ही सागर की लहरों पर खेलने की अनुभूति को महसूस कर सकते हैं। सिमुलेशन के माध्यम से कम्प्यूटर के पर्दे पर वास्तविक परिस्थितियों की हूबहू प्रतिकृति तैयार की जाती है।

कम्प्यूटर आधारित सिमुलेशन के माध्यम से छात्रों को उन अनुभवों का ज्ञान कराया जा सकता है जिनको या तो कक्षा में प्रदान करना असम्भव है या फिर जिनकी व्यवस्था करना काफी खतरनाक तथा मंहगा है। उदाहरण के लिए छात्रों को यह बताना कि पेड़-पौधे कैसे बढ़ते हैं? पृथ्वी सूर्य के चारों ओर कैसे चक्कर लगाती है? शरीर में रक्त का प्रवाह धमनियों के माध्यम से किस प्रकार होता है? हृदय की शल्यक्रिया कैसे की जाती है? इन सभी अनुभवों को छात्रों को कम्प्यूटर आधारित सिमुलेशन के माध्यम से कम्प्यूटर स्क्रीन पर होता हुआ वर्चुअल क्लास-रूप द्वारा वास्तविक रूप में प्रत्यक्ष होते हुए दिखाया जा सकता है। स्पष्ट है कि अगर हमें छात्रों को वास्तविक परिस्थिति का अनुभव करवाना है तब कम्प्यूटर आधारित सिमुलेशन एक सशक्त माध्यम है। इसमें किसी भी प्रक्रिया की नकल करके छात्रों को दिखाया जाता है। विज्ञान प्रसार विभाग ने पूर्ण सूर्य ग्रहण की बहुमाध्यम प्रतिकृति दर्शाने वाली एक सी.डी. तैयार की हैं जिसके माध्यम से सूर्य ग्रहण के दौरान होने वाले परिवर्तनों को जीवंत देखा और समझा जा सकता है। ज्यों-ज्यों सूर्य ग्रहण बढ़ता है, अंधेरा दिखने लगता है और तापमान में गिरावट आती है, यह सब सी.डी. के माध्यम से कम्प्यूटर के पर्दे पद देखा जा सकता है।

कम्प्यूटर आधारित सिमुलेशन को चित्रिय रूप में निम्न प्रकार समझा जा सकता है–

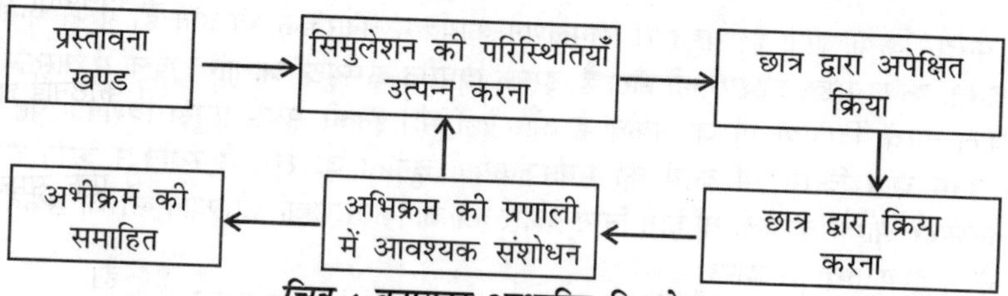

चित्र : कम्प्यूटर आधारित सिमुलेशन

म्प्यूटर आधारित सिमुलेशन के शैक्षिक लाभ

1. प्रेरणा– इसके माध्यम से छात्रों को सीखने के लिए प्रेरित किया जा सकता है। इसमें त्र निरन्तर सक्रिय रहकर स्वयं अनुभव करके सीखता है। एक किताब में जहाज़ को कैसे उड़ाया ाता है, यह पढ़ने की अपेक्षा एक सिमुलेटेड जहाज़ को कम्प्यूटर-स्क्रीन पर स्वयं उड़ाना ज्यादा चिकर है।

2. अधिगम स्थानान्तरण– एक परिस्थिति में सीखे हुए ज्ञान तथा कौशलों का उपयोग न्ही दूसरी परिस्थितियों में करना 'अधिगम स्थानान्तरण' कहलाता है। कम्प्यूटर-आधारित सिमुलेशन, धिगम स्थानान्तरण के उत्कृष्ट साधन होते हैं क्योंकि 'सिमुलेशन' के माध्यम से कृत्रिम परिस्थितियों सीखे हुए ज्ञान को वास्तविक परिस्थितियों में बहुत अच्छे ढंग से स्थानान्तरित किया जा सकता है।

3. योग्यता– सिमुलेशन के माध्यम से ग्रहण किया गया ज्ञान अधिक स्थायी होता है तथा के माध्यम से छात्रों में विभिन्न मानसिक योग्यताओं, जैसे-तर्क, कल्पना, विश्लेषण, संश्लेषण ा मूल्यांकन आदि का विकास किया जा सकता है।

म्प्यूटर आधारित सिमुलेशन के एकांकी, चक्रिय तथा जटिल रूप

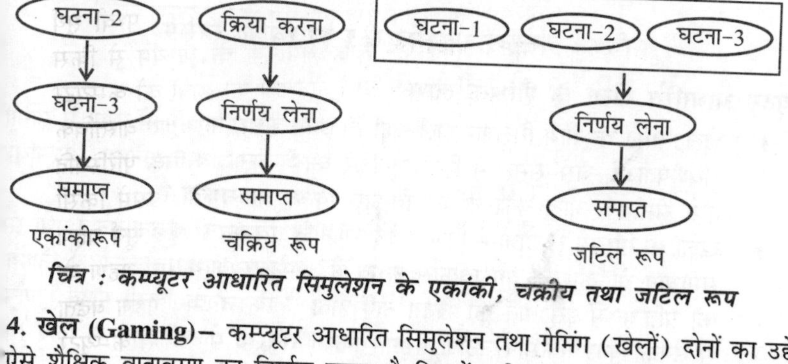

चित्र : कम्प्यूटर आधारित सिमुलेशन के एकांकी, चक्रीय तथा जटिल रूप

4. खेल (Gaming)– कम्प्यूटर आधारित सिमुलेशन तथा गेमिंग (खेलों) दोनों का उद्देश्य ऐसे शैक्षिक वातावरण का निर्माण करना है जिसमें अधिगमकर्ताओं की अधिगम-प्रक्रिया प्रकार से संचालित हो सके तथा वे नये ज्ञान, कौशलों तथा सूचनाओं की प्राप्ति सफलतापूर्वक सकें। सिमुलेशन में यह कार्य किसी घटना या प्रक्रिया की नकल को कम्प्यूटर-स्क्रीन पर

प्रस्तुत करके किया जाता है। बहुत से सिमुलेशन कार्यक्रम मनोरंजक भी होते हैं। परन्तु मनोरंजन प्रदान करना इनका मुख्य उद्देश्य नहीं होता है। इसके विपरीत कम्प्यूटर आधारित खेलों में वास्तविकता को नकल करके दिखाया भी जा सकता है और नहीं भी। इनकी सबसे प्रमुख विशेषता यह होती है कि इनमें छात्र किसी भी कार्य को मनोरंजकपूर्ण चुनौती के रूप में स्वीकार करते हैं।

कम्प्यूटर आधारित खेलों के द्वारा निम्न प्रकार की जानकारी छात्रों को प्रदान की जा सकती है–

- तथ्य तथा सिद्धान्त
- किसी प्रणाली का वास्तविक स्वरूप तथा उसकी गत्यात्मकता
- विभिन्न प्रकार के कौशल जैसे–समस्या का समाधान, निर्णय लेना आदि
- रणनीति के संबंध में निर्धारण
- सामाजिक कौशल जैसे सम्प्रेषण
- दृष्टिकोण

परम्परागत शिक्षण विधि की तुलना में कम्प्यूटर–आधारित खेलों के अनेक लाभ हैं- जै खेलों के माध्यम से छात्रों को सीखने के लिए प्रेरित किया जा सकता है तथा उनका ध्यान शैक्षि खेलों के लक्ष्यों की ओर केन्द्रित किया जा सकता है। खेलों के माध्यम से अधिगम की मा में वृद्धि की जा सकती है क्योंकि इनमें छात्र की सक्रियता अधिक होती है तथा अध्यापक क स्थान गौण होता है। खेल छात्रों को सीखने के लिए प्रोत्साहित करते हैं और छात्र स्वतन्त्रतापूर्व कम्प्यूटर के साथ अन्तःप्रक्रिया करता है। कम्प्यूटर आधारित खेलों को कम्प्यूटर के साथ मिलक खेला जा सकता है या फिर दो छात्र मिलकर भी खेल सकते हैं।

कम्प्यूटर आधारित खेलों का चित्रिय (ग्राफिक्स) स्वरूप निम्न प्रकार है–

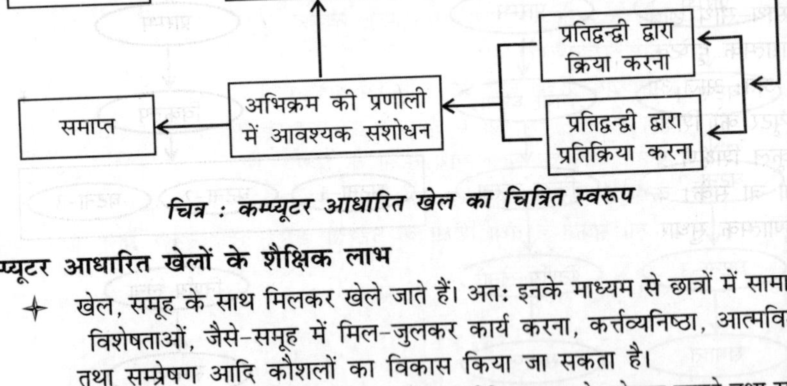

चित्र : कम्प्यूटर आधारित खेल का चित्रित स्वरूप

कम्प्यूटर आधारित खेलों के शैक्षिक लाभ

- खेल, समूह के साथ मिलकर खेले जाते हैं। अतः इनके माध्यम से छात्रों में सामा विशेषताओं, जैसे–समूह में मिल–जुलकर कार्य करना, कर्त्तव्यनिष्ठा, आत्मवि तथा सम्प्रेषण आदि कौशलों का विकास किया जा सकता है।
- खेलों के माध्यम से छात्रों में निर्णय लेने, रणनीति तय करने, योजना बनाने तथा स समाधान के कौशलों का विकास संभव है कम्प्यूटर आधारित खेलों में निर्णय की प्रक्रिया में इस बात का खतरा नहीं होता है कि उनके किसी ग़लत निर्णय से उनको कोई नुकसान उठाना पड़ेगा। किसी समस्या के समाधान के लिए वि प्रकार के मार्गों को चुना जा सकता है।
- कुछ छात्रों के साथ यह समस्या होती है कि वे अधिक समय तक किसी एक पर अपना ध्यान केन्द्रित नहीं कर पाते हैं। खेलों के माध्यम से ऐसे छात्रों में

ध्यान को केन्द्रित करने की शक्ति का विकास किया जा सकता है।

- कम्प्यूटर आधारित खेल, शिक्षण अधिगम प्रक्रिया को एक मनोरंजकपूर्ण कार्य बना देते हैं।

या कम्प्यूटर (संगणक) भविष्य में अध्यापक का स्थान ले सकता है?

रत में कम्प्यूटर सहायक शिक्षण के विकास के साथ-साथ एक विचारधारा का जन्म भी हुआ इस विचारधारा को मानने वाले लोगों का यह मत है कि अगर वर्तमान गति के साथ कम्प्यूटर हायक शिक्षण का प्रचार और प्रसार होता रहा तब भविष्य में वह दिन दूर नहीं जब विद्यालयों कम्प्यूटर अध्यापक का स्थान ले लेंगे तथा भविष्य में विद्यालयों में अध्यापकों की आवश्यकता नहीं रहेगी अर्थात् शिक्षण-अधिगम प्रक्रिया में उनका स्थान शून्य हो जायेगा।

उनका यह भ्रम आधारहीन है। कम्प्यूटर तो केवल एक साधन मात्र है। चॉर्ट, मॉडल, रेडियो, .वी. की भाँति कम्प्यूटर का प्रयोग केवल इसलिए किया जाता है कि शिक्षण-अधिगम सुगम सके तथा अधिगम प्रक्रिया में गुणात्मक सुधार लाया जा सके। कम्प्यूटर द्वारा छात्रों को समाजीकरण ीं सिखाया जा सकता जो समाज में रहने के लिए अत्यन्त आवश्यक है। यह कार्य अध्यापकों ा ही सम्भव है। अगर छात्र कम्प्यूटर अधिगम के माध्यम से सीखते हैं तो यह बात स्पष्ट है अध्यापक ही वह व्यक्ति होता है जो पाठ्य-सामग्री को अभिक्रम (प्रोग्राम) के रूप में निर्मित र उसे कम्प्यूटर में भरता है। अभियान्त्रिकी, चिकित्सा आदि क्षेत्रों में भी आज कम्प्यूटरों का ोग किया जा रहा है परन्तु हम सभी इस बात से पूर्णत: सहमत हैं कि कम्प्यूटरों ने अभियंताओं र डाक्टरों को बेकार नहीं किया।

हाँ एक बात अवश्य है कि सूचना एवं तकनीकी के इस युग में अध्यापकों को अपनी परम्परागत वे को बदलना होगा। भविष्य में छात्रों के बीच केवल वह अध्यापक ही प्रशंसा के पात्र होंगे केवल कक्षा में व्याख्यान देने तक ही सीमित नहीं रहेंगे बल्कि वह अध्यापक एक शिक्षक साथ-साथ छात्रों के मार्गदर्शक होंगे, मित्र होंगे, चिन्तक होंगे तथा नवीन तकनीकी के प्रति कारात्मक दृष्टिकोण रखने वाले होंगे।

अत: आज आवश्यकता इस बात की है कि अध्यापकगण अपने मन से भय को निकालकर म्प्यूटर को शिक्षण सहायक के रूप में अपनाने का प्रयास करें जिससे व्यक्तिगत भिन्नता के ुकूल शिक्षण प्रदान काने के साथ-साथ कक्षा के प्रत्येक विद्यार्थी का वास्तविक मूल्यांकन या जा सके। कम्प्यूटर सहायक शिक्षण का प्रयोग कर अध्यापकगण अपने शिक्षण के स्तर गुणात्मक सुधार ला सकते हैं तथा शिक्षा के उद्देश्यों को सफलतापूर्वक प्राप्त कर सकते हैं।

II
Computer Skills

II

Computer Skills

अध्याय 15

वर्ड प्रोसेसिंग एवं एम.एस. वर्ड
(Word Processing and MS Word)

अधिक मात्र में टाइपिंग, सुन्दर लिखावट और अच्छे डिजाइन के साथ बिना गलती का कोई भी दस्तावेज तैयार करना हो, तो **वर्ड प्रोसेसिंग सॉफ्टवेयर** इसमें अहम् भूमिका निभाते हैं। इनके द्वारा–

1. बड़ी-बड़ी रिपोर्टों को तैयार करना, एक से अधिक पत्रें को तैयार करना, मेमो (Memo) रिपोर्ट बनाना, बायो-डाटा, फैक्स कवर शीट, कैलेंडर, बुकवर्क करना तथा कोई भी सामान्य प्रक्रिया जो टाइपिंग से सम्बंधित हो पूरी की जाती है।

2. सबसे बड़ा लाभ वर्ड प्रोसेसर प्रोगामों से यह मिलता है कि इन से उत्पादन क्षमता बढ़ती है।

अब सवाल यह उठता है कि – जब इन प्रोग्रामों के द्वारा मुख्य रूप से टाइपिंग (टंकण) का कार्य ही होता है, तो इस कार्य के लिए तो टाइपिंग मशीन (टंकण मशीन) ही काफी है। फिर हम क्यों इन प्रोग्रामों और कम्प्यूटर का उपयोग करे जो कि बहुत अधिक खर्चीला है।

इसका सीधा सा जवाब है इनमें अनेकों सुविधाएँ ऐसी हैं जो आपको एक साधारण टाइप राइटर मशीन नहीं दे सकती, वह वर्ड प्रोसेसिंग साफ्टवेयरों से प्राप्त होती है। जैसे – कुछ सुविधा निम्नलिखित हैं –

(i) जमा करने की सुविधा (Storage Facility)– आप ये जानते हैं कि कम्प्यूटर में किए गए किसी भी एप्लिकेशन प्रोग्राम के काम को डिस्क में सेव (save) किया जा सकता है। अतः वर्ड प्रोसेसिंग में तैयार की गई फाईलों को बाद में खोला जा सकता है और इनका दुबारा उपयोग किया जा सकता है। जबकि ऐसा किसी साधारण टाइप राईटर से संभव नहीं है।

(ii) स्पेलिंग जाँचना (Spell Check)– वर्ड प्रोसेसिंग सॉफ्टवेयरों में एक पहले से तैयार की हुई डिक्शनरी (शब्द कोष) होती है। जिसकी सहायता से हम टाइप किए गए शब्दों का मिलान करवा कर अपनी स्पेलिंग की जाँच कर सकते हैं तथा दिए गए सुझावों में से सहीं स्पेलिंग (Spelling) का चुनाव कर सकते हैं।

(iii) कुछ विशेष शब्दों को ढूँढ़ना और उसकी जगह कोई दूसरा शब्द लिखवाना– कइ बार ऐसी जरूरत पड़ जाती है कि टाइपिंग किए जा चुके पैराग्राफों में से कोई शब्द खोज कर उसकी जगह कोई दूसरा शब्द लिखना पड़ता है। जैसे - मान लीजिए आपने कोई रिपोर्ट बनाई और उस रिपोर्ट में आपने 'अलवर' शब्द का अनेको बार उपयोग किया है। बाद में अचानक आपको किसी कारण वश टाईप किए गए सभी 'अलवर' शब्द को खोज कर उसकी जगह आपको 'जयपुर' लिखना पड़े, तो वर्ड प्रोसेसर आपको ऐसी सुविधा प्रदान करता है जिसमें आप किसी भी शब्द को खोज सकते हैं और उनकी जगह कोई अन्य शब्द वहाँ प्रतिस्थापित करवा सकते हैं।

(iv) किसी टेक्स्ट (Text) का स्थान परिवर्तन या कॉपी करना– कभी-कभी ऐसी आवश्यकता पड़ जाती है कि कुछ लिखे गए शब्दों, लाइनों या पैराग्राफों को एक स्थान से हटाकर दूसरे स्थान पर स्थापित करना पड़ता है या उनकी कापी करना पड़ती है। ऐसा करना वर्ड प्रोसेसर

में बहुत आसान है।

(v) मेल मर्ज (Mail Merge)– मेल मर्ज एक ऐसी प्रक्रिया है जिसके द्वारा एक ही दस्तावेज के आलेख में विभिन्न अलग-अलग रिकार्डस को लाकर मिलाया जाता है। इस प्रक्रिया की सहायता से एक ही पत्र के आलेख को अनेक लोगों के नाम व पतों के साथ तैयार किया जा सकते हैं। विभिन्न लोगों के नाम व पतों के साथ लिफाफे तथा लेबलस (चिप्पीयाँ) बनाई जा सकती हैं। मेल मर्ज प्रक्रिया में एक मुख्य दस्तावेज तथा एक डाटाबेस फाइल होती है। मुख्य दस्तावेज फाइल के आलेख के मध्य में डाटाबेस फाइल से एक-एक करके रिकार्ड मिलाए जाते हैं। जिसे मेल मर्ज के नाम से जाना जाता है।

(vi) विभिन्न प्रकार की फोंट सुविधा– टाईप राइटर में सभी अक्षरों का आकार समान होता है। परन्तु वर्ड प्रोसेसर के द्वारा विभिन्न प्रकार के अक्षर आकार, अक्षरों की शक्ल व उनका रंग बनाया जा सकता है जिससे दस्तावेज और अधिक सुन्दर बनते हैं।

(vii) आरिजनल प्रिंटिंग– वर्ड प्रोसेसर में तैयार की गई फाईलों का प्रिंट, प्रिंटर द्वारा किया जाता है, अतः सदैव बढ़िया और वास्तविक प्रिंट ही प्राप्त होता है।

(viii) फाईलों में प्रोटेक्शन– वर्ड प्रोसेसर्स में फाईलें अधिक सुरक्षित और गोपनीय रखा जा सकती हैं, क्योंकि इनमें गोपनीयता के लिए अलग से सुविधा दी जाती है।

माइक्रोसॉफ्ट वर्ड (Microsoft Word)

नई फाइल बनाना– नई फाइल खोलने के लिए MS-Word के "File" में उपस्थित "New" कमांड उपयोग करते हैं। जब फाइल मीनू को खोलते हैं, तो इस मीनू में सबसे पहली कमांड 'न्यू' कमांड ही दिखाई देती है।

इस कमांड का प्रयोग "CTRL + N" कुंजियों को दबाकर भी किया जा सकता है। इस मीनू

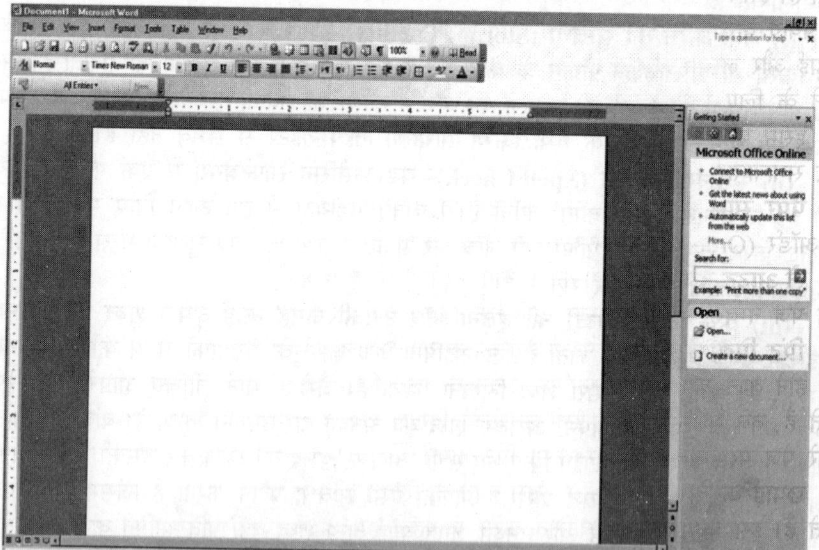

चित्र : माइक्रोसाफ्ट वर्ड विन्डो

का प्रयोग करके टैम्पलेट (Template) और डॉक्यूमेंट (Document) दोनों को खोल सकते हैं। यदि हमें अपनी फाइल किसी पहले से बने खाके या पूर्व निर्धारित टैम्पलेट पर बनानी है, तो हमें सबसे पहले माउस से सूची में दिए हुए टैम्पलेट का चुनाव करना होगा। उदाहरण के लिए आप अपना बायोडाटा बनाना चाहते हैं, तो "Resume" टैम्पलेट को आप चुन सकते हैं। इसके अलावा न्यू कमांड का प्रयोग करके नए टैम्पलेट भी बना सकते हैं। इस टैम्पलेट का डिजाइन हमें स्वयं तैयार करना पड़ेगा और इसे "Save" करने के बाद में उसका बाद में उपयोग कर सकते हैं।

पुरानी फाइलों को खोलना– पहले से बनी हुई किसी भी फाइल को खोलने के लिए फाइल मीनू की "Open" का प्रयोग करते हैं।

इसमें से किसी भी फोल्डर में सेव की गई फाइल का नाम चुन कर या लिखकर अपनी आवश्यक फाइल को हम खोलते हैं।

फाइलों के बारे में जानकारी लिखना– फाइलों के बारे में सम्पूर्ण सूचनाएँ लिखने से उनको दोबारा खोलने में सहायता मिलती है। यह जानकारी फाइल मीनू की "Properties..." कमांड से लिखी व देखी जा सकती हैं।

पेज का आकार परिभाषित करना– अपनी आवश्यकता के अनुसार पेज निर्माण के लिए एम एस वर्ड के "File" मीनू की "Page Setup" कमांड का उपयोग करते हैं। यह कमांड चार भागों में विभाजित होती है।

मार्जिन टैब– इस सुविधा का प्रयोग करके हम पेज के चारों ओर अर्थात् ऊपर, नीचे, दाएँ, बाएँ का मार्जिन निश्चित करते हैं।

पेपर साईज टैब– इस सुविधा में पेज का आकार और ओरिएंटेशन (Orientation)निश्चित करते हैं। इसमें पूर्व निर्धारित पेपरों के आकार होते हैं, लेकिन इसके कस्टम (Custome) ऑप्शन का प्रयोग करके अपनी जरूरत के अनुसार पेपर को निर्धारित कर सकते हैं। जिसमें पेपर की चौड़ाई और लम्बाई तय करते हैं। ओरिएंटेशन ऑप्शन का उपयोग पेज की दिशा को निश्चित करने के लिए किया जाता है।

इसमें पेज की दिशा को दो प्रकार से निश्चित करते हैं– यानी पेज को लम्बवत रखना या फिर समानान्तर।

पेपर सोर्स टैब– इस भगा का उपयोग डॉक्यूमेंट के पेजों की प्रिंटिंग के लिए प्रिंटर ट्रे के ऑर्डर (Order) को तय करने के लिए करते हैं।

ले आउट टैब– इस भाग का उपयोग करके हैडर, फुटर को सम-विषम पेजों पर अलग-अलग तथा पेज नम्बर व लाईन नम्बर आदि के विषय को परिभाषित करते हैं।

प्रिंट प्रिव्यू देखना– इस ऑप्शन का उपयोग फाइल को प्रिंटर से प्रिंट करने से पहले उसके प्रिंट होने वाले रूप को मोनिटर पर देखने के लिए किया जाता है। जब इस ऑप्शन का प्रयोग करते हैं, तब मोनिटर पर फाइल का प्रिव्यू दिखाई देता है, जिससे हमें पता चल जाता है कि हमारे पेज पर क्या-क्या और कैसा प्रिंट होगा।

छपाई करना (Printing)– इस कार्य के लिए File मीनू की "Print..." कमांड का प्रयोग करते हैं। इस कमांड को संचालित करने से पहले हमें अपने प्रिंटर का नाम चुनना होगा। इस डॉयलाग बॉक्स में प्रिंटर का नाम वो ही होना चाहिए जो प्रिंटर हमारे पास उस वक्त प्रिंटिंग कार्य में आ रहा है, तब ही सही प्रिंट निकल पाएगा। Copy ऑप्शन से यह निश्चित किया जाता है कि फाइल के पेजों कि कितनी प्रतियाँ प्रिंट करनी है, जबकि Page Range ऑप्शन से फाइल

में उपस्थित उन पेजों के नम्बर लिखे जाते हैं जिनको हम प्रिंट करवाना चाहते हैं। Print to File एक ऐसा विकल्प है, जिसका उपयोग उस दशा में किया जाता है जब हमें फाइल को प्रिंटर से प्रिंट न करके उसे प्रिंट फाइल में बदलना होता है।

Cut, Copy और Paste— ये सभी विकल्प Edit मीनू में उपस्थित होते हैं। इनका प्रयोग तब किया जाता है जब किसी टेक्स्ट या किसी आब्जेक्ट को एक स्थान से दूसरे स्थान ले जाना हो या दूसरी जगह कॉपी करना हो। आलेख या आब्जेक्ट को क्लिपबोर्ड (यह किसी आलेख या आब्जेक्ट के Cut या Copy करने पर अस्थाई रूप से अपने पास रखता है तथा Paste करने पर उनकी कॉपी देता है।) में कॉपी करने के लिए Edit मीनू की Copy कमांड का उपयोग करते हैं और फाइल में किसी विशेष स्थान जहाँ कॉपी करवाए गए आलेख की आवश्यकता है। कर्सर को उस स्थान पर छोड़कर Paste कमांड का प्रयोग करते हैं। Cut-Paste करने से आलेख और ऑब्जेक्ट एक स्थान से हटकर पेस्ट करवाए जाने वाले स्थान पर आते जाते हैं। जबकि "Copy-Paste" से आलेख वहाँ तो रहता ही है जहाँ से कॉपी किया गया है तथा वहाँ पर भी बन जाता है जहाँ पेस्ट किया गया है।

स्पेलिंग (Spelling) तथा ग्रामर (Grammar) ठीक करना– वर्ड प्रोसेसिंग पैकेजों में स्पेलिंग या वर्तनी जाँचने की सुविधा को खास तौर से पेश किया गया है। इसके लिए "Tool" मीनू की Spelling & Grammar कमांड का प्रयोग किया जाता है।

इस कमांड के डायलॉग बॉक्स में गलत स्पेलिंग को ठीक करने के लिए कई वैकल्पिक शब्द दिखाए जाते हैं। हमें जो भी शब्द उचित लगता है उसे गलत शब्द के स्थान पर प्रतिस्थापित (Replace) करवा सकते हैं। स्पेलिंग ठीक हो जाने के बाद आलेख में उपस्थित व्याकरण संबंधी अशुद्धियों को दिखाया जाता है। जिनको आसानी से ठीक किया जा सकता है।

विशेष शब्द ढूँढकर बदलना– शब्दों को ढूँढकर बदलने के लिए Edit मीनू की Replace कमांड का प्रयोग किया जाता है। जब इस कमांड का प्रयोग करते हैं, तो डायलॉग बॉक्स में उपस्थित ऑप्शन इस तरह मोनिटर की स्क्रीन पर दिखाई देते हैं।

Find What ऑप्शन में हम किसी भी शब्द को लिखकर खोज सकते हैं तथा Replace with ऑप्शन में दूसरे अन्य शब्द को लिखकर खोजे गए शब्द की जगह बदलवा सकते हैं।

फोंट प्रयोग करना– एम एस वर्ड के तहत लिखे हुए आलेख में फोंट प्रयोग करने के लिए Format मीनू में दिए हुए "Font" कमांड को इस्तेमाल करते हैं। आलेख को सिलेक्ट करने के बाद जब इस कमांड का उपयोग करते हैं तो एक डायलॉग बॉक्स दिखाई देता है। इस डायलॉग बॉक्स से Font के नाम, उनकी स्टाईल, अक्षरों के आकार और अन्य प्रभाव निश्चित कर सकते हैं।

पैराग्राफ– वर्ड प्रोसेसर में आलेख लिखते समय एंटर कुंजी को दबा देने से एक नया पैराग्राफ का निर्माण होता है। डॉक्यूमेंट में उपस्थित सभी पैराग्राफों के लिए विकल्प Format मीनू की Paragraph कमांड से प्राप्त होते हैं।

इंडेटेशन– इस विकल्प का उपयोग करके आलेख की स्थितियों को दाएँ और बाएँ मार्जिन के अनुसार निर्धारित करते हैं तथा पैराग्राफ की प्रथम लाईनों की स्थिति भी निर्धारित करते हैं।

एलाइनमेंट– पैराग्राफों को चार तरह से एलाइन किया जा सकता है–

(i) लेफ्ट एलाइन – (इसमें सम्पूर्ण पैराग्राफ लेफ्ट साइड से समानान्तर होता है।)

(ii) राईट एलाइन (सम्पूर्ण पैराग्राफ राईट साइड से समानान्तर होता है।)

(iii) सेंटर एलाइन (सम्पूर्ण पैराग्राफ मध्य से फैलाव बनाता है।)

(iv) जस्टिफाई एलाइन (बायीं और दायीं दोनों तरफ से पैराग्राफ समानान्तर होता है।)

स्पेसिंग– दो या दो से अधिक पैराग्राफों के पहले या बाद में स्पेस तथा लाइनों के बीच स्पेस इसी कमांड के द्वारा निश्चित करते हैं।

अन्य सुविधाएँ– वर्ड प्रोसेसर एक बड़ी मात्र में सुविधाएँ प्रदान करता है जिनमें–

- टैब सेट करना
- टेबल ऑप्शन से टेबलों को मैनेज करना
- बुलेट न नम्बरिंग लगाना
- कॉलम बाँटना
- ड्रॉप कैप बनाना
- लिखे शब्दों के केस (Case) बदलना
- बड़ी मात्रा में ड्राइंग सुविधा
- दूसरी फाइलों के टेक्स्ट को वर्तमान फाइल में लाना
- पैराग्राफों व पेजों पर बार्डर और शेड बनाना
- Indexing और Table of Contents तैयार करना
- हैडिंग स्टाईल बनाना
- प्रोटेक्शन आदि।

हैडर और फुटर्स (Header and Footers)– आपने कभी किसी मैगजीन में या किसी किताब में यह देखा होगा कि उस मैगजीन या पुस्तक का नाम, पेज नम्बर, पब्लिशर का नाम, दिनांक या अन्य कुछ शब्द या वाक्य लगातार पेज के ऊपरी या निचले मार्जिन (हाशिए) पर लिखे जाते हैं। जो टेक्स्ट प्रत्येक पेज के ऊपरी हाशिए (Top Margin) पर लिखा जाता है उसे हैडर कहते हैं परन्तु जो टेक्स्ट प्रत्येक पेज के नीचले हाशिए (Bottom Margin) पर लिखा जाता है उसे फुटर्स के नाम से जाना जाता है।

हैडर या फुटर्स बनाने के लिए व्यू (View) मीनू की हैडर एण्ड फुटर्स (Headers and Footers) कमांड पर क्लिक करते हैं। जब इस कमांड का उपयोग किया जाता है, तो कर्सर उपरी (Top) मार्जिन में आ जाता है। अब यहाँ जो कुछ भी टाईप किया जाएगा वह सभी पेजों पर प्रिंट होगा। फुटर बनाने के लिए नीचे वाले मार्जिन पर कर्सर लाना पड़ेगा इसके लिए डाउन ऐरो (Down Arrow) कुंजी तथा अप ऐरो (Up Arrow) कुंजी का इस्तेमाल कर सकते हैं। यह कार्य टूलबार में उपस्थित बटन Switch Between - Header and Footer कमांड का इस्तेमाल करते हैं। इस टूलबार के उपयोग से पेज नंबर, कुल पेज नम्बर्स, पेज नम्बरों की फार्मेटिंग (नम्बरों का प्रकार, नम्बरों की शुरुआत), दिनांक, समय आदि भी बनाए जा सकते हैं। यदि हमें सम और विषम पेजों पर अलग-अलग हैडर्स या फुटर्स बनाने हैं, तो पेज सेटअप कमांड में ले आउट टेब का उपयोग करके हैडर, फुटर्स को सम और विषम पेजों पर अलग-अलग परिभाषित कर सकते हैं।

स्तम्भ बनाना (Creating Columns)– आपने समाचार-पत्रों व पत्रिकाओं में एक से अधिक कॉलमों को देखा होगा। एम एस वर्ड आपको एस से अधिक कॉलमों के निर्माण की सुविधा प्रदान करता है।

इसके लिए आपको Format Menu की Columns कमांड का इस्तेमाल करना होगा। इसके डॉयलॉग बॉक्स में No. of Columns नामक ऑप्शन से जितने कॉलमों की आपको आवश्यकता है, लिख कर बता सकते हैं। यहाँ कॉलमों की संख्या आपके पेपर साइज के अनुसार ही होना चाहिए। Ok करने के बाद आपकी स्क्रीन पर उतने ही कॉलमों का पेज होगा जितना आपने बताया था। कॉलमों के बीच की दूसरी और उनका आकार तय करने के लिए Column डॉयलॉग बॉक्स

में Width और Spacing नामक ऑप्शन दिया गया है। यह दूरी सभी कॉलमों में एक समान घटती और बढ़ती है। यदि ऑप कॉलमों की चौड़ाई में समानता नहीं रखना चाहते हैं, तो Equal Column width पर लगा हुआ चैक मार्क हटा दीजिए और फिर कॉलमों की चौड़ाई तय कीजिए।

शब्द कोश (Thesaurus)–यदि आपको किसी वाक्य में कोई शब्द कुछ अटपटा सा लग रहा है, तो MS-Word आपको एक सम्पूर्ण शब्द कोष प्रदान करता है जिसके इस्तेमाल से उसी अर्थ के अन्य शब्दों को आप देख सकते हैं और लिखवा सकते हैं। इसके लिए Tools मीनू की Thesaurus कमांड का इस्तेमाल करते हैं।

इस कमांड का उपयोग करने से पहले जिस शब्द से संबंधित शब्दों को ढूँढना है, उसे लिखकर सिलेक्ट करे, फिर इस कमांड को चलाए। आप वहाँ अनेक शब्द पाएँगे जिसका चुनाव आप पर होगा।

मेल मर्ज (Mail Merge)– वास्तविक जीवन में बहुत बार ऐसा होता है कि कुछ ऐसे पत्र या रिपोर्ट होती हैं जिनका अधिकांश विषय एक समान होता है, परन्तु कुछ डाटा अलग होता है। जैसे किसी पत्र के द्वारा आपको कुछ उम्मीदवारों को किसी साक्षात्कार के लिए आमंत्रित करना है, तो आप सभी उम्मीदवारों के लिए पत्र के समान विषय-सामग्री लिखते हैं परंतु उस पत्र में जिसको यह पत्र भेजा जा रहा है उसका नाम, पता आदि अलग-अलग होते हैं। ठीक ऐसे ही किसी निमंत्रण पत्र को देखते हैं जो किसी लिफाफे में डालकर भेजा जाता है। यहाँ सभी निमन्त्रण पत्र समान हैं, परंतु जिस लिफाफे में इसे डाल कर भेजा जाता है उस लिफाफे पर निमंत्रण पाने वाले का नाम और पते सभी लिफाफों पर अलग-अलग होते हैं। एम. एस. वर्ड आपको एक ऐसी सुविधा प्रदान करता है जिसके अन्तर्गत आप एक समान विषय-सामग्री पर अलग-अलग प्रकार के आंकड़े मिलाकर अपना ध्येय पूरा कर सकते हैं। यहाँ दो प्रकार कि फाइलों का इस्तेमाल करना पड़ता है।

(i) डॉक्यूमेंट फाइल। (ii) डाटाबेस सोर्स फाइल।

डाक्यूमेंट फाइल में वह सामग्री होती है जो सभी पत्रों में समान रहेगी। जबकि डाटाबेस सोर्स एक ऐसी फाइल है जिसमें डाटा अलग-अलग पंक्तियों में लिखे जाते हैं।

डाक्यूमेंट फाइल में डाटाबेस सोर्स फाइल से एक-एक करके रिकार्ड मिलाना मेलमर्ज कहलाता है। इसके लिए टूल मीनू (Tool Menu) के मेल मर्ज (Mail/Merge) कमांड का इस्तेमाल करते हैं।

मेल मर्ज को निम्नलिखित पदों में समझा जा सकता है–

(i) मुख्य दस्तावेज तैयार करना।

(ii) डाटाबेस सोर्स तैयार करना

(iii) फिल्डस के नामों की लोकेशन तय करना

(iv) मर्जिंग।

पद i. मुख्य दस्तावेज तैयार करना– इस पद में आपको अपने पत्र की वह सामग्री लिखनी पड़ती है जो सभी पत्रों में समान होगी।

पद ii. डाटाबेस सोर्स तैयार करना– इस पद में डाटा बेस फाइल को तैयार किया जाता है, पहले उनके फिल्ड्स के नाम तय किए जाते हैं, उसके बाद इस फाइल में डाटा रिकार्ड को डाला जाता है।

पद iii. फिल्ड्स के नामों की मुख्य दस्तावेज तय करना– जब मुख्य दस्तावेज और डाटाबेस सोर्स को तैयार कर लिया जाता है, तो डाटाबेस के रिकार्डस को मुख्य दस्तावेज में कौन-सी जगह पर मर्ज करवाना।

मेल मर्ज (Mail Merge)– इस ऑप्शन का उपयोग करने के लिए टूल मीनू (Tool Menu) की मेल मर्ज (Mail Merge) कमांड का उपयोग करते हैं। इस प्रक्रिया को निम्न प्रकार काम में लेंगे।

1. अपना पत्र टाईप करें।

2. टूल मीनू की मेल मर्ज (Mail Merge) कमांड पर क्लिक करे आपके सामने मेल मर्ज हैल्पर डायलॉग बॉक्स आएगा। इस डायलॉग बॉक्स में तीन पद दिखाई देंगे जिसके द्वारा मुख्य दस्तावेज, डाटाबेस फाईल को तैयार करने तथा मर्जिंग कर सकते हैं। पहले मुख्य दस्तावेज के बारे में बताना होगा।

3. Create Main Document बटन पर क्लिक करें तथा मीनू में से Form Letters का चयन करे।

4. आपसे पूछा जाएगा कि आपने मुख्य दस्तावेज Active विन्डोज पर तैयार किया हुआ है या नई विन्डो पर तैयार करना चाहते हैं।

चूँकि हम पहले से ही पत्र लिख चुके हैं, इसलिए Active Windows पर क्लिक करें।

5. इसके बाद बारी आती है डाटा बेस की, यदि कोई डाटाबेस फाइल पहले से बना रखी है तो Get Data Source बटन से Open Data Source कमांड पर क्लिक करें और पहले से बनी हुई फाइल का नाम सिलेक्ट करके खोलें और यदि फाइल पहले से तैयार नहीं है तो Create Data Source पर क्लिक करें।

6. आवश्यकतानुसार उन्हीं फिल्डस के नाम को रखे जो आपको चाहिए बाकि सब को Remove Field Name पर क्लिक करके हटा दें और जो Field Name नहीं है उनको लिखकर Add Field Name पर क्लिक करके जोड़े।

7. OK बटन पर क्लिक करने के बाद आपसे डाटा फाइल को सेव करने के लिए कहा जाएगा। उसका कोई नाम परिभाषित करके उसे सेव (Save) करें।

8. इसके बाद Edit Data Source कमांड बटन पर क्लिक करके डाटा डालें।

9. इसके बाद कर्सर को उस स्थान पर लाकर छोड़े जहाँ आप किसी फिल्ड्स को मर्ज करवाना चाहते हैं तथा उसके बाद इन्सर्ट मर्जड फिल्डस (Insert Merged Field) कमांड पर क्लिक करके उस लोकेशन को तय करते हैं।

10. सभी फिल्डस के नाम तय हो जाने के बाद पुन: Tool Menu को Mail Merge कमांड पर क्लिक करते हैं तथा मेल मर्ज हैल्पर डायलॉग बॉक्स में से Merge बटन पर क्लिक करके मार्जिंग करते हैं।

इसी तरह मेल मर्ज सुविधा का उपयोग करके इनवेलप (लिफाफा) लेबलस, और कैटेलॉग आदि भी तैयार कर सकते हैं।

टेमप्लैटस (Templates)– टेमप्लेटस एक ब्लू प्रिंट (Blue Print) की तरह के दस्तावेज हैं। ठीक उसी तरह के ब्लू प्रिंट जो कोई मकान या पुल के निर्माण से पहले काम में लिए जाते हैं तथा उन्हीं के डिजाईन के अनुसार निर्माण कार्य किए जाते हैं। दफ्तरों में और साधारणत: काम आने वाले दस्तावेजों का तरह-तरह के डिजाईन MS-Word प्रदान करता है। जैसे लैटर्स, बायोडेटा के डिजाईन मेमोरैण्डम व अन्य। इस तरह के डिजाईन फाइल मैनू की न्यू कमांड में क्लिक करने पर मिलेंगे।

यदि कोई ऐसा डिजाईन है जो आपका अधिकतर काम आता है और वह दस्तावेज डिजाईन न्यू कमांड में नहीं है, तो आप किसी रिक्त (Blank) दस्तावेज पर उस डिजाईन को बनाकर

सेव (Save) करते समय File of Types नाम ऑप्शन से उसका टाईप Template सिलेक्ट करे फिर सेव करे। इस डॉक्यूमेंट डिजाईन को काम में लेने के लिए न्यू कमांड का ही इस्तेमाल करें। इस डिजाईन को आप अपनी स्क्रीन पर देखेंगे। उसी के अनुसार अपना दस्तावेज तैयार करके उसे Word Document टाइप में सेव (Save) करें। यदि इस डिजाईन में कभी कोई बदलाव करना हो तो फाइल मीनू को ओपन कमांड में Template फाइल को उसका Type सिलेक्ट करके खोले और उसमें परिवर्तन करके सेव (Save) करें।

Template फाइलों के विस्तारित (Extension) नाम DOT होता है। जबकि Word Document फाइलों का विस्तारित नाम (Extension Name) DOC होता है।

स्टाईल (Styles)– दस्तावेजों में हैडिंग्स और सब–हैडिंग्स (Headings and Sub Headings) भी लिखे जाते हैं। यहाँ ध्यान देने वाली बात यह है कि सभी मुख्य हैडिंग्स का आकार और प्रकार समान होना चाहिए। ठीक इसी तरह सब हैडिंग्स का आकार–प्रकार समान होना चाहिए, इसके लिए आप हैडिंग्स को सिलेक्ट करके फार्मेट टूलबार के स्टाईल ऑप्शन से Heading1 पर क्लिक करें, सभी मुख्य हैडिंग्स में ऐसा ही करे तथा उसके सब हैडिंग्स के लिए Heading2 पर तथा सब हैडिंग के सब–हैडिंग के लिए Heading3 पर क्लिक करें।

यदि वह हैडिंग स्टाइल आपको अच्छी नहीं लग रही है, तो आप इस तरह का स्टाईल नई बना सकते हैं या इन्हीं में बदलाव कर सकते हैं।

इसके लिए फार्मेट मीनू की Style कमांड का उपयोग करते हैं। यदि स्टाईल नई बनानी है, तो New बटन पर क्लिक करें और कोई पुरानी वाली स्टाईल में परिवर्तन करना हो, तो Modify पर क्लिक करे। New बटन पर क्लिक करने के बाद आने वाले डायलॉग बॉक्स में स्टाईल का नाम परिभाषित करें।

इसके बाद Format बटन पर क्लिक करके हैडिंग की स्टाईल में Font, Tab, Paragraph आदि स्टाईल को परिभाषित करें तथा इसे एक टैमप्लैट स्टाईल बनाने के लिए Add to Template ऑप्शन पर चैक मार्ग लगा दें। OK करने के बाद आप Format Tool Bar में आपके द्वारा बनाई गई स्टाईल का नाम स्टाईल ऑपशन में दिखाई देगा। इस स्टाईल को काम में लेने के लिए हैडिंग को सिलेक्ट करके स्टाईल लिस्ट में से स्टाईल का चुनाव करें।

टेबुलेशन कार्य– दस्तावेजों में टेबुलेशन कार्य करने के लिए MS-World दो तरह के विकल्प प्रस्तुत करता है–

(i) टैबस (Tabs) (ii) टेबल (Table)

टैबस (Tabs)– एम एस वर्ड भी एक साधारण टाईप राईटर की तरह टैबस सैट करने की सुविधा प्रदान करना है। एम एस वर्ड चार तरह के टैब स्टॉप (Tab Stops) सुविधा प्रदान करता है।

(i) बायीं कतार वाला (Left Align "└")

(ii) दायीं कतार वाला (Right Align "┘")

(iii) मध्य कतार वाला (Center Align "┴")

(iv) दशमलव कतार वाला (Decimal Align "┴.")

टैबस को लगाने के लिए रूलर बार पर क्लिक करें तथा टैबस का टाईप बदलने के लिए रूलर बार (Rular Bar) के बायीं ओर बने टैब टाईप बटन पर क्लिक करें और आवश्यकतानुसार टैब का चयन करके रूलर बार पर क्लिक करके उसे लगाएं। गलत टैब लग जाने पर उसे माउस

बटन से क्लिक करके पकड़ें और रूलर लाईन के बाहरी क्षेत्र में जाके छोड़ें टैब हट जाएगा। अपनी टेबुल के अनुसार टैबस निश्चित करने के बाद की-बोर्ड की टैबस कुंजी को दबाकर एक टैब से दूसरे टैब पर सफर किया जा सकता है। यदि कोई टैब नहीं लगाया जाता है तो एम. एस. वर्ड डिफाल्ट (Default) आधा इंच (0.5") पर टैब लगा के रखता है।

टैबस को लगाने और हटाने के लिए फार्मेट मीनू की Tabs कमांड का इस्तेमाल भी किया जा सकता है। प्राप्त होने वाले डायलॉग बॉक्स से डिफॉल्ट टैबस की स्थिति को बदला जा सकता है, नए टैब लगाए जा सकते हैं। उनका अलाईनमेंट तय किया जा सकता है तथा दो टैब के मध्य लीडर्स भी लगाए जा सकते हैं।

टैबल (Table)– एम. एस. वर्ड एक बेहतर सुविधा टेबुलेशन कार्य करने के लिए प्रदान करता है। यदि आपको कोई टेबल बनानी है तो आप Table मीनू की Insert Table कमांड पर क्लिक करें। आपसे पूछा जाएगा कि आप कितने स्तम्भों (Columns) और पंक्तियों (Rows) की टेबल बनाना चाहते हैं।

अपनी आवश्यकतानुसार इसमें स्तम्भों और पंक्तियों कि संख्या बताएं। इसे ओके करने के बाद आप पायेंगे कि आपके दस्तावेज में एक टेबल बन गई है। इसमें आप सफर करने के लिए की-बोर्ड की Tab कुंजी का इस्तेमाल करेंगे। यदि कोई फांट अलाईन मेंट आदि के लिए स्तम्भ, पंक्ति या टेबल को सिलेक्ट करना पड़े तो आप इसके लिए Table Menu की सहायता ले सकते हैं। बनाई गई टेबुल में पंक्तियों या स्तम्भों को घटाया या बढ़ाया जा सकता है, इसके लिए Insert Cells और Delete Cells कमांड का उपयोग करते हैं। दो या दो से अधिक Cells को एक बनाने के लिए आप उन्हें सिलेक्ट करके Merge Cells कमांड पर क्लिक करें।

यदि कुछ Cells को और अधिक भागों में बाँटना हो, तो Split Cells कमांड का इस्तेमाल करते हैं।

इस तरह कि बनाई गई टेबल को किसी Text के अनुरूप भी बदला जा सकता है, जैसे टैब में, पैराग्राफ में, कोमा स्टाईल में और अन्य में इस कार्य हेतु Table मीनू में Convert Table to Text कमांड का उपयोग टेबल को सिलेक्ट करके करे और किसी Text को पुनः टेबल में परिवर्तित करने के लिए Text को सिलेक्ट करके Table मीनू की Convert Text to Table कमांड का उपयोग करें। एम. एस. वर्ड टेबल के पहले से तैयार किए गए बहुत सारे डिजाईन प्रदान करता है।

टेबल को सिलेक्ट करके Table Auto Format कमांड का इस्तेमाल करे और अपनी प्रसन्द का फार्मेट को काम में ले।

एम एस वर्ड टेबल के रिकार्डस को किसी एक आर्डर के (आरोही या अवरोही) क्रम में व्यवस्थित करने की सुविधा भी प्रदान करता है। इसलिए Sort कमांड का इस्तेमाल करें।

टेबलों के दायीं ओर के, बायीं ओर के तथा ऊपरी के सभी संख्या का योग करने, औसत निकालने, जैसे कई फार्मूलों का इस्तेमाल टेबल मीनू की फार्मूला कमांड द्वारा करते हैं।

अध्याय 16

स्प्रेड शीट और एम.एस. एक्सेल
(Spread Sheet and MS Excel)

एम एस एक्सेल ई. स्प्रेड शीट प्रोग्राम है। स्प्रेडशीट एक ऐसा प्रोग्राम है जो एक ही पेज पर एक साथ कई कामों को अंजाम देता है। मसलन आलेख और उसके साथ गणीतीय कार्य, चार्ट आदि का एक पूरा दस्तावेज इनमें तैयार हो सकता है।

इलैक्ट्रॉनिक्स स्प्रेड शीट (Spread Sheet) एक ऐसा एप्लिकेशन प्रोग्राम है जो विभिन्न प्रकार की व्यवसायिक समस्याएँ जिनका संबंध गणनाओं, डाटा विश्लेषण और मॉडलस (Models) तैयार करने का काम करते हैं।

ई. स्प्रेड शीट के इतने अधिक लोकप्रिय होने का मुख्य कारण यह है कि अलग-अलग समस्याओं जैसे– Payroll management, School Management, Accounting Problem, Deviation Problem, Budgets, Portfolio, Analysis, Loan Analysis, Tax Statements आदि के लिए अलग-अलग एप्लिकेशन प्रोग्रामों की आवश्यकता होती है। यह एक बहुत खर्चीला विकल्प है जबकि ई. स्प्रेड शीट (Elect. Spread Sheet) में इन सभी समस्याओं का समाधान हो सकता है। स्प्रेड शीट प्रोग्रामों को चलना भी आसान है तथा इनके द्वारा ग्राफिकल (Graphical) विश्लेषण भी संभव है।

सबसे पहला स्प्रेडशीट प्रोग्रम विजीकैल्क (Visicalc) था जिसके डेनियल ब्रिकलीन (Deniel Bricklin) ने जो एक हार्वड़ बिजनेस स्कूल (Harvard Business School) के विद्यार्थी थे ने अपने मित्र राबर्ट फ्रेकस्टान (Robert Frankston) जो एक प्रोग्रामर थे, कि सहायता से तैयार किया था।

Visicalc के पहले संस्करण (Version) पर ऐपल (Apple) (यह पर्सनल कम्प्यूटर बनाने वाली एक बहुत बड़ी कम्पनी है।) कम्पनी ने बहुत बड़ा व्यवसाय किया।

इसके बाद तो स्प्रेड शीट के प्रोग्रामों कि बाढ़ सी आ गई जिनमें Calcstar, Plannercalc, Logiclac, Supercalc और Perfectcalc आदि मुख्य हैं।

आजकल स्वजने 1-2-3 Quattropro, VP-Planner और MS Excel अधिक लोकप्रिय ई. स्प्रेड शीट प्रोग्राम हैं।

ई. स्प्रेड शीट का विभिन्न क्षेत्रों में उपयोग– छोटे व्यवसायों में स्टॉक का हिसाब-किताब रखना (Inventory), कालेज प्रशासन जैसे बोर्ड कमेटी द्वारा बजट पेश करना, बाजार के भावों का व बाजार के रूख का पिछले सालों के आँकड़ों पर विश्लेषण रिपोर्ट तैयार करना। ऐसे विश्लेषण करना जिससे भविष्य में व्यवसायी कदम उठाने में मदद मिलती है। ई. स्प्रेड शीट साधारण गणना जैसे जोड़, घटाव, गुणा, भाग के अलावा ज्यामितीय गणना, सांख्यिकी और अन्य व्यवसायिक गणनाएँ करने में भी सक्षम होते हैं। ऐसे कार्यों के लिए स्प्रेड शीट प्रोग्रामों में कुछ फार्मूला फंक्शन बने हुए हैं। स्प्रेड शीट को निम्नलिखित कार्य क्षेत्र में काम में लेते हैं।

- बजट (Budgets)

- वार्षिक रिपोर्ट (Annual Reports)
- अकाउंटस लेन-देन (Accounts Payable and Receivable)
- उत्पादन-शेड्यूल (Production Schedule)
- लेन-देन रसीद (Invoices)
- आय का विवरण (Income Statements)
- ऋण विश्लेषण (Loan Analysis)
- कर वितरण (Tax Statements)
- व्यवसायिक योजनाओं का विकास (Developing Business Plans)
- ग्राफ झुकाव (Graphing Trends)
- कर्मचारियों व ग्राहकों के आँकड़े संभालना (Maintaing Data on Employee or Clients)
- भंडारण व्यवस्था (Managing Inventory)
- वैज्ञानिक तथ्यों की गणना आदि (Scientific Calculation etc.)

आधुनिक ई. स्प्रेड शीटों के लाभ

- त्रुटि के अवसर पर बहुत कम होते हैं, क्योंकि यहाँ गणनाओं में मानवीय रूप बिल्कुल कम होता है।
- अधिकांश आँकड़े किसी विशष फार्मूलों पर निर्भर होते हैं। यहाँ ऐसे फार्मूले बनाने के बाद सम्बन्धित सभी आँकड़ों पर लगाए जा सकते हैं।
- आंकड़ों में बदलाव होने पर संबंधित परिणामों में भी परिवर्तन प्राप्त होते हैं। इसका कारण यह है अधिकांश डाटाओं के फार्मूले एक दूसरे से लिंक (Link) बनाए हुए रहते हैं।
- डाटा फाइलों को सेव करने तथा पुरानी फाइलों को खोलने के साथ उनके आँकड़ों को प्रिंट भी करने कि भी सुविधा होती है।
- फिल्टरिंग (Filtering), सिनारियों (Scenarios), गोल सीक (Goal Seek) पाईवोट टेबल (Pivot Table) तथा टेबल (Table) आदि सुविधाओं से अनेकों तरह के विश्लेषण संभव हैं।
- डाटा को चित्रित (Graphical) ढंग से भी प्रस्तुत किया जा सकता है।
- मुश्किल फार्मूले फंक्शन के लिए सहायता (Help) भी प्राप्त होती है।
- किसी भी तरह के प्रोग्रामिंग आधार की आवशकता नहीं है।

एम.एस. एक्सेल (MS-Excel)

एम.एस. एक्सेल ई. स्प्रेड शीट प्रोग्राम है। स्प्रेडशीट एक ऐसा प्रोग्राम है जो एक ही पेज पर एक साथ कई कामों को अंजाम देता है। मसलन आलेख और उसके साथ गणितीय कार्य, चार्ट आदि का एक पूरा दस्तावेज इनमें तैयार हो सकता है।

MS-Excel के विभिन्न भाग– एम.एस. एक्सेल के कुछ नाम निम्नलिखित हैं–

Name Box– इससे पता चलता है कि आप अभी किस Cell पर है। इसका उपयोग किसी विशेष Cell पर जाने और Range Name को परिभाषित करने के लिए भी करते हैं।

Formula Bar– वर्तमान Cell में उपस्थित सामग्री को दर्शाती है, इसके द्वारा Cell Contents में एडिटिंग भी संभव है।

Sheet Tabs– यहाँ शीटों के नाम दिखाई देते हैं, तथा माउस क्लिक से किसी भी शीट

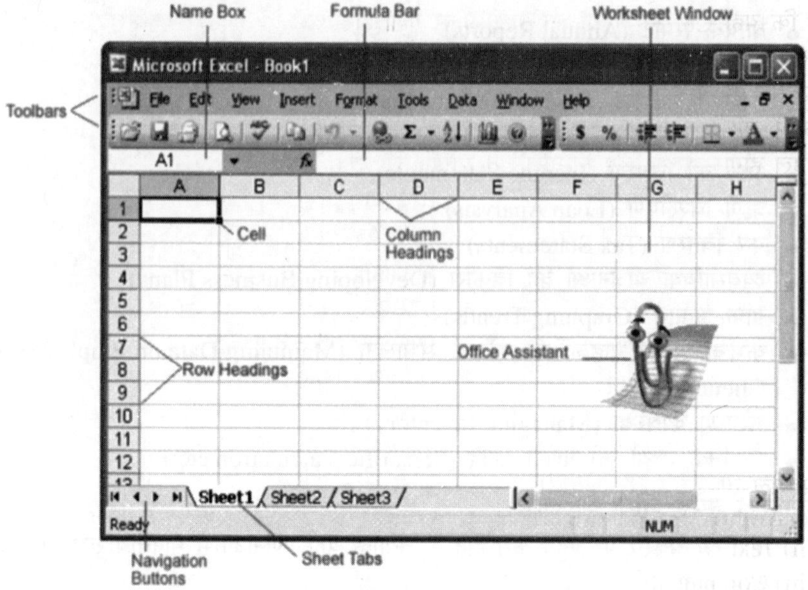

चित्र : माइक्रोसाफ्ट एक्सेल विन्डो

पर जाया जा सकता है। एक्सेल एक शीट में 65536 पंक्तियाँ (Rows) इन पर 1, 2, 3... 65536 तक नम्बर अंकित होते हैं। तथा 256 स्तम्भ (Columns) जिन पर A, B ... IV लेबल अंकित रहता है। इस तरह से यह एक बहुत बड़ी वर्कशीट होती है।

Cell– स्तम्भों व पंक्तियों से जो संरचना तैयार होती है उसे Cell कहा जाता है। प्रत्येक Cell अपना एक पता (Adress) होता है जिसमें स्तम्भ के लेबल तथा पंक्तियों के नम्बर होते हैं, जैसे– A5, C18

वर्कशीट और वर्कबुक– Excel की एक फाइल को वर्कबुक कहा जाता है, जबकि एक वर्कबुक में उपस्थित पेजों को वर्कशीट कहते हैं। एक वर्कबुक में Default तीन शीट होती हैं। परन्तु आवश्यकता पड़ने पर और शीटे भी इन्सर्ट (Insert) की जा सकती हैं।

एक्सेल शीट से एडिटिंग– किसी Cell में डाटा प्रविष्टि होने के बाद उसमें परिवर्तन करने के लिए आप निम्नलिखित कदम उठा सकते हैं।

(i) परिवर्तन किए जाने वाले Cell पर दो बार माउस से क्लिक करें या

(ii) परिवर्तन किए जाने वाले Cell पर आकर F2 फंक्शन कुंजी को दबाया जाए। यह स्प्रेड शीट के प्रोग्रामों की Edit Key कहलाती है। या

(iii) फार्मूला बार पर कर्सर छोड़ कर Cell के डाटा में परिवर्तन किया जा सकता है।

एक्सेल में फार्मूला– फार्मूला किसी संख्या, ऑपरेटर, सैल ऐड्रेस, फंक्शनों के नाम तथा रेंज के नामों के क्रम को कहा जाता है । जैसे– = SUM (A1:A5)/C6*9

यहाँ SUM एक एक्सेल द्वारा दिया गया फंक्शन है जो संख्याएँ जोड़ने का कार्य करता है। (A1:A5) एक Cells रेंज (Range) है जिससे उपस्थित संख्याओं का जोड़ किया जा रहा है।

C6 एक Cell ऐड्रेस है जिसमें उपस्थित संख्या को 9 से गुणा किया गया है। तथा (A1:A5) को जोड़ से प्राप्त संख्या में C6 की संख्या का भाग दिया जा रहा है। यहाँ सोचने वाली बात

यह है कि यहाँ C6 की संख्या का पहले 9 से गुणा होगा या C6 में उपस्थित संख्या भाग का काम करेगी।

एक्सेल में सभी फार्मूले BODMAS नियम पर हल किए जाते हैं। परन्तु एक ही फार्मूले में एक से अधिक ऑपरेटर लगाए जा रहे हैं, तो हमें ये जानना जरूरी है कि कौन-सा ऑपरेटर पहले हल होगा। इसके लिए निम्नलिखित सारणी को देखे। सारणी हल के क्रम को दर्शाती है।

ऑपरेटर	**विवरण**
–	ऋणात्मक (Unary -)
%	प्रतिशतता
^	एक्सपोनेशियल पावर (Exponetial Power)
& and /	गुणा और भाग
+ and –	जोड़ और घटाव
&	टेक्स्ट जोड़ ऑपरेटर
=, <, >, <=, >=, <>	तुलनात्मक ऑपरेटर

एक्सेल तीन तरह के ऑपरेटर प्रदान करता है–

(i) Arithmetic Operator

(ii) Text Operator

(iii) Comparison Operator

अर्थमैटिक (Arithmetic) ऑपरेटर में +, –, *, /, %, ^ आदि ऑपरेटर आते हैं, तो गणितीय समस्याओं को हल करते हैं।

जबकि Text Operator दो टेक्स्ट संख्याओं को जोड़ने के बाद एक साथ एक संख्या प्रस्तुत करता है।

जैसे – मान लीजिए A1, B1 और C1 में क्रमश: 35, 65 और Sales लिखा हुआ है।

फार्मूला	परिणाम
= A1 & B1	3565
= B1 & A1	6535
= C1 & A1	Sales 35
= C1 & A & B1	Sales 3565

और तुलनात्मक (Comparison) ऑपरेटर किसी तार्किक घटना के परिणाम को दर्शाते हैं। ये True और False में परिणाम देते हैं। तुलनात्मक ऑपरेटर निम्नलिखित हैं।

ऑपरेटर	विवरण
=	बराबर (Equal)
<	कम (Less than)
>	बड़ा (Greater than)
<=	कम और बराबर (Less than or Equal to)
>=	बड़ा और बराबर (Greater than or Equal to)
<>	बराबर नहीं (Not Equal to)

एक्सेल में सभी फार्मूला बराबर (=) के साथ शुरू होते हैं।

संख्या त्रुटियाँ (Erro Values)– कभी किसी फार्मूले में कोई संख्या गलत लिख देने से कुछ त्रुटियाँ आती है। एक्सेल ऐसी त्रुटियों के लिए संकेत प्रदान करता है। ये सदैव # चिह्न से शुरू होती हैं। जिनमें मुख्य निम्नलिखित हैं–

संख्या त्रुटि	विवरण
#DIV/0	किसी संख्या में शून्य से भाग दिया गया है।
#Name ?	फार्मूले में कोई टेक्स्ट लिखा गया।
#Value!	फार्मूला ऐसी जगह को पढ़ रहा है जहाँ संख्या के स्थान पर टेक्स्ट लिखा हुआ है।
#REF!	आपने ऐसा Cell ऐड्रेस दे दिया जो वर्कशीट में नहीं है या फिर हटा (Delete) दिया गया है।
#####	स्तम्भ की चौड़ाई कम है यह Error Value नहीं, अपितु संकेत मात्र है।

फंक्शन (Functions)– गणनाएँ विभिन्न प्रकार की होती हैं और उनसे तरह तरह की समस्याओं का समाधान किया जाता है। एम एस एक्सेल ऐसी समस्याओं पर आधारित कुछ पहले से तैयार (Predefine) फंक्शन प्रदान करता है जिनका उपयोग Insert मीनू की Function... कमांड से करते हैं।

इनमें से कुछ Function इस प्रकार हैं

SUM ( )– यह Function एक से अधिक संख्याओं को जोड़ने का कार्य करता है।

जैसे– = SUM (2,5,3) 10

= SUM) (A1,A7) A1 व A7 की संख्याओं का योग।

= SUM (A1:A5) A1 से A5 तक की संख्याओं का योग

AVERAGE ( )– इसके द्वारा एक से अधिक संख्याओं का औसत निकाला जाता है।

जैसे– = AVERAGE(4,5,3) 4

= AVERAGE (A1:A5) A1 से A5 तक की संख्याओं का औसत

STDEV ( ) - यह संख्याओं का मानक विचलन निकालने का काम करता है।

जैसे– = STDEV (22,30,14) 8

=STDEV (A1:A5) A1 से A5 तक की संख्या का मानक विचलन

MAX ( )— इसके द्वारा दी गई संख्याओं की सूची में से अधिकतम (सबसे बड़ी) वाली संख्या को प्राप्त किया जाता है।

जैसे– = MAX (5, 11, 3) 11

= MAX (A1:A5) A1 से A5 में सबसे बड़ी संख्या

MIN ( )– इसमें दी गई संख्याओं की सूची में से न्यूनतम (सबसे छोटी) वाली संख्या देखी जा सकती है।

जैसे – = MIN (5, 11, 3) 3

= MIN (A1:A5) A1 से A5 में सबसे छोटी संख्या

COUNT ( )– यह Function किसी सूची में से संख्यात्मक संख्याओं की मात्रा को बताता है।

जैसे – = COUNT (5, "A", 5, 3) 3

= COUNT (A1:A5) A1 से A5 तक संख्यात्मक Cell की मात्रा

SQRT ( )– किसी भी धनात्मक संख्या का वर्गमूल निकाला जा सकता है। ऋणात्मक संख्या होने पर #Num! एरर आती है।

जैसे– = SQRT (9) 3

= SQRT (A3) A3 में उपस्थिति संख्या का वर्गमूल

= SQRT (–4) #NUM!

POWR ( )– किसी भी संख्या का वर्ग करने का काम करता है। इसको इस प्रकार से लिखते हैं = POWER (X,Y) यहाँ X संख्या का वर्ग Y है।

जैसे– = POWER(5,2) 25

= POWER(9,4) 6561

INT ( )– यह Function किसी संख्या में से Integer भाग को ही दर्शाता है।

जैसे – = INT (12.25) 12

= INT(115.99) 115

फाइल मेन्यु– फाइल मेन्यु में मुख्य रूप से नई फाइल को बनाना तथा पुरानी फाइलों को खोलना, खुली हुई फाइल को बन्द करना, फाइलों को सेव करना, वर्कशीट में पेज सेट करना, प्रिंट निकालना, प्रिंट प्रिव्यू देखना तथा फाइलों की जानकारी लिखना आदि कमांडों का समावेश है। इसमें उपस्थित सेव वर्क स्पेस (Save work sapce) कमांड का प्रयोग अलग-अलग कई फाइलों को एक समूह नाम देकर बाद में समूह में उपस्थित सभी फाइलों को एक साथ खोलने के लिए करते हैं। वर्क स्पेश फाइलों का विस्तार नाम XLW होता है।

फाइल मेन्यु की पेज सेटअप कमांड का प्रयोग प्रिंटिंग में किए जा रहे कागज के आकार और प्रकार के निर्धारण के लिए करते हैं। पेज सेटअप डॉयलॉग बॉक्स को चार अलग-अलग Tabs में दिया गया है।

पेज टैब– यह टैब पेज आरिएन्टेशन (उर्द्धावाकार या समानान्तर प्रिंटिंग), पेपर पर प्रिंटिंग स्केलिंग को फैलाने व फैलाव पर प्रिंटिंग को फैलाने व फैलाव को कम करने जैसे कार्य किए जा सकते हैं।

मार्जिन टैब– इस भाग का प्रयोग करके पेज के चारों ओर की बची जगह या मार्जिन निश्चित करते हैं। ऐसा करने के लिए टॉप (Top), बाटम (Bottom), लेफ्ट (Left) और राइट (Right) नाम विकल्प होते हैं। जब मार्जिन निश्चित किए जाते हैं उस समय प्रिव्यू नामक विकल्प में मार्जिन और टेक्स्ट के अनुपात को दर्शाया जाता है। यदि हमें प्रिंट होने वाले मैटर को पेज के बीचो-बीच प्रिंट करना है, तो सेंटर ऑन पेज नामक विकल्प के तहत दिए हुए दोनों विकल्पों को सक्रिय कर देते हैं।

हैडर/फुटर टैब– सभी पेजों में टॉप (Top) मार्जिन पर प्रिंट होने वाले टेक्स्ट को हैडर तथा सभी पेजों के बाटम (Bottom) मार्जिन पर प्रिंट होने वाले टेक्स्ट को फुटर कहा जाता है।

हैडर/फुटर टैब से कस्टम या कस्टम फुटर पर माउस से क्लिक करके ये टेक्स्ट लिखे जा सकते हैं, जो हमें सभी पेजों पर उपरी मार्जिन या नीचे के मार्जिन पर चाहिए।

शीट टैब– इस भाग में यह तय करते हैं कि वर्कशीट पेज किस क्रम में प्रिंट करने हैं। ग्रीड लाइने प्रिंट करनी हैं या नहीं। यदि कोई हैडिंग प्रथम पेज के टॉप या लेफ्ट साइड में है, तो उसका क्रमश: पंक्ति नम्बर, स्तम्भ लेबल बता कर ताकि अन्य पेजों पर भी उसे रिपीट (Repeat) करवाया जा सकता है।

एडिट मेन्यू– इस मेन्यू के द्वारा डाटा को कापी करना, हटाना, या वर्कबुक (Work Book) की शीटों के क्रम बदलना या शीटों की कापी करना, किसी शीट को हटाना, किसी शब्द को खोजना और खोजने के बाद उस शब्द के स्थान पर कोई अन्य शब्द लिखना आदि कार्य होते हैं।

एडिट मेन्यु की पेस्ट स्पेशल कमांड का उपयोग करके अनेकों विकल्पों का निवारण हो सकता है। जैसे डाटा टेबल के कॉलम को पंक्ति में और पंक्ति को कॉलम में बदलना, पेस्ट

करते समय खाली Cells को पेस्ट नहीं करवाना या टेबल में कोई एक विशेष चीज पेस्ट करवाना या किसी अन्य टेबल पर पेस्ट करवाते समय कोई गणितीय घटना को प्रभावित करवाना।

पेस्ट स्पेशल कमांड का उपयोग कापी विकल्प के बाद ही हो सकता है। कट विकल्प के साथ इसका उपयोग नहीं हो सकता है।

व्यू मेन्यू– यह एमएस एक्सेल का वह मेन्यू है जिससे हम दृश्यता संबंधी काम पूरे करते हैं। इस मेन्यू का उपयोग करके वर्कशीट को पेज ब्रोक प्रिव्यू में और साधारण (Normal) तरीके से देख सकते हैं। वर्कशीट का जूम प्रिव्यू भी बढ़ाया या घटाया जा सकता है। स्टेटस बार और टिप्पणी (Comments) आदि को देखने जैसे विकल्प भी निर्धारित किए जा सकते हैं। इसमें उपस्थित हैडर/फुटर विकल्प से भी हैडरध्फुटर परिभाषित किए जा सकते हैं।

व्यू मैनेजर कमांड का प्रयोग करके वर्कशीट की दृश्यता के भिन्न-भिन्न आयामों को अलग-अलग नाम से सेव कर लेते हैं। जब किस रूप की आवश्यकता होती है, उसके लिए सेव आयाम को चुनकर खोल लेते हैं, जिसके कारण मोनिटर पर वर्कशीट का वांछित हिस्सा दिखाई देने लगता है।

इंसर्ट मेन्यू– इंसर्ट वह मेन्यू है जिससे हम वर्कशीट में इंसर्शन (Insertion) अर्थात् बाहरी तत्वों या भीतरी तत्वों को वर्कशीट में डालने का काम करते हैं।

इस मेन्यू से मुख्य रूप से –

- सेल इन्सर्ट करना
- स्तम्भ या पंक्ति इन्सर्ट करना
- नई वर्कशीट इन्सर्ट करना
- फंक्शन (Function) बनाना
- चार्ट बनाना
- पेज ब्रोक करना
- टिप्पणी (Comments) बनाना
- किसी रेंज का नामकरण करना आदि कार्य सम्पन्न किए जाते हैं।

इन्सर्ट मेन्यू की Chart कमांड डाटा टेबल के आँकड़ों को और अधिक पढ़ने योग्य तथा ग्राफिकल प्रस्तुति के साथ दिखा सकते हैं।

इस कमांड पर माउस से क्लिक करने पर चार्ट विजार्ड डायलॉग बॉक्स आता है। इस डॉयलॉग बॉक्स में से आप आवश्यकतानुसार ग्राफ का प्रकार चुन सकते हैं। इन्हें चुनने के बाद नेक्स्ट (Next) बटन पर क्लिक कर दें।अब आपको डाटा रेंज निश्चित करनी होगी। इसके बाद फिर आगे बढ़ें अर्थात् नेक्स्ट बटन पर क्लिक करें। यहाँ आप टाइटल, अक्ष, ग्रिडलाइन, डेटा टेबल इत्यादि को निर्धारित कर सकते हैं और फिर से नेक्स्ट ऑप्शन पर क्लिक करते हैं। यहाँ आपको यह तय करना है कि चार्ट आप नई वर्कशीट पर बनाना चाहते हैं या वर्तमान शीट पर ही। इसके बाद आप फिनिश बटन पर क्लिक कर दें। आप चार्ट को शीट पर बना हुआ पाएँगे। चार्ट में आगे कुछ परिवर्तन करने हों, तो आप चाहे सिलेक्ट करने के बाद मेन्यू से परिवर्तन कर सकते हैं।

फॉर्मेट मेन्यू– इस मेन्यू का प्रयोग वर्कशीट में फॉर्मेटिंग अर्थात् साज-सज्जा को तय करने के लिए करते हैं।

Auto Format कमांड का उपयोग करके पहले से बने बनाए डिजाइन हम अपनी डाटा टेबल पर बनवा सकते हैं। जबकि Contitional Formatting कमांड टेबल में उपस्थित डाटा पर Condition लगा कर फॉर्मेटिंग तय कर सकते हैं।

टूल मेन्यू– इस मेन्यू का प्रयोग कर तरह-तरह की समस्याओं का समाधान जैसे - ओडिटिंग (Auditing), लक्ष्य निर्धारण (Good Seek) विकल्पों का प्रस्तुतिकरण निर्धारित तय किए जा सकते हैं।

डाटा मेन्यू–

टेक्स्ट टू कॉलम कमांड– इस कमांड का प्रयोग टेक्स्ट को ठीक प्रकार से कॉलम में प्रयोग करने के लिए करते हैं। यह एक विजार्ड की भाँति कार्य करता है। यह कॉलम की चौड़ाई को ठीक प्रकार से निर्धारित करता है।

इस कमांड का यह मेन्यू तीन बार से अपना कार्य सम्पन्न करता है। जब हम इसके अगले विकल्प पर क्लिक करते हैं, तो इसका अगला मेन्यू हमारे सामने आता है। इसमें कौमा या सेमीकोलन इत्यादि का निर्धारण करने के पश्चात् जब नेक्स्ट विकल्प पर क्लिक करते हैं, तो हमारे सामने एक मेन्यू आता है यहाँ से हम कॉलम डेटा फार्मेट निश्चित करने के पश्चात् जब Finish विकल्प पर माउस द्वारा क्लिक करते हैं, तो इस कमांड का कार्य समान होता है।

कंसोलिडेट कमांड– इस कमांड का प्रयोग डेटा को संक्षेप करने के लिए किया जाता है। इस कमांड के विकल्प मेन्यू का प्रयोग करके हम फंक्शनों का प्रयोग भी कर सकते हैं। इस मेन्यू के फंक्शन ऑप्शन के अन्तर्गत कई फंक्शन होते हैं। जिनका प्रयोग अलग-अलग प्रकार की गणनाओं के लिए किया जाता है। फंक्शन निर्धारित करने के पश्चात डेटा का रेफरेंस लिखते हैं। इस मेन्यू के Brows आप्शन का प्रयोग दूसरी वर्कशीट के प्रयोग के लिए कर सकते हैं।

ग्रुप एंड आउटलाइन कमांड– इसका प्रयोग डेटा को समूह में बाँधने के लिए किया जाता है। इसका विकल्प मेन्यू दो भागों में बँटा होता है तथा इसमें कई उपकमांड होते हैं। ये कमांड हैं।

हाईड डिटेल– इस कमांड का प्रयोग मोनिटर पर दिखायी दे रही डेटा डिटेल को अदृश्य करने के लिए किया जाता है।

शो डिटेल– इस कमांड का प्रयोग वर्कशीट की अदृश्य डिटेल को देखने के लिए किया जाता है।

ग्रुप कमांड– इस कमांड का प्रयोग डेटा को समूह में करने के लिए करते हैं।

अनग्रुप कमांड– इसका प्रयोग समूह में हुए डेटा को अनग्रुप करने के लिए करते हैं।

ऑटो आउटलाइन कमांड– इस कमांड का प्रयोग डेटा आउटलाइन के स्वतः निर्माण के लिए करते हैं।

क्लियर आउट लाइन– इस काांड का प्रयोग आउट लाइन हटाने के लिए करते हैं।

सैटिंग कमांड– इस कमांड का प्रयोग डेटा की आउट लाइन को सेट करने के लिए करते हैं।

Pivot Table कमांड– इस कमांड का प्रयोग टेबल निर्माण के लिए करते हैं। वास्तव में यह टेबल विजार्ड कमांड है।

इस विजार्ड मेन्यू के चारों विकल्पों के कार्य के अनुसार निर्धारण करने के बाद जब इस नेस्टेट विकल्प का प्रयोग करते हैं, तो इसका मेन्यू हमारे सामने आता है। इस मेन्यू में हम टेबल के लिए डेटा रेंज निर्धारित कर सकते हैं। यह रेंज निर्धारित करने के बाद हम पुनः नेस्टेड विकल्प पर क्लिक करते हैं तथा इस विकल्प की समस्त औपचारिकताएँ सम्पन्न करने के बाद Finish विकल्प पर क्लिक करते हैं, तो हमारे सामने टेबल बन कर आती है।

विंडो मेन्यू– इस मेन्यू का प्रयोग विंडो को अपनी आवश्यकतानुसार निर्धारित करने के लिए करते हैं। इसमें कार्य करने के लिए निम्न कमांड होते हैं जिनका प्रयोग वर्कशीट विंडो के आधार को परिवर्तित करने के लिए करते हैं।

न्यू विंडो कमांड– इस कमांड का प्रयोग वर्कशीट में नयी विंडो का प्रयोग करने के लिए करते हैं।

अरेंज विंडो– इस कमांड का प्रयोग वर्कशीट की विंडों को क्रमबद्ध करने के लिए करते हैं।

हाईड कमांड– इस कमांड का प्रयोग विंडो को अदृश्य करने के लिए करते हैं।

अनहाईड कमांड– इस कमांड का प्रयोग अदृश्य विंडों को दृश्यता प्रदान करने के लिए करते हैं।

स्प्लीट कमांड– यह कमांड का प्रयोग वर्कशीट की विंडों को विभाजित करने के लिए करते हैं। यह विभाजन मोनिटर पर आ जाता है।

फ्जि पेन कमांड– इस कमांड का प्रयोग विंडो को फ्जि करने के लिए करते हैं।

हेल्प मेन्यू– इस मेन्यू का प्रयोग एम एस एक्सेल की हेल्प सुविधा का प्रयोग करने के लिए किया जाता है। इस मेन्यू में दिए विकल्प का प्रयोग करके इस अत्यन्त सरलतापूर्वक हेल्प का प्रयोग कर सकते हैं।

उदाहरण के लिए यदि हम इंडेक्स कमांड पर क्लिक कर दे, तो मोनिटर पर सहायता का इंडेक्स दिखाई देने लगता है। यहाँ से हम एल्फाबेटिकल क्रम में हेल्प सुविधा का प्रयोग आसानी से कर सकते हैं। यदि हम किसी टॉपिक को ढूँढ़ना चाहे तो इसके Search विकल्प का प्रयोग करके यह कार्य भी आसानी से किया जा सकता है।

सैल रेफरेंस तकनीक (Cells Reference Technique)– एम एस एक्सेल में फार्मूलों में सैल एड्रैस भी लिखते हैं, जैसे–= A1+B1; यदि इस फार्मूले को नीचे की सैलों में कापी किया जाएगा तो इसका एड्रेस इस तरह से बदल जाएगा = A2+B2, =A3+B3 .... = An+Bn। यदि इस फार्मूले को दायीं ओर के सेलों में कॉपी किया जाए तो इसका एड्रेस भी जैसे-जैसे जितने कॉलम बढेंगे बदलता चला जाएगा। यानी = A1 + B1, B1 + C1, C1 + D1..... इस तरह यह बढ़ता जाएगा।

रेंज नाम और लेबलस (Range Name और Labels)– एम. एस. एक्सेल में रेंजों के नामों में शुरुआत और अन्त के सैल एड्रेस लिखे जाते हैं, जैसे- (A1:C5)। इस तरह के एड्रेस इतनी बड़ी शीट में कॉफी परेशानी हो सकती है। इसलिए जिन डाटाओं की रेंज को बार-बार अलग-अलग फार्मूलों के काम में लेना है तो उन रेंजों के कोई भी आसान सा नाम दिया जा सकता है। इसके लिए उस रेंज को सिलेक्ट करके Insert मेन्यू की Name कमांड पर क्लिक करके Define कमांड पर या Label कमांड पर क्लिक करके उसका रेंज का नाम या लेबल का नाम तय किया जा सकता है और इन नामों का इस्तेमाल Name Box या लिख कर किया जा सकता है।

टैमप्लैटस (Template)– टैमप्लेट्स एक ब्लू प्रिंट (Blue Print) की तरह जैसे दस्तावेज होते हैं। यह ठीक उसी तरह के ब्लू प्रिंट दस्तावेज होते हैं जो किसी मकान या पुल के निर्माण से पहले काम में लाए जाते हैं तथा उन्हीं के डिजाईन के अनुसार निर्माण किए जाते हैं। यहाँ एक्सेल टैमप्लैट्स उन दस्तावेजों के डिजाईन हैं जो व्यवहारिक तौर पर काम आते हैं।

दफ्तरों में और साधारणतय: काम आने वाले दस्तावेजों का तरह-तरह डिजाईन MS-Excel प्रदान करता है। इस तरह के डिजाईन फाइल मेन्यू की न्यू कमाण्ड में क्लिक करने पर मिलेंगे।

यदि कोई ऐसा डिजाईन है जो आपके अधिकतर काम आता है और वह दस्तावेज डिजाईन न्यू कमांड में नहीं है तो आप किसी रिक्त (Blank) दस्तावेज पर डिजाईन को बनाकर सेव (Save) करते समय File of Type नामक के ऑप्शन से उसका टाईप Template सिलेक्ट करे फिर

सेव करे। इस डिजाईन को काम में लेने के लिए न्यू कमांड का ही इस्तेमाल करे। अब इस डिजाईन के अनुसारअपना दस्तावेज तैयार करे। यदि इस डिजाइन में कोई कमी है और उसमें बदलाव करना चाहते हैं तो File मेन्यू की Open कमांड का इस्तेमाल किया जा सकता है परन्तु फाइल का टाईप Template सिलेक्ट करे और परिवर्तन करके सेव करें।

स्प्रेडशीट में डाटा विश्लेषण (Analysing Data in Spreadsheet)– एम. एस. एक्सेल तरह-तरह के विश्लेषणों का ज्ञाता माना जाता है। व्यावसायिक दृष्टि से देखा जाए तो एक्सेल में होने वाले विश्लेषण की बेहद आवश्यकता पड़ती है। इसके लिए एम एस एक्सेल में Filter, Table, Pivot Table, Report, Auditing, Goal Seek और Scenarios जैसे ऑप्शन दिए गए हैं।

Filter– किसी डाटा टेबल में से किसी Condition के आधार पर डाटाओं की छटनी करनी हो, तो यह ऑप्शन सबसे उत्तम है। डाटा टेबल में ड्राप डाउन लिस्ट बॉक्स बटन (Drop Down List Box Button) बन जाते हैं। जिन पर क्लिक करके किसी भी डाटा का चयन करके उससे संबंधित जानकारी देखी जा सकती है। इसी में उपस्थित Top ten कमांड के द्वारा ऊपर (Top) या नीचे (Bottom) की संख्या का पता किया जा सकता है। कस्टम (Custome) ऑप्शन से किसी Condition के आधार पर डाटाओं का विश्लेषण कर सकते हैं। फिल्टर कमांड का उपयोग डाटा मेन्यू के द्वारा करते हैं।

Table– इस कमांड का उपयोग तब किया जाता है जब हमें किसी एक ही फर्मूले का उपयोग करते हुए अलग-अलग डाटाओं को बदल कर परिणाम (Result) चाहिए। यहाँ दो तरीके से टेबल बनती है।

(i) वन इनपुट डाटा टेबल

(ii) टू इनपुट डाटा टेबल

वन इनपुट डाटा टेबल में एक ही तरह की संख्या में बदलाव हो सकता है।

टू इनपुट टेबल में एक साथ दोनों बदलाव को लिखकर परिणामों को देखा जा सकता है।

इस कमांड का उपयोग डाटा मेन्यू की टेबल कमांड द्वारा किया जाता है।

Auditing–इस कमांड का उपयोग करके किसी फार्मूले से संबंधित Cells के पतों को तथा किसी Cell पर निर्भर फार्मूलों के पतों का एड्रेस देखा जा सकता है। इसके द्वारा किसी Error Value में उपस्थित Cell Addresses को भी देखा जा सकता है। यह कमांड Tool में होती है।

Goal Seek– कभी-कभी किसी मुश्किल फार्मूलों में से हमें अलग-अलग Cell एड्रेसो के द्वारा प्राप्त परिणामों से संतुष्टि नहीं होती है और हम किसी एक विशेष परिणाम को पाना चाहते हैं, परन्तु यह नहीं तय कर पाते हैं कि Cell की संख्या में कितना परिवर्तन करें।

ऐसे में हमें चाहिए कि हम एक्सेल में उपस्थित Tool मेन्यू की Goal Seek कमांड का उपयोग करें इस डायलॉग बॉक्स में फार्मूले वाले Cell को एड्रेस परिणाम और परिवर्तन करने वाले Cell का एड्रेस बताना होगा।

Scenarios– इस विकल्प का उपयोग तब किया जाता है जब हमें किसी डाटा लेबल में एक समय में अधिक संख्याओं में परिवर्तन करके परिणाम चाहिए। इसके लिए हमें उन सभी Cells का सिलेक्ट कर लेना चाहिए जिनमें परिवर्तन होगा और Top मेन्यू की Scenarios कमांड पर क्लिक करके अलग-अलग परिवर्तनों के अलग-अलग नामों से Scenarios को परिभाषित कर सकते हैं। इसके बाद चाहें तो उन Scenarios को Show बटन पर क्लिक करके देखे या एक Summary Report तैयार करवा लें।

अध्याय 17

प्रस्तुतीकरण एवं एम.एस. पावर पाइंट
(Presentation and MS Power Point)

जीवन के प्रत्येक क्षेत्र में प्रस्तुतीकरण की एक अलग पहचान है। अच्छे प्रस्तुतीकरण का पैमाना इस बात पर निर्भर करता है कि आपकी बात को सामने वाला किस प्रकार आसानी से समझ जाता है और उसके मन-मस्तिष्क पर उसका कितना असर हो पाता है। कुछ लोगों की अपनी बात कहने का ढंग इतना अच्छा होता है कि उनके कम वाक्यों के प्रयोग से ही बात समझ में आ जाती है। परन्तु मुश्किल और दिमाग के लिए बोझिल विषयों को समझाना थोड़ा मुश्किल होता है। जहाँ कही भी कभी भी कोई चीज समझाने में मुश्किलें आती हैं वहाँ ग्राफिकल पिक्चर्स की सहायता ली जाए तो आप अपनी बात को सही भायने दे सकते हैं। इसका सीधा सा उदाहरण है कि कोई व्यक्ति दूसरे व्यक्ति से किसी पते तक पहुँचने का रास्ता जानना चाहता है और पता बताने वाले व्यक्ति को बोलकर समझाने पर पता जानने वाले व्यक्ति के समझ में नहीं आता है तो मजबूरन पता बताने वाले व्यक्ति को एक पैन तथा कागज की सहायता से उस पते के रास्ते का ड्राइंग बना कर उसे आसानी से समझाया जा सकता है। सीधी सी बात है कि सुनकर किसी बात को समझना थोड़ा कठिन होता है। जबकि यह बात सभी जगह लागू नहीं होती है। कहीं-कहीं पर सिर्फ ग्राफिकल चीजों को देख लेने से ही तथ्य समझ में नहीं आते हैं, अत: प्रस्तुतीकरण में श्रव्य व दृश्य दोनों का ही बराबर महत्व है। यदि कोई गणित या विज्ञान विषय के अध्यापक सिर्फ मुँह से बोल कर प्रश्नों के हल को लिख दें तो भी ऐसी ही स्थिति बनेगी। इसलिए मुँह से बोल कर समझाने के साथ-साथ उस हल को बोर्ड पर लिख कर भी समझाने पर ही वह हल अधिक छात्रों के समझ में आयेगा। यदि आप किसी उपन्यास को पढ़ते हैं तो आप प्रत्येक पात्र की भूमिका को अपने मस्तिष्क में तैयार करते हैं और अपने ही अंदाज में उस पात्र के संवाद को समझते हैं। ये संवाद शायद ज्घ्यादा लम्बे समय तक आपके याद भी नहीं रहेंगे। मगर यही सब किसी सिनेमा के पर्दे पर दिखाया जाए तो आप अधिक आनन्द लेंगे, पात्र के संवाद व उनकी भूमिका स्वत: ही आपके सामने प्रस्तुत होगी। पर्दे पर बोले गए संवाद अधिक लम्बे समय तक आपके ध्यान में रहेंगे क्योंकि परदे पर कथानक का प्रस्तुतीकरण ग्राफिकल होता है। ब्लैक बोर्ड पर हल किए गए प्रश्नों को ग्राफिकल वातावरण मिलता है और कागज पर बनाए गए पते का ड्राइंग एक ग्राफिकल नक्शा प्रस्तुत करता है। अत: ग्राफिकल प्रस्तुतीकरण के साथ अपने तथ्यों को शक्तिशाली और प्रभावी ढंग से बताने का यह अच्छा तरीका है।

इसी बात को ध्यान में रखते हुए व्यवसायिक संगठनों ने अपनी नए विकास की योजनाओं को अपने कर्मचारियों या ग्राहकों को बताने के लिए उस प्रस्तुतीकरण में ग्राफिकल वातावरण देने के लिए प्रोजेक्टर मशीन का इस्तेमाल करने लगे। अब जब सब कुछ कम्प्यूटर की मदद से होने लगा है तो प्रस्तुतीकरण का काम भी कम्प्यूटर में ही होने लगा है।

माइक्रोसॉफ्ट पावर पाइंट प्रोग्राम प्रस्तुतीकरण के काम में ही लिया जाता है। पावर पाइंट माइक्रो साफ्ट ऑफिस का एक हिस्सा है। आप अपने तथ्यों को उसके मार्फत रंग, गति और

विशेष प्रभाव से पर्दे पर व्यक्त कर सकते हैं।

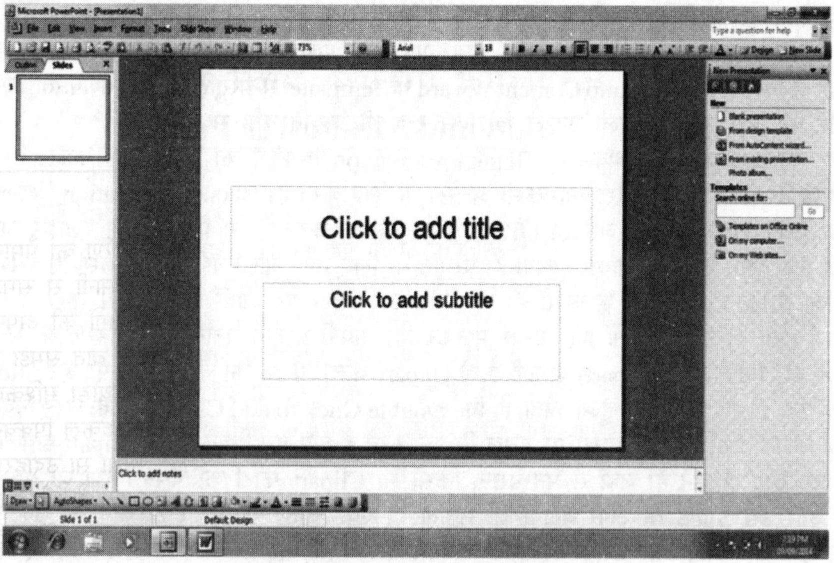

चित्र : माइक्रोसाफ्ट पावर पाइंट विंडो

पावर पाइंट को चलाना– विंडोज को स्टार्ट करने के बाद स्टार्ट मीनू प्रोग्राम को खोलकर प्रोग्राम विकल्प पर माउस ले जाएं। आपके सामने प्रोग्राम मीनू खुलेगा, यहाँ से आप माइक्रोसॉफ्ट पावर पाइंट पर क्लिक करें। जैसे पावर पाइंट खुलता है तो एक डायलॉग बॉक्स आएगा जिसे स्टार्ट अप डायलॉग बॉक्स कहते हैं।

डायलॉग बॉक्स से प्रस्तुतीकरण के निर्माण का कार्य तीन तरह से हो सकता है। तीनों तरीके में से एक का चयन जरुरी है।

यदि आपको पहले से बनी हुई कोई फाइल खोलनी हो तो इस डायलॉग बॉक्स के अन्तिम विकल्प (Open on existing presentation) का प्रयोग करे। नई फाइल अपने तरीके से बनाने के लिए Blank presentation विकल्प का चयन करके OK करें।

यदि आप पहली बार पावर पाइंट का प्रयोग कर रहे हैं और नए हैं तो इसके ऑटो कंटेंट विजार्ड का उपयोग करे, यह विजार्ड कई पदों में पूरा होता है।

इस विजार्ड के आगे के पदों को प्राप्त करने के लिए Next बटन पर ही क्लिक करें। इस विजार्ड में प्रस्तुतीकरण के विषय का चयन जरुरी है और Next बटन का उपयोग करते जाएं और दिए गए निर्देशों का अनुसरण करें अन्तिम पद पर पहुँचने से पहले आपको अपने प्रस्तुति के विषय का टाइटल तथा अपना नाम लिख सकते हैं। और यदि कोई अतिरिक्त सूचना लिखना चाहते हैं, तो वह भी लिखें, जब यह काम पूरा हो जाए तो फिनिश (Finish) बटन पर क्लिक करें। जैसे ही आप इस पर क्लिक करेंगे यह ऑटो कंटेंट विजार्ड प्रस्तुति का निर्माण कर देगा। इस प्रस्तुति में जो हैडिंग दिए गए हैं उनके तहत लिखे आलेख में आप किसी भी तरह का बदलाव करके उसे अपनी आवश्यकता के अनुसार आसानी से बदल सकते हैं।

टैम्प्लेट का प्रयोग– यदि आप टैम्पलेट पर आधारित किसी प्रस्तुति का निर्माण करना चाहते हैं तो पावर पाइंट के स्टार्ट अप डायलॉग बॉक्स में टैम्पलैट नामक विकल्प को चुनें। किसी प्राप्त

डायलॉग बॉक्स में से किसी एक Template Design का चयन करें तथा OK बटन पर माउस की सहायता से क्लिक करें।

नए प्रस्तुति का निर्माण करना– जब आप पावर पाइंट का प्रयोग करते हैं, तो यह जरुरी नहीं है कि आप हमेशा Auto Content Wizard या Template से प्रस्तुति बनाएँ। विशेषज्ञता प्राप्त होने पर आप नई या खाली फाइल खोलकर खुद ही प्रस्तुति बना सकते हैं।

स्टार्टअप डायलॉग बॉक्स के Blank Presentation विकल्प का उपयोग नई फाइल बिना किसी टैम्प्लैट डिजाइन और बिना किसी आलेख के लिए करते हैं। Blank Presentation विकल्प का चयन करने के बाद जैसे ही OK बटन पर क्लिक करते हैं, मॉनीटर पर न्यू स्लाइड नाम का एक दूसरा डायलॉग बॉक्स खुलता है। प्रस्तुति के लिए बनने वाली नई स्लाइड कैसी हो इसका चयन Slide Layout में से करते हैं। जब स्लाइड मानीटर पर आती है तो उसमें कुछ लिखा हुआ होता है। इन्हीं निर्देशों को आधार मानकर हमें अपनी प्रस्तुति बनानी है। उदाहरण के लिए हमे कोई क्लिपआर्ट (Clipart) लगानी है तो Clipart वाली Slide का चयन करने पर उसे Slide के एक हिस्से में लिखा हुआ होता है कि Double Click to add Clipart। अत: इस निर्देश का पालन करते हुए उस हिस्से पर डबल क्लिक करते हैं और हम देखते हैं कि Clipart डायलॉग बॉक्स हमारे सामने है। जहाँ से मन पसन्द किसी भी Clipart फोटो का चयन किया जा सकता है और उसे Slide के ऊपर बनाया जा सकता है। एक Slide को तैयार हो जाने के बाद नई स्लाइड को बनाने और उसके लेआउट को तय करने लिए Insert मीनू की New Slide का चयन करते हैं।

पावर पाइंट के पाँच प्रमुख दृश्य– पावर पाइंट, स्लाइडों के निर्माण दृश्य के लिए पाँच प्रकार के विकल्प प्रस्तुत करता है। इनका ब्यौरा निम्नलिखित है–

(i) स्लाइड दृश्य– यह पहला विकल्प है इसे View मीनू से प्राप्त किया जाता है। इसमें सम्पूर्ण Slide मॉनीटर पर दिखाई देती है जिसको Zoom आप्शन द्वारा मन चाहे आकार में देख सकते हैं।

(ii) आउटलाइन दृश्य– जब इस विकल्प का चयन View मीनू से करते हैं तो सभी स्लाइडों के सिर्फ आलेख (Text) ही एक नम्बर स्टाइल में दिखाई पड़ते हैं।

इस View में स्लाइडों के Text की Editing और उनकी Formmatting आसानी से की जा सकती है। इन कामों को करने के लिए इसके बाँयी और एक टूल बॉक्स आता है। इस टूल बॉक्स में दस टूल होते हैं। इनका प्रयोग करके स्लाइडों के स्क्रीन पर दिखाई दे रहे तत्वों में परिवर्तन कर सकते हैं। इस टूल बॉक्स के काम के साधन (औजार) निम्नलिखित हैं–

- **प्रोमट टूल–** इस टूल का प्रयोग आलेख को सब हैडिंग के आकार का बनाने के लिए करते हैं। आलेख का चयन करने के बाद जब आप इस टूल का इस्तेमाल करेंगे तो इसका प्रभाव आपको दाँयी ओर दिखाई दे रही प्रिव्यू विंडो में दिखाई देता होगा।
- **डिमोट टूल–** इस टूल का प्रयोग प्रोमट के विपरीत करते हैं या जितनी जगह स्लाइड आलेख में घेर रहा है इस टूल की सहायता से कम कर सकते हैं।
- **मूव अप टूल–** इस टूल का प्रयोग किसी भी लाइन को ऊपर खिसकाने के लिए होता है। (जैसे Cut और Paste कमांड) इस टूल के इस्तेमाल के लिए सबसे पहले आप उस लाइन को चुने जिसे ऊपर की ओर ले जाना है फिर इस टूल का प्रयोग करें।
- **मूव डाउन टूल–** इस टूल का इस्तेमाल आप मूव अप टूल के विपरीत काम करने

के लिए कर सकते हैं। अर्थात् यह टूल चुनी हुई लाइनों को नीचे खिसकाने का काम करता है।

- **कोलैप्स टूल–** इस टूल का इस्तेमाल किसी हैडिंग के तहत लिखी लाइनों को अदृश्य करने के लिए कर सकते हैं। पहले हैडिंग पर क्लिक करे फिर इस टूल का प्रयोग करें। हैडिंग के नीचे लिखी लाइन हैडिंग में मिल जाएगी और मॉनीटर पर सिर्फ हैडिंग ही दिखाई देगा।
- **एक्सपैंड टूल–** यह टूल दरअसल कोलैप्स टूल के विपरीत है। यह हैडिंग के तहत आने वाली लाइनों को बाहर निकाल मॉनीटर पर ले जाता है।
- **कोलैप्स आल टूल–** इस टूल के जरिए स्लाइड की सभी चीजों, बातों या तथ्यों का सारांश रूप प्राप्त किया जाता है। आप जब इस टूल पर क्लिक करेंगे तो सिर्फ हैडिंग रह जाएगी। इसके तहत आने वाली लाइनें छुप जाती हैं।
- **एक्सपेंड आल टूल–** इस टूल को कोलैप्स आल टूल के प्रभाव को समाप्त करने के लिए अपनाते हैं। जैसे ही इस टूल पर क्लिक करेंगे वैसे ही सभी टॉपिक अपनी संपूर्णता के साथ खुलकर मॉनीटर पर आ जाएंगे।
- **समरी स्लाइड टूल–** इस टूल का प्रयोग प्रस्तुति में Summery Slide को लाने के लिए किया जाता है। जिस स्थान पर आप समरी स्लाइड रखना चाहते हैं, वहाँ पर क्लिक करके इस टूल का प्रयोग करे।

(iii) स्लाइड सॉर्टर या छँटनी विकल्प दृश्य– इस विकल्प से आप स्लाइड को उनके वास्तविक रूप में देख सकते हैं। जब इस विकल्प का चयन View मीनू से किया जाता है तो स्क्रीन पर प्रस्तुति की सभी प्रकार की स्लाइडें क्रमबद्ध होकर हमें मॉनीटर पर दिखाई देती है।

यहाँ पर आप माउस की सहायता से किसी भी स्लाइड का क्रम बदल सकते हैं।

(iv) नोट पेज दृश्य– इस विकल्प का चयन करके आप स्लाइड को एक पेज के रूप में ला सकते हैं।

इस विकल्प का इस्तेमाल स्लाइड पर कोई विशेष नोट लिखने के लिए किया जाता है। जहाँ आप प्रस्तुति की किसी भी स्लाइड में मन चाहा परिवर्तन करके उसे अपनी आवश्यकता के अनुरूप बना सकते हैं। स्लाइड बदलने के लिए वर्टिकल स्क्रॉल बार का उपयोग किया जा सकता है।

(v) स्लाइड शो– इस विकल्प का चयन उस समय किया जाता है जब आप अपने द्वारा बनाई गई स्लाइडों का प्रस्तुतीकरण करना चाहते हों।

इस समय स्क्रीन पर स्लाइड की सामग्री के अलावा कुछ दिखाई नहीं देता है। आगामी स्लाइड तक पहुँचने के लिए माउस बटन से क्लिक करते हैं या एन्टर कुंजी दबाते हैं। प्रस्तुतिकरण के समय कुछ विशेष विकल्प भी उपयोग में लिए जा सकते हैं उसके लिए माउस का दायाँ बटन क्लिक करके एक मीनू खोलना होगा।

एनीमेशन का उपयोग– स्लाइडों की सामग्री पर विशेष प्रकार के एनीमेशन प्रभाव के लिए दो तरह के विकल्प काम में लिए जा सकते हैं।

❋ Present Animation ❋ Custome Animation

यह दोनों ही विकल्प Slide show मीनू में उपस्थित होते हैं।

Slide के किसी भी आलेख का ग्राफीकल पिक्चर का चयन करके **Animation** विकल्प का उपयोग किया जा सकता है।

Preset Animation में दृश्य प्रभाव के अनुरूप ही उसकी आवाजें निश्चित है। जबकि Custome Animation में किसी भी प्रकार के दृश्य प्रभाव के साथ कोई भी उपलब्ध आवाज को सैट किया जा सकता है तथा उसे Automatically दर्शाने के लिए समय भी डाला जा सकता है।

स्लाइड पर एनीमेशन प्रभाव– किसी भी स्लाइड को प्रदर्शित करने के अंदाज और आगामी स्लाइड को स्वत: ही प्रस्तुत करने का समय निर्धारण Slide Show मीनू की Slide Transaction कमांड का प्रयोग करते हैं।

इस डायलॉग बॉक्स में वर्तमान स्लाइड के प्रस्तुतीकरण के साथ उसमें समय निर्धारण उसके प्रस्तुत होने की गति आदि भी तय की जाती है। इस डायलॉग बॉक्स में उपस्थित Apply All बटन पर क्लिक कर देने से तय किए गए प्रभाव सभी स्लाइडों पर संचालित होंगे जब Apply बटन पर क्लिक करने से सिर्फ वर्तमान Slide पर ही यह प्रभाव Apply होंगे। Slide के प्रस्तुतीकरण के लिए View menu की Slide show कमांड का इस्तेमाल करें।

अध्याय 18

इन्टरनेट
(Internet)

आज कम्प्यूटर तकनीक में सबसे ताजा आश्चर्य है– इन्टरनेट। देखते-देखते यह एक ऐसा भंडार बन गया है, जिसमें जो कुछ भी दुनिया में है, वह सब उसमें मौजूद है। राजनीति, विज्ञान, कला, खेल किसी भी क्षेत्र की सूचना चाहिए तो वह वहाँ है। विशाल से विशालतर पुस्तकालय उपलब्ध है। आप फिल्म देखना चाहे या गाना सुनना चाहें तो यह भी वहाँ मिलेगा। नेट पर घूमते हुए आप दुनिया के किसी भी हिस्से में बैठे दूसरे नेट उपभोक्ता से संपर्क कर सकते हैं और अगर विचार मिले तो दोस्ती भी कर सकते हैं। विज्ञापन का यह खास जरिया बन चुका है। लोग इसका इस्तेमाल कर खूब धन कमा रहे हैं।

इंटरनेट, कम्प्यूटर नेटवर्क का एक विश्वव्यापी संगठन है। जब आप इंटरनेट पर काम करते हैं, तो उन करोड़ों व्यक्तियों के समुदाय का एक हिस्सा होते हैं, जो अपने विचारों तथा सूचनाओं के आदान-प्रदान के लिए कम्प्यूटर का प्रयोग करते हैं।

इंटरनेट को सूचनाओं का राजमार्ग भी कहा गया है। इंटरनेट की उत्पत्ति सन् 1969 में हुई जबकि इसे अर्पानेट (ARPANET : Advanced Research Project Agency Network) कहा जाता था। यह मुख्य रूप से सैन्य उद्देश्यों के लिए था। शीघ्र ही यह गैर-सरकारी समानान्तर शैक्षिक नेटवर्क में मिल गया और धीरे-धीरे सन् 1979 में इसे इंटरनेट कहा जाने लगा।

इंटरनेट का अर्थ (Meaning of Internet)

कम्प्यूटरों का एक समूह जो एक दूसरे से जुड़े हैं उसे नेटवर्क कहते हैं, जबकि इंटरनेट कई नेटवर्कों का एक विशाल नेटवर्क है। इस नेटवर्क में हजारों कम्प्यूटर रोजाना जुड़ते हैं। इसमें कम्प्यूटर्स नेटवर्क, तारों, टेलीफोन लाइनों, माइक्रोवेव तथा उपग्रह आदि के द्वारा जुड़े होते हैं। इस नेटवर्क में कुछ कम्प्यूटर सर्वर (Server) होते हैं जहाँ कुछ दस्तावेज फाइलें, साउण्ड फाइलें, विडियो क्लिप्स, प्रोग्राम फाइलें आदि इलैक्ट्रॉनिकल अवस्था में जमा होती हैं। इन सभी फाइलों को नेटवर्क में जुड़े हुए किसी भी कम्प्यूटर से प्राप्त किया जा सकता है तथा जिनकी सहायता से आज इंटरनेट पर बातचीत, शॉपिंग, व्यवसाय, पत्र-व्यवहार, मनोरंजन आदि किए जाते हैं।

हम कह सकते हैं कि इंटरनेट–

- एक ऐसे कम्प्यूटरों का समूह है जो ऑप्टिकल फाइबर केबलों, टेलीफोन लाइनों, उपग्रह तथा अन्य माध्यमों से जुड़े हुए हैं।
- एक ऐसी जगह जहाँ आप अपने मित्र से या अपने परिवार से दुनिया के किसी भी कोने में रहते हुए बातचीत कर सकते हैं।
- एक ऐसी जगह जहाँ असीमित व्यावसायिक अवसर हैं।
- एक ऐसा नेटवर्क जहाँ प्रत्येक मुद्दे की समस्याओं का हल निकाला जा सकता है।
- सूचनाओं का एक विशाल समुद्र है।

- जहाँ हजारों की संख्या में शॉपिंग सेंटर्स, लाइब्रोरिज, व्यावसायिक संगठन एक-दूसरे से जुड़ते हैं।
- यह नई पीढ़ी की तकनीक है।

इंटरनेट करोड़ों कम्प्यूटरों का एक विशाल नेटवर्क है। इस नेटवर्क में अनेक प्रकार के कम्प्यूटर एक दूसरे से जुड़े हुए हैं। हजारों कम्प्यूटर रोजाना जुड़ते हैं। इंटरनेट का कोई मालिक नहीं है-न कोई व्यक्ति न कम्पनी न कोई संस्था और न कोई सरकार इस पर किसी का नियंत्रण रखती है। तकनीशियनों का इंटरनेट के कुछ हिस्से पर जरूर नियंत्रण है और दुनिया भर की सरकारें इसके लिए कानून बना कर इंटरनेट के ऊपर अपना कुछ प्रभाव कायम करने की कोशिश कर रही हैं। इंटरनेट से जुड़े प्रत्येक कम्प्यूटर का एक खास नाम होता है, दरअसल यह उस कम्प्यूटर का पता होता है। इस पते की प्रणाली को डी.एन.एस. यानी (Domain Name System) क्षेत्र नाम प्रणाली कहते हैं। इस छोटी सी व्यवस्था को एक लोकल टेलीफोन नम्बर के जैसा समझ सकते हैं। यदि कोई व्यक्ति शहर के बाहर फोन करना चाहता है, तो उसे उस जगह का कोड नंबर भी डायल करना पड़ता है। जिस तरह से ये नंबर प्रत्येक व्यक्ति के लिए अलग-अलग होते हैं। ठीक उस तरह DNS भी एक नाम से एक से ज्यादा नहीं हो सकते हैं। इंटरनेट पर जब कोई सूचना भेजी जाती है तो उसे Packets में मापते हैं और यह Routers के जरिए बताए गए पते तक पहुँचती है।

चित्र : इंटरनेट

इंटरनेट से जुड़ने के लिए आपको मॉडेम (Modem), टेलीफोन कनेक्शन तथा एक इंटरने सर्विस प्रोवाइडर (ISP) के साथ खाते की आवश्यकता होती है। आप ISP के टेलीफोन नंब को डायल करके इंटरनेट की सर्विस पा सकते हैं। वर्ल्ड वाइड वेब से सूचनाओं को प्राप्त कर के लिए एक ब्राउजर की आवश्यकता भी होती है।

क्लाइन्ट सर्वर (Client Server)

किसी कम्यूनिकेशन नेटवर्क में क्लाइन्ट डाटा प्राप्त कर उसे क्रियान्वित करने वाली मशी कहलाता है। जबकि सर्वर एक ऐसी मशीन है जो कि डाटा को एक कम्प्यूटर से दूसरे कम्प्यू को प्रदान करती है।

अर्थात् क्लाइण्ट को दूसरे शब्दों में वर्कस्टेशन भी कहा जाता है। LAN से संबंधित

वर्कस्टेशन एक प्रयोगकर्ता द्वारा प्रयोग में लाया जाने वाला माइक्रोकम्प्यूटर होता है। इस माइक्रो कम्प्यूटर में डेटा प्रेषण और ग्रहण की क्षमताएँ होती है, इसे नोड (Node) भी कहा जाता है। इस नोड में मेमोरी कार्ड, CRI, डिस्क ड्राइव, हार्ड डिस्क आदि लगे होते हैं। जो कि विभिन्न सॉफ्टवेयर जैसे D-Base या Lotus-123 को आपरेट कर सकें, उसमें PC Network प्रोग्राम अथवा नोबल नेटवेयर आपरेटिंग सिस्टम आदि कार्यशील हों, इनके मदर बोर्ड में LAN INTERFACE कार्ड लगाने का बोर्ड हो तथा नेटवर्क इंटरफेस कार्ड या यूनिट (NIC या NIU) भी हो जिसके द्वारा नेटवर्क तथा वर्कस्टेशन के मध्य संबंध बनाया जा सके, इसे हार्डवेयर इंटरफेस कहा जाता है। इसमें एक सॉफ्टवेयर इंटरफेस भी होता जो सर्वर तथा वर्कस्टेशन के मध्य संबंध बनाता है। सर्वर एक ऐसा केन्द्रीय कम्प्यूटर (Central Workstation) होता है जो कि विभिन्न नोडों या वर्कस्टेशनों को डेटा आदि प्रदान करने का कार्य करते हैं। इसी के द्वारा एक नेटवर्क में सभी वर्कस्टेशन या नोड आपस में जुड़े रहकर कार्य करते हैं। चूँकि नोड या वर्कस्टेशन डेटा आदान-प्रदान की क्षमता से युक्त न होने के कारण दूसरे स्टेशनों या नोडों की माँग की पूर्ति नहीं कर सकते। यह अपनी यूनिट से संलग्न डिस्क ड्राइव का उपयोग स्वत: कर सकता हैय दूसरे वर्क स्टेशन या कम्प्यूटर उनका उपयोग नहीं कर सकते जबकि एक सर्वर से जुड़े सभी वर्कस्टेशनों या कम्प्यूटरों के द्वारा प्रयोग कर्ता (User) डाटा का आदान-प्रदान कर एक कम्प्यूटर से दूसरे कम्प्यूटर को कर सकता है। जैसे डिस्क सर्विंग, प्रिंट सर्विंग, फाइल सर्विंग आदि।

क्लाइण्ट सर्वर को समझने के लिए यहाँ हम एक रेलवे रिजर्वेशन सिस्टम का उदाहरण लेते हैं। एक रेलवे स्टेशन में एक सेन्ट्रल कम्प्यूटर स्थित होता है जो कि एक सर्वर कहलाता है। इस सर्वर से स्टेशन पर स्थित विभिन्न बुकिंग काउंटर से जुड़े कम्प्यूटर संयोजित होते हैं जो कि क्लाइण्ट भी कहे जाते हैं। यह क्लाइण्ट केंद्रीय कम्प्यूटर द्वारा वर्तमान में किसी विशेष ट्रेन की सीटों की स्थिति के बारे में जानकारी प्राप्त करता है। यदि कोई सीट उपलब्ध होती है, तो इन क्लाइण्ट के द्वारा टिकिट प्रिंट करा ली जाती है तथा बाकी बची हुई सीटों को सर्वर के डेटाबेस में संतुलित या अपडेट कर दिया जाता है। चूँकि सेंट्रल कम्प्यूटर से विभिन्न कम्प्यूटर जुड़े हुए रहते हैं अत: इन कम्प्यूटरों पर कार्यरत विभिन्न यूजर सूचनाएँ प्राप्त करते रहते हैं जो कि प्रत्येक कम्प्यूटर को लगातार प्राप्त होती रहती है तथा इन सर्वर में डाटा बेस भी लगातार अपडेट होता रहता है।

क्लाइण्ट पी. सी. (PC) पर डाटाबेस प्रयोग क्रियान्वित करना फ्रण्ट-एण्ड (Front-End) सिस्टम कहलाता है जो कि समस्त यूजर को कम्प्यूटर स्क्रीन के माध्यम से सुव्यवस्थित ढंग से डाटा को इनपुट तथा आउटपुट कराता है। जबकि सर्वर द्वारा डाटाबेस फाइल जिसके द्वारा डाटा का आदान-प्रदान किया जाता है तथा वह डिस्क से सूचनाएँ भी लेने अथवा देने का कार्य करता है, बेक-एण्ड (Back-end) सिस्टम कहलाता है।

क्लाइण्ट सर्वर संरचना का सबसे अधिक लाभ यह है कि एक सर्वर कई क्लाइण्टस के लिए उपलब्ध होता है जिससे क्लाइण्ट तथा सर्वर के मध्य कार्य का संप्रेषण होता है।

एप्लिकेशन लेवल (Application Level)

नेटवर्क एक ऐसी क्रियाविधि प्रदर्शित करता है जिसके द्वारा कई यूजरों के मध्य अत्यधिक महंगे उपकरण को आपस में बाँटा (Share) जा सकता है। इसलिए प्रत्येक कम्प्यूटर से विभिन्न उपकरण जैसे प्रिंटर, डिस्क आदि जुड़े रहना आवश्यक नहीं है।

कई तंत्रों में साधारणतय: एक ही क्लाइण्ट सर्वर संरचना पाई जाती है। यहाँ पर सर्वरों की संख्या कितनी भी अधिक हो सकती है, जिनमें से कुछ समान सेवाएँ ही प्रदान करते हैं। एक

नोड जिसको कोई ऐसी विशेष सेवा प्रदान करायी जाती है वह स्वयं विभिन्न सर्वरों का क्लाइण्ट कहलाएगा।

यहाँ कुछ नमूना सर्वरों का उल्लेख किया गया है–

(i) प्रिंट सर्वर (Print Server)– प्रिंट सर्वर के माध्यम से एक प्रिंटर का उपयोग सभी वर्कस्टेशन या नोड करते हैं जिससे लागत कम आती है और प्रिंटर का अधिकतम उपयोग भी संभव हो जाता है। सभी LANS में एक केन्द्रीय प्रिंट सर्वर की सुविधा भी उपलब्ध कराई जाती है।

(ii) डिस्क सर्वर (Disk Server)– एक नोड को उच्च क्षमता की सेकण्डरी स्टोरेज डिवाइस अपने यूजर के लिए आवश्यक होती है। किसी नेटवर्क में विभिन्न नोडो के लिए अतिरिक्त क्षपता की डिस्क लाई जाए तो यह काफी महंगा सौदा होगा। इसलिए नेटवर्क में डिस्क का साझा करने से लाभ होता है। डिस्क की संग्रहण क्षमता में वृद्धि होने से प्रति बाईट डिस्क संग्रहण क्षमता में कमी आती है। यानि कि अलग-अलग 1GB की डिस्क लेने की बजाए एक 10 GB की डिस्क ली जाए तो प्रति बाईट संग्रहण लागत में कमी आएगी।

(iii) फाइल सर्वर (File Server)– फाइल सर्वर एक डिस्क सर्वर से भिन्न होता है जो कि एक फाइल के सिद्धान्त पर आधारित होता है तथा दूसरे मानक संक्रियाएँ (Standard Operations) जैसे क्रिएट, डिलीट, ओपन, क्लोज, रीड तथा राइट (create, delete, open, close, read and write) आदि का पालन करता है। फाइल सर्वर डाटा का कई भिन्न-भिन्न आकारों में बाइट से लेकर एक पूर्ण ब्लॉक तक आदान-प्रदान कर सकते हैं तथा उन पर क्रिया करा सकते हैं।

एक डिस्क सर्वर की तुलना में एक फाइल सर्वर फाइलों पर संक्रिया करके उनसे डाटा का आदान-प्रदान करने में सक्षम होता है। अतः फाइल सर्वर, फाइल से सम्बंधित सभी प्रश्नों (Query) का उत्तर देने में समर्थ होता है।

डाटा संचारण (Data Transmission)– डाटा संचारण दो प्रकार का होता है– डिजिटल और एनालॉग।

डिटिजल संचारण (Digital Data Transmission)– कम्प्यूटरों में आन्तारिक (Internally) डाटा संचारण (Transmission) मुख्य रूप से डिजिटल रूप में होता है। डिजिटल सिग्नल एक बाइनरी पल्स की क्रमिक प्रस्तुति है। पल्स की उपस्थिति को "1" व अनुपस्थिति को "O" के रूप में पढ़ा जाता है। कम्प्यूटरों में इस तरह के संचारण के समायोजन का मुख्य कारण है कि इसमें 'नोइस सिग्नल' नहीं होते, अतः कम्यूनिकेशन में कोई त्रुटि नहीं होती है तथा कम्प्यूटर में सिग्नल को बहुत कम दूरी, अत्यन्त तीव्र गति से तय करनी होती है जिसमें डिजिटल संचारण ही सक्षम है।

एनालॉग संचारण (Analog Data Transmission) – एनालॉग सिग्नल की प्रकृति सतत् (Continuous) होती है। जब बड़ी दूरी तक डाटा संचारण (Transmission) करना हो, तो डिजिटल डाटा संचारण अनेकों बाधाएँ, जैसे - अधिक मात्रा में वैद्युत की आवश्यकता और डाटा को सतत् बनाने के लिए अनेकों साधन चाहिए। जबिक एनालॉग डाटा संचारण अधिक दूरी तक बिना किसी बाहरी मदद के तय कर सकता है। अतः लम्बी दूरी के संचारण के लिए एनालॉग सिग्नल का ही उपयोग किया जाता है। टेलीफोन लाईनों, माइक्रो तरंगे और रेडियो तरंगों आदि में एनालॉग संचारण होता है।

एनालॉग संचारण का सबसे बड़ा दोष यह है कि इसकी विषय-वस्तु शोर (Noise) से खराब हो जाती है। क्योंकि ध्वनि भी एनालॉग सिग्नल के रूप में संचालित होती है। यह भी एक दूरी (अत्यधिक दूरी) के बाद इसके सामर्थ्य कम होने लगता है। अतः प्राप्तकर्ता वाले छोर पर एम्प्लीफायर

या बूस्टर (Amplifier or Booster) की आवश्यकता रहती है, लेकिन इन साधनों से एनालॉग सिग्नल में शोर वृद्धि होती है।

मोडम

मोडम एक हार्डवेयर उपकरण होता है जो यूजर के कम्प्यूटर से जुड़ा होता है। यह कम्प्यूटर के अंदर तथा बाह्य स्थित हो सकता है। मोडम यूजर के कम्प्यूटर से जुड़ने के बाद उसकी दूसरी तरफ से टेलीफोन लाइन द्वारा जुड़ा होता है जो कि किन्हीं दो अथवा अधिक कम्प्यूटरों के बीच सूचना का आदान-प्रदान करने में समक्ष होता है। इस टेलीफोन लाइन का दूसरी तरफ स्थित दूसरा सिरा दूसरे कम्प्यूटर पर जुड़े मोडम से लगा हुआ होता है। चूँकि टेलीफोन लाइन एनालॉग सिग्नल को ही संचारित कर सकती है जो साइन (Sin) तरंगे होती है, जबकि कम्प्यूटर केवल डिजिटल संकेत जो 0 तथा 1 के रूप में होता है, को ही समझता है। अत: मोडम डिजिटल सिग्नल को एनालॉग में तथा एनालॉग को डिजिटल सिग्नल में परिवर्तित करने के काम आता है।

अत: मोडम यूजर के कम्प्यूटर तथा टेलीफोन के मध्य स्थित होता है। मोडम की गति को 'बिट्स प्रति सेकेण्ड' (BPS) में व्यक्त किया जाता है, इनको बॉड (Baud) भी कहा जाता है। अत: 1 Baud = 1 BPS

मोडम को उपयोग में लाने के कुछ मुख्य कारण हैं–

(i) ये उच्च गति से डेटा का एनालॉग लाइन में संचरण करने के काम आते हैं।

(ii) ये शोर (Noise) तथा रूकावट को कम करते हैं।

(iii) ये एनालॉग तथा डिजिटल सिग्नल को आपस में परिवर्तित करते हैं।

कुछ मोडमों में डाटा के संचरण की गति अधिक व कम होती है यानि कि विभिन्न गति के मोडम उपलब्ध होते हैं। कुछ अधिक महंगे मोडम भी होते हैं जिनमें माइक्रोप्रोसेसर लगा होता है जो कि अधिक संख्या में विभिन्न क्षेत्रों में कार्य करते हैं।

मोडम के उपयोग के बिना इन्टरनेट पर कार्य कर पाना संभव नहीं है।

मोड्यूलेशन व डिमोड्यूलेशन (Modulation and Demodulation)– डिजिटल सिग्नल को भी एनालॉग संचारण के द्वारा प्रेषित किया जा सकता है, बशर्ते कि डिटिजल सिग्नल को पहले एनालॉग सिग्नल में परिवर्ति किया जाए। इस क्रिया को मोड्यूलेशन (Modulation) कहते हैं।

गुणवत्ता के आधार पर देखा जाए तो डिजिटल डाटा की गुणवत्ता उच्च होती है। यदि एनालॉग डाटा को डिजिटल सिग्नल में प्रेषित करना हो, तो पहले एनालॉग सिग्नल को डिजिटल सिग्नल में परिवर्तित किया जाना चाहिए। इसे डिमोड्यूलेशन (Demodulation) कहते हैं।

रिमोट लोगिन (Remote Login)– लोगिन से अभिप्राय किसी नेटवर्क में किन्हीं दो कम्प्यूटरों के मध्य डाटा के आदान-प्रदान करने के लिए पेरामीटर सेट करना होता है। अर्थात् उसका नाम, पासवर्ड आदि पूछना, संक्षेप में लोगिन क्रिया कहलाता है। जबकि रिमोट लोगिन से अभिप्राय किसी एक नेटवर्क से एक दूरस्थ स्थान पर डाटा का आदान-प्रदान करना अर्थात् वास्तविक कार्य क्षेत्र से दूर डाटा का आदान-प्रदान करना रिमोट लोगिन कहलाता है।

रिमोट लोगिन की इस प्रक्रिया का वाईड एरिया नेटवर्क (WAN) में अत्यधिक उपयोग होता है, जैसे कि इंटरनेट, इंटरनेट में यह सुविधा टेलनेट (Telnet) के माध्यम से होती है। टेलनेट (Telnet) इंटरनेट पर एक मूल भूत सुविधा है। टेलनेट का उपयोग करते हुए आप इंटरनेट पर किसी दूसरे कम्प्यूटर को लोग-ऑन कर सकते हैं। अत: स्पष्ट है कि किसी दूसरे कम्प्यूटर का उपयोग करने के लिए कोई विशेष प्रकार की स्वीकृति अर्थात् आपको किसी दूसरे कम्प्यूटर पर लोगिन नाम तथा पासवर्ड देने की स्वीकृति या अधिकार होना चाहिए यानिकि लोगिन नाम तथा

उसका पासवर्ड म लूम होना आवश्यक है। किसी साइट (Site) की कोई भी सूचना या सॉफ्टवेयर काम में लेने के लिए कई विशेष साईटों ने अपने-अपने पासवर्ड तथा लोगिन नाम स्थापित किए हुए हैं। इंटरनेट द्वारा सूचनाओं अथवा डाटा को प्राप्त करने के लिए टेलनेट काम में आता है जो कि विश्व में एक अत्यधिक उपयोग होने वाला रिमोट लोगिन प्रोग्राम है।

वास्तव में टेलनेट एक प्रोटोकॉल है। यह एक भाषा है जो एक कम्प्यूटर से दूसरे कम्प्यूटर में डाटा संचरण के काम आती है। इसके द्वारा दिल्ली स्थिति एक व्यक्ति बंगलोर में स्थित इसरो (ISRO) के सर्वर से लोग ऑन कर सकता है तथा इसके द्वारा इसरो के बारे में जैसे इसका इतिहास तथा इसके वर्तमान, भूतकाल के मिशन के बारे में जानकारी प्राप्त कर सकते हैं। इसके द्वारा अंतरिक्ष के चित्र आदि देख सकते हैं परन्तु टेलनेट के माध्यम से इन चित्रों आदि को डाउनलोड नहीं कर सकते। इन सभी को प्राप्त करने के लिए इंटरनेट के माध्यम से कमांड दी जाती है।

इलेक्ट्रॉनिक मेल (E-mail)

किसी संस्था, औद्योगिक इकाई, प्रशासनिक यूनिट आदि के लिए अपने अधीन कार्यरत विभिन्न शाखाओं, संस्थाओं से जानकारियों का आदान-प्रदान अनिवार्य होता है। पहले यह कार्य पत्राचार या डाक द्वारा होता था जिसमें कुछ देर लगना स्वाभाविक थी, इसमें पत्रों के गुम तथा खराब होने का भी संभावनाएँ बनी रहती थीं। किन्तु अब कम्प्यूटरीकरण के इस युग में इलेक्ट्रॉनिक मेल की सुविधा उपलब्ध है। इसके माध्यम से डेटा या जानकारी के रूप में पत्र, आदेश, विज्ञप्ति, सूचनाएँ आदि निर्दिष्ट उपयोगकर्ता के पास तत्काल पहुँच जाते हैं। यदि संदेश पाने वाला व्यक्ति कम्प्यूटर पर नहीं है अथवा कम्प्यूटर बंद है, तो यह डाटा उसके मेल बॉक्स में स्टोर हो जाता है। मेल बॉक्स में संग्रहित (Store) सारे पत्र या संदेश एक-एक करके कम्प्यूटर ऑन करते ही उसके सामने आ जाते हैं तथा प्राप्तकर्ता इन पत्रों के उत्तर भी इलेक्ट्रॉनिक मेल द्वारा गन्तव्य व्यक्ति के पास भेज सकता है।

इलेक्ट्रॉनिक मेल सिस्टम का आधार एक ऐसा कम्यूनिकेशन नेटवर्क है जो कि दूरस्थ कम्प्यूटरों को एक केन्द्रीय कम्प्यूटर से जोड़ता है। इसके द्वारा एक या एक से अधिक लोगों को एक साथ संदेश भेजा जा सकता है। ई-मेल के द्वारा पत्र, आदेश आदि के भेजने के अतिरिक्त विभिन्न प्रोग्राम जैसे स्प्रेडशीट, डाटाबेस तथा ग्राफिक्स जैसे चित्र एवं यहाँ तक की आवाज का भी आदान-प्रदान किया जा सकता है।

ई-मेल से होने वाले लाभ

(i) ई-मेल के द्वारा संदेश भेजने में खर्चा बहुत ही कम आता है। ई-मेल द्वारा पत्र भेजने में खर्चा केवल मात्र एक लोकल कॉल के बराबर आता है।

(ii) ई-मेल के द्वारा हम पर्यावरण को भी किसी हद तक बचा सकते हैं क्योंकि ई-मेल भेजने में किसी भी प्रकार के कागज अथवा स्टेशनरी की आवश्यकता नहीं होती है जबकि फैक्स, डाक अथवा कूरियर से भेजने में कागज व स्टेशनरी की आवश्यकता होती है।

(iii) इससे संदेश भेजने में आसानी होती है क्योंकि इनमें कहीं लिफाफे, टिकट आदि की आवश्यकता नहीं होती है।

(iv) ई-मेल द्वारा भेजे गए अथवा प्राप्त किए गए संदेश इसके इनबॉक्स (Inbox) व आउट बॉक्स (Outbox) में तारीख के अनुसार क्रम में एकत्रित होते रहते हैं, अर्थात् संदेशों का संग्रहण स्वतः ही होता रहता है।

ई-मेल भेजने या प्राप्त करने के लिए आवश्यक बिन्दु–

(i) ई-मेल भेजने अथवा प्राप्त करने वाले व्यक्ति का अपना अलग ई-मेल एड्रेस (E-Mail Address) होना चाहिए।

(ii) ई-मेल का एड्रेस इस प्रकार होता है–

जैसे– (i) noushad@jprdla.vsnl.net.in

(ii) noushadhusain@hotmail.com आदि

यहाँ किसी भी ई-मेल में कोडिंग दाएँ से बाएँ की ओर होती है, इसका एकदम दायाँ भाग जोन (Zone) कहलाता है। एड्रेस (i) में in से अभिप्राय इंडिया (India) से है, यहाँ in के स्थान पर edu, com (जो कि क्रमश: एजुकेशन तथा व्यवसायिक संगठन (के लिए है), लगा सकते हैं। इसके बाद India में net उसका उपनेटवर्क है इसके बाद VSNL (Videsh Sanchar Nigam Limited) आता है जो कि एक इंटरनेट सेवा प्रदाता (ISP) है फिर इसके बाद jprdla आता है जो कि VSNL द्वारा विभिन्न प्रदान की गई शाखाओं का नाम है फिर उस व्यक्ति विशेष का नाम आता है जिसका ई-मेल एड्रेस है।

इसी तरह (ii) में com का अभिप्राय एक व्यवसायिक संगठन से है, gmail का अभिप्राय उस व्यवसायिक संगठन की साइट का नाम तथा noushadhusain उस व्यक्ति के ई-मेल का नाम है।

(iii) ई-मेल भेजने या प्राप्त करने के लिए उस व्यक्ति के पास इंटरनेट कनेक्शन तथा कम्प्यूटर होना आवश्यक है।

(iv) ई-मेल करने के लिए कम्प्यूटर के साथ-साथ आपके पास ई-मेल का सॉफ्टवेयर होना आवश्यक है। इसके लिए आउटलुक एक्सप्रेस काम में आता है।

ई-मेल स्क्रीन के हिस्से–

To : यहाँ To वाले खाने में पाने वाले का ई-मेल एड्रेस लिखा जाता है।

CC : इस खाने में भेजने वाले का ई-मेल एड्रेस लिखा जाता है। इसके द्वारा भेजे गए ई-मेल की एक कॉपी भेजने वाले के ईन बॉक्स में आ जाती है।

Subject : इस कॉलम में पत्र भेजने का विषय लिखा जाता है तथा इसके मध्य भाग में पत्र लिखा जाता है।

नेटवर्क फाइल सिस्टम (Network File System - NFS)– नेटवर्क फाइल सिस्टम (NFS) सन माइक्रोसिस्टम (Sun Microsystems) नामक कम्पनी द्वारा तैयार किया गया एक प्रोटोकॉल है जिसके द्वारा एक कम्प्यूटर सिस्टम से किसी नेटवर्क में फाइलों का आदान-प्रदान किया जा सकता है बशर्ते यह कम्प्यूटरों की लोकल डिस्क पर हो। यह प्रोटोकॉल है, यह कंपनियों द्वारा बनाया जाता है। NFS प्लेटफार्म स्वतंत्र प्रोटोकॉल है, यह विभिन्न प्रकार के कम्प्यूटरों जैसे मेनफ्रेम, मिनि कम्प्यूटर तथा पर्सनल कम्प्यूटरों (PCs) पर भी चल सकता है। लगभग तीन सौ विक्रेताओं द्वारा ग्क्च् को मान्यता प्रदान की गई है। अत: एक नेटवर्क फाइल सिस्टम एक नेटवर्क सिस्टम में फाइलों का आदान-प्रदान व व्यवस्था करता है।

इंटरनेट तथा इसकी सर्विसेज (Internet and Its Services)– इंटरनेट एक विश्वव्यापी (World wide) कम्प्यूटर नेटवर्क है। इंटरनेट का बीजारोपण 1969 में अमेरिका के प्रतिरक्षा विभाग के शोध संबंधी कम्प्यूटरों के सम्ब)ीकरण से हुआ। बाद में इसकी महत्ता और उपयोगिता को देखकर इसे सामान्य जनता के लिए भी खोल दिया गया। अंतर्राष्ट्रीय स्तर पर प्रथम इंटरनेट कनेक्शन 1973 मे इंग्लैंड तथा नार्वे के मध्य स्थापित किए गए। आठवें दशक में अनेक प्रकार के संवेदनशील

प्रोटोकॉलों के अविष्कारों के साथ इंटरनेट से हर प्रकार के कम्प्यूटरों को जोड़ने का मार्ग प्रशस्त हो गया।

इंटरनेट पर किसी का भी एकाधिकार नहीं होता है। इंटरनेट पर विभिन्न नेटवर्क केवल एक दूसरे से सहयोग करते हैं। इन सभी नेटवर्कों पर स्थित कोई भी कम्प्यूटर आपस में फाइलों का आदान-प्रदान कर सकता है। इंटरनेट से जुड़ा हुआ प्रत्येक सर्वर एक एड्रेसिंग प्रोटोकॉल रखता है जो कि इंटरनेट प्रोटोकॉल (IP) कहलाता है। इंटरनेट पर कम्प्यूटर एक दूसरे के साथ संचार करने में इसलिए सक्षम होते हैं क्योंकि वे TCP/IP (Transmission Control Protocol / Internet Protocol) नामक प्रोटोकॉल का उपयोग करते हैं। TCP संचार के लिए प्राप्त सूचना को छोटे-छोटे टुकड़ों में विभाजित करता है तथा अपने नियत स्थान पर पहुँचने पर उन टुकड़ों को पुनः इकट्ठा करके एक सूचना का रूप दे देता है। IP प्रोटोकॉल TCP से प्राप्त डाटा पैकटों पर उनके पते अंकित करके नेटवर्क के विभिन्न रास्तों (Routes) के द्वारा नियत स्थान पर ले जाने का कार्य देखते हैं। TCP/IP प्रोटोकॉल का मौलिक तत्व एक 32 बिट संख्यक एड्रेस IP एड्रेसिंग है, जो कि इंटरनेट से जुड़ने के बाद प्रत्येक 32-Bit एड्रेस चार 8-Bit संख्याओं द्वारा प्रकट किया जाता है जो कि 0-255 की सीमा के अन्तर्गत दशमलव संख्याओं द्वारा व्यक्त किया जाता है। एक IP एड्रेस कुछ इस प्रकार दिखाई देता है। जैसे 202.54.15.10 आदि, इन संख्या को उपयोगकर्ता को याद रखना संभव नहीं है जबकि कम्प्यूटर IP एड्रेस को केवल संख्याओं में समझते हैं। जब हम किसी सर्वर से सम्पर्क स्थापित करना चाहते हैं तो हमें अंग्रेजी में एड्रेस टाइप करना होता है। परन्तु सर्वर IP के अंग्रेजी एड्रेस को संख्यांक IP एड्रेस में अनुवादित कर देता है।

इंटरनेट की उपयोगिता (Purpose of Internet)

1. इससे संबंधित यूजर विश्व स्तर पर उपलब्ध होने वाली जानकारी तत्काल प्राप्त कर सकता है।
2. इसके द्वारा ई-मेल (E-mail) के माध्यम से विश्व के किसी भी देश के किसी भी व्यक्ति से पत्राचार किया जा सकता है।
3. इसके द्वारा किसी भी विषय के विशेषज्ञों से संपर्क कर उनसे विचार-विमर्श किया जा सकता है। शोध कार्य के लिए मार्ग-दर्शन भी प्राप्त किया जा सकता है।
4. इंटरनेट से सम्बद्ध कम्प्यूटर, केबल,तार, टेलीफोन लाइनों और उपग्रहों से जुड़े हुए होते हैं। इनसे समाचारों के आदान-प्रदान में किंचित भी देर नहीं लगती है।
5. इंटरनेटवर्क के द्वारा आज व्यक्ति किताबें, समाचार-पत्र, पत्रिकाएँ अपने घर या कार्यालय के कम्प्यूटर की स्क्रीन पर प्राप्त कर सकता है, उनका अध्ययन कर सकता है, उनकी मुद्रित प्रतियाँ भी अपने प्रिंटर से प्राप्त कर सकता है।
6. इंटरनेट के द्वारा व्यापारीगण भी विश्वव्यापी स्तर पर वस्तुओं का क्रय-विक्रय कर सकते हैं।
7. इसके द्वारा अब रोगियों का इलाज भी संभव हो गया है। बीमार व्यक्ति विश्व के अच्छे से अच्छे डॉक्टर से घर बैठे संपर्क कर सकता है और उससे दवाईयों के संबंध में भी जानकारी ले सकता है।
8. इंटरनेट पर किसी भी विषय के बारे में जानकारी प्राप्त करने के लिए इसमे कई अलग-अलग वेबसाइट (Website) होती है जिनमें हम किसी भी विषय की जानकारी सर्च कर सकते हैं। इसलिए इन वेबसाइटों को सर्च इंजन कहा जाता है।

इनमें से कुछ सर्च इंजन निम्नलिखित हैं-

(i) www.rediff.com
(ii) www.yahoo.com

(iii) www.khoj.com
(iv) www.altavesta.com
(v) www.google.com आदि।

9. इंटरनेट के माध्यम से विश्व से दूर-दराज के स्थानों से भी समग्र या वांछित फाइलें किसी के भी कम्प्यूटर में स्थानान्तरित हो जाती है।

10. ई-मेल के साथ इंटरनेट की सेवाएँ वर्ल्डवाइड वेब (www), होम पेज, सूचना-भंडार, यूसनेट, टेलनेट, रिलेचैट (IRC), एफ.टी.पी. (FTP), बुलेटिन बोर्ड, आर्ची, गोफर, बेरोनिको आदि कार्यक्रमों से प्राप्त हो रही हैं।

वर्ल्ड वाइड वेब (www)

वर्ल्ड वाइड वेब मूलतः एक सॉफ्टवेयर है जो इंटरनेट के माध्यम से यूजर के कम्प्यूटर को अन्य कम्प्यूटरों से सामग्री प्राप्त कर उपलब्ध कराने का कार्य करता है। इस तरह वेब दो कम्प्यूटरों के मध्य संचार तंत्र का कार्य सम्पन्न करता है। अब विश्व स्तर पर वेब का प्रयोग करते समय अपने कम्प्यूटर में मात्र यह फीड करना पड़ता है कि हमें किस विषय से संबंधित जानकारी आँकड़े, समाचार आदि आवश्यक है और उस आधार पर वेब इंटरनेट के माध्यम से स्वतः उन कम्प्यूटरों से संपर्क स्थापित कर लेता है जिनमें वह सामग्री निहित है फिर वह अपने आप उस सामग्री को उपभोक्ता के कम्प्यूटर में स्थानांतरित कर देता है। अब तो इसके माध्यम से अपनी पसंद के टी.वी. पर कार्यक्रम, पिक्चर आदि भी देखे जा सकते हैं और गाने भी सुने जा सकते हैं। इस तरह आज वर्ल्ड वाइड वेब (www) सूचनाओं, चित्रों आदि के आदान-प्रदान का सर्वोत्तम, सुलभ और लोकप्रिय साधन बन गया है।

प्रोटोकॉल (Protocol)– प्रोटोकॉल एक तरह की भाषा है, जो दो कम्प्यूटरों के मध्य बातचीत करने के काम आती है। दो कम्प्यूटरों में संचारण के लिए आवश्यक है कि दोनों में समान प्रोटोकॉल (Protocol) हों, जैसे– दो व्यक्ति तभी बात कर सकते हैं, जब दोनों किसी एक भाषा को जानते हों। प्रोटोकॉल नेटवर्क के ऐसे नियमों का समूह होता है, जिसके द्वारा क्रमिक रूप से डाटा का संचारण होता है। उदाहरण के लिए कुछ लोकप्रिय प्रोटोकॉल इस प्रकार है– TCP/IP, IPX/SPX, Net BIOS, NETBUI आदि।

सर्वर (Server)– सर्वर नेटवर्क के ऐसे भाग को कहते हैं, जो यूजर्स को सुविधाएँ जैसे फाइलों को शेयर करना, प्रिंटरको शेयर करना, एक स्थान से दूसरे स्थान तक डाटा संचारण करना आदि एक सर्वर हार्डवेयर और साफ्टवेयर दोनों के रूप मे हो सकता है। यह सर्वर एक ऐसा कम्प्यूटर है जिसकी ज्यादा जिम्मेदारियाँ होती हैं। इसके पास ऐसा ऑपरेटिंग सिस्टम होता है जिससे हार्डवेयर व साफ्टवेयर दोनों को शेयर (Share) किया जाता है।

क्लाइंट (Client)– सर्वर जिस कम्प्यूटर को अपनी सुविधाएँ प्रदान कर रहा है, उसे क्लाइंट (Client) कहा जाता है। इसे वर्क स्टेशन (Work Station) भी कहा जाता रहा है। यही पर एप्लिकेशन प्रोग्रामों का संचालन होता है। ये सर्वर से शक्ति में कम होते हैं। इन पर सर्वर द्वारा दिए गए प्रोग्रामों व फाइलों का ही साझा (Share) हो सकता है।

TCP/IP– यह मुख्य प्रोटोकॉल है जो इंटरनेट में सहायक है। TCP/IP एक कई प्रोटोकॉल का ग्रुप (समूह) है जिसके जरिए से सूचनाओं को भेजा और प्राप्त किया जाता है। TCP/IP का पूरा नाम ट्रांसमीशन कंट्रोल प्रोटोकॉल/इंटरनेट प्रोटोकॉल (Transmission Control Protocol/Internet Protocol) है।

यह एक निश्चित नियमों का एक सेट है जो किसी एप्लिकेशन में सूचनाओं को नेटवर्क

में भेजने का कार्य करते हैं। TCP/IP को सभी प्रोटोकॉल का संग्रह भी कहा जा सकता है। इस संग्रह में सभी एप्लिकेशन जैसे– ई–मेल, फाइल स्थानांतरण और टर्मिनल इम्यूलेशन आदि आते हैं।

International Standard Organizations Open System Interconnect (ISO OSI) नेटवर्क के साथ फंक्शन बताए हैं। ये इस प्रकार हैं –

(i) Application (ii) Presentation (iii) Session (iv) Transport
(v) Network (vi) Data Link (vii) Physical

इंटरनेट में TCP/IP को प्रोटोकॉल इंजन के रूप में काम में लिया जाता है और लगभग पाँच ISO OSI परतों को काम में लिया जाता है। ये Application, Transport, Network, Link और Physical परते हैं।

इंटरनेट सर्विस प्रोवाइडर (ISP)– इंटरनेट सर्विस प्रोवाइडर (ISP) एक कम्पनी या समूह है, जो इंटरनेट से संदेश उपयोगकर्ता तक पहुँचाता है। ISP के पास पहले से ही इंटरनेट को समर्पित कनेक्शन होते हैं तथा वे उपयोगकर्ता को इंटरनेट प्राप्त करने के लिए मॉडेम के माध्यम से उपयोगकर्ता के कम्प्यूटरों को जोड़ने देते हैं। ISP डायल अप सर्विस (साधारण टेलीफोन लाइने या ISDN) DSL, लीडड लाइने या केबल कनेक्शन के माध्यम से इंटरनेट उपलब्ध करा सकता है। ISP दो प्रकार की सेवायें उपलब्ध करवाता है। शैल (Shell) तथा TCP/IP एक्सेस। शैल एक्सेस इंटरनेट सेवाओं को प्राप्त करने का मीनू पर आधारित प्रारम्भिक स्तर की सेवा है, जैसे की ई–मेल, FTP, टेलनेट तथा टेक्स्ट पर आधारित ब्राउजिंग। जबकि TCP/IP एक्सेस टेक्स्ट के साथ सम्पूर्ण इंटरनेट सेवाएं तथा ग्राफिक्स उपलब्ध कराता है।

ISDN इंटीग्रेटेड सर्विसेस डिजिटल नेटवर्क के लिए एक संक्षिप्त नाम है। प्रयोग कर्ता अपने क्ष्च्य् से साधारण टेलीफोन लाईन या विशेष ISDN लाइनों के माध्यम से सम्पर्क बना सकता है। ये लाइनें डिजिटल डाटा प्रसारण को उचित मार्ग प्रदान करती है। ISDN धीमी तथा अक्षम अनुरूप टेलीफोन पद्धति को तीव्र तथा सक्षम डिजिटल संचार पद्धति में परिवर्तित कर देती है इन लाइनों के साथ मॉडेम की आवश्यकता नहीं होती है। बल्कि उसके स्थान पर टर्मिनल एडप्ट नामक यंत्र का प्रयोग किया जाता है।

इंटरनेट से जुड़ा हुआ प्रत्येक सर्वर एक संख्यांक इंटरनेट प्रोटोकॉल (IP) एड्रेस रखता है किसी अन्य कम्प्यूटर के पास वही नहीं हो सकता है। इंटरनेट पर कम्प्यूटर एक दूसरे के साथ संचार करने में इसलिए सक्षम होते हैं क्योंकि वे TCP/IP (Transmission Control Protocol / Internet Protocol) नामक प्रोटोकॉल का उपयोग करते हैं। इस प्रोटोकॉल का मौलिक तत्त्व एक 32 बिट संख्यक एड्रेस IP एड्रेसिंग है, जो कि इंटरनेट से जुड़ने के बाद प्रत्येक 32-Bit एड्रेस चार Eight-bit संख्याओं द्वारा प्रकट किया जाता है। इसको अन्तरालों ("") द्वारा अलग–अलग किया जाता है। 32-Bit एड्रेस का प्रत्येक Eight-bit तत्व एक ऑक्टेट की भाँति प्रदर्शित किया जाता है। एक IP एड्रेस कुछ इस प्रकार दिखाई देता है।

202.15.54.08 क्षेत्रीय (Domain) नाम पद्धति उपभोक्ताओं के लिए वेब एड्रेस को अंग्रेजी में याद रखना संभव बनाती है। जबकि कम्प्यूटर IP Address वो संख्याओं में समझते हैं। जब हम किसी सर्वर से सम्पर्क स्थापित करना चाहते हैं तो हमें अंग्रेजी में एड्रेस टाइप करने पड़ते हैं। परन्तु सर्वर IP के अंग्रेजी एड्रेस को संख्याक IP एड्रेस में अनुवादित कर देता है।

वेबसाइट– जिस सर्वर पर वेब पेज या डाक्यूमेंट होते हैं, उसे वेबसाइट कहा जाता है।

Home Page– किसी भी वेबसाइट पर खुलने वाला प्रथम पेज उसका Home Page कहलाता है।

वर्ल्ड वाइड वेब– किसी भी वेबसाइट के पते में "www" लिखा जाता है। यह एक इलेक्ट्रॉनिक प्रकाशन का तरीका है।

इंटरनेट डोमेन के विभिन्न वर्ग–

डोमेन	क्षेत्र जिसके अंतर्गत आते हैं।
.com	व्यापारिक संगठन
.edu	शैक्षणिक संस्थान
.mil	मिलिट्री संस्थान
.gov	सरकार के मंत्रालय आदि
.org	किसी भी संगठन जो व्यापारिक न हो।
.net	कोई नेटवर्क
.int	अंतर्राष्ट्रीय संगठन
.in, .a4, .n2	किसी विशेष देश का डोमेन जैसे इंडिया, आस्ट्रेलिया, न्यूजीलैंड इत्यादि।

नए डोमेन जो बाद में जोड़े गए हैं –

.firm	बिजनेस व्यवसाय के लिए
.store	विक्रय केन्द्र
.web	इंटरनेट से संबंधित
.arts	कला से संबंधित
.rec	मनोरंजन से जुड़े संस्थानों के लिए
.info	मनोरंजन से जुड़े संस्थानों के लिए
.nom	व्यक्तिगत विशेषताओं को दर्शाने के लिए

इंटरनेट एक्सप्लोरर (ब्राउजर प्रोग्राम)

ब्राउजर एक ऐसा सॉफ्टवेयर प्रोग्राम है जो हमारे कम्प्यूटर को इंटरनेट से जोड़ने में मदद करता है। हम ब्राउजर प्रोग्राम के बिना इंटरनेट से चित्र, टेक्स्ट, संगीत, ग्राफिक्स आदि देखने व सुनने की कल्पना भी नहीं कर सकते हैं। इंटरनेट के विकास के साथ-साथ तरह-तरह के विकसित ब्राउजर प्रोग्राम बहुत प्रचलित हैं। जिन ब्राउजरों के द्वारा ग्राफिक्स, एनिमेशन आदि नहीं देख सकते हैं उन्हें टेक्स्ट ब्राउजर कहा जाता है। परन्तु विंडोज ऑपरेटिंग सिस्टम के आते ही ब्राउजर में भी ग्राफिक्स, टेक्स्ट, एनिमेशन आदि दिखाने की एक असीम ताकत आ गई है। विंडोज ऑपरेटिंग सिस्टम में सबसे अधिक प्रचलित इंटरनेट ब्राउजर प्रोग्राम इंटरनेट एक्सप्लोरर है।

इंटरनेट एक्सप्लोरर को प्रारम्भ करने के लिए डेक्सटॉप पर इंटरनेट एक्सप्लोरर आइकन पर डबल क्लिक करें। इसके लिए आप Start मीनू के Programs ऑप्शन में से भी इस प्रोग्राम को चला सकते हैं। बातचीत करने मं सक्षम होते हैं।

आई.आर.सी. (IRC)– आनलाइन चैट की मदद से आप अपने संबंधियों से बात कर सकते हैं। समूह वार्ता में भाग लेकर अपने ज्ञान की वृद्धि कर सकते हैं। नए मित्र बना सकते हैं। इस चैटिंग में आप जो कुछ भी कहना चाहते हैं उसे की बोर्ड की सहायता से टाइप करे। जो संदेश आपने टाईप किया है वह संदेश आपसे जुड़े अन्य कम्प्यूटर तक तुरंत पहुँच जाएगा और वहाँ से भी इसी तरह टाइप किया हुआ संदेश आप तक पहुँचाया जाएगा। वेब आधारित चेट में पहुँच आसाना होती है एवं सामान्य विषयों का प्रयोग होता है, जबकि आर.आर.सी. में हार्ड कोड चैटर होते हैं जो कि ऑनलाइन पर घंटों व्यतीत करते हैं। IRC चैनल में पहुँच के लिए थोड़ा श्रम करना पड़ता है एवं ये विशेष विषयों पर आधारित होते हैं। IRC एक बहुपयोगी, मल्टी चैनल

बातचीत करने का नेटवर्क है। चैट की सुविधा ने इंटरनेट को लोकप्रिय बना दिया है।

विभिन्न समयों पर चैट में भगा ले रहे व्यक्ति समूहों में विभाजित होते हैं जिन्हें रूम (Room) या चैनल (Channel) कहा जाता है। समूह का निर्धारण इस बात पर निर्भर करता है कि आप किस तरह से इंटरनेट से जुड़े हुए हैं। चैट में स्क्रीन नामों एवं निक नामों का प्रयोग होता है। चैट के रूम (Room) एवं चैनल (Channel) प्रारम्भ में अजनबियों से मुलाकात कराते हैं। परंतु कुछ समय पश्चात वह एक अच्छा परिचित बन जाता है।

इंटरनेट पर शिक्षा– इंटरनेट की क्रान्ति का असर शिक्षा क्षेत्र में भी देखा जा सकता है। प्रत्येक अभिभावक की इच्छा होती है कि वह अपने बच्चों को अच्छी से अच्छी शिक्षा दिलवाएँ। इसके लिए वे अपने बच्चों के लिए स्कूल का चुनाव अपनी सुविधा के अनुसार कर सकते हैं। कुछ शिक्षा क्षेत्र की वेबसाइट निम्न प्रकार है –

www.nic.in.com

इस वेबसाइट से आप सभी प्रकार की प्रतियोगिताओं के परिणाम और भविष्य में होने वाली परीक्षाओं के बारे में जान सकते हैं।

www.doe.gov.in

यह वेबसाइट इलेक्ट्रॉनिक डिपार्टमेंट ऑफ इंडिया की है जहाँ से doeacc संस्था द्वारा होने वाले कम्प्यूटर की परीक्षा "O", "A", "B" तथा "C" लेवल के रजिस्ट्रेशन किए जाते हैं तथा दी गई परीक्षाओं के परिणाम प्राप्त किए जा सकते हैं।

www.eguracool.com

यहाँ आपको विभिन्न स्कूलों के पाठ्सक्रम एवं उनके स्थान के बारे में जानकारी मिलेगी। आप सारी जानकारी एक ही स्थान पर एकत्रित कर सकते हैं। यह साइट आपको स्कूलों के चुनाव करने में पूरी तरह सहायता करेगी।

www.indiagateway.com

भारत के विभिन्न कॉलेजों एवं विश्वविद्यालयों के बारे में जानकारी प्राप्त करने के लिए आपको किसी लाइब्रोरी में जाकर घंटों व्यतीत करने होंगे। सुविधापूर्ण उपाय यह होगा कि आप www.indiagateway.com पर लोगइन करे। यहाँ आपको विभिन्न इंजीनियरिंग, मेडिकल कॉलेज के बारे में पूर्ण जानकारी प्राप्त होगी। इसके अतिरिक्त आपको मैनेजमेंट, विभिन्न कॉलेजों एवं विश्वविद्यालयों के बारे में भी सूचना मिलेगी। इसमें भारत के दस प्रमुख कॉलेजों के बारे में जानकारी दी गई है। यह कॉलेज, शिक्षा के सभी क्षेत्रों जैसे कला, विज्ञान, कॉमर्स, मेडिसीन, कानून इत्यादि से लिए गए हैं। रोजगार की तलाश करने के लिए आप निम्नलिखित वेबसाइटों में से किसी का भी उपयोग कर सकते हैं।

www.recruitmentindia.com
www.employindia.com
www.summerjob.com
www.timesjobsandcareers.com
www.naukri.com इत्यादि।

सर्च इंजन

यदि आप इंटरनेट पर किसी विशेष विषय की साइट पर नजरे दौड़ाना चाहे। परन्तु उस विषय की किसी भी वेबसाइट का पता आपके पास नहीं तो ऐसे समय में आप किसी सर्च इंजन का उपयोग करे और उस विषय की वेबसाइटों के पते प्राप्त करके उनसे जुड़े। सर्च इंजन की सहायता से इंटरनेट की किसी भी विशिष्ट विषय के बारे में सूचना प्राप्त की जा सकती है। सर्च इंज

एक शब्द या वाक्यांश लेकर इंटरनेट पर मौजूद उस विशिष्ट विषय की सभी वेबसाइटों के पते आप तक पहुँचाते हैं।

कोई भी सर्च साइट (Search Site) सर्च इंजन का प्रयोग कर अपना catelog बनाती है। सर्च इंजन एक सॉफ्टवेयर प्रोग्राम है जो वेबसाइटों के होम पेजों को डाउनलोड करके उनके catelog बनाकर व्यवस्थित करता है। सर्च साइट्स को वेबसाइट की सूचना इकट्ठे करने के ढंग के आधार पर वर्गीकृत किया जाता है। सभी सर्च साइट सूचना एकत्रित करने के लिए किसी एक या अन्य प्रकार के सर्च इंजन का प्रयोग करती है। कभी-कभी सर्च इंजनों को स्पाइडरस (Spiders) या क्राउलर (Crawlers) भी कहा जाता है, क्योंकि वे इंटरनेट पर रेंगते हुए से लगते हैं। वेब पृष्ठों के केटेलॉग बनाने तथा उन्हें 'अप टू डेट' बनाए रखने के लिए सर्च इंजन वेब पर लगातर साइटों का भ्रमण करते रहते हैं। कुछ मुख्य सर्च इंजन है। अल्टाविष्टा (Alta Vista), हॉट बॉट (Hot Bot) इत्यादि।

अध्याय 19

मल्टीमीडिया का परिचय
(Introduction of Multimedia)

हजारों सालों से सूचनाओं को जमा करने और उनके आदान-प्रदान के लिए पुस्तकें ही मुख्य साधन रही हैं। बीसवीं शताब्दी के मध्य पर्सनल कम्प्यूटर एक शक्तिशाली स्टोरेज डिवाइस के रूप में सामने आया। इन कम्प्यूटर के द्वारा गणना कार्य केवल टैक्स्ट पर आधारित था और ये केवल रोजमर्रा के कार्यों के लिए ही लाभकारी थे जैसे कि साधारण गणनाएँ करना, पत्रों को लिखना आदि। इस प्रकार के कम्प्यूटरों के गणना कार्यों को मोनोमीडिया (Monomedia) का नाम दिया गया। पिछले कई सालों से, विभिन्न तकनीकों का ईजाद हुआ जिसने तस्वीरों, ग्राफों और वीडियो छवियों का प्रयोग सभी चीजों को अच्छे ढंग से प्रस्तुत किया। इन तकनीकों का मिला-जुला रूप ही मल्टीमीडिया (Multimedia) कहलाया। दूसरे शब्दों में मल्टीमीडिया एक ऐसा एप्लीकेशन है जिसकी एक ही प्रस्तुति में टैक्स्ट, ग्राफिक्स, ओडियो और वीडियो शामिल होते हैं।

मल्टीमीडिया में अधिक हार्डवेयर आवश्यक होते हैं। यदि हम मल्टीमीडिया क्षमताओं को प्रयोग करना चाहते हैं, हमारा पी.सी. अकेला ही कॉफी नहीं है। हमें मल्टीमीडिया का लाभ उठाने के लिए कुछ अतिरिक्त हार्डवेयर और सॉफ्टवेयर की आवश्यकता होती है।

मल्टीमीडिया का परिचय (Introduction to Multimedia)

कम्प्यूटर के क्षेत्र में, मल्टीमीडिया एक लोकप्रिय प्रौद्योगिकी (Technology) बन गया है। कम्प्यूटर ने मल्टीमीडिया के प्रयोग द्वारा अंत:क्रियात्मक संचार (Interactive Communication) को एक वास्तविकता बना दिया है। अत:क्रियाशीलता मल्टीमीडिया की सर्वाधिक महत्वपूर्ण विशेषता है।

वर्तमान समय में मल्टीमीडिया का प्रयोग सभी क्षेत्रों में किया जाता है, जैसे- व्यवसाय, सिनेमा, शिक्षा, फैशन डिजाइन, विज्ञापन, मारेकेटिंग, कॉर्पोरेट क्षेत्रत आदि। टेक्स्ट, ग्राफिक्स, वीडियो, एनीमेशन और ध्वनि की इस नई तकनीक (मल्टीमीडिया) पर होने वाले शोधकार्य इसे लगातार बेहतर बना रहे हैं। मल्टीमीडिया शब्द का अर्थ अलग-अलग लोगों के लिए अलग-अलग होता है। कुछ लोगों के लिए यह विपणन, मनोरंजन और शैक्षिक CD-ROM, जैसे - MS-Encarta, दिल्ली-6, DDLJ, नेशनल ज्योग्राफिक, सेमपेडियम आदि हैं। दूसरों के लिए यह नवीनतम 3D प्रभाव हो सकता है, जो वे बॉलीवुड, हॉलीवुड की फिल्मों में देखते हैं या कुछ खूबसूरत एनीमेशन, ग्राफिक्स, ऑडियो और वीडिया वाली फ्लैश वेबसाइट्स पर देखते हैं।

आइये, अब हम देखें कि मल्टीमीडिया का अर्थ क्या है ?

मल्टीमीडिया का अर्थ (Meaning of Multimedia)– मल्टीमीडिया शब्द दो शब्दों- मल्टी (Multi) तथा मीडिया (Media) के द्वारा बना है। मल्टी शब्द का अर्थ है अनेक और मीडिया का अर्थ है- एक तरीका, जिससे हम विचारों या सूचना को एक दूसरे को प्रस्तुत करते हैं।

Multi + Media = Multimedia

इस प्रकार, मल्टीमीडिया दो या दो से अधिक मीडिया का संग्रह है, जिसके द्वारा हम विचारों का आदान-प्रदान या सूचना का प्रदर्शन करते हैं।

TV सिस्टम मल्टीमीडिया का एक अच्छा उदाहरण है क्योंकि यह ऑडियो और वीडियो मीडिया का उपयोग करके जानकारी प्रस्तुत करता है। ठीक इसी प्रकार विद्यार्थियों की पुस्तकें भी मल्टीमीडिया उपकरण हैं, क्योंकि वे टेक्स्ट तथा ग्राफिक्स का उपयोग करके जानकारी देती हैं।

मल्टीमीडिया क्या है? (What is Multimedia!)– आइये, अब देखें कि मल्टीमीडिया क्या है?

परिभाषा– "मल्टीमीडिया ग्राफिक्स, टेक्स्ट, एनीमेशन, ऑडियो तथा वीडियो है।" वह सब कुछ, जो आप देख या सुन सकते हैं जैसे- टेक्स्ट, ग्राफिक्स, संगीत, वीडियो, ध्वनि, पुस्तकें, रिकॉर्ड, सीडी, डीवीडी, फिल्में और भी बहुत कुछ, वही मल्टीमीडिया है। यहाँ प्रश्न उठता है कि क्या मल्टीमीडिया एक खुद कम्प्यूटर है या एक कम्प्यूटर सॉफ्टवेयर उत्पाद है। व्यावहारिक अर्थ में मल्टीमीडिया कम्प्यूटर हार्डवेयर और सॉफ्टवेयर का संयोजन है।

इंटरेक्टिव मल्टीमीडिया एसोसिएशन के अनुसार, "मल्टीमीडिया सम्मोहक संचार, शिक्षा, मनोरंजन और संदर्भ है, जो सभी संवेदी अंगों को आकर्षित करता है।"

आइये, अब हम देखें कि मल्टीमीडिया कम्प्यूटर सिस्टम क्या है?

परिभाषा– "ऐसा कम्प्यूटर सिस्टम, जिसमें मल्टीमीडिया सूचना के निर्माण, स्टोरेज, प्रदर्शन, परिवर्तन तथा ऐक्सेस के उद्देश्य से दो अथवा अधिक प्रकार के माध्यमों, जैसे – टेक्स्ट, ग्राफिक्स, साउण्ड एवं वीडियो को एकीकृत करने की क्षमता होती है, उसे मल्टीमीडिया कम्प्यूटर सिस्टम कहा जाता है।"

मल्टीमीडिया पीसी के लिए आवश्यक हार्डवेयर (Hardware Requirement for Multimedia PCs)

माइक्रोप्रोसैसर (Microprocessor)–मल्टीमीडिया पीसी में तेज गति से चलने वाले प्रोसैसरो जैसे कि पैन्टियम की आवश्यक होती है क्योंकि ये कम्प्यूटर बहुत अधिक मात्रा में डॉटा को हार्डडिस्क से मॉनीटर या स्पीकर तक ले जाने का काम करते हैं। इसलिए प्रयोग किये गये प्रोसैसरों का तेज और शक्तिशाली होना आवश्यक है। आप अपने सिस्टम को आसानी से आधुनिक कर सकते हैं।

मैमोरी (Memory)– पीसी में बहुत अधिक मैमोरी की आवश्यकता होती है। कम से कम 3.4 मैगाबाइट की रैम (RAM) चाहिए होती है। पीसी में उपलब्ध रैम को बढ़ाने के लिए सिम (SIMM or Single In-line Memory Module) की मदद ली जा सकती है।

मॉनीटर (Monitor)– मॉनीटर एक आउटपुट डिवाइस है जिसे कम्प्यूटर की सूचनाओं को दिखाने के लिए प्रयोग किया जाता है। स्क्रीन पर बनने वाली छवि छोटे–छोटे बिन्दुओं या पिक्सलों से बनती है। पिक्सलों की संख्या जितनी अधिक होती है, स्क्रीन पर तस्वीर उतनी ही सफाई के साथ आती है। एमपीसी के लिए अच्छे रेजोल्यूशन वाले एस.वी.जी.ए. (SVGA or Super Video Graphic Aray) मॉनीटरों की आवश्यकता होती है।

साउंड कार्ड (Sound Card)– साउंड कार्ड के दो मुख्य उद्देश्य होते हैं। पहला माइक्रोफोन से एनॉलाग संकेतों को लेकर रिकार्ड करना और उन्हें बाइनरी फाइलों में बदलना और दूसरा इन फाइलों को स्पीकर, हैडफोनो या इलैक्ट्रानिक संगीत वाद्य द्वारा प्ले करना है। हम एमपीसी में साउंड बोर्ड का प्रयोग करते हैं। साउंड बोर्ड एक स्पेशल कार्ड होता है जिसका प्रयोग एम पी सी में रिकार्ड हुए संगीत और अन्य ध्वनियों को प्ले करना होता है।

सीडी-रोम (CD-ROM)– सीडी-रोम एक काम्पैक्ट डिस्क है जिसमें सूचनाओं को भरा जाता है। सूचनाओं को सीडी में केवल एक बार भरा जाता है। हम डिस्क को केवल पढ़ सकते

हैं और इस पर कुछ लिख नहीं सकते। अब सीडी-रोम पीसी का एक आवश्यक अंग बन चुकी है जिस में संगीत और वीडीयो को डिजिटल डॉटा रूप में जमा किया जाता है जिन्हें किसी भी समय वापिस प्ले किया जा सकता है। क्योंकि ये बड़ी मात्रा में सूचनाओं को जमा कर सकती हैं। ये मल्टीमीडिया प्रयोग के लिए उपयोगी होती हैं।

फोटो सीडी (Photo CD)– फोटो सीडी रोम ऊँचे दर्जे की फोटोजनक छवियों को जमा करने के लिए होता है। फोटो सीडी सिस्टम में एक ही बार प्रयोग होने वाली कॉम्पैक्ट डिस्को का प्रयोग फोटोग्राफिक छवियों को जमा करने के लिए करते हैं, जिन का मल्टीमीडिया में प्रयोग होता है। एक फोटो सीडी लगभग 100 फोटो को जमा रख सकती है।

सीडी पर फोटो हम 35 एम एम कैमरा द्वारा ले सकते हैं। जब फिल्म को तैयार किया जाता है तो छवियाँ छोटी सीडी मास्टर डिस्क में हस्तांतरित हो जाती हैं।

कलर स्कैनर (Colour Scanner)– कलर स्कैनर विभिन्न छवियों को डिजिटल रूप में परिवर्तित करता है। मल्टीमीडिया के प्रयोगकर्ता कलर छवियों या फोटो को कलर स्कैनर के प्रयोग द्वारा मल्टीमीडिया एप्लीकेशनों में प्रयोग कर सकते हैं।

स्पीकर (Speakers)– पीसी के अन्तर छोटे लाउडस्पीकर लगे होते हैं जो कि विभिन्न ध्वनियों को पैदा करने के काम आते हैं। स्पीकर इलेक्ट्रानिक संकेतों को आवाज में परिवर्तित करते हैं। ऑडियो सीडी को सीडी रोम ड्राइव में डाल कर स्पीकर के द्वारा संगीत और गीत सुन सकते हैं।

मल्टीमीडिया की विशेषताएँ (Characteristics of Multimedia)

मल्टीमीडिया की विशेषताएँ निम्नलिखित हैं–

1. निरन्तर माध्यमों में जमा और पुनः प्राप्त करना रीयल टाइम प्रोसैसिंग के अन्तर्गत होने वाला कार्य है।

2. इस मीडिया को बड़ी मात्रा में जमा स्थान की और बड़ी तेजी से आँकड़ों के हस्तान्तरण की आवश्यकता होती है।

3. सम्बन्धित मीडिया अस्थायी तौर पर जुड़ सकते हैं।

मल्टीमीडिया का शिक्षा क्षेत्र में उपयोग

लोग एक-दूसरे से जुड़ने और अपने तथ्यों को समझाने के लिए कई प्रकार के माध्यमों का सहारा लेते हैं, जैसे – शब्दों का, दृश्यों का, चिह्नों का, आवाजों का इत्यादि। मल्टीमीडिया के सही मायने यही है कि कम्यूनिकेशन (Communication) के एक से अधिक साधनों का उपयोग किया जाए। दूसरे शब्दों में टेक्स्ट का संचालन, आवाजे, ग्राफिक्स तथा चलचित्रों का एक साथ उपयोग ही मल्टीमीडिया है। अतः मल्टीमीडिया के बुनियादी तत्व टेक्स्ट, आवाजे, चित्र और चलचित्र आदि हैं। मल्टीमीडिया पर आधारित कम्प्यूटर में कुछ विशेष हार्डवेयर (जैसे साउण्ड कार्ड, माइक्रोफेन, स्पीकर्स आदिऋ, साफ्टवेयरों का होना लाजमी है। एक मल्टीमीडिया कम्प्यूटर निम्नलिखित कार्य कर सकता है।

- अधिक मात्रा में टेक्स्ट सूचना निर्मित कर सकता है।
- संगीत साधनों की धुनों पर आवाज तैयार कर सकता है।
- प्लैबक रिकार्डडिंग कर सकता है।
- चित्रों व फिल्मों को मॉनीटर की स्क्रीन पर दर्शा सकता है।
- कॉम्पेक्ट डिस्क (CD) को चला सकता है।

मल्टीमीडिया शिक्षा क्षेत्र के लिए बेहद ही महत्त्वपूर्ण साधन है। मल्टीमीडिया के उपयोग से अध्यापक अपने तथ्यों को अधिक प्रभावी ढंग से समझाने के साथ-साथ उसे सिद्ध भी कर सकते हैं। प्रत्येक विषय से संबंधित सीडी-रोम आज बाजार में उपलब्ध हैं। छात्र अपने घर पर ही इनका उपयोग करके गणित, विज्ञान, राजनीति शास्त्र, अर्थशास्त्र, रसायन-शास्त्र आदि के बारे में ज्ञान अर्जित कर सकते हैं। जटिल विषयों को यदि दृश्यों और विशिष्ट आवाजों की सहायता से समझाया जाए तो शायद यह अधिक असरदार होगा। अतः आज मल्टीमीडिया का उपयोग शिक्षा क्षेत्र में बढ़ रहा है।

सी.डी. रोम का शिक्षा क्षेत्र में योगदान

सी.डी. रोम से जुड़े कम्प्यूटर शिक्षण व विषय को रोचक तथा सरस बना रहे हैं। इनकी भूमिका गणित, भौतिक विज्ञान, रसायन विज्ञान से लेकर भाषा से संबंधित सभी विषयों में अहम है। विशेषज्ञों ने माना है कि इंटरेक्टिव कम्यूनिकेशन सॉफ्टवेयर के कारण वर्तमान शिक्षा पद्धति में एक बहुत बड़ा परिवर्तन होने जा रहा है।

इस प्रकार मल्टीमीडिया किट में टैक्स्ट आवाज, संगीत, डेटा, ग्राफिक्स, एनीमेशन और चल-अचल वीडियो सभी कुछ मिलता है। इसके प्रयोग से छात्र न केवल विषय का ज्ञानार्जन करता है अपितु विषय से सम्बद्ध प्रश्नों के उत्तर भी उसे उसमें प्राप्त होते हैं साथ ही वह स्वयं भी अपने प्रश्नों के हल खोज सकता है।

एन.आई.आई.टी. ने बच्चों के लिए केंद्रीय माध्यमिक शिक्षा बोर्ड की रूपरेखाओं के आधार पर एक लीडा नामक कोर्स निकाला है इसके साथ ही इस ही संस्था ने ऐसे सॉफ्टवेयर तैयार किये हैं जो बच्चों को पढ़ाई में विशेष सहायता देते हैं जैसे- दी वर्ल्ड ऑफ प्लान्ट्स और लर्न विद बूडी मोर अबाउट प्लान्टस जो बच्चों को आसानी से वनस्पति विज्ञान के मूलभूत सिद्धान्तों को समझाता है इसी प्रकार डिजिटल ज्योमैट्री से ज्यामिति के विषय में लर्न विद एटोमिक से एटम के विषय में छात्र ज्ञान प्राप्त करता है। इसी प्रकार भारतीय त्योहारों, धार्मिक एवं पौराणिक विषयों व भारतीय संगीत पर भी सी.डी. तैयार है। इसी प्रकार सी.डी. गुरु में हिन्दी का मौखिक ज्ञान समाहित है।

सी.डी. रोम में एनसाइक्लोपीडिया, शब्दकोष, डेस्कटॉप प्रिटिंग इत्यादि के लिए ऑडियो-विडियो के क्लिपिंग्स संचय किए जा सकते हैं। सीडी रोम तकनीक एक ऑप्टिकल संचय युक्ति है जिसमें काम्पैक्ट डिस्क तकनीक का प्रयोग किया गया है। इसका विकास सन् 1978 में उच्च तदर्थता (हाइफाइडेलिटी) म्यूजिक सुनने के लिए हुआ। सीडी रोम 1.2 मिमी. मोटी व 12 सेमी. व्यास वाली पोली कार्बोनेट पदार्थ की डिस्क होती है।

सी.डी तकनीक के लाभ

1. यह वायरस से मुक्त अंगुलियों के निशान खरोंच, धूलकणों व चुम्बकीय क्षेत्र से अप्रभावित रहती है।

2. लेसर किरण द्वारा पठन के कारण डिस्क घिसती नहीं है अतः विपरीत पर्यावरण कारणों से भी डिस्क में रिकार्डेट डाटा को कोई हानि नहीं होती।

3. सीडी रोम चूँकि केवल पठनीय ही होती है, अतः इस पर गलती से भी कोई अवांछनीय रिकॉर्डिंग नहीं हो सकती है।

मल्टीमीडिया के तत्वों को पहचानना (Identifying Multimedia Elements)

मल्टीमीडिया के अर्थ व परिभाषा के बारे में चर्चा करने के बावजूद हम अभी भी एक

प्रश्न का सामना करते हैं कि मल्टीमीडिया के विभिन्न घटक/तत्व क्या हैं और हम उन्हें कैसे बनाते हैं?

मल्टीमीडिया के विभिन्न घटक डिजिटल टेक्स्ट, डिजिटल ग्राफिक्स, डिजिटल एनीमेशन, डिजिटल ऑडियो और डिजिटल वीडियो हैं, जो पारस्परिक संचार के लिए उपयोग किये जाते हैं। इन घटकों का प्रयोग दर्शकों तथा एप्लीकेशन की आवश्यकता पर निर्भर करता है।

उदाहरण के लिए, यदि सामग्री प्रेरणा या व्यापार के उद्देश्य से बनायी जाती है, तो अधिक टेक्स्ट व ग्राफिक्स और कम ऑडियो और एनीमेशन का प्रयोग होता है। लेकिन बच्चों को शिक्षित करने के मामले में कम टेक्स्ट और अधिक ग्राफिक्स, ध्वनि तथा एनिमेशन का प्रयोग किया जाता है, जिसके द्वारा बच्चे बहुत आसानी से और जल्दी से सीख लेते हैं।

आइये, अब हम मल्टीमीडिया के प्रत्येक तत्व का संक्षिप्त विवरण देखें।

टेक्स्ट (Text)– हम कम्प्यूटर में अक्षरों (A-Z और a-z), संख्याओं (0–9) तथा विशेष चिन्हों (जैसे– @, $, #, &, !, ~, *, +, -, ., आदि) का प्रयोग सूचना को टेक्स्ट रूप में प्रस्तुत करने के लिए करते हैं। टेक्स्ट किसी भी लिखित सामग्री का बना होता है, जो आप कम्प्यूटर पर देख सकते हैं या कम्प्यूटर में स्टोर कर सकते हैं। सभी मल्टीमीडिया उत्पाद कुछ मात्रा में टेक्स्ट को शामिल करते हैं और कुछ अन्य मल्टीमीडिया उत्पाद अधिक मात्रा में टेक्स्ट शामिल करते हैं।

इन दिनों सभी संगठन कागजविहीन (Paperless) प्रणाली की ओर जा रहे हैं। इसका अर्थ है कि ऑफिस में अधिकांश कार्य टेक्स्ट का प्रयोग कर कम्प्यूटर पर किया जायेगा।

विभिन्न पेशेवर (प्रोफेशनल) मल्टीमीडिया प्रस्तुतियों की आवश्यकता को पूरा करने के लिए टेक्स्ट विभिन्न फॉन्ट आकारों (size) और प्रकारों (types) के हो सकते हैं। इंटरनेट पर भी टेक्स्ट का प्रयोग किया जाता है। इंटरनेट पर विभिन्न वेबसाइटों का एक बड़ा भाग e-books, मैनुअलो (manuals), टेक्स्ट पत्रिकाओं और लेख के रूप में टेक्स्ट, नोट्स, लेबल, शीर्षक, टिप्स, मेन्यू निर्देश और लिंक के रूप में भी प्रयोग किया जाता है। यह मल्टीमीडिया घटकों, जैसे वीडियो क्लिप, ग्राफिक्स, ऑडियो लिंक और एनीमेशन को समझाने के लिए एक माध्यम के रूप में कार्य कर सकता है। ऐसे वर्ड प्रोसेसिंग सॉफ्टवेयर उपलब्ध हैं, जो आपको कम्प्यूटर पर पत्र लिखने की सुविधा प्रदान करते हैं। MS-Word, पेजमेकर, वर्ड–स्टार आदि इस प्रकार के सॉफ्टवेयर के उदाहरण हैं।

चित्र (Images)– आइये, अब हम देखें कि मल्टीमीडिया में इमेज क्या है। ग्राफिक्स इमेजेस मल्टीमीडिया का एक महत्वपूर्ण और दिलचस्प घटक हैं। इमेजेज पिक्सल्स के संग्रह से बनी तस्वीरें व चित्र हैं। पारस्परिक संचार में, किसी अवधारणा (Concept) की पृष्ठभूमि की जानकारी आदि को प्रदर्शित करने के लिए प्राय: ग्राफिक्स इमेजेज का प्रयोग टेक्स्ट की अपेक्षा अधिक किया जाता है। टेक्स्ट सार्वभौमिक (ASCII) स्वरूप में प्रदर्शित किये जाते हैं, जबकि ग्राफिक्स किसी एक प्रारूप पर सहमत नहीं होता है। दो अलग–अलग तरीकों से ग्राफिक्स या इमेजेज का वर्णन किया जा सकता है। ये हैं–

(i) बिटमैप इमेजेज (Bitmap Images)

(ii) वेक्टर इमेजेज (Vector Images)

(i) बिटमैप इमेजेज (Bitmap Images)

परिभाषा– ''बिटमैप इमेजेज पिक्सल या बिन्दुओं (Dots) के संग्रह से बनी तस्वीर या चित्र है।''

बिटमैप इमेजेज का उपयोग टेक्स्ट की प्रस्तुति में सुधार करता है। हम अधिक जानकारी कम समय में अधिक लोगों के समक्ष बड़ी आसानी से और कुशलता से प्रस्तुत कर सकते हैं। उदाहरण के लिए, यदि एक विज्ञान या गणित का शिक्षक अपने विषयों की व्याख्या के लिए ग्राफिक्स को शामिल करे, तो छात्र उस विषय को बहुत आसानी से और जल्दी से समझ लेते हैं।

वास्तव में एक बिटमैप इमेज एक ऐसी इमेज को मान लिया गया है, जो 2-D मैट्रिक्स को शामिल करती है, जिसे कम्प्यूटर स्क्रीन पर पिक्सेल्स या डॉट्स कहते हैं। पिक्सेल एक बिटमैप चित्र में सबसे छोटे तत्व हैं। एक बिटमैप इमेज में प्रत्येक पिक्सेल को एक विशिष्ट स्थान और रंग आवंटित होता है। बिटमैप इमेज का आकार और गुणवत्ता इसके पिक्सेल घनत्व और रंगों की संख्या पर निर्भर करता है। उदाहरण के लिए, एक मानक VGA (वीडियो ग्राफिक्स ऐरे) मॉनीटर 640 पिक्सेल क्षैतिज तथा 480 पिक्सल ऊर्ध्व, जो कुल 300072 (640 × 480) डॉट्स या पिक्सेल हैं, एक बिटमैप इमेज को प्रदर्शित करने के लिए प्रयोग करता है। यदि एक बिटमैप इमेज काले और सफेद (Black & White) रंग की है, तो इमेज के प्रत्येक पिक्सेल के लिए इस जानकारी को संग्रहित (store) करने के लिए मात्र एक डिजिटल बिट की आवश्यकता होती है (काले रंग के लिए 0 और सफेद रंग के लिए 1) और पिक्सल की स्थिति उस क्रम में ली जा सकती है जिसमें उन्हें उत्पन्न किया जाता है।

(ii) वेक्टर इमेजेज (Vector Images)

परिभाषा– "वे इमेजेज जो गणितीय समीकरण द्वारा दर्शायी जाती हैं, वेक्टर इमेजेज के रूप में जानी जाती है। ये इमेजेज डॉट्स या पिक्सलस की बजाय सीधी या घुमावदार (Curve) लाइनों के एक सेट से बनी होती हैं।"

वेक्टर इमेजेज में कई अलग-अलग वस्तुएँ जैसे कि लाइनें, आर्क्स और कवर्स होते हैं। इनमें से प्रत्येक ऑब्जेक्ट एक गणितीय फॉर्मूले से मिलकर बना होता है, जिसकी संख्या द्विआधारी कोड (binary code) के एक सेट के रूप में स्टोर की जा सकती है। इसलिए वेक्टर इमेजेज बिटमैप इमेजेज से बहुत कम मेमोरी स्पेस लेती हैं। इस प्रकार की इमेजेज बिना किसी हानि के आसानी से एडिट की जा सकती हैं। CAD पैकेज इस प्रकार की इमेजेज का प्रयोग करते हैं। जब हम ड्रैगिंग या किसी अन्य विधि से वेक्टर इमेज का आकार बदलते हैं, तो वेक्टर इमेज फाइल का आकार हमेशा एक जैसा रहता है, चाहे इमेज कितनी ही बड़ी क्यों न हो। वेक्टर इमेजेज सामान्यत: ग्राफिक्स प्रदर्शित करने के लिए उपयोग की जाती हैं। जैसे- लोगो (Logos) के रूप में, जिसमें अच्छी तरह से रूपरेखा शामिल होती है। वेक्टर इमेजेज में ऑब्जेक्ट की स्थिति कार्टिशियन निर्देशांक द्वारा परिभाषित होती है।

ध्वनि/ऑडियो (Sound/Audio)

परिभाषा– "ध्वनि हवा में दवाब का एक दोहराया जाने वाला पैटर्न है और यह एक माइक्रोफोन ध्वनि तरंग को एक विद्युत तरंग में बदल देता है।श' दूसरे शब्दों में, "ठीक बिजली और प्रकाश की ही तरह, ध्वनि भी ऊर्जा का एक रूप है।श' हम सूचनाओं को शब्दों में प्रस्तत करने के लिए ऑडियो का प्रयोग कर सकते हैं। आजकल अनेक व्यक्ति टेक्स्ट को पढ़ने की बजाय ऑडियो को सुनना अधिक पसंद करते हैं। कम्प्यूटर में ऑडियो का प्रयोग करने के लिए सबसे आम कारण है – अपनी पूरी क्षमता में मल्टीमीडिया का उपयोग करने में सक्षम होना। यानी हम पृष्ठभूमि ध्वनि प्रभाव (Background Sound Effect) के साथ मल्टीमीडिया अनुप्रयोग (Application)

का उपयोग करके श्रोताओं का ध्यान आकर्षित कर सकते हैं। इस तरह हम सुनिश्चित कर सकते हैं कि महत्वपूर्ण सूचना पर ध्यान दिया जा रहा है। कम्प्यूटर मल्टीमीडिया में, ऑडियो के दो रूप हैं–

(i) एनलॉग ऑडियो (Analog Audio)

(ii) डिजिटल ऑडियो (Digital Audio)

(i) एनालॉग ऑडियो– एनालॉग ऑडियो तरंगों का प्रयोग करता है तथा रिकार्ड की गई ध्वनि का पुनरूत्पदान करने के लिए इसे इलेक्ट्रिकल वोल्टेज द्वारा उत्पन्न किया जाता है।

(ii) डिजिटल ऑडियो– डिजिटल ऑडियो ध्वनि का एक बाइनरी अंकों (जो 0s and 1s है) की श्रृंखला के रूप में निरूपण है, जिसे कम्प्यूटर समझ सकता है।

ध्वनि को रिकॉर्ड भी किया जा सकता है और डिजिटल संकेतों के प्रयोग से पुनः उत्पन्न भी किया जा सकता है तथा डिजिटल ऑडियो उत्पन्न करते समय होने वाली त्रुटियाँ डिजिटल रूप में बहुत कम की जा सकती है। डिजिटल ऑडियो सिस्टम द्वारा यह डिजिटल ऑडियो एनालॉग फॉर्म में पुनः परिवर्तित कर दिया जायेगा, जो स्पीकर की सहायता से सुना जा सकता है।

डिटिजल ऑडियो फाइले आमतौर पर स्टोरेज और तेजी से संचरण (Faster Transmission) के लिए संकुचित (Compressed) की जाती है। ऑडियो फाइलें छोटे-छोटे स्वतंत्र टुकड़ (Segments) में भेजी जा सकती हैं। एक मल्टीमीडिया प्रभाव म्यूजिक सुनने के लिए यूजर क रियल-टाइम में ध्वनि प्राप्त करने के लिए या ऑडियो या विडियो कॉन्फ्रेंसिंग में भाग लेने के लिए, ध्वनि को स्ट्रीमिंग ध्वनि के रूप में प्रस्तुत किया जाना चाहिए।

एनिमेशन (Animation)

परिभाषा– ''मल्टीमीडिया एनिमेशन एनीमेटिंग या आत्मा या जीवन देने की प्रक्रिया है।'' दूसरे शब्दों में हम कह सकते हैं कि ''एनिमेशन चित्र या फ्रेम की एक श्रृंखला के द्वारा बना गई एक गति का स्वांग (Simulation) है।''

हम यह भी कह सकते हैं कि एनिमेशन अलग-अलग ऑब्जेक्ट्स (जैसे- चित्र, टाइटल बुलेट पॉइन्ट) पर लागू दृश्य प्रभाव (Visual Effect) है।

'एनिमेशन' एक लैटिन (Latin) शब्द है जिसका अर्थ आत्मा है। कम्प्यूटर मल्टीमीडि के क्षेत्र में, एनिमेशन का आशय एक ऑब्जेक्ट या कैरेक्टर को सजीव स्वरूप देने से है। आमतौ पर एनिमेशन का मतलब न चलने वाली वस्तुओं को चलाने से है। मल्टीमीडिया एनिमेशन म समय और स्थान दोनों एक महत्वपूर्ण भूमिका निभाते हैं। सिस्टम में जुड़ा हुआ समर्पित हार्डवेर और सॉफ्टवेयर एनिमेशन गति को बढ़ा देता है। मुख्य रूप से मल्टीमीडिया एनीमेशन दो प्रक का होता है, जिनके नाम 2D एनिमेशन तथा 3D एनिमेशन हैं। एनिमेशन दृष्टि की दृढ़ (Presistence of vision) की अवधारणा पर आधारित है। दृष्टि की दृढ़ता उस समय को संदभि (Refer) करती है, जिसके लिए हमारी आँख का रैटिना एक इमेज को बनाए रखने में सक्ष है। एक इमेज को कैप्चर करने के बाद रेटिना इमेज को 1 सेकेण्ड के दसवें भाग (one-tent तक रखती है। इसके बाद, यदि हम एक सेकेण्ड के दसवें भाग के समायान्तराल पर एक इमे की श्रृंखला देखें तो (मानव) आँखें इस गति को जिससे ऑब्जेक्ट्स परिवर्तित हो रहे हैं, न बनाये रख पाती हैं। चलते-फिरते ऑब्जेक्ट्स के मामले में आँख के लिए, वस्तुएँ एक सतत श्रृंख के रूप में दिखाई देती हैं। टेलीविजन पर एक कार्टून मल्टीमीडिया एनिमेशन का सबसे साम उदाहरण है।

वीडियो (Video)

परिभाषा– "एक वीडियो तेज गति से चलने वाले फ्रेमों की श्रृंखला का संग्रह है जो गति (motion) में चल रहे वीडियो का भ्रम (Illusion) देता है।"

दूसरे शब्दों में हम कह सकते हैं कि वीडियो का आशय स्थिर चित्रों की एक श्रृंखला को इलेक्ट्रानिक रूप में एक विशिष्ट प्रारूप में ग्रहण करने, रिकॉर्ड करने, परिवर्तित करने, स्टोर करने, प्रदर्शित करने तथा पुनः निर्मित करने से है, ताकि इन्हें टेलीविजन या कम्प्यूटर की स्क्रीन पर गतिशील अवस्था में प्रस्तुत किया जा सके।

ठीक एनिमेशन की तरह, वीडियो भी मल्टीमीडिया का एक महत्वपूर्ण घटक है। मल्टीमीडिया वीडियो में इमेजेज की एक श्रृंखला की प्रत्येक अविभाजित इमेज को एक फ्रेम कहा जाता है। यदि एक मल्टीमीडिया वीडियो 25 या 30 फ्रेम प्रति सेकेण्ड (fps) की दर से चित्रों को प्रदर्शित करता है, तो इस तरह का वीडियो पूर्ण गति (full motion) वीडियो कहलाता है। टी.वी. प्रति सेकेण्ड 25 से 30 फ्रेम दिखाता है। 25 फ्रेम का एक पाल (PAL, Phase Alteration Line) मानक है। यह मानक व्यावसायिक प्रसारण के लिए यूरोप, ऑस्ट्रेलिया, मध्य और दक्षिण अमेरिका और भारत सहित अधिकांश एशियाई देशों में प्रयोग किया जाता है। एक वीडियो फाइल का आकार बहुत बड़ा होता है इसलिए इसे बड़े संग्रह सथान की जरूरत होती है और पुनः प्राप्ति, डिलीवरी, प्रदर्शन आदि के लिए रियल टाइम प्राप्त करने के लिए भी आवश्यक है। ऑडियो की तरह, वीडियो भी दो प्रकार के होते हैं।

(i) एनालॉग वीडियो (Analog Video)

(ii) डिजिटल वीडियो (Digital Video)

(i) एनालॉग वीडियो (Analog Video)– एनालॉग ऑडियो की तरह, एनालॉग वीडियो तरंगों (waves) से मिलकर बना होता है, जो इलेक्ट्रॉनिक सिग्नल्स होते हैं। इन तरंगों के माध्यम से डाटा सतत् प्रवाहित होता है।

एनालॉग वीडियो, पारंपरिक वीडियो के रूप में भी जाना जाता है, जो केबल टी.वी. और VCRs (वीडियो कैसेट रिकॉर्डर) द्वारा प्रदर्शित हो सकता है।

(ii) डिजिटल वीडियो (Digital Video)– एक प्रकार की वीडियो रिकॉर्डिंग प्रणाली, जो डिजिटल वीडियो संकेतों का प्रयोग करके कार्य करती है, डिटिजल वीडियो के रूप में जानी जाती है।

दूसरे शब्दों में, डिजिटल वीडियो, वीडियो का वह रूप है, जो डिजिटल सिग्नल पर आधारित होता है, जो संग्रहित (Store) किया जा सकता है और कम्प्यूटर व टी.वी. पर दिखाया जा सकता है।

वास्तव में, डिजिटल वीडियो मल्टीमीडिया प्रोग्राम के प्ले बैक तथा वीडियो रिकॉर्डिंग का एक तरीका है। यह मानक वीडियो सिग्नल की तुलना में लचीलेपन की एक विस्तृत श्रृंखला प्रदान करता है।

डिजिटल वीडियो में, डाटा की तरंग बाइनरी अंकों से बनी होती है। ये अंक 0 और 1 है। एनालॉग वीडियो के विपरीत, डिजिटल वीडियो में डाटा का प्रवाह निरंतर नहीं होता है। डिजिटल वीडियो में, डाटा विशिष्ट बिन्दुओं पर एक समय-अंतराल के बाद प्रेषित होता है।

डिजिटल ओडियो की तरह ही डिजिटल वीडियो फाइलों को भी भंडारण या तेजी से संचरण के लिए संकुचित (Compressed) किया जाता है।

मल्टीमीडिया के प्रयोग के क्षेत्र (Areas of Use for Multimedia)

आइये, अब देखें कि वे विभिन्न क्षेत्र कौन-से हैं जिसमें शक्तिशाली एप्लीकेशन बनाने के लिए मल्टीमीडिया प्रोद्योगिकी का प्रयोग होता है।

आज मल्टीमीडिया का प्रयोग हर क्षेत्र में किया जाता है। मल्टीमीडिया के लिए एप्लीकेशन के क्षेत्रों की सूची निम्न प्रकार है-

1. मनोरंजन में मल्टीमीडिया का प्रयोग
2. शिक्षा के क्षेत्र में मल्टीमीडिया का प्रयोग
3. व्यापारिक संवाद में मल्टमीडिया का प्रयोग
4. घरों में मल्टीमीडिया का प्रयोग
5. प्रकाश उद्योग में मल्टीमीडिया का प्रयोग
6. मेडिकल और इंजीनीयिरंग में मल्टीमीडिया का प्रयोग।

यह मल्टीमीडिया के लिए एप्लीकेशन क्षेत्रों को पूरी सूची नहीं है। ये मल्टीमीडिया के सबसे अधिक अनुप्रयोग के क्षेत्र हैं। कुछ और क्षेत्र भी है, जहाँ मल्टीमीडिया शक्तिशाली एप्लीकेशन बनाने के लिए प्रयोग किया जाता है।

आइये, अब एक-एक करके प्रत्येक क्षेत्र का विवरण देखें।

1. मनोरंजन में मल्टीमीडिया का प्रयोग (Using Multimedia in Entertainment)– मनोरंजन के क्षेत्र में मल्टीमीडिया के कुछ उपयोग निम्न हैं–

(a) वीडियो गेम (b) एनिमेशन फिल्में

(c) फिल्मों में विशेष प्रभाव (d) इंटरेक्टिव टेलीविजन

(a) वीडियो गेम (Video Game)– वास्तविक जीवन में खेले जाने वाले खेल, जैसे कम्प्यूटर गेम, बनाने के लिए मनोरंजन उद्योग मल्टीमीडिया प्रौद्योगिकी का प्रयोग कर रहा है। बाजार में विभिन्न प्रकार के वीडियो गेम उपलब्ध हैं। कई मल्टीमीडिया डेवलपर्स ग्राफिक्स, ध्वनि और एनिमेशन का प्रयोग गेम को रोमांचक और यूजर के लिए आकर्षक बनाने के लिए करते हैं। वीडियो गेम बहुत इंटरैक्टिव होते हैं और उपयोगकर्ता के लिए सदैव बदलती हुई एक प्रतियोगिता पेश करते हैं, क्योंकि इस तरह के खेलों में घटनाओं का अनुक्रम खिलाड़ी के कार्यों पर निर्भर करता है। वर्चुअल रियलिटी एक विशेष तकनीक है, जो हमें नए गेम बनाने में मदद करती है, जो पहले नहीं बनाए जा सकते थे। वर्चुअल रियलिटी वास्तविक विश्व की विशेषताओं की नकल करती है। हम बड़े पैमाने पर इस तकनीक का उपयोग कर सकते हैं, जैसे- वीडियो गेम्स और फिल्मों में। कम्प्यूटर की मदद से बच्चे इन वीडियो गेम्स का आनन्द ले सकते हैं।

आइये, अब हम कुछ उदाहरण देखें– बच्चे अलग-अलग किस्म की कारों को चला सकते हैं, किसी भी संगीत उपकरण को बजा सकते हैं, विमान उड़ा सकते है, गोल्फ खेल सकते और क्रिकेट आदि भी खेल सकते हैं।

(b) एनिमेशन फिल्में (Animation Films)– एनिमेशन फिल्म उद्योग में कम्प्यूटर एनिमेशन और रंगों का प्रयोग किया जाता है। हम मल्टीमीडिया प्रौद्योगिकी का उपयोग करके कुछ ही घंटों में एनिमेशन फिल्म बना सकते हैं।

(c) फिल्मों में विशेष प्रभाव (Special Effect in Films)– मल्टीमीडिया तकनीक जैसे – मॉर्फिंग, क्लोनिंग आदि का प्रयोग फिल्म उद्योग में, फिल्मों में विशेष प्रभाव प्रदान करने के लिए किया जाता है।

(d) इंटरेक्टिव टेलीविजन (Interactive TV)– इंटरैक्टिव टेलीविजन में, हम रिमोट वीडियो

सर्वर से अपनी पसंद के टी.वी. प्रोग्राम का चयन कर सकते हैं। हम VCR की तरह के कार्यों, जैसे फास्ट-फॉर्वर्ड और रिवाइंड, के द्वारा प्रोग्राम से इंटरैक्ट कर सकते हैं। इंटरैक्टिव T.V. एक प्रणाली के द्वारा लागू किया जाता है, जिसे वीडियो ऑन डिमांड (VOD) कहते हैं।

VOD विभिन्न प्रकार की सुविधाएँ प्रदान करता है, जैसे–

(i) News-on-demand
(ii) Music-on-demand
(iii) Sport-on-demand
(iv) Education-on-demand
(v) Movie-on-demand

एक VOD प्रणाली के तीन मुख्य घटक हैं। ये इस प्रकार हैं –

(i) वीडियो सर्वर (Video Server) (ii) परिवहन नेटवर्क (Transport network)
(iii) सेट-टॉप बॉक्स (Set-top-box)

(i) वीडियो सर्वर (Video Server)– वीडियो सर्वर एक सर्वर कम्प्यूटर है, जो कई पैमाने पर संग्रहण और मीडिया नियंत्रकों से मलकर बनता है। वीडियो सर्वर कई डिजिटल वीडियोज को संग्रहित करता है और रिक्वेस्ट हैंडलिंग, रैन्डम एक्सेस और यूजर इंटरैक्शन के लिए जिम्मेदार होता है। ग्राहक वीडियो के लिए एक रिक्वेस्ट सर्वर को भेजता है और सर्वर कम्प्यूटर इस रिक्वेस्ट को हैंडल करता है तथा कुछ ही सेकेण्ड/मिनट में जवाब (response) देता है।

(ii) परिवहन नेटवर्क (Transport network)– परिवहन नेटवर्क एक नेटवर्क है, जो रिक्वेस्टेड वीडियो प्रोग्राम को सर्वर से ग्राहक को भेजता है। रिक्वेस्टेड वीडियो को हस्तांतरित करने के लिए आपका नेटवर्क बहुत अधिक वीडियो डाटा ट्रांसफर रेट वाला होना चाहिए।

(iii) सेट-टॉप बॉक्स (Set-top-box)– सेट-टॉप-बॉक्स, TV और रिमोट-कन्ट्रोल के साथ ग्राहकों (Subcribers) तथा सर्वर के मध्य इंटरफेस है। सेट-टॉप-बॉक्स निम्न कार्यों के लिए जिम्मेदार होता है–

1. आने वाली वीडियो स्ट्रीम को प्राप्त करने के लिए
2. वीडियो स्ट्रीम को डिमॉड्यूलेट करने के लिए
3. सिग्नल को डिमॉड्यूलेट करने के लिए
4. सिग्नल के डिकोडिंग के लिए
5. आवश्यक संकेत रूपान्तरण के लिए
6. आउटगोइंग कंट्रोल मैसेज को भेजने के लिए।

2. शिक्षा के क्षेत्र में मल्टीमीडिया का प्रयोग [Using Multimedia in Education (Edutainment)]– मल्टीमीडिया शिक्षा के क्षेत्र में एक महत्वपूर्ण भूमिका निभाता है। Edutainment रोचक और मनोरंजक तरीके से पढ़ाने की एक पद्धति है। बहुत-से मल्टीमीडिया एप्लीकेशन (अनुप्रयोग) हैं, जैसे शिक्षा पर ध्यान केन्द्रित करने के साथ कम्प्यूटर गेम। शिक्षा के क्षेत्र में मल्टीमीडिया के उपयोग ने कम्प्यूटर-एडेड-लार्निंग के विकास का नेतृत्व किया है जिसका उद्देश्य प्रशिक्षण के नेतृत्व वाले पारंपरिक प्रशिक्षण को कम्प्यूटर के नेतृत्व वाले प्रशिक्षण से बदल देना है। माइक्रोसॉफ्ट ने कई CD-based मल्टीमीडिया राइम्स (Rhymes) का निर्माण किया है। उदाहरण के लिए, सिएरा (Sierra), Knowledge Advance आदि, जो खेलने के अलावा सीखने के कुछ ढंग प्रदान करते हैं। इस श्रृंखला में लैटेस (Lates) एक पैकेज है, जो गेम के प्रयोग से कम्प्यूटर के बारे में सिखाता है। यदि हम एनिमेशन, वीडियो के साथ एक इंटरैक्टिव मोड में शिक्षा दे, तो विद्यार्थी रुचिकर जानकारी पा सकते हैं।

आइये, अब हम एक उदाहरण देखें। मान लीजिए कि हम इतिहास का अध्ययन कर रहे हैं, तो हम सभी ऐतिहासिक घटनाएँ बहुत अच्छी तरह से याद नहीं कर सकते हैं। लेकिन हम

इस ऐतिहासिक डाटा को ऐतिहासिक घटनाओं के वीडियो क्लिप का उपयोग करके बहुत अच्छी तरह से याद कर सकते हैं। शिक्षा के क्षेत्र में मल्टीमीडिया के कुछ महत्वपूर्ण उपयोग निम्नलिखित हैं–

(a) CBT और WBT : शिक्षा के क्षेत्र में, कम्प्यूटर आधारित प्रशिक्षण पाठ्यक्रम (CBT-Computer Based Training) और विश्वकोष (Encyclopedia) की तरह संदर्भ पुस्तकों को बनाने के लिए मल्टीमीडिया का प्रयोग किया जाता है। कम्प्यूटर आधारित प्रशिक्षण (CBT) और वेब आधारित प्रशिक्षण (WBT - Web Based Training) मल्टीमीडिया पर आधारित शैक्षिक प्रशिक्षण तकनीकें हैं। ये तकनीकें मल्टीमीडिया को एनिमेटेड टेक्स्ट, पॉपअप, नोट्स, युक्तियाँ, ग्राफिक्स, एनिमेशन और ऑडियो के रूप में उपयोग करती हैं। सीबीटी (CBT) बहुत प्रभावी है। इससे सभी को अपनी आवश्यकता के अनुरूप जानकारी प्राप्त होती है।

(b) मल्टीमीडिया पुस्तकें (Multimedia Books–Digital Library)– मल्टीमीडिया पुस्तकें, डिजिटल पुस्तकों के रूप में भी जानी जाती है। ये पुस्तकें ऑडियो, वीडियो और एनिमेशन का प्रयोग मुद्रित पुस्तकों मे प्रयुक्त टेक्स्ट और ग्राफिक्स को और अधिक अच्छा बनाने के लिए करती हैं, जिससे विषय सामग्री को बेहतर तरीके से समझा जा सके। इन पुस्तकों की मदद से हम अपने इच्छित शब्द या वाक्यांश को बहुत प्रभावी ढंग से खोज सकते हैं। ये पुस्तकें हमारी इच्छित सूचना को पुस्तक से खोजने के लिए हाइपरटेक्स्ट और हाइपरमीडिया तकनीकें प्रदान करती हैं। इन दिनों विभिन्न प्रकार की संदर्भ पुस्तकें, जैसे विश्वकोश, अंग्रेजी शब्दकोश, टेलीफोन–निर्देशिका आदि प्रकाशित हो रही है और CD-ROM के रूप में उपलब्ध हैं। इन CD-ROMs का उपयोग करके हम अपनी इच्छित जानकारी बहुत जल्दी प्राप्त कर सकते हैं।

डिजिटल लाइब्रोरी, जानकारी या सूचना के उपयोकर्ता समुदाय और दुनिया भर में उपलब्ध सामग्री के बीच मध्यस्था करती है। किसी विशेष समुदाय के उपयोगकर्ता की सूचना की आवश्यकता को निर्धारित करने के लिए डिजिटल लाइब्रोरी उपलब्ध सामग्री की अत्यधिक मात्रा और व्यक्तिगत कार्य–आधारित जानकारी (Task-Specific Information) की आवश्यकता की बीच अन्तर को कम करने में महत्वपूर्ण भूमिका निभाती है। गुणवत्तापूर्ण सामग्री का पूर्व चयन, डोमेन आधारित सामग्री संरचना और मेटाडाटा के साथ सामग्री के संवर्धन (enrichment) में मध्यस्थता की भूमिका के लिए डिजिटल लाइब्रोरी का मुख्य योगदान है।

(c) बेहतर प्रस्तुति (Better Presentation): मल्टीमीडिया गतिविधियाँ छात्रों को समूह में कार्य करने, कई तरह से अपने ज्ञान को अभिव्यक्त करने, समस्याओं को हल करने, अपने कार्य को संशोधित करने तथा ज्ञान का निर्माण करने के लिए प्रोत्साहित करती हैं। इस शिक्षा संबंधी प्रस्तुति को मल्टीमीडिया तत्वों, जैसे- ध्वनि, एनिमेशन, वीडियो आदि के साथ अधिक आकर्षक और रोचक (Interesting) बना सकते हैं। जब हम अपनी शिक्षा या व्यापार संबंधी प्रस्तुति में मल्टीमीडिया तत्वों का उपयोग करते हैं, तो हमारी प्रस्तुति और अधिक प्रभावी व रोचक हो जाती है क्योंकि इन मल्टीमीडिया घटकों में छात्रों की अधिकांश इंद्रियों (Sense Organs) जैसे- आँख, कान आदि का उपयोग होता है। हम विभिन्न हार्डवेयर और सॉफ्टवेयर, जैसे मल्टीमीडिया प्रोजेक्टर (LCD प्रोजेक्टर) का उपयोग करके विभिन्न शिक्षण–प्रशिक्षण कार्यक्रमों में भी मल्टीमीडिया प्रस्तुति का उपयोग करते हैं।

आइये अब देखें कि हम मल्टीमीडिया का उपयोग कक्षा–कक्ष (Class-room) में क्यों करते हैं।

कक्षा में मल्टीमीडिया को एकीकृत (Integrating) करने के कई लाभ है। मल्टीमीडिया गतिविधयों में भागीदारी के माध्यम से विद्यार्थी निम्नलिखित बातें सीख सकते हैं–

(i) वास्तविक विश्व की प्रौद्योगिकी से संबंधित कौशल।

(ii) टीम वर्क का महत्व।
(iii) प्रभावी सहयोग तकनीक।
(iv) विभिन्न माध्यमों का महत्व और प्रभाव।
(v) अलग-अलग दर्शकों से संवाद की चुनौती।
(vi) जटिल विषम-सामग्री के संश्लेषण (Synthesis) एवं विश्लेषण (Analysis) की तकनीकें।
(vii) प्रस्तुति और बोलने की कला (Speaking skills) का महत्व।
(viii) अपने रचनात्मक विचारों को व्यक्त करने की विधि।
(ix) सम्मोहक अंदाज में सूचना को प्रस्तुत करने की विधि।
(x) अनुसंधान, नियोजन और संगठन-कौशल का महत्व।
(xi) प्रतिक्रिया को स्वीकार करने और सकारात्मक प्रतिक्रिया देने की विधि।

3. व्यापारिक संवाद में मल्टमीडिया का प्रयोग (Using Multimedia in Business Communications)– व्यापारिक प्रस्तुति में मल्टीमीडिया सामग्री के सभी रूपों (घटकों), जैसे ऑडियो, वीडियो, ग्राफिक्स, एनिमेशन आदि को सम्मिलित किया जा सकता है। मल्टीमीडिया व्यापारिक संवाद की गुणवत्त बढ़ाने के लिए सबसे शक्तिशाली उपकरण (Tools) है। हम मल्टीमीडिया के रूप में या मल्टीमीडिया तत्वों के उपयोग से व्यापारिक संवाद जैसे ग्राहकों से संबंधित जानकारी, कर्मचारियों से संबंधित संवाद, निवेशकों के लिए रिपोर्ट तथा नये या पुराने उत्पाद का प्रचार प्रस्तुत कर सकते हैं।

व्यापार में मल्टीमीडिया के कुछ सामान्य उपयोग इस प्रकार हैं–

(i) ग्लोबल टीम (Global Team)– संचार तकनीक के साथ मल्टीमीडिया तकनीक ने वैश्विक कार्य समूह (Global Work Group) के गठन के लिए दरवाजा खोल दिया है। इस कार्य-समूह में, टीम के सदस्य विभिन्न कंपनियों में कार्यरत हो सकते हैं और पूरी दुनिया में कहीं भी काम कर सकते हैं। मल्टीमीडिया वीडियो कॉन्फ्रेसिंग और वीडियो कैप्चरिंग सॉफ्टवेयर के उपयोग से किसी भी संगठन को पूरे विश्व में एक साथ मीटिंग करने की सुविधा देता है।

(ii) विपणन और विज्ञापन (Marketing and Advertisement)– व्यापार में मल्टीमीडिया का सबसे महत्वपूर्ण उपयोग मल्टीमीडिया आधारित विपणन और विज्ञापन है। इन दिनों मल्टीमीडिया कैटलाग और ब्रोशर का ज्यादातर उपयोग विपणन (Marketing) और बिक्री बढ़ाने के लिए हो रहा है। मल्टीमीडिया पर आधारित प्रस्तुति की सहायता से, मार्केटिंग कर्मी किसी ग्राहक को अपने उत्पादों का प्रदर्शन करते समय अपनी कंपनी की प्रभावशाली इमेज पेश कर सकते हैं। जब आप इन्टरनेट का उपयोग करते हैं, तो आप एनिमेटेड विज्ञापन बैनर, जो विभिन्न वेब साइटों पर अत्यंत आकर्षक रूप में लगे होते हैं, देख सकते हैं। आप अपने च्र्ज् पर भी विभिन्न एनिमेटेड विज्ञापन कार्यक्रम देख सकते हैं। जैसे कि कार, तेल, दूध, कोल्ड ड्रिन्क, डिटर्जेंट, साबुन, पाउडर, मेज, कुर्सी, टूथपेस्ट, बीज, मच्छर और तिलचट्टे, सिनेमा, खेल आदि के विज्ञापन।

(iii) यात्रा मार्गदर्शिकाएँ (Travel Guide)– विभिन्न यात्रा गाइड वेब साइटें विभिन्न दर्शनीय स्थानों और उनका विवरण प्रस्तुत करने के लिए मल्टीमीडिया का उपयोग करती है। हम एक लोकेशन मैप पर किसी विशेष स्थान उस स्थान की तस्वीर या नाम पर क्लिक कर सकते हैं। उस स्थान को विस्तार से खोजने के लिए Google Earth यात्रा गाइड का सबसे अच्छा उदाहरण है। ये वेबसाइटें कैटलॉग युक्त होती हैं, जो विभिन्न स्थानों के बारे में जानकारी देने के लिए चित्र व टेक्स्ट का उपयोग करती हैं।

(iv) वर्चुअल दुकानें और शॉपिंग मॉल (Virtual Shops and Shoping Malls)– मल्टीमीडिया प्रौद्योगिकी का उपयोग बड़े पैमाने पर उन वेबसाइटों द्वारा किया जाता है, जो ऑनलाइट खरीदारी की सुविधा प्रदान करती हैं। ये वेबसाइटों द्वारा किया जाता है, जो ऑनलाइन खरीदारी की सुविधा प्रदान करती हैं। ये वेबसाइटें खरीदारी में दुकान पर गये बिना ही शॉपिंग करने की सुविधा प्रदान करती हैं। वर्चुअल रियलिटी एक तकनीक है, जो वर्चुअल दुकानों की अवधारणा बढ़ाने के लिए वर्चुअल शॉपिंग मॉल के लिए इस्तेमाल की जाती है। आभासी खरीदारी (Virtual Shoping) की मदद से एक ग्राहक भारत में अपने घर में रहते हुए किसी भी देश से खरीदारी कर सकता है। ग्राहक अमरीका या जापान में खरीदारी मार्ग (Shopping Street) में वस्तुत: चारों ओर घूम सकते हैं और उस रास्ते में दुकानों से खरीदारी कर सकते हैं।

(v) निगमित प्रशिक्षण (Corporate Training)– मल्टीमीडिया प्रौद्योगिकी का उपयोग कंपनियों के प्रशिक्षण में भी किया जाता है। मल्टीमीडिया आधारित प्रशिक्षण सामग्री, जिसमें एनिमेशन, ऑडियो, वीडियो आदि शामिल हैं, को एक प्रशिक्षक की सेवाओं की आवश्यकता नहीं भी हो सकती है, क्योंकि पाठ्यक्रम सामग्री खुद ही सीखने वाले का मार्गदर्शन कर सकती है। इस प्रकार का प्रशिक्षण इन्टरनेट, CD-ROMs या कम्पनी के इन्ट्रानेट पर प्रदान किया जा सकता है।

4. घरों में मल्टीमीडिया का प्रयोग (Using Multimedia at Home)– कई संगठनों का उद्देश्य ऐसे मल्टीमीडिया उत्पाद बनाना है, जिनका उपयोग घरों में किया जा सकता है। घर में मल्टीमीडिया के उपयोग के कुछ उदाहरण निम्नलिखित हैं–

(a) बागवानी (Gardening)– कई वेबसाइटें विभिन्न प्रकारों और आकारों के घरों के लिए बागवानी की तकनीकों का सुझाव देती हैं। इन वेबसाइटों के उपयोग द्वारा हम एक आभासी उद्यान के वातावरण को कम्प्यूटर स्क्रीन पर प्रदर्शित कर सकते हैं और पता भी लगा सकते हैं। हम उद्यान के आयाम (garden dimension) और आकृति (shape) की एक सूची से अपनी पसंद का उद्यान चुन सकते हैं और अपने घर के लिए एक उद्यान बनाने से पहले हम एक आभासी उद्यान बना सकते हैं, जो हमारी प्राथमिकताओं के अनुकूल हो।

(b) इंटीरियर डिजाइनिंग और रिमॉडलिंग (Interior Designing and Remodeling)– हम इंटीरियर डिजाइनिंग में भी मल्टीमीडिया उत्पादों का प्रयोग कर सकते हैं। आइये, अब हम एक उदाहरण देखें– हम अपने अंदरूनी घर को डिजाइन करने और घर को एक नया रूप देने के लिए मल्टीमीडिया का उपयोग कर सकते हैं। हम कई वेबसाइटों और मल्टीमीडिया का उपयोग कर सकते हैं। हम कई वेबसाइटों और मल्टीमीडिया आधारित सॉफ्टवेयर का उपयोग डिजाइनिंग के कार्य को वास्तविक रूप में क्रियान्वित करने से पहले कर सकते हैं। अपने फिर से तैयार घर (Remodelled House) के लिए एकदम सही मेल (Perfect combination) प्राप्त करने के लिए प्रकाश और रंगों के कई प्रभावों के साथ प्रयोग (Experiment) भी कर सकते हैं।

(c) वंशावली (Genealogy)– वंशावली वह विज्ञान है जो हमारे वंश को परिभाषित करने में हमें सक्षम बनाता है। मल्टीमीडिया उत्पादों का उपयोग करके वंशावली को और अधिक प्रभावी बनाया जा सकता है। हम अपने परिवार की तस्वीरों के साथ एक वर्चुअल फैमिली ट्री बना सकते हैं और फैमिली ट्री से अपने परिवार के सदस्यों के ऑडियो और वीडियो क्लिप जोड़ सकते हैं। इन दिनों, कई मल्टीमीडिया आधारित वेबसाइटें उपलब्ध हैं, जो वंशावली बनाने के लिए सुविधाएँ प्रदान करती हैं।

5. प्रकाशन उद्योग में मल्टीमीडिया का प्रयोग (Using Multimedia in Publishing Industry)– इन दिनों मल्टीमीडिया आधारित उत्पादों का उपयोग प्रकाशन उद्योग में भी किया

जाता है। वे प्रकाशन जो परिवार के लिए बने हैं, जैसे- समाचार-पत्र, पत्रिकाएँ आदि, आसानी से ऑनलाइन उपलब्ध हैं, जो मल्टीमीडिया के रूप में हैं और वास्तविक जीवन के अनुभवों को प्रस्तुत करते हैं।

आइये, अब हम एक उदाहरण देखें। अब ऑनलाइटन समाचार क्लिप सिर्फ पढ़े ही नहीं जा रहे हैं, बल्कि इनके साथ जुड़ी हुई वीडियो फिल्में देखी भी जा सकती है।

बच्चों और प्रोफेशनल्स के लिए आज बाजार में विभिन्न उत्पाद उपलब्ध हैं। अनके विश्वकोष और मनोरंजन के साथ शिक्षा (edutainment) प्रदान करने वाली किताबें उपलब्ध हैं। इन उत्पादों (मल्टीमीडिया उत्पादों) का प्रयोग करके बच्चे और प्रोफेशनल्स हर चीज बहुत जल्दी और तेजी से सीखते हैं।

जहाँ तक शिक्षा का संबंध है, मल्टीमीडिया प्रकाशन एक वरदान या दुनिया के लिए सूचना का व्यापक जाल (www) है। आजकल, विभिन्न अनुसंधान कार्य (research work), पुस्तकें, एटलस (atlas) आदि CD-ROM के रूप में आते हैं। यदि आपको इन CD-ROMs की आवश्यकता है, तो आप इन्हें खरीद सकते हैं और उनका आनंद ले सकते हैं। इस प्रकार मल्टीमीडिया प्रकाशन के पास एक बड़ी क्षमता है और यह एक ऐसी प्रौद्योगिकी होगी, जिसमें काफी संभावनाएँ हैं।

6. मेडिकल और इंजीनीयरिंग में मल्टीमीडिया का प्रयोग (Using Multimedia in Medical and Engineering)– इन दिनों मल्टीमीडिया आधारित सॉफ्टवेयर का प्रयोग चिकित्सा और इंजीनियरिंग में किया जाता है। अब मल्टीमीडिया आधारित उत्पाद मेडनेट (Mednet) में प्रयोग किये जाते हैं। मेडनेट निम्नलिखित सेवाएँ प्रदान करता है–

(a) एक रियल टाइम निगरानी (Real-time monitoring) और बहुदलीय परामर्श।

(b) मस्तिष्क की सर्जरी के दौरान सहयोग (Collabration during brain surgery)

मेडनेट टेलीकॉन्फेसिंग सिस्टम का एक नया रूप है, जो अन्य पिक्चर टेलीकॉन्फ्रेसिंग से अलग है। मेडनेट वास्तविक समय निगरानी (Real-time Monitoring) और सहयोग प्रदान करता है। सहयोग (Collaboration) शब्द आमतौर पर ऐसे मल्टीमीडिया एप्लीकेशन में प्रयोग होता है, जो सामूहिक रूप से एक विशेष कार्य कर रहा है। लेकिन इस सहयोगात्मक कार्य के लिए शारीरिक उपस्थिति की आवश्यकता नहीं भी हो सकती है। आइये, मेडनेट (Mednet) और सहयोग को समझने के लिए एक उदाहरण देखें–

मान लीजिए, एक मस्तिष्क रोगी है और उसके मस्तिष्क का ऑपरेशन आवश्यक है, लेकिन Neurophysiologist देश में मौजूद नहीं है। यह मेडनेट (Mednet) द्वारा कैसे सम्भव हो सकता है? अधिकांश सर्जरी में सर्जन और अन्य सहायक कर्मचारियों को उपस्थित रहना चाहिए। सभी अपना-अपना काम करते हैं और जब भी उन्हें Neurophysiologist की आवश्यकता होती है, जो देश में मौजूद नहीं है, तो वह दूर से कुछ अन्य मामलों के साथ इस मामले की भी निगरानी कर सकता है। वह निगरानी उपकरणों (Monitoring equipments) की जवाबी कार्यवाई अपने कम्प्यूटर की स्क्रीन पर देख व सुन सकता है और किसी भी समस्या के मामले में, सर्जन, जो सर्जरी कर रहा है, को सूचित करता है।

एनिमेशन के आधारभूत सिद्धान्त (Basic Principles of Animation)

एनिमेशन एक ऐसे बायोलॉजिकल प्रतिभास (Phenomenon) के कारण संभव है, जिसे पर्सिस्टन्स ऑफ विजन (Persistance of Vision) के नाम से जाना जाता है। मानव नेत्र के द्वारा देखी गयी कोई वस्तु आँख की रेटिना पर देखे जाने के कुछ समय बाद तक अंकित रहती है। इस कारण यह संभव हो पाता है कि तस्वीरों की एक पूरी श्रृंखला, जिनमें एक के बाद एक

अत्यंत द्रुतगति से थोड़ा-थोड़ा बदलाव किया जाता है, के द्वारा गति भ्रम पैदा किया जा सके। दूसरे शब्दों में यदि आप किसी वस्तु की आकृति और स्थिति को पर्याप्त रूप से थोड़ा-थोड़ा बदलते हैं, तो गति का आभास होता है। किसी एनिमेशन में गति का आभास एक भ्रम मात्र है। हमारे द्वारा देखी गयी गति एक ऐसी हरकत की भाँति है, जिसे कई स्थिर चित्रों की मदद से बनाया गया होता है, जिनमें सब के सब अपने फ्रेम में होते हैं। ऐनिमेशन ग्राफिक इमेजेज का एक समूह हो सकता है, जिसे फ्रेम की एक श्रृंखला या वस्तुओं के एक समुच्चय के रूप में शीघ्रतापूर्वक दर्शाया गया हो। वीडियो के लिए प्रयुक्त फिल्मों में प्रति सेकेण्ड 30 सम्पूर्ण फ्रेमों या तस्वीरों को दर्शाया जाता है और वह गति, जिस पर प्रत्येक तस्वीर को दूसरी में बदला जाता है, तस्वीरों में एक सहज गति का भ्रम पैदा कर देती है। कम्प्यूटर एनिमेशन प्रति सेकेण्ड 12-15 फ्रेम (या अधिक) की दर पर प्रभावी हो सकता है। इससे कम होने पर टूटी हुई गति प्रदान करता है, चूँकि एक फ्रेम से दूसरे का स्थानान्तरण परिलक्षित होने लगता है।

एनिमेशन के 12 आधारभूत सिद्धान्त होते हैं, जिन्हें डिज़्नी के एनिमेटर्स ऑलि जॉन्स्टन् (Ollie Johnston) और फ्रैन्क टॉमस (Frank Thomas) ने 1981 में लिखी अपनी किताब The Illusion of Life : Disney Animation में प्रस्तुत किया था। ये निम्नलिखित हैं–

1. Squash and Stretch– यह सर्वाधिक महत्वपूर्ण सिद्धान्त है, जिसका मकसद खींची गयी वस्तुओं को वजन और लचीलापन प्रदान करना है। इसका प्रयोग सरल वस्तुओं, जैसे उछलती हुई गेंद, पर किया जा सकता है या और अधिक जटिल रचनाओं, जैसे मानव चेहरे की माँसपेशियों के ढाँचे आदि, पर।

2. टाइमिंग– वास्तविकता में टाइमिंग का मतलब दो भिन्न धारणाओं से हैं– भौतिक (Physical) टाइमिंग और सैद्धांतिक (Theoretical) टाइमिंग। यह फिजिक्स यथार्थवाद तथा एनिमेशन की कथात्मकता दोनों के लिए आवश्यक है कि टाइमिंग सही हो। पूरी तरह फिजिकल स्तर पर, सही टाइमिंग यह प्रतीत कराती है कि ऑब्जेक्ट्स भौतिकी के नियमों का पालन करते हैं, उदाहरण के लिए, किसी वस्तु का वजन यह तय करता है कि यह किसी संवेग, जैसे धक्के के प्रति किस प्रकार प्रतिक्रिया करती है। सैद्धांतिक टाइमिंग की प्रकृति थोड़ी कम तकनीकी होती है और इसे अधिकांशत: अनुभव के द्वारा विकसित किया जाता है।

3. स्टेजिंग– यह थियेटर और फिल्मों में जानी-जाने वाली स्टेजिंग के समान ही होता है। इसका उद्देश्य दर्शकों का ध्यान निर्देशित करना और यह स्पष्ट करना है कि दृश्य में सबसे अधिक महत्वपूर्ण वस्तु क्या है, क्या हो रहा है, और क्या होने वाला है।

4. प्रत्यक्ष ऐक्शन और पोज टू पोज (Straight ahead action and pose to pose)– यह वास्तविक ड्राइंग प्रक्रिया की दो विभिन्न अप्रोच हैं। 'स्ट्रेट अहेड' ऐक्शन का मतलब किसी सीन की शुरू से अंत तक फ्रेम दर फ्रेम तस्वीर बनाना है, जबकि पोज टु पोज (Pose to Pose) में कुछ मुख्य तस्वीरें (Frames) बना ली जाती हैं और बाद में अन्तरालों को पाटा जाता है। अक्सर इन दोनों तकनीकों का समन्वय प्रयोग में लाया जाता है।

कम्प्यूटर एनिमेशन 'स्ट्रेट अहेड ऐक्शन' ड्राइंग से संबंधित समानुपात की समस्या को हल करता है, जबकि पोज टु पोज का प्रयोग अब भी कम्प्यूटर एनिमेशन के लिए उन फायदों के कारण किया जाता है, जो यह कम्पोजिशन को प्रदान करता है।

5. फॉलो थ्रू और ओवरलैपिंग ऐक्शन– ये सु-संबद्ध तकनीकें हरकतों को अधिक वास्तविकता प्रदान करती हैं और यह छवि बनाती है कि कैरेक्टर भौतिकी के सिद्धांतों का पालन करते हैं। 'फॉलो थ्रू' का मतलब है कि एक पिंड के अलग-अलग भाग तब भी गतिमान रहेंगे,

जब कैरेक्टर रूक गया है। 'ओवरलैंपिंग एक्शन' तब होता है, जब एक कैरेक्टर अपनी दिशा में परिवर्तन लाता है और उस पिंड का एक हिस्सा उस दिशा में ही गतिमान रहता है, जिसमें वह पहले जा रहा था।

6. स्लोइन और स्लोआउट– मानव शरीर और अधिकांश अन्य वस्तुओं की गति को त्वरित और कम होने के लिए समय की आवश्यकता होती है, इस कारण, एक एनिमेशन तब ज़्यादा वास्तविक दिखता है, यदि यह गति के शुरू और अन्त में ज़्यादा फ्रेम रखता हो तथा मध्य में बहुत ही कम। यह सिद्धान्त दो अन्तिम पोजेज के बीच गतिमान कैरेक्टरों पर लागू होता है, जैसे नीचे बैठना और खड़ा होना, लेकिन निर्जीव के लिए भी, जैसे उछलती हुई गेंद।

7. अनुमान/पूर्वाभास (Anticipation)– इसका प्रयोग दर्शकों को ऐक्शन के लिए तैयार करने तथा हरकतों को अधिक सजीव बनाने के लिए होता है।

8. द्वितीयक ऐक्शन (Secondary Action)– मुख्य ऐक्शन में द्वितीयक ऐक्शन को जोड़ना दृश्य को अधिक सजीव बनाता है तथा यह मुख्य ऐक्शन को सपोर्ट करने में मदद कर सकता है। एक चलता हुआ आदमी एक साथ अपनी बाहों को झुला सकता है या उन्हें अपने पाकेट में रख सकता है, वह बोल सकता है या सीटी बजा सकता है या चेहरे के भावों के द्वारा भावनाओं की अभिव्यक्ति दे सकता है। द्वितीयक ऐक्शन के बारे में महत्वपूर्ण बात यह है कि वह मुख्य ऐक्शन से ध्यान हटाने की बजाय इसे और पुख्ता करती है। यदि मामला बाद वाला है, तो इन ऐक्शन्स को छोड़ ही देना बेहतर है।

9. अतिरंजन (Exaggeration)– यह एक ऐसा इफेक्ट है, जो एनिमेशन के लिए खासतौर से उपयोगी होता है, चूँकि वास्तविकता की पूरी तरह नकल कार्टून में स्थिर और बेकार प्रतीत हो सकती है। अतिरंजन का अवसर इस बात पर निर्भर करता है क हमें रियलिज्म की जरुरत है या एक विशिष्ट शैली की, जैसे कैरिकेचर या किसी कलाकार की शैली। डिज़्नी के द्वारा प्रदत्त अतिरंजन (Exaggeration) की क्लासिक परिभाषा है– "वास्तविकता के प्रति सच्चा होना।" बस इसे अधिक स्वतंत्रता के साथ इसके अतिरंजित रूप में प्रस्तुत करना है।

10. सॉलिड ड्रॉइंग (Solid Drawing)– सॉलिड या अच्छी ड्रॉइंग का वास्तविक अर्थ यह है कि समान सिद्धांत, जो एक अकादमिक कलाकार पर लागू होते हैं, वही एक एनिमेटर पर भी लागू होते हैं। चित्रकार को शरीर रचना से संबंधित मूलभूत बातें, कम्पोजिशन, वजन, संतुलन, प्रकाश, छाया इत्यादि की जानकारी होनी चाहिए। एक क्लासिक एनिमेटर के लिये इसमें आर्ट क्लास लेना और स्केच बनाना भी शामिल हैं।

11. अपील– किसी कार्टून चरित्र में अपील किसी अभिनेता में चमत्कार की तरह होता है। किसी अपील करने वाले चरित्र में सहानुभूति जगा पाने की क्षमता का होना ही आवश्यकता नहीं है– खलनायक या राक्षस भी अपीलिंग हो सकते हैं। महत्वपूर्ण बात यह है कि दर्शक यह महसूस करें कि चरित्र वास्तविक और रोचक है। ऐसे कई उपाय हैं, जिनकी सहायता से चरित्र को ज्यादा बेहतर तरीके से दर्शकों से जोड़ा जा सकता है। पसंद किये जाने योग्य चरित्रों में एक सुडौल और बच्चों जैसा भोला-भाला चेहरा प्रभावी साबित होता है।

12. आर्क (Arcs)– अधिकांश मानवीय और पशुओं के ऐक्शन एक आर्कयुक्त ट्रैजेक्टरी में घटित होते हैं और ऐनिमेशन को इन हरकतों या क्रियाओं को बेहतर वास्तविकता के लिए पुनर्निर्मित करना चाहिए। यह हाथ या पैर में जोड़ों को गोल-गोल गति देकर हरकत कराने या किसी फेंके गये ऑब्जेक्ट के द्वारा पैराबोलिक ट्रैजेक्टरी में गति करने पर लागू हो सकता है।

अध्याय 20

कम्प्यूटर वायरस
(Computer Virus)

कम्प्यूटर वायरस (Virus), वार्म्स (Warms) और ट्रॉजन हॉर्स (Trojan Horse) ऐसे प्रभावी टूल होते हैं, जिनका उपयोग करके कम्प्यूटर सिस्टम पर आक्रमण किया जाता है। ये वैध प्रयोक्ता के पारम्परिक अभिगम नियंत्रण व परिचय को अनुपयोगी बना देते हैं। यह अध्याय कुछ प्रकार के विद्वेषपूर्ण (Malicious) सॉफ्टवेयर (Malware) को प्रदर्शित करेगा। विद्वेषपूर्ण (Malicious) तर्क, आदेशों का ऐसा सेट होता है, जिसके कारण साइट की सुरक्षा के नियम भंग होते हैं। क्रूर मोबाइल कोड का जीवनचक्र खोज, शोषण, प्रभाव और दोहराव पर आधारित होता है। यह प्रत्येक दिन के प्रत्येक सेकेंड पर क्रम की नकल को दोहराता रहता है।

विद्वेषपूर्ण प्रोग्राम (Malicious Programs)

विद्वेषपूर्ण सॉफ्टवेयर एक ऐसा सॉफ्टवेयर होता है, जिसे किसी सिस्टम को हानि पहुँचाने के उद्देश्य से ही निर्मित एवं सिस्टम में सम्मलित किया जाता है। ये सॉफ्टवेयर दो श्रेणियों में विभाजित किये जा सकते हैं।

एक वे हैं, जिन्हें किसी होस्ट प्रोग्राम की आवश्यकता होती है। उदाहरणः वायरस (Virus), लॉजिक बॉम (Logic Bomb) तथा बैकडोर (Backdoor)।

दूसरी श्रेणी में वे परिपूर्ण प्रोग्राम है, जो किसी अन्य होस्ट प्रोग्राम पर आश्रित न होकर ऑपरेटिंग सिस्टम द्वारा स्वतंत्र रूप से चलाए जाते हैं। उदाहरण– वार्म्स (Warms) तथा जॉम्बी (Zombie)।

इन सॉफ्टवेयर खतरों को इस प्रकार वर्गीकृत किया जा सकता है–

वे, जो पुनः निर्मित नहीं होते। इनका अर्थ है कि ये किसी ट्रिगर (Trigger) द्वारा सक्रिय होते हैं। उदाहरण के लिए लॉजिक बॉम्ब, बैकडोर और जॉम्बी।

जो पुनः निर्मित होते हैं। ये प्रोग्राम का एक भाग होते हैं, जो एक ही या अलग सिस्टम में सक्रिय रहने के लिए स्वयं की एक से ज्यादा प्रतिलिपियाँ निर्मित कर सकते हैं। उदाहरण के लिए– वायरस या वॉर्म्स।

बैकडोर (Backdoor)

यह एक प्रोग्राम में एक गोपनीय प्रवेश बिन्दु है, जो सामान्यतः की जाने वाली सुरक्षा एक्सेस प्रक्रिया को किए बगैर एक्सेस की अनुमति देता है। प्रोग्रामर इसका उपयोग प्रोग्राम को टेस्ट और डिबग करने के लिए करते हैं। यह एक कोड है, जो इनपुट की कुछ विशेष श्रृंखला को पहचानता है या एक निश्चित यूजर ID से क्रियान्वित होकर सक्रिय होता है। बैकडोर के लिए ऑपरेटिंग सिस्टम नियंत्रण को कार्यान्वित करना काफी कठिन है।

लॉजिक बॉम्ब (Logic bomb)

यह प्रोग्राम खतरों (Threats) का सबसे पुराना प्रकार है। किसी वैध प्रोग्राम के साथ एक ऐसा कोड (Code) जोड़ दिया जाता है, जो किसी विशिष्ट कंडीशन के पूर्ण होते ही विस्फोटित

(explode) होने के लिये बनाया गया है। इसके लिये ट्रिगर के रूप में विभिन्न कंडीशन जैसे, किसी फाइल की उपस्थिति या अनुपस्थिति, सप्ताह की कोई विशिष्ट तिथि अथवा दिन, अनुप्रयोग को क्रियान्वित करने वाला विशिष्ट यूजर इत्यादि हो सकती हैं। एक बार प्रारंभ हो जाने पर लॉजिक बॉम्ब किसी फाइल के डाटा को परिवर्तित कर सकता है, मिटा सकता है अथवा संपूर्ण फाइल को भी हटा सकता है, क्योंकि इसके प्रारंभ होते ही सिस्टम रूक जाता है।

ट्रॉजन हॉर्स (Trojan Horse)

एक वायरस की तरह यह भी एक कोड का छिपा हुआ भाग हो सकता है। वायरस का मुख्य उद्देश्य लक्ष्य (target), कम्प्यूटर या नेटवर्क में कुछ संशोधन करना है। जबकि, एक ट्रॉजन हॉर्स एक आक्रमणकारी तक गोपनीय सूचना प्रेषित करने का प्रयास करता है। ट्रॉजन हॉर्स को यह नाम ग्रीक सैनिकों के कारण मिला, जो एक बड़े से खोखले घोड़े के अंदर छिपे हुए थे, जिसे ट्रॉय नगर के नागरिकों द्वारा खींच लिया गया था, जो इस बात से अनजान थे कि इसके अंदर क्या है। एक बार ग्रीक सैनिक, ट्रॉय शहर के अंदर प्रवेश कर गये, तो उन्होंने अन्य ग्रीक सैनिकों के लिए मुख्य द्वार खोल दिया।

इसी प्रकार, ट्रॉजन चुपचाप कोड में एक लॉग इन स्क्रीन के साथ स्वयं को जोड़कर बैठा रहता है। जब प्रयोक्ता यूजर ID और पासवर्ड दर्ज करता है, तो ट्रॉजन हॉर्स इस विवरण को चुरा लेता है और आक्रमणकारी तक प्रेषित कर देता है, वह भी उस प्रयोक्ता को पता चले बिना, जिसने ID और पासवर्ड दर्ज किया है। आक्रमणकारी तब सिस्टम को एक्सेस करने के लिए सरलता से ID और पासवर्ड का प्रयोग कर सकता है। चित्र में यह प्रदर्शित किया गया है। ट्रॉजन हॉर्स का एक अन्य उदाहरण एक कम्पाइलर है। कोई प्रोग्राम जैसे ही कम्पाइल होता है तो यह ट्राजन हॉर्स उस प्रोग्राम में अतिरिक्त कोड को दर्ज करने के लिए संशोधित हो चुका होता है। जैसे, एक सिस्टम लॉग-इन प्रोग्राम। कोड, लॉग-इन प्रोग्राम में एक बैकडोर का निर्माण करता है, जो लेखक को एक विशेष पासवर्ड का उपयोग करके सिस्टम में लॉग इन करने की अनुमति देता है। लॉग-इन प्रोग्राम को सोर्स कोड पढ़ने पर भी इस ट्रॉजन हॉर्स को बिल्कु नहीं ढूँढ़ा जा सकता है। ट्रॉजन हॉर्स स्वयं की प्रतिलिपि निर्मित करते हैं। उदाहरण के लिए, गेम एनिमल। जब यह गेम खेला जाता था, तो यह स्वयं की प्रतिलिपि निर्मित कर लेता था जो मेमोरी में काफी स्थान लेती थी।

जॉम्बी (Zombie)

यह एक प्रोग्राम है, जो इन्टरनेट से संयोजित किसी अन्य कम्प्यूटर पर गुप्त रूप से कब्जा कर लेता है और उस कम्प्यूटर का उपयोग आक्रमण करने के लिए करता है। अतः जॉम्बी के निर्माता का पता लगाना काफी कठिन हो जाता है। जॉम्बी का प्रयोग DOS आक्रमणों, विशिष्टतः लक्षित (trageted) वेबसाइटों के विरुद्ध।

वायरस की प्रकृति (Nature of Viruses)

एक वायरस, एक प्रोग्राम होता है, जो स्वयं को एक या ज्यादा फाइलों में प्रविष्ट करता है और कोई क्रिया घटित करता है (सामान्यतः शून्य)। प्रोग्राम कोड में निर्देश सिर्फ स्वयं की प्रतिलिपि बनाने का होता है। इसी प्रकार से, जब भी प्रभावित कम्प्यूटर एक अप्रभावित सॉफ्टवेयर के किसी भाग के सम्पर्क में आता है, वायरस की एक प्रतिलिपि नये प्रोग्राम में चली जाती है। वायरस प्रोग्राम फाइल, बूट सेक्टर, हार्ड ड्राइव विभाजन तालिका, डाटा फाइल, मेमोरी, मैक्रो रूटीन और स्क्रिप्टिंग फाइल को प्रभावित कर सकते हैं। निम्न चित्र वायरस के लिए कोड के नमूने

को प्रदर्शित करता है। वर्तमान प्रयोक्ता के कम्प्यूटर से सभी फाइलों को मिटाने के बाद वायरस अपने कोड को वर्तमान प्रयोक्ता की एड्रेस बुक में सुरक्षित सभी ई-मेल पतों में भेजकर स्वयं का प्रचार करता है। एक वायरस अन्य प्रोग्राम की तरह ही कार्य करता है। अन्तर केवल इतना है कि यह स्वयं को अन्य प्रोग्रामों से जोड़ सकता है और जब होस्ट प्रोग्राम रन हो रहा हो, तो वायरस चुपचाप क्रियान्वित हो सकता है। अपने जीवनचक्र के दौरान, एक आदर्श वायरस निम्नलिखित चार अवस्थाओं से गुजरता है–

1. प्रसुप्त अवस्था (Dormant Phase)– यहाँ वायरस निष्क्रिय होता है। यह कुछ घटनाओं जैसे दिनांक, प्रोग्राम या फाइल द्वारा सक्रिय किया जाता है। इस अवस्था में सभी वायरस सम्मिलित नहीं हैं।

2. प्रचार अवस्था (Propatation Phase)– वायरस अन्य प्रोग्राम में स्वयं की एक परिचित प्रतिलिपि स्थापित करता है। प्रत्येक प्रभावित प्रोग्राम अब वायरस की एक प्रतिलिपि सम्मिलित करेगा, जो स्वयं को एक प्रकार अवस्था में दर्ज कर लेगी।

3. सक्रिय अवस्था (Triggering Phase)– वायरस जिस कार्य के लिए बना था, उसे पूर्ण करने के लिए सक्रिय होता है।

4. क्रियान्वयन अवस्था (Execution Phase)– कार्य पूर्ण हो गया है। कार्य हानिरक्षित हो सकता है– जैसे स्क्रीन पर संदेश का प्रदर्शन अथवा हानिकारक भी हो सकता है, जैसे किसी डाटा फाइल का विनाश।

वायरस के प्रकार (Types of Viruses)

जैसे-जैसे वायरस के उपस्थित प्रकारों के लिए एक प्रभावी कार्यान्वयन विकसित हो चुका है, वैसे-वैसे वायरस के नये प्रकार विकसित हो रहे हैं। वायरस के कुछ महत्वपूर्ण निम्न हैं–

- **परजीवी वायरस (Parasitic Virus)–** यह एक पारम्परिक और सबसे सामान्य वायरस है। जब यह स्वयं को क्रियान्वित करता है, तो खोजी गई अन्य फाइलों को भी प्रभावित कर देता है।
- **मेमोरी निवासी वायरस (Memory Resident Virus)–** यह क्रियान्वयन के बाद मेमोरी में रहता है। यह स्वयं को ऑपरेटिंग सिस्टम या एप्लीकेशन के भाग की तरह दर्ज करता है और किसी फाइल को, जो कि क्रियान्वित, कॉपी, मूव या सूचीबद्ध हो रही है, संशोधित कर सकता है।
- **अनिवासी वायरस (Non-Resident Virus)–** यह वायरस क्रियान्वित होता है, नुकसान पहुँचाने का अपना कार्य पूर्ण करता है और खत्म हो जाता है, जब तक कि इसे पुनः क्रियान्वित न किया जाए। उदाहरण के लिए, यह हार्डडिस्क को देखता है और पाँच फाइलों को प्रभावित करता है और खत्म हो जाता है, जब तक कि प्रभावित फाइल को पुनः क्रियान्वित न किया जाए।
- **बूट सेक्टर वायरस (Boot Sector Virus)–** जब एक सिस्टम एक वायरस को सम्मिलित करने वाली डिस्क से बूट होता है, तो यह वायरस मास्टर बूट रिकार्ड को प्रभावित करता है तथा फैलता है।
- **स्टील्व वायरस (Stealth Virus)–** वायरस का एक प्रकार जो स्पष्ट रूप से एंटीवायरस सॉफ्टवेयर के निरीक्षण से स्वयं को बचाने के लिए निर्मित होता है। यह एक वायरस द्वारा उपयोग की जाने वाली तकनीक है, जो निरीक्षण को रोकती है। उदाहरण के लिए, IBM बूट वायरस, ब्रोन।

- **ओवरराइटिंग वायरस (Overwriting Virus)**– यह वायरस होस्ट कोड को अपने कोड के द्वारा ओवरराइट करता है। प्रभावी रूप से बहुत से वास्तविक घटकों का नाश करता है।
- **बहुरूपी वायरस (Polymorphic Virus)**– यह प्रत्येक संक्रमण के साथ परिवर्तित होता है तथा हस्ताक्षर द्वारा वायरस निरीक्षण को असंभव बनाता है।
- **रूपान्तरित वायरस (Metamorphic Virus)**– यह भी प्रत्येक संक्रमण के साथ परिवर्तित होता है। अन्तर सिर्फ इतना है कि यह स्वयं का पूर्णतः पुनर्लेखन, सभी पुनरूक्तियों पर करता है और इसीलिए इसका पता लगाना बहुत मुश्किल है। यह अपने व्यवहार और उपस्थिति दोनों को ही बदल सकता है।
- **मैक्रो वायरस (Macro Virus)**– यह माइक्रोसॉफ्ट वर्ड डाक्यूमेंट और क्रियान्वयन-अयोग्य (Non-Executable) फाइल को संक्रमित करते हैं। कोई भी हार्डवेयर, जो माइक्रोसॉफ्ट वर्ड से संबंधित है, संक्रमित हो सकता है। यह आसानी से फैल सकता है। जैसे– ई-मेल द्वारा।
- **ई-मेल वायरस (E-mail Virus)**– उदाहरण के लिए, मेलिसा एक अटैचमेंट (Attachement) में जुड़े माइक्रोसॉफ्ट वर्ड मैक्रो का उपयोग करती है। यदि प्राप्तकर्ता ई-मेल संकलन को खोलता है, तो वर्ड मैक्रो सक्रिय हो जाता है। ई-मेल वायरस प्रयोक्ता के ई-मेल पैकेज मे मेलिंग लिस्ट से सभी को स्वयं की एक प्रतिलिपि प्रेषित कर देता है।

1999 में ई-मेल वायरस का नया संस्करण आया था, जहाँ ई-मेल वायरस संकलन की जगह ई-मेल को खोलने पर सक्रिय हो जाता था। वायरस विजुअल बेसिक स्क्रिप्टिंग भाषा (VB Script) का उपयोग करते हैं। अब मालवेयर जो ई-मेल द्वारा उपस्थित होते हैं, कुछ ही सेकेण्ड में इंटरनेट पर स्वयं को पुनः निर्मित करते हैं। इस कारण एंटीवायरस सॉफ्टवेयर के लिए ज्यादा नुकसान होने से पहले इसे रोकना बहुत मुश्किल होता है। ऐसी चेतावनियों को बढ़ने से पहले रोकने के लिए इंटरनेट यूटिलिटी और एप्लीकेशन सॉफ्टवेयर में उच्च मानक सुरक्षा निर्मित होनी चाहिए। ताकि, एक वायरस को सुधारा जा सके और अच्छी बैकअप प्रक्रिया का उपयोग हो सके, जो इसके नुकसान को नियंत्रित कर सके।

वॉर्म (Worm)

वॉर्म की अवधारणा वायरस की तरह ही होती है लेकिन कार्यान्वयन अलग होता है। एक वायरस एक प्रोग्राम में संशोधन करता है जिसका अर्थ है कि आक्रमण के अंतर्गत स्वयं को प्रोग्राम में जोड़ लेता है। एक वॉर्म एक प्रोग्राम को संशोधित नहीं करता है। इसकी बजाय, यह स्वयं को बार-बार निर्मित करता है रहता है। इस कार्य प्रक्रिया को चित्र में दर्शाया गया है। जब यह विखण्डन बहुत अधिक हो जाता है, तो वह कम्प्यूटर या नेटवर्क, जिस पर वॉर्म स्थित है, अंत में बहुत धीमा हो जाता है और रूक जाता है। इस तरह से, वॉर्म आक्रमण का मूल उद्देश्य वायरस से बिल्कुल अलग है। एक वॉर्म सिस्टम संसाधनों के प्रयोग के अतिरिक्त कोई अन्य विध्वंसक कार्य नहीं करता है। एक ई-मेल वायरस में एक वॉर्म सिस्टम संसाधनों के प्रयोग के अतिरिक्त कोई अन्य विध्वंसक कार्य नहीं करता है। एक ई-मेल वायरस में एक वॉर्म के कुछ लक्षण होते हैं, क्योंकि यह सिस्टम से सिस्टम तक स्वयं का प्रचार करते हैं। इसी प्रकार से हम एक वायरस की तरह इसका वर्गीकरण करते हैं, क्योंकि इसे एक सिस्टम से दूसरे सिस्टम तक जाने के लिए प्रेषक यानि मानव की आवश्यकता होती है। एक वॉर्म सक्रिय रूप से संक्रमित करने के लिए

अधिक से अधिक मशीनों को ढूँढ़ता है और प्रत्येक मशीन, जो कि संक्रमित है, एक स्वचलित प्रेषण पैड की तरह अन्य मशीनों पर आक्रमण करती है।

नेटवर्क वॉर्म प्रोग्राम, सिस्टम से सिस्टम तक फैलने के लिए नेटवर्क संयोजन का प्रयोग करता है। रेप्लीकेशन नेटवर्क के लिए वॉर्म कुछ नेटवर्क सुविधाओं जैसे – ई-मेल, रिमोट क्रियान्वयन और रिमोट लॉग-इन का उपयोग करता है। वायरस की ही तरह नेटवर्क वॉर्म को ढूँढ़ना काफी कठिन होता है।

मैक्रो वॉर्म का उदाहरण (Example of Macro Worm)– एक इलेक्ट्रॉनिक क्रिसमस कार्ड कुछ IBM नेटवर्क से गुजरता था। यह प्राप्तकर्ता को इस संदेश को सेव करने और इसे एक प्रोग्राम की तरह रन करने के लिए कहता था। प्रोग्राम एक क्रिसमस ट्री बनाता और Merry Christmas प्रिंट करता था। यह तब ई-मेल पते की एक नई सूची बनाने के लिए प्राप्तकर्ता के मेल और एड्रेस बुक की सूची को चेक करता था। इसके बाद यह सभी को अपनी प्रतिलिपि भेज देता था। वॉर्म IBM नेटवर्क को तुरन्त पराजित कर देता था और नेटवर्क और सिस्टम का बन्द कर देता था। मायडूम (Mydoom) एक मासमेलिंग ई-मेल वॉर्म का एक उदाहरण है, जो 2004 में उपस्थित हुआ। यह संक्रमित कम्प्यूटर पर बैकडोर को इंस्टॉल करता है, पासवर्ड और क्रेडिट कार्ड संख्या जैसे डाटा के एक्सेस को बढ़ाने के लिए। मायडूम एक मिनट में करीब 1000 बार तक पुनः निर्मित होता था और वर्णनात्मक रूप से इसने 36 घंटे में लाखों संक्रमित संदेशों से इन्टरेट को भर दिया।

वायरस प्रतिउपाय (Virus Countermeasures)– वायरस की चेतावनी के लिए आदर्श समाधान है, इसे रोकना और यह पूर्ण करना असंभव है। निवारण सफल वायरल आक्रमण की संख्या में कमी कर सकता है।

एंटीवायरस दृष्टिकोण (Antivirus Approach)– बेहतरीन दृष्टिकोण यह है कि निम्न कार्य किए जाएँ–

- **निरीक्षण**– संक्रमण स्थिति उत्पन्न होने पर वायरस को ढूँढ़ें।
- **परिचय**– निरीक्षण पूर्ण हो जाने पर, उस निश्चित वायरस को पहचानिये, जिसने प्रोग्राम को संक्रमित किया है।
- **हटाना**– एक बार वायरस पता चल चुका हो, तो वायरस को मिटाकर प्रोग्राम की वास्तविक स्थिति को पुनः स्थापित कीजिए। अन्त में, सभी सिस्टम से वायरस को हटाइये, ताकि यह और फैल न सके।

वायरस और एंटीवायरस ज्यादा जटिल और परिष्कृत हो चुके हैं। एंटीवायरस सॉफ्टवेयर की चार पीढ़ियाँ है, जिन्हें नीचे सूचीबद्ध किया गया है–

- **प्रथम पीढ़ी**– यह एक स्कैनर है, जिसे वायरस को पहचानने के लिए वायरस हस्ताक्षर की आवश्यकता होती है। यह ज्ञात वायरस के निरीक्षण के लिए सीमित होता है। इसका एक अन्य प्रकार, प्रोग्राम की लम्बाई के एक रिकॉ को प्रबन्धित करता है और लम्बाई के बदलाव पर नजर रखता है।
- **द्वितीय पीढ़ी**– यह वायरस संक्रमण को खोजने के लिए स्वतः शोध नियम का उपयोग करती है। यह कोड के उस खण्ड को ढूँढ़ती है, जो वायरस के साथ संबंधित है। उदाहरण के लिए, यह कोड लूप को देखती है और कोड कुँजी की विकसित करती है। इसलिए स्कैनर, वायरस को पहचानने, संक्रमण हटाने और प्रोग्राम की वापसी के लिए गूढ़वाचन (Decryption) कर सकता है।

- **तीसरी पीढ़ी–** यह एक सक्रिय जाल है। ये मेमोरी में रहने वाले प्रोग्राम हैं, जो वायरस को उसके कार्य से पहचानते हैं। इसमें क्रिया के केवल छोटे से भाग को पहचानना आवश्यक होता है, जो यह इंगित करता है कि एक संक्रमण का प्रयास हो रहा है।
- **चतुर्थ पीढ़ी**– यह पूर्ण-विशेषता युक्त सुरक्षा प्रदान करती है। ये ऐसे पैकेज होते हैं, जो विभिन्न प्रकार की एंटीवायरस तकनीकों को सम्मिलित करते हैं। ये स्कैनिंग और क्रियात्मक जाल के घटकों को शामिल करती है। यह अभिगमन नियंत्रण क्षमता को भी सम्मिलित करती है। वायरस की क्षमता को एक सिस्टम में व्याप्त होने और फिर संक्रमण होने वाली फाइलों को क्रमानुसार अपडेट करने की क्षमता को सीमित कर देती है।

अध्याय 21

कम्प्यूटर नेटवर्क का परिचय
(Introduction to Computer Network)

कम्प्यूटर का क्षेत्र कोई नया नहीं है। लोग तब से संवाद करते रहे हैं, जब से प्रारम्भिक मानव घुरघुराकर तथा गुफाओं की दीवारों पर चित्र उकेरकर अपनी भावनाएँ व्यक्त करने लगा था। हजारों वर्षों तक लोग शब्दों से ज्यादा, चर्मपत्रों, पत्थर की पटियों पर धुएँ के संकेत की तरह प्रयोग करके आपसी संवाद करते रहे। यह आदान-प्रदान स्थानीय या दूरस्थ हो सकता है। कम्प्यूटर्स के बीच संवाद पर चर्चा, स्तरों के संदर्भ में की जा सकती है, जहाँ उच्चतम स्तर पर प्रयोक्ता सूचना को एक स्थान से दूसरे स्थान पर ले जाना चाहता है, जबकि निम्नतम स्तर पर आँकड़ें जो कि द्विआधारी सूचना ईकाइयों (बीट्स) द्वारा दर्शाये जाते हैं, कम्प्यूटर्स के बीच घूमते हैं।

नेटवर्क का अर्थ होता है, वह लिंक जिसके द्वारा कम्प्यूटर्स सूचना को बाँटने के लिए आपस में जुड़े होते हैं। पुरानी संचरना में एक ही कम्प्यूटर संगठन के सम्पूर्ण कार्य करता था। इसका स्थान स्वतंत्र कम्प्यूटर्स के एक अंतः संयोजन ने ले लिया है। इस प्रणालियों को कम्प्यूटर नेटवर्क्स कहते हैं। कम्प्यूटर नेटवर्क का अर्थ होता है– स्वतंत्र कम्प्यूटर्स का अंतः संयोजन।

नेटवर्क (Network)

अब हमलोग 'नेटवर्क' की अवधारणा की विभिन्न शब्दावलियों को देखेंगे। कम्प्यूटर सूचना उपकरण है और नेटवर्क से निर्धारित होता है कि कम्प्यूटर्स उन सूचनाओं का आदान-प्रदान किस प्रकार करते हैं। नेटवर्क उपकरणों का समुच्चय है (जिन्हें प्रायः नोड्स भी कहा जाता हैत्र्, जो कि संचार माध्यमों से जुड़े होते हैं। एक नोड कोई कम्प्यूटर, प्रिंटर या कोई अन्य उपकरण हो सकता है, जो नेटवर्क पर दूसरे नोड्स द्वारा उत्पन्न डेटा को भेज और प्राप्त कर सकता है। नेटवर्क ऐसे कम्प्यूटर्स का समूह है जो स्थायी तौर पर एक साथ जुड़े होते हैं। इसका अर्थ हो सकता है, एक ही मेज पर दो कम्प्यूटर्स का या पूरे संसार के हजारों कम्प्यूटर्स का आपस में जुड़ा होना। नेटवर्क कम्प्यूटर्स डाटा और बाह्य उपकरणों को आपस में बाँट सकते हैं (संसाधन बँटवारा) जो किसी संस्थान में लोगों के बेहतर संवाद करने और उनके हार्डवेयर संसाधनों के ज्यादा प्रभावी रूप से प्रयोग की अनुमति देता है।

कम्प्यूटर नेटवर्क्स (Computer Networks)

कम्प्यूटर नेटवर्क में मॉडल और सॉफ्टवेयर अनुपस्थित होता है। प्रयोक्ता वास्तविक मशीन के सामने होता है। यदि मशीन में अलग हार्डवेयर और अलग परिचालन प्रणाली है, तो वह प्रयोक्ता के लिए पूर्ण रूप से दृश्य होता है।

दो कम्प्यूटरों को एक-दूसरे से जुड़ा हुआ तभी कहा जाता है, यदि वे सूचनाओं के आदान-प्रदान मे समर्थ हैं।

एक नेटवर्क में दो या अधिक कम्प्यूटर्स है जो कि संसाधनों (जैसे प्रिंटर और सी.डी.-रोम) के बँटवारे, फाइलों के आदान-प्रदान या इलेक्ट्रॉनिक संवाद की अनुमति देने के उद्देश्य से एक-दूस

चित्र : कम्प्यूटर नेटवर्क

से जुड़े होते हैं। किसी नेटवर्क पर कम्प्यूटर्स केबल, रेडियो तरंगों, उपग्रहों या इनफ्रारेड प्रकाश किरणों के द्वारा आपस में जुड़े होते हैं।

नेटवर्क कम्प्यूटर्स और इनके साथ जुड़े हुए बाह्य उपकरणों का वह समूह है, जो एक संचार माध्यम से एक-दूसरे से जुड़ा होता है और विभिन्न प्रयोक्ताओं के बीच फाइलों और दूसरे संसाधनों को बाँटने में समर्थ होता है। एक नेटवर्क किसी ऑफिस में प्रयोक्ताओं की छोटी संख्या को जोड़ने वाले एक Peer-to-Peer नेटवर्क से लेकर स्थायी रूप से स्थापित केबलों और डायलअप लाइनों पर कई प्रयोक्ताओं को जोड़ने वाले LAN तक, एक व्यापक भौगोलिक क्षेत्र पर फैले हुए कई नेटवर्कों पर प्रयोक्ताओं को जोड़ने वाले MAN या WAN तक हो सकता है।

एक कम्प्यूटर नेटवर्क का उद्देश्य सूचनाओं के आदान-प्रदान के क्रम में दो या अधिक ग्राहकों को जोड़ना है।

नेटवर्क की आवश्यकता (Need of Network)

- यह संसाधनों जैसे सूचना या प्रोसेसर का वितरण प्रदान करता है।
- यह प्रोयक्ताओं और प्रोसेसर के बीच आन्तरिक प्रक्रिया संवाद प्रदान करता है।
- यह न्यूनतम लागत पर नेटवर्क प्रोयक्ता को अधिकतम प्रदर्शन प्रदान करता है।
- यह भौगोलिक रूप से वितरित किसी प्रणाली के लिए एक केन्द्रिकृत नियन्त्रण प्रदान करता है।
- यह असमान उपकरणों और सॉफ्टवेयरों के बीच संगतता (compatibility) प्रदान करता है।
- यह केन्द्रिकृत प्रबन्धन और नेटवर्क संसाधनों का आवंटन प्रदान करता है।

कम्प्यूटर नेटवर्क के उपयोग (Use of Computer Network)

1. संसाधन बँटवारा (Resource Sharing)– प्रयोक्ताओं के लिए स्कैनर और प्रिंटर जैसे हार्डवेयर को आपस में बाँटने योग्य बनाता है। यह खरीदे गए हार्डवेयर आइटमों की संख्या को कम करके लागत मूल्य में कमी करता है। नेटवर्क पर संसाधन और प्रयोक्ता की भौगोलिक स्थिति से अप्रभावित रहते हुए किसी के लिए भी संसाधन उपलब्ध करता है।

उदाहरण- प्रिंटर, स्कैनर, CD बर्नर्स इत्यादि।

2. सूचना बँटवारा (Information Sharing)– किसी अन्य यूजर के कम्प्यूटर पर संचित डेटा को प्रयोक्ता के लिए अभिगम (Accessible) योग्य बनाता है। यह नवीनतम डाटा के बारे में सबको अप-टू-डेट रखता है। यहाँ सब-कुछ एक ही फाइल में रखा होता है, न कि फाइल की कॉपियाँ बनाने की आवश्यकता होती है, जो तुरंत ही पुरानी भी हो जाती है। उदाहरण के लिए फाइल, डेटाबेस, रिकॉर्ड इत्यादि।

3. व्यक्ति से व्यक्ति संचार (Person to Person Communication)– उदाहरण के लिए, ई-मेल (इलेक्ट्रॉनिक मेल) वीडियो कॉन्फ्रेसिंग इत्यादि।

4. इलेक्ट्रॉनिक व्यवसाय (Electronic Business)– प्रयोक्ता आवश्यकतानुसार इलेक्ट्रॉनिक माध्यम से माँग रख सकते हैं।

5. पारस्परिक क्रियात्मक मनोरंजन (Interactive Enterainment)– वास्तविक अनुकरण खेल, जैसे- फ्लाइट सिम्यूलेटर, एज ऑफ एमपायर्स।

नेटवर्क के लाभ (Advantages of Network)

1. गति (Speed)– नेटवर्क फाइलों को आपस में बाँटने और हस्तान्तरित करने के लिए एक बहुत तेज प्रक्रिया प्रदान करता है। नेटवर्क की अनुपस्थितित में फाइलों को फ्लॉपी डिस्क पर कॉपी करके एक कम्प्यूटर से दूसरे कम्प्यूटर पर भेजा जाता है। फाइलों के हस्तान्तरित करने की यह प्रक्रिया (जिसे स्नीकर-नेट कहा जाता है) बहुत ज्यादा समय लेती है।

2. लागत (Cost)– एकल रूप से अधिकृत (Individually Licensed) कॉपियों की तुलना में अधिकांश लोकप्रिय सॉफ्टवेयरों के नेटवर्क योग्य संस्करण बहुत ही कम मूल्य पर उपलब्ध है। पैसों की बचत के अलावा किसी नेटवर्क पर प्रोग्राम को आपस में बाँटना प्रोग्राम के सरल विकास के लिए मार्ग प्रशस्त करता है। केवल एक बार फाइल और सर्वर पर परिवर्तन करना है, न कि व्यक्तिगत वर्क स्टेशनों पर।

3. सुरक्षा (Security)– एक नेटवर्क पर फाइलों और प्रोग्राम्स को कॉपी इनहिबिट की संज्ञा दी जा सकती है, ताकि आपको प्रोग्राम्स को अवैध रूप से कॉपी किए जाने के बारे में चिन्ता न करनी पड़े। साथ ही अधिकृत प्रयोक्ताओं के लिए एक्सेस को सीमित करने के लिए विशेष निर्देशिकाओं के लिए पासवर्ड की स्थापना की जा सकती है।

4. केन्द्रिकृत सॉफ्टवेयर प्रबन्धन (Centralized Software Management)– नेटवर्क के महत्वपूर्ण लाभों में से एक यह है कि सारे सॉफ्टवेयर को एक ही कम्प्यूटर (फाइल सर्वर) पर लोड किया जा सकता है। यह पूरे भवन या कैम्पस में स्वतंत्र कम्प्यूटरों पर अपडेट्स को स्थापित करने और फाइलों को खोजने में लगने वाले समय और ऊर्जा की आवश्यकता को दूर करता है।

5. संसाधन बँटवारा (Resource Sharing)– संसाधनों का बँटवारा करना एक अन्य क्षेत्र है, जिसमें कि एक नेटवर्क एकल कम्प्यूटरों से आगे बढ़ जाता है। ज्यादातर संगठन प्रत्येक कम्प्यूटर के लिए पर्याप्त लेजर प्रिंटर्स, फैक्स मशीन, मॉडेम्स, स्कैनर्स और सी.डी-रोम प्लेयर्स की व्यवस्था नहीं कर सकते हैं। यदि ये या इसी तरह के दूसरे बाहरी तत्व एक नेटवर्क से जोड़ दिये जाते हैं, तोवे कई प्रयोक्ताओं द्वारा इस्तेमाल किए जा सकते हैं।

6. इलेक्ट्रॉनिक मेल (Electric Mail)– किसी नेटवर्क की उपस्थिति एक ई-मेल प्रणाली को स्थापित करने के लिए आवश्यक हारडवेयर प्रदान करती है। ई-मेल प्रणाली के कारण व्यक्ति से व्यक्ति के बीच संचार सरल हो जाता है।

7. कार्यसमूह परिचालन (Workgroup Computing)– कार्य समूह सॉफ्टवेयर (जैसे-

माइक्रोसॉफ्ट बैक-ऑफिस) एक ही समय पर कई प्रयोक्ताओं को किसी दस्तावेज या प्रोजेक्ट पर काम करने की अनुमित देता है। उदाहरण के लिए किसी राज्य में विभिन्न विद्यालयों में उपस्थित शिक्षक नए पाठ्यक्रम मानकों के बारे में अपनी राय उसी दस्तावेज और स्प्रेड-शीट पर एक ही समय में दे सकते हैं।

8. लचीला अभिगम (Flexible Access)– कुछ संस्थाओं के नेटवर्क अधिकृत प्रयोक्ताओं को संस्थान के सारे नेटवर्क में कम्प्यूटर से फाइलों के एक्सेस की अनुमति देते हैं।

नेटवर्क की हानियाँ (Disadvantages of Network)

1. स्थापन में खर्चीला (Expensive to Install)– यद्यपि एक नेटवर्क समय के साथ-साथ पैसे की बचत करता है, परन्तु स्थापन की शुरुआती मूल्य अवरोधक हो सकता है। केवल, नेटवर्क कार्ड और सॉफ्टवेयर खर्चीले होते हैं और स्थापना में किसी तकनीकी विशेषज्ञ की सेवा की आवश्यकता पड़ सकती है।

2. प्रशासकीय समय की आवश्यकता पड़ती है (Requires Administrative time)– नेटवर्क का उचित रख-रखाव व्यापक समय और विशेषज्ञता का मोहताज होता है।

3. फाइल सर्वर असफल हो सकता है (File Server May Fail)– हालाँकि किसी फाइल सर्वर के असफल होने की सम्भावना किसी भी दूसरे कम्प्यूटर की तुलना में ज्यादा नहीं है, परन्तु जब फाइल सर्वर असफल हो जाता है, तो पूरा का पूरा नेटवर्क रूक जाता है, पूरा का पूरा संगठन आवश्यक प्रोग्राम्स और फाइलों को पाने के मौके खो देता है।

नेटवर्क्स के अनुप्रयोग (Applications of Networks)

वर्क्स के अनेक अनुप्रयोग है, जिनमें से कुछ निम्नलिखित हैं–

- विभिन्न कम्प्यूटर्स के बीच डेटा का हस्तांतरण।
- सेल्युलर या वायरलेस फोन कनेक्शन सेल्युलर नेटवर्क के कारण ही सम्भव हो सके हैं।
- कम्प्यूटर नेटवर्क का इस्तेमाल, निर्माण प्रक्रियाओं में भी होता है। उदाहरण के लिए CAD (कम्प्यूटर एडेड डिजाइन) और CAM (कम्प्यूटर एडेड मैन्युफैक्चरिंग)।
- विपणन और बिक्री में टेलीशॉपिंग, कम्प्यूटर नेटवर्क के अनुप्रयोगों में से एक है। यह अनुप्रयोग माँग प्रविष्टि कम्प्यूटरों का इस्तेमाल करता है या टेलीफोन्स एक आदेश प्रोसेसिंग नेटवर्क से जुड़े होते हैं।
- विक्रय प्रशासन तथा शोध से संबंधित महत्वपूर्ण आँकड़ों को भेजने तथा प्राप्त करने के लिए दूरस्थ कर्मचारियों एवं विक्रेताओं द्वारा भी नेटवर्क का प्रयोग किया जाता है।
- उद्योगों या संस्थानों में प्रबन्धन सभी तालिकाओं, बिक्री, उत्पादन, कर्मचारियों की सूचना का नेटवर्क के माध्यम से रिकार्ड रख सकता है।
- सन्देशों, दस्तावेजों, मेमोज को इलेक्ट्रानिक मेल सुविधा का इस्तेमाल करके विभिन्न लोगों को भेजा जा सकता है और तुरंत रिपोर्ट प्राप्त की जा सकती है।
- ऑन-लाइन परीक्षा प्रणाली और एयरलाइन्स, रेलवेज के लिए ऑनलाइन आरक्षण नेटवर्क के कारण उपलब्ध है।
- हमलोग बैंक लेन-देन के लिए, बिजली के बिल के भुगतान के लिए, अखबार पढ़ने के लिए दूरस्थ सूचना को एक्सेस कर सकते हैं। उदाहरण के लिए GIS (Geographical Inforamation System) उपलब्ध है, जिससे हमलोग मिटी का विवरण, पानी का विवरण, नदियों तथा समुद्रों के नक्शे, पृथ्वी का क्षेत्रवार विवरण प्राप्त कर सकते हैं।

- नेटवर्क पारस्परिक क्रियात्मक (Interactive) खेलों को खेलने की अनुमति देता है। साथ ही लोगों को बातचीत करने, फिल्में देखने, क्विज बनाने आदि की अनुमति देता है।
- आभासीय सम्मेलन (Virtual Meetings) करने के लिए बॉइस और वीडियो कॉन्फ्रेसिंग उपलब्ध है।

नेटवर्क के मानक (Network Criteria)

किसी नेटवर्क को प्रभावशाली तथा कार्यक्षम तभी माना जा सकता है, जब वह कुछ मानकों को पूर्ण करता हो। इनमें से महत्वपूर्ण हैं– प्रदर्शन, विश्वसनीयता तथा सुरक्षा।

1. प्रदर्शन (Performance)– इसे कई तरीकों से मापा जा सकता है, जिनमें भेजने का समय (Transit time) और प्रतिक्रिया (Responce) समय शामिल होता है। ट्रांजिट टाइम समय की वह मात्रा है, जो किसी संदेश को एक उपकरण से दूसरे उपकरण में जाने मे लगती है। रिसपॉन्स टाइम, एक पूछताछ और एक प्रतिक्रिया के बीच बीता हुआ समय है।

एक नेटवर्क का प्रदर्शन कई कारणों पर निर्भर करता है, जिनमें कि प्रयोक्ताओं की संख्या, संचार माध्यम का प्रकार, जुड़े हार्डवेयर की क्षमताएँ और सॉफ्टवेयर की कुशलता शामिल होती हैं।

(i) संचार माध्यम का प्रकार (Type of Transmission Medium)– माध्यम उस गति को निर्धारित करता है, जिससे डेटा किसी संयोजन के द्वारा आगे बढ़ता है। आज का नेटवर्क तेज से तेज संचार मीडिया जैसे कि फाइवर ऑप्टिक केबलिंग की तरफ बढ़ रहा है, एक ऐसा माध्यम जो डेटा को 10 मेगाबिट्स प्रति सेकेण्ड की गति से ढो सकता है। यद्यपि, प्रकाश की गति डेटा दर पर एक ऊपरी सीमा लादती है।

(ii) सॉफ्टवेयर (Siftware)– प्रेषक (Sender), प्राप्तकर्ता (Receiver) तथा मध्यवर्ती (Intermediate) नोड पर डाटा पर प्रक्रिया करने वाले सॉफ्टवेयर भी नेटवर्क के प्रदर्शन को प्रभावित करते हैं। नेटवर्क की सहायता से एक से दूसरे नोड पर संदेश भेजते समय अपरिष्कृत (Raw) डाटा को संप्रेषण योग्य (Transmit-table) सिग्नलों में बदलने, इन सिग्नलों को उचित गंतव्य (Destination) की ओर मोड़ने, त्रुटि-मुक्त (Error free) विवरण को सुनिश्चित करने तथा सिग्नलों को, प्राप्तकर्ता (Receiver) द्वारा पढ़े जाने योग्य स्वरूप में परिवर्तित करने के लिए कुछ प्रक्रियाओं की आवश्यकता होती है। वह सॉफ्टवेयर, जो इस तरह की सेवाएँ प्रदान करता है, नेटवर्क लिंक की गति और विश्वसनीयता दोनों पर असर डालता है। अच्छे तरीके से डिजाइन किया गया सॉफ्टवेयर प्रक्रिया को तेज कर सकता है और संचार को ज्यादा प्रभावशाली और कुशल बना सकता है।

(iii) प्रयोक्ताओं की संख्या (Number of Users)– एक ही समय में बड़ी संख्या में प्रयोक्ताओं को रखना भारी ट्रैफिक लोड को समायोजित करने के लिए डिजाइन न किए गए एक नेटवर्क में प्रतिक्रिया समय को बढ़ा सकता है। किसी नेटवर्क की रूपरेखा प्रयोक्ताओं की उस औसत संख्या के आकलन पर निर्भर करती है, जो किसी एक समय पर संचार में लिप्त होंगे। यद्यपि, सबसे ज्यादा लोड वाली अवधियों में प्रयोक्ताओं की वास्तविक संख्या औसत से ज्यादा हो सकती है और प्रदर्शन को कम कर सकती है। एक नेटवर्क लोडिंग के प्रति कैसे प्रतिक्रिया देता है, यह उसके प्रदर्शन का माप है।

(iv) हार्डवेयर (Hardware)– किसी नेटवर्क में शामिल हार्डवेयर का प्रकार संचार की गति और क्षमता दोनों को प्रभावित करता है। ज्यादा संग्रहण क्षमता के साथ उच्च गति वाला कम्प्यूटर बेहतर प्रदर्शन प्रदान करता है।

2. विश्वसनीयता (Reliability)– सुपुर्दगी की सटीकता के साथ-साथ, नेटवर्क विश्वसनीयता,

असफलता की आवृत्ति एक असफलता से उबरने में किसी लिंक को लगा समय और किसी विषम परिस्थिति में नेटवर्क के सन्तुलन के द्वारा नापी जाती है।

(i) असफलता की आवृत्ति (Frequency of Failure)– कभी-कभी सारे नेटवर्क्स खराब हो जाते हैं। यद्यपि जो नेटवर्क प्रायः खराब होते रहते हैं, वे किसी प्रयोक्ता के लिए बेकार हैं।

(ii) आपात-स्थिति (Catastrophe)– नेटवर्कों को आपातकालीन घटनाओं जैसे कि आग, भूकम्प या चोरी से बचाना चाहिए। न दिखने वाले नुकसान से बचने का एक तरीका है, नेटवर्क सॉफ्टवेयर को समर्थन देने वाली एक विश्वासी प्रणाली (Reliable Back-up System) का होना।

***(iii)* किसी असफलता के बाद एक नेटवर्क को उबरने में लगा समय**– सेवा को पुनः स्थापित करने में कितना समय लगता है? एक ऐसा नेटवर्क, जो जल्दी उबर जाता है, न उबरने वाले नेटवर्क से ज्यादा लाभदायक होता है।

3. सुरक्षा (Security)– नेटवर्क सुरक्षा में शामिल हैं– अनाधिकृत अभिगम और वायरस से डेटा को बचाना।

***(i) वायरस*–** चूँकि एक नेटवर्क कई बिन्दुओं से अभिगम्य है, अतः यह कम्प्यूटर वायरस के प्रति संवेदनशील हो सकता है। एक वायरस एक गलत तरीके से शामिल किया गया कोड है, जो कि सिस्टम को नुकसान पहुँचाता है। एक अच्छे नेटवर्क को वायरस से सुरक्षित रखने के लिए उन हार्डवेयरों तथा सॉफ्टवेयरों की सहायता ली जाती है, जिन्हें विशिष्ट रूप से इसी उद्देश्य के लिए बनाया गया है।

***(ii) अनाधिकृत अभिगम*–** एक नेटवर्क के लाभदायक होने के लिए संवेदनशील डेटा अनाधिकृत अभिगम से सुरक्षित होने चाहिए। सुरक्षा कई स्तरों पर पूर्ण हो सकती है। सबसे नीचले स्तर पर प्रयोक्ता पहचान कोड और पासवर्ड्स होते हैं। इससे उच्च स्तर पर कोडीकरण तकनीकें होती है। इन प्रणालियों में डेटा को इस तरीके से बदला जाता है कि यदि एक अनाधिकृत प्रयोक्ता उसे छेड़ता है, तो वह अबोधगम्य हो जाएगा।

नेटवर्क हार्डवेयर और सॉफ्टवेयर (Network Harware and Software)

एक कम्प्यूटर नेटवर्क हार्डवेयर और सॉफ्टवेयर दोनों से मिलकर बना होता है। हार्डवेयर में, कम्प्यूटर्स, टर्मिनल्स, NIC, संचार मीडिया, हब्स, ब्रीजेज, स्वीचेज, रूटर्स, गेटवेज, फ्न्ट एण्ड प्रोसेसर, कॉन्सटन्ट्रेटर्स, प्रोटोकॉल, कन्वर्टर्स इत्यादि शामिल होते हैं। जब भी नेटवर्क में सुधार किये जाते हैं, जो सॉफ्टवेयर बदल जाते हैं, जबकि हार्डवेयर स्थिर रहते हैं। सॉफ्टवेयर के कुछ कार्य हैं– टर्मिनल्स के साथ संवाद, टर्मिनल निर्धारण, त्रुटि जाँच, फ्रलो नियंत्रण और नेटवर्क अभिगम। नेटवर्किंग तकनीक के आधार की व्याख्या करने में प्रयोग में आने वाले विभिन्न प्रकार के नेटवर्कों की व्याख्या करना लाभदायक होगा।

नेटवर्क प्रकार : क्लाएन्ट सर्वर और पीयर्स
Network Types : Client, Server & Peers)

परिचय– लोकल एरिया नेटवर्क्स के संसार में नेटवर्क कंट्रोल या नेटवर्क प्रकार के मुख्यतः दो विकल्प है– पीयर-टू-पीयर और क्लाएन्ट्ध्सर्वर। साथ ही इन दो नेटवर्क्स का चयन मुख्यतः उस संबंध को निर्धारित करता है, जो कि नेटवर्क पर प्रत्येक PC या नेटवर्क केनियंत्रण के संदर्भ में दूसरे के साथ होता है। नेटवर्क को प्रयोक्ताओं के बीच सूचना के प्रवाह (flow) को नियंत्रित करने के लिए विशेष सॉफ्टवेयर की आवश्यकता पड़ती है।

एक नेटवर्क परिचालन प्रणाली (Operating System) या NOS उस प्रत्येक PC पर स्थापित

किया जाता है, जिसे नेटवर्क अभिगम की आवश्यकता होती है। NOS उस ट्रैफिक सिपाही के समान है, जो कि फाइलों के आदान-प्रदान और फ्लो इलेक्ट्रॉनिक मेल और अन्य नेटवर्क सूचना पर नजर रखता है। नेटवर्क ऑपरेटिंग सिस्टम, पीयर-टू-पीयर या क्लाएन्ट-सर्वर ऑपरेटिंग सिस्टम के अनुसार वर्गीकृत किए जाते हैं।

पीयर-टू-पीयर NOS, जैसे- विण्डोज 95, विण्डोज 98 तथा विण्डोज फॉर वर्कग्रुप्स (Windows for Workgroups) का प्रयोग घरों तथा छोटे कार्यालयों के लिए सर्वोत्तम है। यदि कम्प्यूटरों की संख्या कम है, तो इनके बीच अनुप्रयोगों, डाटा, प्रिंटरों तथा अन्य स्थानीय संसाधनों को शेयर करने में ये NOS अत्यंत सहायक होते हैं। क्लाएंट-सर्वर NOS जैसे- विण्डोज NT लिनक्स तथा नेटवेयर, उन बड़े संगठनों के लिए आदर्श हैं, जिनमें वीडियो, प्रकाशन (Publishing), मल्टीमीडिया, स्प्रेडशीट, डाटाबेस तथा अकाउन्टिग से संबंधित कार्यों के लिए तीव्र नेटवर्क अभिगम की आवश्यकता होती है।

पीयर-टू-पीयर नेटवर्क (Peer to Peer Network)

एक पीयर-टू-पीयर नेटवर्क वह है जिसमें दो या ज्यादा PCs फाइलों को आपस में बाँटते हैं और अलग सर्वर कम्प्यूटर या सर्वर सॉफ्टवेयर की माँग के बिना प्रिंटर्स जैसे उपकरणों के लिए अभिगम प्रदान करते हैं। एक पीयर-टू-पीयर नेटवर्क एक सच्चा प्रजातंत्र है। नेटवर्क पर प्रत्येक PC दूसरे से इस मायने में समान है कि PCs एक-दूसरे से सीधे संवाद कर सकते हैं और उनके पास नेटवर्क पर एक केन्द्रीकृत मॉनीटरिंग और नियंत्रण करने वाली प्रणाली नहीं होती है। पीयर-टू-पीयर नेटवर्क में एक महत्वपूर्ण लक्ष्य यह है कि सारे क्लाएन्ट्स संसाधन प्रदान करते हैं, जिसमें बैडविड्‌र्थ संग्रहण के लिए स्थान और परिकलन करने की शक्ति शामिल होती है। इसलिए जैसे ही नोड्स का आगमन होता है और सिस्टम पर माँग बढ़ती है, सिस्टम की कुल क्षमता भी बढ़ जाती है। यह सर्वरों के निश्चित समुच्चय के साथ एक क्लाएन्ट सर्वर संरचना के लिए सच नहीं है, जिसमें कि ज्यादा क्लाएन्ट्स को जोड़ने का मतलब हो सकता था - सारे प्रयोक्ताओं के लिए धीमा डेटा हस्तांतरण।

पीयर-टू-पीयर नेटवर्क का वितरित स्वभाव, असफलता की स्थिति में सख्ती को भी बढ़ाता है- बहुपीयर्स पर डेटा की नकल करके और शुद्ध P2P सिस्टम में एक केन्द्रीकृत सूची सर्वर पर निर्भर हुए बिना पीयर्स को डेटा खोजने में सक्रिय बनाकर। बाद वाली स्थिति में सिस्टम में एक भी असफलता का बिन्दु नहीं है।

पीयर-टू-पीयर, नेटवर्किंग में प्रयोग होने वाला वह शब्द है, जो अकेले कम्प्यूटर्स के समुच्चय पर निर्मित एक नेटवर्क को दर्शाता है। प्रत्येक कम्प्यूटर स्वतंत्र है और इसकी कार्यात्मकता दूसरे सारे कम्प्यूटर्स से स्वतंत्र है। नेटवर्क पते प्राय: हाथ से (manually) बनाए जाते हैं, और निर्देशिका के लिए कोई भी विन्यास बँटवारें, प्रिंटर्स और दूसरी सेवाएँ अनूठी होती हैं और प्रत्येक सिस्टम से अभिगम्य होती है। सारे अभिगम, लॉगऑन्स सेवाएँ और नीतियाँ केवल उसी कम्प्यूटर के प्रयोक्ता को प्रदान की जाती है।

जो भी हो नेटवर्क में केन्द्रीयकृत नहीं हेता है। लॉगइन्स और अभिगम के लिए कोई भी केंद्रीय डेटाबेस नहीं होने के कारण प्रत्येक प्रयोक्ता के पास प्रत्येक मशीन के लिए एक अलग लॉइन होगा। यह छोटे नेटवर्क्स के लिए अच्छा है। लेकिन उन्हें अच्छी तरह से बढाने की अनुमति नहीं देता है।

पीयर-टू-पीयर नेटवर्क में, उस प्रत्येक प्रयोगकर्ता के लिए प्रत्येक मशीन में एक अलग एकाउन्ट होना चाहिए, जो मशीन का प्रयोग करना चाहता है। इससे भी बुरा यह कि प्रत्येक मशीन

का एक अलग प्रशासक हो सकता है। यह सामूहिक व्यापार नीतियों को बनाए रखना असम्भव बनाता है, चूँकि, प्रत्येक प्रशासक अपनी मशीन के साथ अपनी इच्छानुसार कार्य कर सकता है। चीजों को और ज्यादा भयानक बनाने के लिए प्रशासक को व्यक्तिगत स्तर पर प्रत्येक कम्प्यूटर पर प्राय: दौड़ना होगा और बदलाव लाने के क्रम में लोकल स्तर पर लॉग इन करना होगा।

पीयर-टू-पीयर नेटवर्क्स का हानियाँ–

1. धीमा (Slow)
2. डेटाबे अनुप्रयोगों के लिए अनुपयोगी
3. कम विश्वसनीय।
4. सीमित विस्तार-क्षमता।

क्लाएन्ट/सर्वर नेटवर्क्स (Client/server Networks)

दूसरी ओर एक क्लाइन्टध्सर्वर नेटवर्क में एक केन्द्रीय अधिकारी होता है, जो कि नेटवर्क पर संचार और अभिगम को नियंत्रित करता है। केन्द्रीकृत नियंत्रण रखने वाला यह PC सर्वर कहलाता है। सर्वर्स ऐसे PCs हैं, जो नेटवर्क पर विभिन्न संसाधनों के अभिगम को नियंत्रित करते हैं, एक होम नेटवर्क में यह संसाधन प्रिंटर्स, एक सेंट्रल स्टोरेज ड्राइव, एमपी-3 फाइलें और आपके द्वारा सोची गई कोई भी अन्य वस्तु हो सकता है, जो सर्वर के सामर्थ्य से फायदा उठा सकता है।

सर्वर में आमतौर पर अपेक्षाकृत प्रोसेसर और ज्यादा संग्रहण क्षमता होती है। नेटवर्क के अन्य PCs और क्लाइन्ट्स की तुलना में एक नेटवर्क क्लाएन्ट किसी क्लाएन्ट/नेटवर्क पर एक PC है, जो सर्वर के माध्यम से नेटवर्क समुदाय पर दूसरे PCs से संवाद करता है। यह सर्वर के संसाधनों के फायदा उठाता है और नेटवर्क पर दूसरे क्लाएन्ट के बहुत हद तक समान होता है। शब्द क्लाएन्ट्/सर्वर नमूना के कई इस्तेमाल हैं लेकिन सब के सब एक सेवा के प्रयोग के क्रम में एक केन्द्रीकृत सर्वर के अभिगम के लिए एक क्लाइन्ट सिस्टम के इस्तेमाल की धारणा के इर्द-गिर्द ही आधारित है। शब्द क्लाइन्ट सर्वर नेटवर्क वह है जहाँ कि एक केन्द्रीकृत सर्वर नेटवर्क पर दूसरे क्लाएन्ट्स को नेटवर्क सेवाएँ प्रदान करता है। इस प्रकार के नेटवर्क लिइनक्स, मैकिन्टोश, यूनिक्स और विण्डोज ऑपरेटिंग सिस्टम में एक डोमेन के रूप में व्याख्याभित होते हैं। क्लाएन्ट/सर्वर नेरवर्क्स एक या ज्यादा सर्वरों से जुड़े हुए कई वर्क स्टेशनों से मिलकर बनता है, और बहुत ज्यादा अनुमाप योग्य होता है।

जैसे-जैसे प्रयोक्ताओं की संख्या बढ़ती जाती है, तो कार्य भार को फैलाने के लिए सर्वरों को जोड़ा जा सकता है। अपेक्षाकृत बड़े लोकल एरिया नेटवर्क (LAN) या वाइड एरिया नेटवर्क (WAN) का निर्माण करने के लिए क्लाएन्ट/सर्वर नेटवर्क्स को एक साथ जोड़ा जा सकता है।

पीयर-टू-पीयर नेटवर्क्स के लिए आवश्यक हार्डवेयर और सॉफ्टवेयर की तुलना में क्लाएन्ट/सर्वर नेटवर्क ज्यादा परिष्कृत है। नेटवर्क सर्वर्स उच्च क्षमता, संग्रहण उपकरणों, उच्च गति के प्रोसेसर्स और RAM की बड़ी मात्रा वाले मिनी कम्प्यूटर्स या उच्च विशिष्टीकरण PCs है। प्रयोग में आने वाले संग्रहण उपकरण विशेष RAID (रिडन्डन्ट ऐरे ऑफ इनएक्सपेन्सिव डिस्क) उपकरण हैं, जो प्रोग्राम्स और डेटा को संचित करने करने के लिए बहु डिक्स्स अपनाते हैं।

डेटा सारे डिस्क के आरपार धारियों के रूप में रहता है। किसी डिस्क के विफल (fail) हो जाने की स्थिति में संपूर्ण डाटा को पुन: प्राप्त कर सकने के लिए इसमें डाटा-दोहराव (redundancy) की पर्याप्त क्षमता होती है। खराब डिस्क ड्राइव प्राय: सर्वर को बन्द किए बिना भी बदले जा सकते हैं, एक सुविधा जिसे हॉट स्वैपिंग कहा जाता है। इसके अतिरिक्त जैसी कि चर्चा की जा चुकी है विशेष नेटवर्क ऑपरेटिंग सिस्टम (NOS) आवश्यक कार्यात्मकता प्रदान

करने के लिए अपनाया जाना चाहिए। उत्पादकता को ज्यादा से ज्यादा करने के क्रम में एक तेज और प्रभावी तरीके से कई प्रयोक्ताओं के लिए नेटवर्क ऑपरेटिंग सिस्टम को सेवाएँ और संसाधनों तक अभिगम प्रदान करना चाहिए।

क्लाएन्ट/सर्वर नेटवर्क्स के लाभ (Advantage of client/server Networks)

1. तेज
2. विस्तार योग्य
3. किसी भी अनुप्रयोग के साथ कार्य में सक्षम
4. आपस में बाँटे गए डेटाबेस अनुप्रयोगों को सम्भालता है।
5. ज्यादा विश्वसनीय (समर्पित सर्वरऋ।
6. सुरक्षा का सबसे ऊँचा स्तर

क्लाएन्ट सर्वर नेटवर्क्स की हानियाँ (Disadvantage of client/server Networks)

1. समर्पित सर्वर की आवश्यकता होती है।
2. खरीदने में ज्यादा खर्चीला।
3. रख-रखाव में ज्यादा खर्चीला।

पीयर-टू-पीयर नेटवर्क्स बनाम क्लाएन्ट सर्वर नेटवर्क्स
(Peer-to-peer Versus Client/Server Networks)

पीयर-टू-पीयर नेटवर्क्स (Peer-to-Peer Networks)	क्लाइन्ट सर्वर नेटवर्क्स (Client/Server Networks)
(i) प्रत्येक PC नेटवर्क पर बराबर भागीदार होता है।	(i) एक PC नेटवर्क नियन्त्रक के रूप में कार्य करता है।
(ii) संसाधनों जैसे कि प्रिंटर के लिए PCs किसी PC पर निर्भर नहीं होते हैं।	(ii) एक PC नेटवर्क संसाधनो के लिए अभिगम को नियंत्रित करता है।
(iii) नेटवर्क अभिगम पर केन्द्रीय नियंत्रण नहीं होता है।	(iii) नेटवर्क अभिगम और सुरक्षा पर केन्द्रीय नियंत्रण होता है।
(iv) किसी बेसिक PC ऑपरेटिंग सिस्टम पर चल सकता है।	(iv) एक विशेष ऑपरेटिंग सिस्टम की आवश्यकता होती है।
(v) सामान्यत: सरल होता है।	(v) आमतौर पर ज्यादा जटिल होता है लेकिन प्रयोक्ता को ज्यादा नियंत्रण देता है।
(vi) कम खर्चीला होता है।	(vi) ज्यादा खर्चीला होता है।
(vii) समर्पित सर्वर, जिसे (PDC- प्राइमरी डोमेन कन्ट्रोलर के रूप में जाना जाता है) की आवश्यकता नहीं होती है।	(vii) समर्पित सर्वर (PDC- प्राइमरी डोमेन कन्ट्रोलर) की आवश्यकता होती है।
(viii) दस या कम कम्प्यूटरों वाले नेटवर्क के लिए अच्छा है।	(viii) नेटवर्क का आकार केवल सर्वर और नेटवर्क हार्डवेयर द्वारा सीमित किया जाता है।
(ix) प्रत्येक कम्प्यूटर के प्रयोक्ता द्वारा सुरक्षा स्थापित की जाती है।	(ix) व्यापक और समनुरूप संसाधन और प्रयोक्ता सुरक्षा होती है।
(x) अपने खुद के प्रशासन के लिए व्यक्तिगत प्रयोक्ता जिम्मेदार होते हैं। किसी फुल टाइम प्रशासक की आवश्यकता नहीं होती है।	(x) नेटवर्क नियन्त्रण के लिए केन्द्रीय रूप में अवस्थित कम से कम एक जानकार प्रशासक की आवश्यकता होती है।
(xi) नेटवर्क कभी भी स्थापित किया जा सकता है।	(xi) नेटवर्क स्थापना के लिए शुरुआती योजना की आवश्यकता होती है।

सर्वरों के विभिन्न प्रकार (Various Types of Servers)

विभिन्न कार्यों को सम्भालने के लिए किसी नेटवर्क में विभिन्न प्रकार के सर्वरों का प्रयोग किया जा सकता है। सर्वरों के कुछ महत्वपूर्ण प्रकार निम्नलिखित हैं–

फाइल सर्वर (File Server)– क्लाइन्ट सर्वर नमूने में, एक फाइल सर्वर वह कम्प्यूटर है, जो डाटा फाइलो के केन्द्रीय संग्रहण और प्रबन्धन के लिए जिम्मेदार होता है, ताकि उसी नेटवर्क के दूसरे कम्प्यूटर्स फाइलों तक पहुँच सकें। एक फाइल सर्वर प्रयोक्ता को एक नेटवर्क पर फ्लॉपी डिस्क या कुछ दूसरे बाहरी संग्रहण उपकरणों के द्वारा भौतिक रूप से फाइलों को हस्तांतरित किए बिना, सूचना को बाँटने की अनुमति देता है। कोई भी कम्प्यूटर एक होस्ट के रूप में निर्मित हो सकता है और एक फाइल सर्वर के रूप में काम कर सकता है। इसके सबसे ज्यादा सरल रूप में एक फाइल सर्वर एक साधारण PC हो सकता है, जो फाइलों के लिए माँग (request) सम्भालता है और उन्हें नेटवर्क पर भेजता है। एक ज्यादा परिष्कृत नेटवर्क में एक फाइल सर्वर नेटवर्क से जुड़ा एक समर्पित उपकरण (NAS) हो सकता है, जो अन्य कम्प्यूटर्स के लिए एक दूरस्थ हार्डडिस्क ड्राइव के रूप में भी काम करता है तथा नेटवर्क पर किसी को भी फाइलों को संचित करने की इजाजत देता है।

ऐसा प्रोग्राम या प्रणाली, जो फाइल शेयरिंग के लिए आवश्यक प्रक्रियाओं को संचित करते हैं, उन्हें भी एक फाइल सर्वर कहा जा सकता है। इन्टरनेट पर इस तरीके के प्रोग्राम प्रायः फाइल ट्रांसफर प्रोटोकॉल (ETP) का प्रयोग करते हैं।

प्रिंट सर्वर (Print Server)– एक प्रिंट सर्वर एक साधारण उपकरण है, जो कम्प्यूटर वर्क स्टेशनों को एक नेटवर्क पर शेयर्ड एक या ज्यादा प्रिंटर्स के साथ इन्टरफेस के लिए अनुमति देता है। प्रत्येक स्टेशन में नेटवर्क पर इसके डिफॉल्ट प्रिंटर के रूप में प्रिंटरों में से किसी एक को स्थापित करने का सामर्थ्य है, लेकिन वे हमेशा प्रिंट सर्वर द्वारा निर्धारित किए गए किसी प्रिंटर को ही एक प्रिंट जॉब भेजना प्रसन्द करते हैं। खुद प्रिंट सर्वर या तो एक छोटे सर्वर के रूप में हो सकता है, जो मुख्य ऑफिस सर्वर के साथ मिलकर कार्य करता है– यह मानते हुए कि समर्थन सर्वर के साथ ही मौलिक सर्वर उपलब्ध हैं– प्रिंटिंग क्षमता की अनुमति देने के लिए या मुख्य सर्वर पर वास्तविक रूप से लोड होने के लिए। कई परिस्थितियों में नेटवर्क समूह में कम्प्यूटरों में से एक को प्रिंट सर्वर के रूप में स्थापित किया जाता है। इस कार्य की अनुमति देने के लिए आवश्यक सॉफ्टवेयर उस कम्प्यूटर के हार्डवेयर पर लोड किया जाता है, जो कि प्रिंट सर्वर के रूप में कार्य करेगा।

किसी बड़े संगठन में एक प्रिंट सर्वर के रूप में काम करने वाला एक एकल समर्पित कम्प्यूटर सैकड़ों प्रिंटर्स को व्यवस्थित कर सकता है। एक छोटे कार्यालय में एक प्रिंट सर्वर प्रायः एक विशेष प्लग-इन बोर्ड या किसी हब पर आधारित एक छोटा नेटवर्क उपकरण है, जो एक समर्पित प्रिंट सर्वर के रूप में ही कार्य करता है, लेकिन कार्यालय के सीमित कम्प्यूटरों पर मूल्यवान डिस्क स्थानों को मुक्त करता है।

डेटाबेस सर्वर (Database Server)– एक डेटाबेस सर्वर जो क्लाइन्ट–सर्वर नमूने द्वारा निर्धारत अन्य कम्प्यूटर प्रोग्राम्स या कम्प्यूटरों को डेटाबेस सेवाएँ प्रदान करता है। यह शब्द इस तरह के प्रोग्राम को चलाने के लिए समर्पित एक कम्प्यूटर को भी दर्शा सकता है। डेटाबेस मैनेजमेन्ट सिस्टम्स प्रायः डेटाबेस सर्वर कार्यात्मकता प्रदान करते हैं और कुछ DBMS (उदाहरण, MYSQL डेटाबेस अभिगम के लिए पूरी तरह से क्लाएन्ट सर्वर नमूने पर निर्भर करते हैं।

एक मास्टर–स्लेव (Master-slave) नमूने में मास्टर सर्वर्स डेटा के केन्द्रीय और प्राथमिक

स्थान होते हैं, जबकि डेटाबेस स्लेव, सर्वर प्रतिनिधि के रूप में कार्य करने वाले मास्टर के सहक्रिया समर्थक होते हैं।

वेब सर्वर (Web Server)– एक वेब सर्वर एक कम्प्यूटर प्रोग्राम है, जो क्लाएन्ट कम्प्यूटर्स (यूजर एजेन्ट, जैसे वेब ब्राउजर्स) से HTTP विनती स्वीकार करता है और वैकल्पिक डेटा के साथ HTTP प्रतिक्रिया प्रदान करता है। सामान्यत: ये HTML दस्तावेज (Documents) तथा इनके साथ जुड़े ऑब्जेक्ट (जैसे- चित्र इत्यादि) वाले वेब-पेज होते हैं।

अनुप्रयोग सर्वर (Application Server)– एक एप्लीकेशन सर्वर वह सर्वर है, जो बाहरी अनुप्रयोगों द्वारा इस्तेमाल के लिए व्यवसाय तर्क और व्यवसाय प्रक्रियाओं को प्रदर्शित करने के लिए किसी एप्लीकेशन प्रोग्रामिंग इन्टरफेस की मेजबानी करता है।

नेटवर्क टोपोलॉजी (Network Topology)

किसी लोकल एरिया नेटवर्क की टोपोलॉजी (Topology), उस विधि को बताती है, जिसके द्वारा स्टेशन भौतिक रूप मं एक दूसरे से जुड़े होते हैं। टोपोलॉजी को उस विधि के रूप में भी परिभाषित किया जा सकता है, जिसमें कि नोड्स ज्यामितीय ढंग से व्यवस्थित और जुड़े हुए होते हैं। किसी लोकल एरिया नेटवर्क (LAN) की भौतिक टोपोलॉजी में निम्नलिखित वांछित गुण होने चाहिए–

1. स्टेशनों की भौतिक स्थिति में होने वाले परिवर्तनों, स्टेशनों की संख्या में वृद्धि तथा LAN के भौगोलिक विस्तार में वृद्धि को समाहित करने के लिए टोपोलॉजी का लचीला (Flexible) होना आवश्यक है।
2. भौतिक मीडिया और स्थापना लागत कम से कम होनी चाहिए।
3. नेटवर्क में पूर्ण विफलता का एक भी बिन्दु नहीं होना चाहिए।

टोपोलॉजी का संबंध नेटवर्क की भौतक रूप-रेखा से है। प्रत्येक टोपोलॉजी (Topology) की अपनी क्षमताएँ और कमजोरियाँ हैं। नेटवर्क में टोपोलॉजी के चार प्रकारों का प्रयोग किया जाता है। ये हैं– बस (Bus), स्टार (Star), रिंग (Ring) तथा मेश (Mesh) टोपोलॉजी।

बस टोपोलॉजी (Bus Topology)

बस टोपोलॉजी को क्षैतिज (Horizantal) टोपोलॉजी भी कहा जाता है। बस टोपोलॉजी में बहु उपकरणों को एक के बाद एक कनेक्टर्स या ड्रॉप केबल्स द्वारा जोड़ा जाता है। जब कोई कम्प्यूटर सिग्नल को तार के ऊपर (और नीच) भेजता है, तो नेटवर्क पर सारे कम्प्यूटर्स सूचनाओं को प्राप्त करते हैं, लेकिन केवल एक कम्प्यूटर सूचना को स्वीकार करता है (एड्रेस मैचिंग का इस्तेमाल करके)। अन्य कम्प्यूटर्स संदेश को छोड़ देते हैं। बस एक निष्क्रिय टोपोलॉजी है, क्योंकि इसे सीमाबद्ध (Terminate) करने की आवश्यकता होती है। किसी बस नेटवर्क में केवल खुला नहीं छोड़ा जा सकता है।

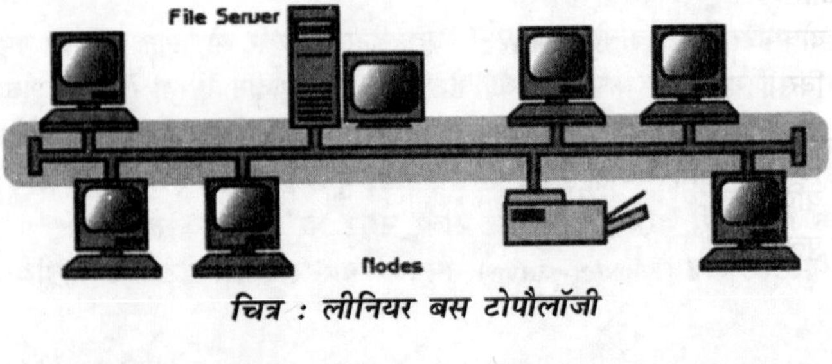

चित्र : लीनियर बस टोपौलॉजी

बस टोपोलॉजी के लाभ (Advantage of Bus Topology)

1. इस्तेमाल में आसान और स्थापन में आसान।
2. अपेक्षाकृत कम भौतिक संयोजनकता उपकरणों की आवश्यकता होती है।
3. एक बस टोपोलॉजी का विस्तार करने के लिए एक रिपीटर का प्रयोग किया जा सकता है।
4. कम लागत

बस टोपोलॉजी की हानियाँ (Disadvantage of Bus Topology)

1. बहुत ज्यादा नेटवर्क ट्रैफिक एक बस को काफी हद तक धीमा कर सकता है।
2. किसी बस में समस्या को दूर करना कठिन है।
3. केबल की विफलता, नेटवर्क के सारे उपकरणों को प्रभावित करती है।
4. नया नोड जोड़ना कठिन है।

स्टार टोपोलॉजी (Star Topology)

एक स्टार टोपोलॉजी एक केन्द्रीय हब के साथ बिंदु-से-बिंदु (Point-to-Point) लिंक द्वारा की उपकरणों से मिलकर बनी होती है। इसे नियंत्रित करना आसान है और ट्रैफिक का प्रवाह सरल है। डेटा, प्रेषक (sender) से केंद्रीय हब की ओर गमन करता है और फिर रिसीवर की ओर।

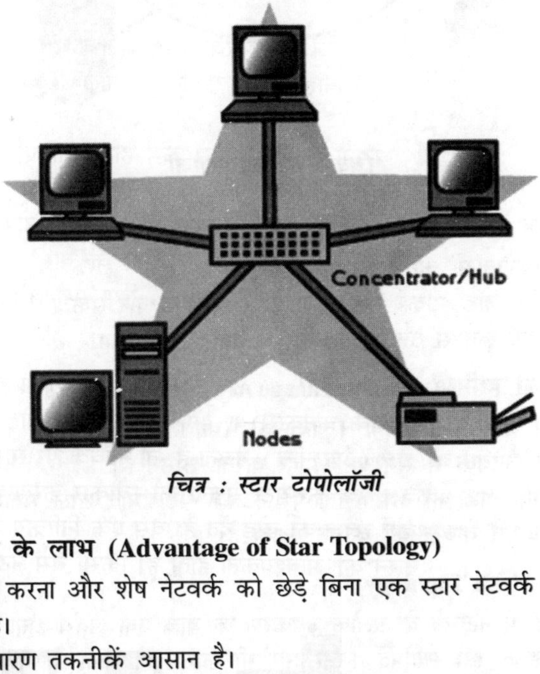

चित्र : स्टार टोपोलॉजी

स्टार टोपोलॉजी के लाभ (Advantage of Star Topology)

1. परिवर्तन करना और शेष नेटवर्क को छेड़े बिना एक स्टार नेटवर्क में नए नोड्स को जोड़ना आसान है।
2. दोष निवारण तकनीकें आसान है।
3. किसी एक नोड की असफलता पूरे स्टार नेटवर्क को बंद नहीं करती।

स्टार नेटवर्क की हानियाँ (Disadvantages of Star Network)

1. यदि केन्द्रीय हब असफल हो जाता है, तो पूरा नेटवर्क काम करना बंद कर देता है।
2. प्रत्येक उपकरण को अपने खुद के केबल सेगमेन्ट की आवश्यकता पड़ती है।

3. स्थापन मध्यम रूप से कठिन हो सकता है खासकर पदानुक्रमिक (hierachical) नेटवर्क में।

रिंग टोपोलॉजी (Ring Topology)

किसी रिंग टोपोलॉजी में प्रत्येक कम्प्यूटर अगले कम्प्यूटर से जुड़ा होता है, तथा अंतिम कम्प्यूटर पुनः पहले कम्प्यूटर से जुड़ा होता है। सिग्नल केबल पर एक दिशा गमन करता है। चूँकि, प्रत्येक कम्प्यूटर वही सिग्नल पुनः प्रसारित करता है, जो उसने प्राप्त किया है। रिंग एक सक्रिय नेटवर्क है। इसे सीमाबद्ध करने की आवश्यकता नहीं होती है।

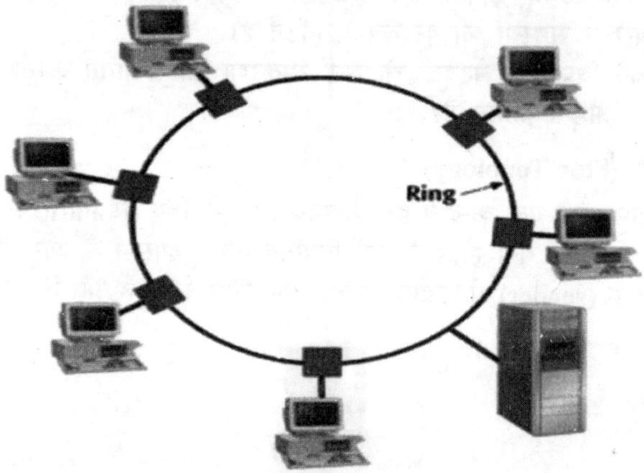

चित्र : रिंग टोपोलॉजी

रिंग टोपोलॉजी के लाभ (Advantage of Ring Topology)

1. केबल विफलताओं को ढूँढ़ना सरल होता है।
2. चूँकि, प्रत्येक नोड, टोकन तक आसानी से अभिगम कर सकता है, अतः कोई भी एक नोड नेटवर्क को पूर्ण रूप से अपने अधिकार में नहीं रख सकता।

रिंग टोपोलॉजी की हानियाँ (Disadvantage of Ring Topology)

1. नोड्स को जोड़ना या हटाना नेटवर्क को प्रभावित करता है।
2. किसी रिंग नेटवर्क में समस्या को दूर करना कठिन है।
3. रिंग पर एक नोड की असफलता पूरे नेटवर्क पर प्रभाव डाल सकती है।
4. रिंग नेटवर्क में केबल की कीमत ज्यादा है।

मेश टोपोलॉजी (Mesh Topology)

मेश टोपोलॉजी में नेटवर्क के प्रत्येक उपकरण के बीच एक संबंध होता है। जब उपकरणों की संख्या बढ़ती है तो इसे स्थापित करना और भी कठिन हो जाता है। मेश नेटवर्क को दोष मुक्त करना आसान है। मेश संरचना में उपलब्ध ज्यादातर वैडविड्थ व्यर्थ हो जाती है। ज्यादातर मेश टोपोलॉजी नेटवर्क, वास्तविक मेश नेटवर्क नहीं है, बल्कि वे हाइब्रिड मेश नेटवर्क हैं, जिनमें कई लिंक के साथ कुछ बहुत ज्यादा महत्वपूर्ण साइट्स होते हैं।

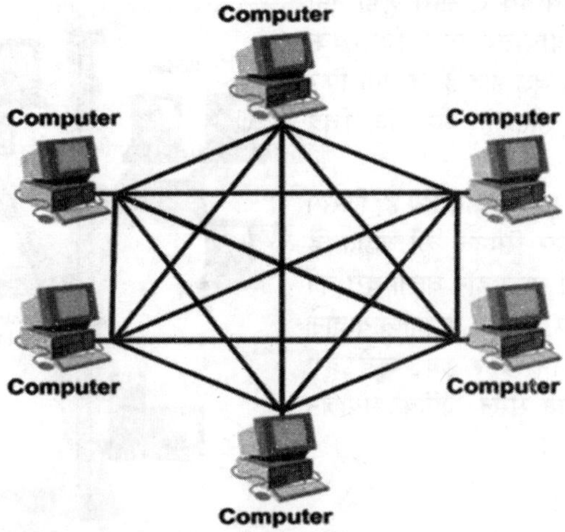

चित्र : मैश टोपोलॉजी

मेश टोपोलॉजी के लाभ (Advantage of Mesh Topology)

1. दोष निवारण आसान है।
2. नेटवर्क खराबी का अलगाव आसान है।

मेश टोपोलॉजी की हानियाँ (Disadvantage of Mesh Topology)

1. स्थापना में कठिनाई।
2. दोहरी लिंक्स की व्यवस्था के कारण खर्चीला।
3. पुनः संरचना में कठिनाई।

बस और रिंग टोपोलॉजी के बीच तुलना
(Comparison between Bus and Ring Topology)

Bus Topology	Ring Topology
1. बस को उचित समापन की आवश्यकता होती है। केबल खुला नहीं छोड़ा जा सकता है।	1. समापन की आवश्यकता नहीं है।
2. बस एक निष्क्रिय नेटवर्क टोपोलॉजी है।	2. रिंग एक सक्रिय नेटवर्क टोपोलॉजी है।
3. जब बस की लम्बाई बढ़ती है तो डेटा अखण्डता की हानि होती है।	3. संचारण त्रुटियाँ न्यूनतम होती है, क्योंकि प्रसारित सिग्नल, प्रत्येक नोड पर पुनः उत्पन्न होता है।
4. यह प्वाइन्ट–मल्टीप्वाइन्ट संवाद लिंक का प्रयोग करती है।	4. यह प्वाइंट–टू–प्वाइंट संवाद लिंक का प्रयोग करती है।
5. बड़ी संख्या में उपकरणों को जोड़ने के लिए अनुशंसित (Recommended)।	5. मध्यम संख्या में उपकरणों को जोड़ने के लिए अनुशंसित।

ट्री-टोपोलॉजी (Tree-Topology)

एक ट्री टोपोलॉजी एक स्टार का रूपान्तरण है। जैसा कि स्टार में होता है, एक ट्री में नोड्स एक केन्द्रीय हब से जुड़े होते हैं, जो कि नेटवर्क के लिए ट्रैफिक का नियंत्रित करता है। यद्यपि

प्रत्येक कम्प्यूटर केंद्रीय हब से सीधे जुड़ा नहीं होता है, उनमें ज्यादातर एक द्वितीयक (Secondary) हब से जुड़े होते हैं, जो कि फिर केन्द्रीय हब से जुड़ा होता है, जैसा कि चित्र में दिखाया गया है।

ट्री में केंद्रीय हब एक सक्रिय हब है, जिसमें रिपीटर होता है। रिपीटर सिग्नल को बढ़ाता है और एक सिग्नल द्वारा गमन होने वाली दूरी को बढ़ाता है। द्वितीयक हब, सक्रिय या निष्क्रिय दोनों हो सकते हैं। एक निष्क्रिय हब, जुड़े हुए उपकरणों के बीच एक सरल भौतिक संयोजन प्रदान करता है।

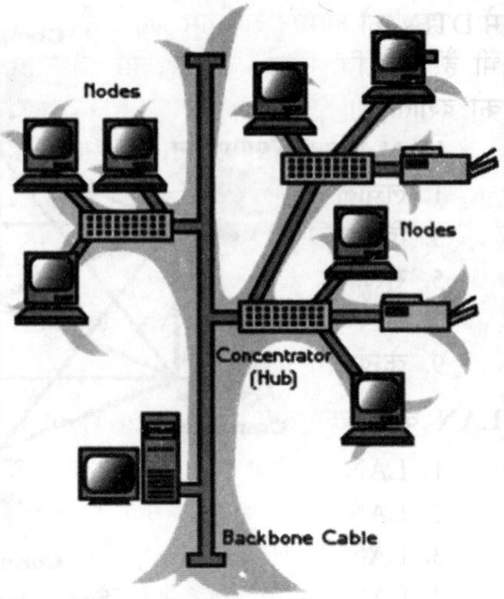

चित्र : ट्री टोपोलॉजी

लाभ (Advantage)

1. यह एक ही हब में अधिक उपकरणों को जोड़ने की सुविधा प्रदान करती है। अतः सिग्नल द्वारा उपकरणों के बीच तय की जा सकने वाली दूरी को बढ़ाया जा सकता है।
2. यह नेटवर्क को विभिन्न कम्प्यूटर्स से प्राप्त संवाद को पृथक (Isolate) करने तथा संप्रेषणों की प्राथमिकता निर्धारित करने की अनुमति देती है।

हानियाँ (Disadvantage)

1. यदि केन्द्रीय हब खराब हो जाता है, तो पूरा सिस्टम रूक जाता है।
2. केबल लगाने की लागत ज्यादा है।

नेटवर्क के प्रकार (Types of Network)

लोकल एरिया नेटवर्क (LAN) (Local Area Network)– IEEE 802 LAN एक वितरित पीयर-टू-पीयर संवाद नेटवर्क है, जो सारे स्टेशनों के लिए सूचना प्रसारित करता है। LAN स्टेशनों को किसी मध्यवर्ती स्विचिंग नोड के बिना प्वाइंट-टू-प्वाइंट आधार पर एक आम भौतिक माध्यम का इस्तेमाल करके सीधा संवाद करने योग्य बनाता है। LAN एक ऐसा सिस्टम है जो कम्प्यूटर हार्डवेयर और संचारण मीडिया सॉफ्टवेयर से मिलकर बना है। LAN एक एकल भवन या कुछ किलोमीटर के दायरे तक के क्षेत्रों के अन्दर निजी नेटवर्क है।

यह आमतौर पर केवल एक ही प्रकार के संचार मीडिया का इस्तेमाल करता है। यह मीडिया अनुप्रयोग, कीमत और LAN में प्रयुक्त विभिन्न टोपोलॉजी पर आधारित होता है। LAN का मूल आधार है कार्यालय

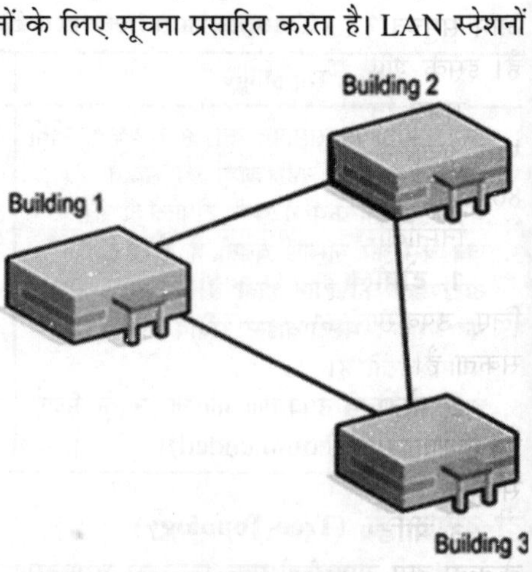

चित्र : लोकल एरिया नेटवर्क (लैन)

में DTEs को आसान अभिगम प्रदान करना। ये DTE न केवल कम्प्यूटर्स है बल्कि दूसरे उपकरण भी है, जैसे कि प्रिंटर, प्लॉटर्स और विद्युतीय फाइलें और डेटाबेस चित्र लोकर एरिया नेटवर्क को दर्शाता है।

LAN प्रयोक्ता को प्रदान कर सकता है–

1. लचीलापन
2. गति
3. विश्वसनीयता
4. अनुकूलन क्षमता
5. सुरक्षा
6. पारदर्शक इंटरफेस
7. अन्य LAN और WAN तक अभिगम
8. हार्डवेयर और सॉफ्टवेयर शेयरिंग
9. केन्द्रीकृत प्रबंधन

LAN की विशेषताएँ (Attributers of LAN)

1. LAN प्रयोक्ता स्टेशनों और कम्प्यूटर्स के बीच डेटा प्रसारित करता है।
2. LAN की संचारण क्षमता 1 Mbps से ज्यादा है।
3. LAN चैनल, इस सुविधा का इस्तेमाल करने वाली संस्था की निजी संपत्ति होता है।
4. LAN का भौगोलिक विस्तार 5 वर्ग किलोमीटर से कम के क्षेत्र तक सीमित रहता है।

LAN निम्नलिखित गुणों के द्वारा पहचाने जाते हैं–

1. वितरित माध्यम से जुड़े हुए बहु-सिस्टम
2. उच्च कुल बैंडविड्थ (10 Mbps)।
3. कम विलम्ब दर
4. कम त्रुटी दर
5. प्रसारणध्मल्टीकास्ट क्षमता
6. सीमित भूगोल (1-2 km)।
7. स्टेशनों की सीमित संख्या।
8. स्टेशनों के बीच पीयर संबंध।
9. निजी संपत्ति में सीमित।

इस तरह के माहौल में प्रयुक्त निम्न स्तर के प्रोटोकॉल्स, वाइड एरिया नेटवर्क्स में प्रयोग होने वाले प्रोटोकॉल्स से भिन्न होते हैं। LAN के आम रूप वे हैं, जिनकी IEEE स्टैंडर्ड 802 द्वारा व्याख्या की गई है। यह स्टैंडर्ड, OSI परत 2 तक परिचालन की व्याख्या करता है। व्यक्ति जो चाहें, वह इस मूल प्रोटोकॉल के शीर्ष पर बना सकते हैं। उच्च स्तरीय प्रोटोकॉल्स का एक आम समुच्च TCP/IP कहलाता है, जो कि OSI परत 3 और 4 की कार्यात्मकता प्रदान करता है। इसके शीर्ष पर आमतौर पर टेलनेट नामक एक प्रोटोकॉल समुच्चय पाया जाता है।

सबसे निचले स्तर पर IEEE विशेषताएँ 3 भागों में विभक्त हो जाती हैं, जो तीन भिन्न परंतु, प्रचलित LAN संरचनाओं के अनुरूप होते हैं। ये टोपोलॉजी के लिए 802.3, 802.4 तथा 802.5 मानक।

निम्नलिखित विशेषताएँ LAN को एक-दूसरे से अलग करती हैं–

1. टोपोलॉजी (Topology)– नेटवर्क पर उपकरणों की ज्यामितीय व्यवस्था उदाहरण के लिए, उपकरणों को एक रिंग के रूप में या एक सीधी रेखा के रूप में व्यवस्थित किया जा सकता है।

2. प्रोटोकॉल (Protocol)– डाटा भेजने के लिए नियम और कुटबद्धीकरण (Encoding) की विशेषताएँ। प्रोटोकॉल्स यह भी निर्धारित करते हैं कि एक नेटवर्क पीयर-टू-पीयर या क्लाएन्ट्/सर्वर संरचना का इस्तेमाल करता है या नहीं।

3. मीडिया (Media)– उपकरण ट्विस्टेड पेयर तार, को-एक्जियल केबल या फाइबर ऑप्टिक केबल्स द्वारा जोड़े जा सकते हैं। कुछ नेटवर्क्स पूरे मीडिया से एक साथ जुड़े बिना रेडियो तरंगों द्वारा संवाद करते हैं।

LAN बहुत ज्यादा तेज दर से डेटा को भेजने में समर्थ है। ये टेलीफोन लाइन पर डेटा को भेजने की गति से बहुत ज्यादा होती है। लेकिन दूरियाँ सीमित होती है और उन कम्प्यूटरों की संख्या की भी एक सीमा होती है, जिन्हें एक एकल LAN से जोड़ा जा सकता है।

मेट्रोपॉलिटन एरिया नेटवर्क (MAN) (Metropolitan Area Networks (MAN)

एक MAN LAN से बड़ा होते हुए भी नजदीकी कॉर्पोरेट कार्यालयों के समूह या एक नगर तक सीमित होता है। यह LAN की तरह की ही तकनीक का प्रयोग करता है। मेट्रोपॉलिटन एरिया नेटवर्क स्टैंडर्ड्स IEEE, AMSI और क्षेत्रीय बेल ऑपरेटिंग कम्पनियों द्वारा प्रायोजित होते हैं। MAN स्टैंडर्ड एक टोपोलॉजी के चारों ओर व्यवस्थित होता है। यह तकनीक डिस्ट्रीब्यूटेड क्यू ड्यूअल बस (DQDB) कही जाती है। MAN 34 से 150 Mbps स्थानान्तरण दरें प्रदान करता है। MAN दो एकल दिशात्मक बसों के साथ रचित होता है। ट्रैफिक के हस्तांतरण में प्रत्येक बस दूसरे से स्वतंत्र होती है। टोपोलॉजी की रचना एक कुली बस या एक बंद संरचना के रूप में हो सकती है। चित्र MAN बस संरचना दिखलाता है।

MAN फाइबर ऑप्टिक संचारण तकनीक पर आधारित होता है और साइटों के बीच उच्च गति का अंत:संबंध (Interconnection) प्रदान करता है। यह डेटा और आवाज दोनों को संभाल सकता है। एक विशेष श्रेणी के रूप में MAN यह है कि उनके लिए एक स्टैंडर्ड को अपनाया गया है जिसे अब लागू किया जा रहा है। यह IEEE 802.6 कहलाता है।

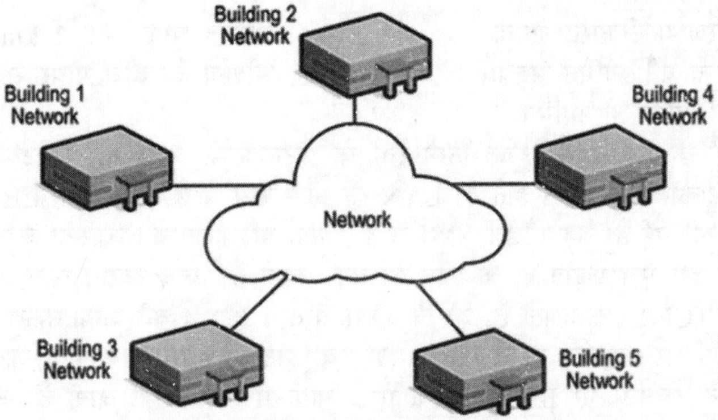

चित्र : मैट्रोपॉलिटन एरिया नेटवर्क (मैन)

वाइड एरिया नेटवर्क्स (WAN) (Wide Area Networks) (WAN)

एक WAN डेटा और आवाज की लम्बी दूरी तक संचारण प्रदान करता है। ऐसा नेटवर्क, जो कि अपेक्षाकृत बड़े क्षेत्र, जैसे कि शहर, राज्य, देश या संसार तक विस्तारित होता है। वाइड एरिया नेटवर्क कहलाता है। WAN में होस्ट और मशीनों का संचयन रहता है। प्रयोक्ता प्रोग्राम होस्ट और मशीनों पर स्थापित किए जाते हैं। संचार सबनेट के माध्यम से सारे होस्ट एक-दूसरे से जुड़े होते हैं। सबनेट एक होस्ट से दूसरे होस्ट तक संदेशों को ले जाता है। चित्र WAN के तत्वों को दिखलाता है।

सबनेट संचारण लाइनों और स्विचिंग तत्वों से मिलकर बन होता है। संचारण लाइन का प्रयोग दो मशीनों के बीच डेटा हस्तांतरण के लिए किया जाता है। स्विचिंग तत्वों का प्रयोग दो संचारण लाइनों को जोड़ने के लिए किया जाता है। स्विचिंग तत्व विशेषीकृत कम्प्यूटर्स होते हैं। यह आने

वाले डेटा के बाहर जाने वाली उचित लाइन का चुनाव करता है और उस लाइन पर डेटा को अग्रेषित करता है। स्विचिंग तत्व मूलतः कम्प्यूटर्स होते हैं और उन्हें पैकेट स्विचिंग नोड्स, इन्टरमीडिएट सिस्टम और डेटा स्विचिंग एक्सचेंजेस कहा जाता है। इन स्विचिंग तत्वों को रूटर्स (Routers) भी कहा जाता है।

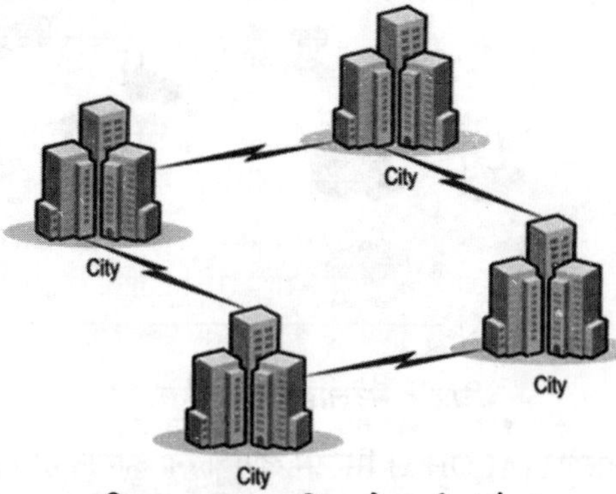

चित्र : वाइड एरिया नेटवर्क (वैन)

सैटेलाइट नेटवर्क्स (Satellite Networks)

सैटेलाइट नेटवर्क्स मूलतः वाइड एरिया नेटवर्क्स (WANs) होते हैं, जो कि सैटेलाइट का इस्तेमाल करते हैं। सैटेलाइट नेटवर्क्स बह-अभिगम माध्यमों का प्रयोग करते हैं। संचार उपग्रह में 12-24 ट्रांसपॉन्डर्स लगे होते हैं। प्रत्येक ट्रांसपॉन्डर में एक किरण होती है, जो इसके नीचे पृथ्वी के कुछ हिस्से को कवर करता है। ऐसी किरणें क्षेत्रीय किरणें, जोनल किरणें या स्पॉट किरणें हो सकती हैं। ये किरणें पृथ्वी पर 250 किलोमीटर से 10,000 किलोमीटर तक का क्षेत्र कवर करती है। स्टेशन्स अपलिंक आवृत्ति पर सेटेलाइट ट्रांसपोन्डर को फ्रेम्स भेजते हैं। सैटेलाइट फिर इन फ्रेमों को डाउनलिंक आवृत्ति पर पुनः प्रसारित करता है। सैटेलाइट्स में एक महत्वपूर्ण बिंदु हैं– ट्रांसपॉन्डर माध्यमो का आवंटन। बहुअभिगम (अपलिंक) चैनल के लिए प्रोटोकॉल्स की पाँच श्रेणियाँ हैं– वे हैं पोलिंग (Polling), ALOHA, FDM, TDM और CDMA

डाउन लिंक खुद सैटेलाइट द्वारा संचालित होती है। इसलिए यहाँ चैनल आवंटन समस्या नहीं होती है। पोलिंग कई प्रयोक्ताओं के बीच एकल माध्यम को आवंटित करने का सबसे आसान तरीका है। आमतौर पर प्रत्येक पोल-प्रतिक्रिया के लिए समय की आवश्यकता होती है। यह चैनल की क्षमता को घटाता है। थोड़े विकास की सम्भावना तब बनती है, जब सारे ग्राउण्ड स्टेशन्स एक पैकेट स्विचिंग नेटवर्क से जुड़े होते हैं। स्टेशन्स एक तार्किक रिंग में व्यवस्थित होते हैं। इस रिंग में एक टोकन को घुमाया जाता है। जब स्टेशन टोकन पर अधिकार प्राप्त करता है, तो इसे अप लिंक चैनल पर संचारण की अनुमति मिल जाती है। यह योजना तब प्रभावी रूप से कार्य करती है, जब ग्राउण्डस्टेशन्स की संख्या कम होती है और प्रतीक संचारण समय कम रहता है।

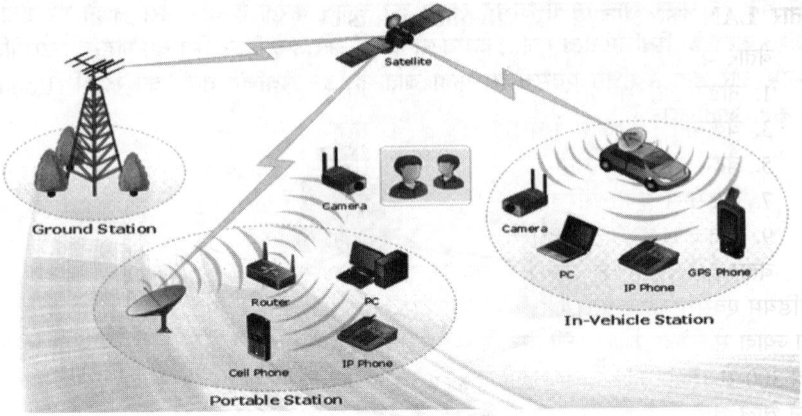

चित्र : सैटेलाइट नेटवर्कस

चैनल आवंटन का अलोहा (ALOHA) सिस्टम लागू करना आसान है। स्टेशन अपनी इच्छानुसार डेटा को भेजते हैं, लेकिन चैनल क्षमता बहुत कम होती है। स्लॉटेड अलोहा सिस्टम में क्षमता बढ़ जाती है। इस सिस्टम में प्रत्येक स्टेशन को संचालन के लिए एक विशेष समय अवधि दी जाती है। अपलिंक चैनल के उपयोगिता कारक को ड्यूल अप-लिंक योजना का इस्तेमाल करके बढ़ाया जा सकता है। यदि स्टेशन फ्रेम को भेजना चाहता है तो यह बेतरतीब ढंग से दोनों अप-लिंक चैनलों में से एक को चुनता है और फ्रेम को अगले खाँचे (Slot) में भेजता है। प्रत्येक अप-लिंक एक स्वतंत्र स्लॉटेड अलोहा चैनल के रूप में कार्य करती है। यदि दोनों अप-लिंक चैनल एक ही समय में फ्रेम्स को कैरी करते हैं, तो बेकार स्लॉट के उपलब्ध होने की स्थिति में सैटेलाइट उनमें से एक को बफर (Buffer) में संचित रखता है और डाउन-लिंक पर भेजता है। यह सिस्टम प्रभावी रूप से कार्य करता है।

बेतार (LAN (Wireless LAN)

एक बेतार डेटा हस्तांतरण परिचालन के लिए वेब संचारण का प्रयोग करता है। ज्यादा कीमत, निम्न डेटा दरों और लाइसेंस की आवश्यकताओं के कारण बेतार LAN कम इस्तेमाल होते हैं।

बेतार LAN के अनुप्रयोग (Applications of Wireless LAN)

1. LAN विस्तार (LAN extension)– एक बेतार LAN, केबलिंग की स्थापना की कीमत को बचाता है और पुनः अवस्थापन और नेटवर्क संचरना के दूसरे सुधारों के कार्य को कम करता है।

2. क्रॉस बिल्डिंग इन्टरकनेक्ट (Cross Building Interconnect)– नजदीक के भवनों में LAN को जोड़ने के लिए बेतार LANs या वायर्ड LAN हो सकेत हैं। दो भवनों के बीच प्वाइन्ट-टू-प्वाइन्ट बेतार लिंक का प्रयोग किया जाता है।

3. भ्रमणशील अभिगम (Nomadic Access)– यह एक LAN हब और एक एन्टीना के साथ सुसज्जित एक मोबाइल डेटा टर्मिनल के बीच एक बेतार लिंक प्रदान करता है।

4. तदर्थ नेटवर्किंग (Adhoc Networking)– एक तदर्थ नेटवर्क कुछ तात्कालिक आवश्यकताओं को पूरा करने के लिए अस्थायी तौर पर निर्धारित किया गया पीयर-टू-पीयर नेटवर्क है।

बेतार LAN की आवश्कताएँ (Requirements of Wireless LAN)

बेतार के लिए महत्वपूर्ण आवश्यकताएँ निम्नलिखित हैं–

1. नोड्स की संख्या।
2. संवेश प्रवाह (Throughput)।
3. बैकबोन LAN से संबंध।
4. सेवा क्षेत्र।
5. बैटरी शक्ति उपभोग।
6. संचारण दृढ़ता और सुरक्षा।
7. लाइसेन्स मुक्त परिचालन।
8. हैंड ऑफ/रोमिंग।
9. गतिज (Dynamic) संरचना।

बेतार LAN को बहु-सेल्स में सैकड़ों नोड्स को संभालने की आवश्यकता पड़ सकती है। मीडियम एक्सेस कंट्रोल (MAC) प्रोटोकॉल द्वारा क्षमता को अधिकतम करने के लिए बेतार माध्यम का ज्यादा से ज्यादा प्रभावशाली इस्तेमाल करना चाहिए। किसी बेतार LAN के लिए विशेष विस्तृत क्षेत्र 300 से 1000 फीट व्यास (Diameter) तक हो सकता है। मोबाइल प्रयोक्ता बैटरी से संचालित होने वाले वर्क स्टेशनों का इस्तेमाल करते हैं, जिसे बेतार अडेप्टर्स के साथ इस्तेमाल के वक्त एक लम्बे बैटरी जीवन (Battery Life) की आवश्यकता होती है।

बेतार LAN द्वारा डेटा हस्तांतरण के लिए अच्छा संचारण और सुरक्षा प्रदान की जानी चाहिए। LAN में प्रयुक्त आवृत्ति बैंड के लिए लाइसेंस की आवश्यकता पड़ती है। बेतार LAN प्रयोक्ता के लिए इसके लाइसेंस मुक्त होने की आवश्यकता बेतार LAN में प्रयुक्त MAC प्रोटोकॉल को मोबाइल स्टेशनों को एक सेल से दूसरे सेल तक भेजने योग्य बनाना चाहिए। MAC एड्रेसिंग और LAN के नेटवर्क प्रबंधन पहलुओं को दूसरे प्रयोक्ताओं को विघटित किए बिना गतिज (Dynamic) और स्वचालित जोड़, विलोपन और एन्ड सिस्टम के पुन: स्थापन की अनुमति देनी चाहिए।

बेतार LAN के प्रकार (Types of Wireless LAN)

बेतार LAN के प्रकार प्रयुक्त संचारण तकनीक पर निर्भर करते हैं। ये निम्नलिखित हैं–

1. **इन्फ्रारेड (IR) LAN–** एक कमरे तक सीमित।
2. **स्प्रेड स्पेक्ट्रम LAN–** यह स्प्रेड स्पेक्ट्रम संचारण तकनीक का इस्तेमाल करता है।
3. **नैरो बैंड माइक्रोवेब–** यह माइक्रोवेब आवृत्तियों का प्रयोग करता है। यह स्प्रेड स्पेक्ट्रम का इस्तेमाल नहीं करता है।

अध्याय 22

कृत्रिम बुद्धिमत्ता
(Artificial Intelligence)

परिचय (Introduction)

क्रियात्मक कार्यों, जैसे खगोल-विद्या, जीव-विज्ञान, औषधि-विज्ञान, रसायन-विज्ञान, भौतिक विज्ञान तथा गणित जैस वैज्ञानिक विषयों में कृत्रिम बुद्धिमत्ता (A1) ने पिछले कुछ वर्षों में काफी सफलता प्राप्त की है। कई वैज्ञानिक विषयों में हम फिलॉसफी व कम्प्यूटर विषयों की पूँजी को व्यक्ति की बुद्धिमता के क्रियात्मक कार्यों में लगा सकते हैं तथा डाटा के सत्व का उपयोग खोजों के लिए विशिष्ट एलगोरिथ्म प्राप्त करने में लगा सकते हैं। उच्च वैज्ञानिक कार्यात्मकता पाने के लिए कम्प्यूटर तकनीक अपने विषय-विशेष की होती है।

हमें अपने भविष्य के लिए एक चुनौतीपूर्ण व उत्तेजक दृश्य तैयार करना चाहिए। भाग्य से हमारे लिए हर बुद्धिमान सिस्टम का प्रदर्शन उत्तेजनापूर्ण होता है। लेकिन हमें एक कदम आगे चलना चाहिए। जब भी संभव हो, हमें अपने राष्ट्र से जुड़ी समस्याओं को ढूँढ़ना व उन पर कार्य करना चाहिए– जो जनता की सोच को पकड़ सके।

दूसरे विज्ञानों की तरह AI में भी काफी कुछ अच्छा तथा थोड़ा बुरा करने की क्षमता है। इस अच्छाई व बुराई के बीच के खाली स्थान को खत्म करने के लिए जानकारी को शेयर करना सबसे अच्छी राह है। वर्तमान तकनीकी क्रांति एक नई आशा व नई सोच प्रदान करती है। तेज तथा सस्ती जानकारी को फैलाने के लिए कम्प्यूटर व संचार की तकनीकें उत्तम साधन हैं।

AI की सफलता कम्प्यूटर विज्ञान में प्रगति पर निर्भर करती है। इसके लिए कॉग्निटिव विज्ञान, लॉजिक व कनेक्टिज्म में प्रगति भी आवश्यक है।

बुद्धिमत्ता (Intelligence)– हमारी प्रमुख परिभाषा ब्रिटानिका ऐन्साइक्लोपीडिया से ली गई है– किसी वातावरण में ढलने की योग्यता या तो व्यक्ति के स्वयं में बदलाव से या वातावरण में बदलाव से होती है या फिर नया वातावरण ही ढूँढ़ने से।

बुद्धिमता हार्डवेयर से स्वतंत्र है तता इसका वर्णन ऐब्सट्रैक्ट लेवल पर हो सकता है परंतु कॉग्निशन तो गणना या कम्प्यूटेशन है।

रोशनी की गति की तरह सोचना, परमाणु स्केल के पदार्थों को मापना, अपने आपको शरीर की सीमाओं से परे रखना, इन्सानियत एक दिन इस संसार पर विजय पा लेगी। यह अपने आपके लिए नई राहों की खोज करेगी। यह खोए हुए संसार को दुबारा बनाएगी व मृत को पुनर्जीवित करेगी। सोच व हकीकत में केवल कुछ ही अंतर रह जाएगा। यहाँ हम अप्राकृतिक जिन्दगी को लालचपूर्ण निगाहों से देखते हैं। यह शरीर की सीमाओं से परे तथा भविष्य की शक्ति का निश्चय करती है। सीमाएँ शक्ति की इच्छा जागृत करती हैं, और शक्ति का निश्चय इन सारी सीमाओं को पार पाना चाहता है।

शब्दकोष में बुद्धिमत्ता का अर्थ 'जानकारी प्राप्त करने व प्रयोग करने की क्षमता' तथा 'सोच व कारण के गुर' हैं।

साधारणतः बुद्धिमत्ता विभिन्न क्षेत्रों की जानकारी प्राप्त करने व उसे प्रयोग करने की योग्यता से संबंधित है। यह विभिन्न विषयों पर सोचने तथा तर्क करने की योग्यता से भी संबंधित होती है। बुद्धिमता केवल एक क्षेत्र जैसे शतरंज खेलना, भाषाएँ या गणित के बारे में ही जानकारी प्राप्त करना नहीं है बल्कि यह विभिन्न क्षेत्रों में अर्जित की गयी योग्यता से संबंधित होती है।

गार्डनर की मल्टीपल इन्टेलीजेन्स थ्योरी कहती है कि बुद्धिमत्ता का बँटवारा विभिन्न विशेष इन्टेलीजेन्स घटकों क्षेत्रों में हो सकता है, जैसे लॉजिकल, गणित, संगीत, लिंगुइस्टिक्स, प्राकृतिक क्षेत्र, सैप्टियल, शारीरिक ज्ञान, या इन्टर/इन्टरा पर्सनल।

विस्तृत सोच में यह स्पष्ट है कि वैयक्तिक बुद्धिमत्ता कोई साधारण विषय नहीं है। हमारी बुद्धिमत्ता हमारे अनुभव में आई अनेक स्थितियों से जुड़ी है, जैसे– सामाजिक आचार-व्यवहार, विजन प्रोसेसिंग, मोशन नियंत्रण आदि।

हमारी बुद्धिमत्ता एक सिद्धान्त है, परन्तु हमें अपनी काफी समस्याएँ सुलझाने के लिए कुछ विषम कार्यप्रणालियों जैसे गणित तथा कम्प्यूटर प्रोग्रामिंग की सहायता लेने की आवश्यकता होती है। वैसे हम भाषा, आवाज, दृश्य व सामाजिकता से जुड़ी समस्याओं के हल ढूँढ़ने में स्वयं ही बुद्धिमान हैं।

सैद्धांतिक रूप में एक व्यक्ति जिसकी सामाजिक बुद्धिमत्ता नहीं है परन्तु वह लॉजिक व गणित में माहिर है, वह धीरे-धीरे सामाजिक समस्याओं को हल कर सकता है। परन्तु जो व्यक्ति सामाजिक बुद्धिमत्ता रखता है वह इन समस्याओं को जल्दी हल करेगा।

एक दूसरी एप्रोच के अनुसार मनोवैज्ञानिक रॉबर्ट स्टर्नबर्ग ने बुद्धिमत्ता के तीन पहलू बताए हैं– कॉम्पोनेंशियल, ऐक्सपीरिएन्सनल और कॉन्टैक्शुअल।

- **कॉम्पोनेंशियल बुद्धिमत्ता** का अर्थ लोगों की उन निपुणताओं से है जो उन्हें बुद्धिमान बनाती है।
- **ऐक्सपीरिएन्सल बुद्धिमत्ता** का तात्पर्य मस्तिष्क के अनुभवों से सीखने व प्रयोग करने की क्षमता से है।
- **कॉन्टैक्शुअल बुद्धिमत्ता** का तात्पर्य मस्तिष्क का किसी विषय-विशेष को समझने, चुनने, परिवर्तित व उसे प्रयोग करने की क्षमता से है।

अप्राकृतिक या कृत्रिम बुद्धिमत्ता (Atrificial Intelligence)

अप्राकृतिक या कृत्रिम बुद्धिमत्ता मशीनों के कॉग्निटिव अध्ययन से संबंधित है। इसका मुख्य उद्देश्य इंसानी बुद्धिमत्ता को कम्प्यूटर में डालना है। कॉग्निटिव अध्ययन के लिए कम्प्यूटरों का भी भरपूर प्रयोग होता है। इन्सानी बुद्धिमत्ता की संरचना को समझने के लिए कम्प्यूटेशनल मॉडलिंग सिमुलेशन (simulation) का प्रयोग करती है। मस्तिष्क को छोटे परन्तु स्वतंत्र तत्वों जैसे न्यूरॉन का ऐरे समझा जाए अथवा उच्च श्रेणी की संरचना जैसे संकेत, स्कीमाज, योजनायें तथा नियम यह आज भी विवाद का विषय हैं। पहली सोच मस्तिष्क के अध्ययन के लिये कनेक्शनिज्म का उपयोग करती है जबकि दूसरी सांकेतिक कम्प्यूटेशन पर जोर देती है। इस विषय को देखने का एक तरीका है कि क्या मनुष्य के मस्तिष्क को उचित ढंग से कम्प्यूटर पर सिमुलेट किया जा सकता है बिना न्यूरॉन को सिमुलेट किये जो मनुष्य के मस्तिष्क का निर्माण करते हैं।

ध्यान ही मुख्य जानकारी का चुनाव है। मानव-मस्तिष्क ऐसी सैकड़ों कोशिकाओं का केन्द्र है जो कार्यप्रणाली का निर्णय करता है। कभी-कभी किसी एक विशेष जानकारी पर ही ध्यान केन्द्रित करना कोई हल होता है। कृत्रिम बुद्धिमत्ता (AI) का प्रयोग सबसे पहले जॉन मैकार्थी ने किया है, इसका अर्थ विज्ञान व इंजीनियरिंग का प्रयोग बुद्धिमान मशीनें बनाने के लिए था।

यह बुद्धिमत्ता अप्रकृतिक, मानव-निर्मित व कृत्रिम है। जब 'AI' शब्द का प्रयोग होता है, कम्प्यूटेशनल व सिंथेटिक बुद्धिमत्ता का प्रयोग अधिक सही लगता है। इन सिस्टम्स को भागों में बाँटने के लिए कमजोर व शक्तिशाली AI का प्रयोग किया जाता है। AI विभिन्न क्षेत्रों, जैसे कम्प्यूटर विज्ञान, मनोविज्ञान, फिलॉसफी, न्यूरो-विज्ञान, इंजीनियरिंग व व्यावहारिक विज्ञान आदि में प्रयुक्त होती है। इसका प्रयोग कम्प्यूटर व अन्य मशीनों द्वारा होता है।

AI विषय में खोज यह बताती है कि ऑटोमेटिक मशीनों का उत्पादन किस प्रकार हो। उदाहरणार्थ, नियंत्रण, नियोजन, समय-सारणी बनाने, हस्तलिपि, प्रश्नों के उत्तर देने की क्षमता, प्राकृतिक भाषा, भाषण तथा मुख पहचानना आदि। AI का अध्ययन भी एक इंजीनियरिंग अनुशासन बन गया है जो जिंदगी से जुड़ी समस्याओं का समाधान देता है। यह कम्प्यूटर शतरंज, वीडियो गोम, साफ्टवेयर एप्लिकेशन आदि में भी सहायक है। AI की सबसे कठिन समस्या इसका विस्तृत स्वरूप है। कई मशीनों का निर्माण हुआ है जो अद्भुत कार्य कर सकती हैं, परन्तु AI के क्षेत्र में कोई ऐसी मशीन नहीं बनी है।

AI की अवधारणायें (Concept of AI)

कॉग्निटिव विज्ञान (Cognitive Science)– कॉग्निटिव विज्ञान कॉग्निटिव कार्यों का अनुशासित अध्ययन है जो ज्ञान को प्राप्त करने व उसका प्रयोग करने से होता है। ये विभिन्न विषयों से कार्यप्रणाली लेता है, जैसे मनोविज्ञान, न्यूरो-विज्ञान, फिलॉसफी, कम्प्यूटर विज्ञान, ऐन्थ्रोपलॉजी व लिंगुइस्टिक्स। कॉग्निटिव विज्ञान शब्द का 1973 में क्रिस्टोफर लॉगुएट हिगिन्स ने प्रयोग किया था। कॉग्निटिव का अर्थ किसी भी मानसिक ऑपरेशन या संरचना से है जिसका की यथार्थ रूप में अध्ययन संभव है। यह विचार अत्यंत विस्तृत है तथा इसका अर्थ फिलॉसफी के शब्द कॉग्निटिव जिसका अर्थ सच्चाई व फॉरमल नियम होता है, कदापि नहीं है।

कॉग्निटिव विज्ञान का क्षेत्र अत्यंत विस्तृत है जिसमें कॉग्निटिव के कई विषय आते हैं। परन्तु इसका अर्थ प्रत्येक मानसिक संरचना या ऑपरेशन से संबंधित नहीं है। सामाजिक व संस्कृति से जुड़े तथ्य, जागरूकता, मनोभाव तथा तुलनात्मक अध्ययन इसके क्षेत्र से बाहर हैं। कई लोग कहते हैं कि ये महत्वपूर्ण विषय हैं तथा इनका सम्मिलन आवश्यक है।

ऐप्रोच या पहुँच (Approaches)– कॉग्निटिव विज्ञान का अध्ययन कई प्रकार से हो सकता है। इस अध्ययन को प्रमुखता से सांकेतिक या सिम्बॉलिक, कनेक्शनिस्ट व अस्थायी/डायनामिक सिस्टम में वर्गीकृत किया जा सकता है।

सांकेतिक– इसका वर्णन संकेतों के प्रयोग से, गणना की थ्योरी व मानसिक (पर दिमाग नहीं) मॉडल कार्यप्रणालियों द्वारा संभव है, जैसा कि डिजिटल कम्प्यूटर करता है।

कनेक्शनिस्ट या सबसिम्बॉलिक– यह कॉग्निशन सिर्फ मॉडल्ड हो सकता है। इसका वर्णन अप्राकृतिक न्यूट्रल नेटवर्क पर भौतक मानसिक विशेषताओं के प्रयोगों द्वारा संभव है।

अस्थायी या डायनामिक सिस्टम– इसका वर्णन लगातार डायनामिकल सिस्टम द्वारा होता है जिसमें सभी तत्व संबंधित होते हैं।

अध्याय 23

वर्चुअल रियलटी
(Virtual Reality)

परिचय (Introduction)

वर्चुअल रियलटी शब्द वर्ष 1987 में जेरान लेनियर ने बनाया था जिसकी अनुसंधान और इंजीनियरिंग ने नये वी आर उद्योग में अनेक उत्पादों का योगदान दिया है। प्रारम्भिक वी आर अनुसंधान और प्रौद्योगिक विकास को जोड़ने वाले अमेरिकी सरकार और विशेषकर उसका रक्षा विभाग, नेशनल साइन्स फाउन्डेशन तथा नेशनल एरोनाटिक्स एण्ड स्पेस एडनिनिस्ट्रेशन (NASA) थे। इन एजेन्सियों द्वारा विश्वविद्यालयों में स्थित प्रयोगशालाओं को अनुसंधान हेतु वित्तीय अनुदान मिला और इसके परिणामस्वरूप इस क्षेत्र में निपुण व्यक्तियों को विशिष्ट क्षेत्रों में विशेषज्ञ बना कर तैयार किया। ये क्षेत्र थे– कम्प्यूटर ग्राफिक्स, सिमुलेशन तथा नेटवर्क से बने वातावरण तथा शैक्षिक, सेना तथा कॉमर्शियल काम के बीच संपर्क।

कलाकार, प्रदर्शन करने वाले तथा मनोरंजन करने वाले की रुचि हमेशा काल्पनिक स्पेस (space) का वर्णन और ज्ञानेन्द्रियों को धोखा देने वाली तकनीकों के निर्माण में ही रही है।

चिरकाल से पेस्त्रन्टग या विचारों ने जिन इल्यूजनरी (illusionary) स्पेस को बनाया है उनका निर्माण सार्वजनिक स्थानों तथा घरों के लिए हुआ है और जिसका कल्मीनेशन (Culmination) 18वीं और 19वीं शताब्दियों के मोनूमैन्टल पैनोरामा (Monumental panorama) में हुआ। निरन्तर बदलते हुए दृश्य (Panorama) ने दो आयामी चित्रों/छायाओं के बीच की विजुअल सीमाओं को धुँधला कर दिया जो तीन आयामी (Three dimensional) स्पेस से देखे जा सकते थे। इस तरह घटनाओं में इमरशन (Immersion) का इल्यूशन (Illusion) धोखा (भ्रांति) का निर्माण हुआ। इस इमेज परम्परा ने मीडिया की एक सीरिज (Series) के बनने को स्टिमुलेट (Stimulate) किया। बीसवीं शताब्दी में भविष्य के थियेटर की डिजाइन तथा थ्री–डी–चलचित्र से लेकर आई मैक्स (IMAX) चलचित्र थियेटर तक सभी वही प्रभाव उत्पन्न करेंगे। उदाहरण के तौर पर सिनेमा वाइड स्क्रीन फिल्म फारमैट, मुलरूप से वीटारमा (Vitarama) कहलाई जब इसका आविष्कार 1939 के न्यूयार्क विश्व मेले में फ्रैड वालर (Fred Waller) तथा रैल्फ वाकर (Ralph Walker) ने किया था। वालर (Waller) के काम ने उसका ध्यान इमर्शन (Immersion) के लिये पैरीफेरल विजन (Peripheral Vision) पर कन्द्रित किया जो कृत्रिम वातावरण में था और उसका उद्देश्य था कि वह एक ऐसी प्राजैक्शन टेक्नोलॉजी बनाये जो मनुष्य की दृष्टि के क्षेत्र को डुप्लीकेट कर दे। वीटारमा (Vitarama) प्रोसेस ने अनेक कैमरो, प्रोजेक्टरों और आर्क (Arc) आकार के परदे का इस्तेमाल कर दर्शक के लिए एक इल्यूजन (Illusion) क्रियेट (Create) किया यद्यपि वीटारमा कमर्शियल तौर पर अधिक सफल नहीं हुई, विशेषकर 1950 के दशक के मध्य तक (सिनेमा के नाम से)। दूसरे विश्वयुद्ध में आर्मी ऐयर कार्प्स (Army Air Corps) ने वालर फ्लैक्सिबल गनरी ट्रेनर (Waller Flexible Gunnery Trainer) के नाम से एन्टी–एयरक्राप्ट प्रशिक्षण में इस सिस्टम का उपयोग किया। यह मनोरंजन टैक्नालाजी और सैनिक सिमूलेशन (Simultation) के

बीच लिंक का उदाहरण था जिसने बाद में वर्चुअल रियलिटी के विकास को आगे बढ़ाया।

वी आर सिस्टम के एप्लीकेशन का महत्वपूर्ण क्षेत्र सदैव वास्तविक जीवन में होने वाली घटनाओं, गतिविधियों का प्रशिक्षण रहा है। सिमुलेशन, प्रशिक्षण में उपयोगी है क्योंकि यह बराबर का मौका लगभग उन्हीं परिस्थितियों को बनाकर देता है जो कम लागत वाली तथा अधिक सुरक्षित हैं।

आज वर्चुअल रियलटी उस तरीके को बदलने को तैयार है जिससे हम कन्ट्रोल कम्प्यूटर के साथ इंटरैक्ट (Interact) करते हैं। आज से पचास वर्ष पूर्व जब कम्प्यूटरों से परिचय हुआ था उसके प्रभावों के बारे में हम सब अनजान थे। क्या हर एक घर, कक्षा तथा कार्यालय में वी आर होगा? क्या खुद को कम्प्यूटर द्वारा बनाई गई दुनिया में डुबो देना वैसा ही सामान्य होगा, जिस तरह किसी मूवी को देखना होता है। एक बात वी आर (VR) के संबंध में निश्चित है कि यह बढ़ेगा और विकसित होगा। जैसे-जैसे टैक्नालाजी परिपक्व (Mature) होगी यह और भी बेहतर सस्ता तथा पहुँच के अन्दर होता जायेगा। नेटवर्क जो कम्प्यूटरों को जोड़ते हैं उनका विस्तार होगा और वी आर के लिये यह सम्भव होगा कि वह हमारे दैनिक जीवन में अपनी जगह बना ले। वी आर (VR) का भविष्य वहीं तक सीमित है जहाँ तक हमारी कल्पना।

वर्चुअल रियलिटी का इतिहास (History of Virtual Reality)

वर्चुअल रियलिटी के बारे में सन् 1965 के आसपास विचार किया गया था जब Ivan Sutherland ने वर्चुअल अथवा इमेजनरी (Imaginary) संसार के निर्माण के लिये अपने सुझाव प्रस्तुत किये थे। MIT में उसने थ्री-डामेन्शनल डिस्पले के साथ परीक्षण किया था। 1969 में उसने पहले ऐसे सिस्टम का निर्माण किया जो लोगों को सूचना के थ्री-डामेन्शनल डिस्प्ले में बाँधता था। 70 तथा 80 के आखरी दशकों के मध्य में, वर्चुअल रियलिटी की अवधारणा का मुख्य उपयोग United State ने किया था।

मिलिटेरी ने Flight simulators की तरह इसका उपयोग अपने पायलट्स को प्रशिक्षण देने के लिए किया। संसार के अन्य देशों ने 1980 के आखिरी तक भी इस टेक्नोलॉजी के लिये कोई रूचि नहीं दिखाई। उसके बाद से, वर्चुअल रियलिटी का विकास कई तरीकों से हुआ जिससे यह हमारे समय की इमरजिंग टेक्नोलॉजी बन जायें।

वर्चुअल रियलिटी अभी कुछ ही सालों पहले इतनी विख्यात हुई है लेकिन इसकी जड़ें अर्थात् यह अवधारणा चार दशक पहले शुरू हुई थी। सन् 1950 के आखिरी में, जब लोग Mc Cathyism के Stale traces तथा Elvis की Sounds से प्रभावित हो रहा था, एक उपाय सामने आया जिसने कम्प्यूटर और लोगों के इंटीरेक्ट करने के तरीके को बदल दिया तथा वर्चुअल रियलिटी को सम्भव किया।

उस समय कम्प्यूटर्स A.C. रूम में रखे जाते थे तथा ऐसोटेरिक (Esoteric) प्रोग्रामिंग भाषा का उपयोग करते थे। लेकिन एक युवा इलैक्ट्रिकल इंजीनियर नोवल रेडार टेक्निशयन जिसका नाम Douglas Englelbart था ने इन्हें अलग तरीकों से देखा। Englelbart ने इन सभी को डिजिटल डिस्प्ले के उपकरणों की तरह Envision किया।

पहले Englelbart's के विचारों को अस्वीकार किया गया था, लेकिन 1960 की शुरुआत से अन्य लोगों ने भी इस तरह सोचना आरम्भ कर दिया। संचारण तकनीकी कम्प्यूटिंग तथा ग्राफिक्स तकनीकी के साथ इन्ट्रसेक्ट कर रही थी। उस वक्त पहला कम्प्यूटर जो Vaccumtubes के बजाय Transistors पर आधारित था उपलब्ध हुआ था।

परमाणु हमले के डर ने U.S. मिलिटेरी ने एक नये रेडार सिस्टम को चालू करने के लिये तैयार किया जो बहुत ज्यादा मात्रा में सूचना की प्रोसेसिंग करे तथा तुरंत उसे मनुष्य द्वारा समझे

जाने वाले रूप में प्रदर्शित करे। परिणामिक रेडार डिफेंस सिस्टम पहला रियल टाइम अथवा सिमुलेशन ऑफ डाटा था।

सन् 1962 में Ivan Sutherland ने एक light pen का विकास किया जिसके द्वारा कम्प्यूटर पर तस्वीरें स्केच की जा सकती थीं। Sutherland के पहले कम्प्यूटर ऐडिड डिजाइन प्रोग्राम जिसको स्केचपैड कहते हैं ने डिजाइनरों को ऑटोमोबाइल्स, शहरों तथा इन्डस्ट्री के उत्पादों के ब्लूप्रिंट बनाने के लिये कम्प्यूटर्स के उपयोग का रास्ता दिखाया। 1970 तक, Sutherland ने कम्प्यूटर ग्राफिक्स में Scientific Visualization का उपयोग डाटा के Columns को तस्वीरों में परिवर्तित करने के लिये भी किया था।

वर्चुअल रियलिटी (Virtual Reality)

वर्चुअल रियलिटी (VR) वास्तविक दुनिया के वातावरणों के कम्प्यूटर सिमुलेशन को कहते हैं जो थ्री-डाइमैन्शनल ग्राफिक्स तथा बाहरी डिवाइस (Device), जैसे हैलमेट डाटा ग्लोव (Data glove) का इस्तेमाल करता है जो यूजर को सिमुलेशन (Simulation) के साथ इन्टरैक्ट (Interact) करने की अनुमति देता है। यूजर वर्चुअल रियलिटी एनवायरमेंट (environment) से ऐसे गुजरते हैं जैसे वे वास्तविक दुनिया में रह रहे हों। संरचनाओं के बीच से गुजरना और वातावरण में उपस्थित वस्तुओं के साथ मिलकर कार्य करना चाहिए।

वर्चुअल रियलिटी (VR) मानव के लिये कम्प्यूटर और अत्यन्त जटिल डाटा के साथ मन में स्पष्ट रूप से देखने, मैनीपुलेट (Manipulate) तथा इंटरैक्ट करने का एक तरीका है।

मन में स्पष्ट रूप से देखने (Visualization) वाला भाग कम्प्यूटर द्वारा बनाये गये विजुअल, आडिटरी (Auditory) या अन्य सैनसुअल (Sensual) आउटपुट से संबंधित हैं जो कम्प्यूटर में बसी दुनिया के यूजर (User) के लिये हैं। यह दुनिया एक कैड (CAD) मॉडल भी हो सकती है, या एक वैज्ञानिक सिमुलेशन (Simulation) या डाटाबेस में एक दृष्टि भी। यूजर इस दुनिया से इंटरैक्ट कर सकता है और इसी दुनिया में वस्तुओं को सीधा मैनीपुलेट (Manipulate) भी कर सकता है। कुछ दुनिया अन्य प्रक्रियाओं से एनीमेटेड (Animated) होती है जो कदाचित भौतिक सिमुलेशन्स या सरल एनीमेशन स्क्रिप्ट (Simple Animation Script) हो। वर्चुअल रियलिटी (VR) एक टेक्नोलॉजी है जो यूजर को एक कम्प्यूटर सिमूलेटैड (Computer simulated) वातावरण (चाहे वह वास्तविक हो या केवल काल्पनिक) के साथ इंटरैक्ट करने देती है। चालू व वर्चुअल रियलिटी एनवायरमेंट (environment) मुख्य रूप से विजुअल अनुभव है जो कम्प्यूटर स्क्रीन (परदे) पर दिखते हैं या विशेष स्टीरियो कोपिक डिस्प्ले के द्वारा किन्तु कुछ सिमुलेशन्स (Simulations) में अतिरिक्त सैंसरी (Sensory) सूचना होती है, जैसे स्पीकर अथवा हैडफोन (Speaker or headphone) द्वारा ध्वनि। कुछ उन्नत, हैपटिक सिस्टम (Haptic system) अब टैक्टाइल (tactile) सूचना सम्मिलित करते हैं। जो सामान्यत: फोर्स फीडबैक (Force feedback) के नाम से जानी जाती है, विशेषकर मेडिकल और गेमिंग एप्लीकेशन्स में। यूजर की-बोर्ड (key board) तथा माउस अथवा मल्टीमोडल डिवाइस (Multi model device) जैसे वायर्ड ग्लोब (wired golve) पालहीमस (palhemus) बूम आर्म (boom arm) तथा ओमनी डायरेक्शनल ट्रीड मिल (omni directional tread mill) के द्वारा वर्चुअल एनवायरमेंट (Virtual environment) या वर्चुअल आरटीफैक्ट के साथ इन्टरैक्ट कर सकता है। सिमुलेटैड वातावरण वास्तविक दुनिया की तरह हो सकता है, जैसे वे सिमुलेशन जो पायलट (विमान चालक) या काम्बैट प्रशिक्षण के लिये इस्तेमाल किये जाते हैं या वे वास्तविकता से महत्वपूर्ण ढंग से अलग होते हैं जैसे वीआर खेल (VR games)। यथार्थ में प्रोसेसिंग शक्ति, इमेज रिसोल्यूशन तथा कम्प्यूनिकेशन बैन्ड विड्थ

के तकनीकी बंधन के कारण अभी हाई फीडैलिटी (High fidelity) वर्चुअल रियलिटी अनुभव को बनाना बहुत कठिन है। तथापि इन लिमिटेशन्स को भी समय के साथ जीता जा सकता है अगर जब प्रोसेर, इमेजिंग और डाटा टैक्नालाजियाँ अधिक शक्तिशाली और सस्ती बन जायें।

शब्द वर्चुअल रियलिटी किसने खोजा या बनाया, यह निश्चित नहीं है। डैमियन ब्रादेरिक (Damien Broderick) के 1982 के विज्ञान पर आधारित काल्पनिक नावल (novel) जुडास मंडला (The Judas Mandala) की रचना की थी जहाँ जिस संदर्भ में यह शब्द इस्तेमाल हुआ है ऊपर दी गयी परिभाषा से भिन्न है। वीआर को विकसित करने वाले जोरोन लैनियर (Jaron Lanier) दावा करते हैं कि यह शब्द उन्होंने बनाया है। इससे संबंधित एक शब्द है 'कृत्रिम वास्तविकता' अर्थात् 'आर्टीफिशिलय रियलिटी' (Artificial reality) जिसे मायरान क्रूगर (Myron Krugar) ने बनाया। जिसका इस्तेमाल वर्ष 1970 से हो रहा है। वर्चुअल रियलिटी की धारणा के मास मीडिया (mass media) में लोकप्रिय होने का कारण कुछ फिल्म विशेषकर ब्रोनस्टार्म (Brain Storm) तथा लान मोवर मैन (Lawn Mower Man) थीं। वर्ष 1990 में वीआर के अनुसंधान में अभूतपूर्व रुचि देखने को मिली जिसके पीछे प्रेरणा थी होवर्ड रीनगोल्ड (Howard Rheingold) द्वारा लिखी पुस्तक वर्चुअल रियलिटी जो अकाल्पनिक थी। इस पुस्तक में उपरोक्त विषय को सरलता से समझाया गया है जिसे वे भी समझ सकते हैं जो तकनीक से परिचित नहीं है। साथ ही साथ इससे जुड़ी टैक्नालॉजी भी पाठकों के लिए असाध्य रहस्य नहीं रही। इस पुस्तक का प्रभाव उसकी पुस्तक दी वर्चुअल कम्युनिटी (The Virtual Community) की तरह था जब वर्चुअल कम्युनिटी अनुसंधान वी आर के अनुसंधान पथ के समीप चल रहा था।

1980 के अंतिम दशक में वीआर को जोरोन लैनियर ने लोकप्रिय बनाया। वे इस क्षेत्र के आधुनिक अग्रणियों (Pioneers) में एक हैं। लैनियर ने 1985 में एक कम्पनी वीपीएल रिचर्स (VPL Research) स्थापित की। यहाँ वीपीएल का अर्थ था वर्चुअल प्रोग्रामिंग लैंग्वेज (Virtual Programming Language) जिसने गोगल्स एन ग्लव (Goggle n' gloves) सिस्टम बनाया।

वर्चुअल रियलिटी के वर्तमान में उपयोग (Virtual Reality Applications)

खेल (Games)– वर्ष 1991 में (मूलत: W. Indutries बाद में नाम बदला) Virtuality कम्पनी ने Amiga 3000 को लाइसेंस दिया कि वे इसे अपनी VR मशीनों में इस्तेमाल कर सकें और एक VR gaming सिस्टम रिलीज किया जिसे 1000 cs कहते हैं। यह एक खड़ा हुआ immersive HMD प्लेटफार्म, एक ट्रैक किये 3D ज्वायस्टिक के साथ था। इस सिस्टम ने अनेक VR खेल बनाए, जैसे Dacty, Nightmare (shoot-em-up), Legend Quest (Adventure तथा Fantasy), Hero (VR puzzle), Grid Busters (shoot-em-up)। Virtual Reality I Glassess Personal Display system एक Visor और Head phone head set है जो किसी भी वीडियो आउटपुट (जिसमें 3D ब्राडकास्टिंग भी शामिल है) के साथ compatible है और अनेक गेम सिस्टम्स (Nintendo, playstation इत्यादि) के साथ इस्तेमाल करने योग्य है। Virtual Reality Word 3D colour Ninja गेम हैड सैट visor और टखने तथा कलाई के Step के साथ आता है। जो खिलाड़ी के मुक्कों और लातों को महसूस कर सकें। Virtual Reality Wireless TV Tennis Game एक टैनिस रैकट खिलौने के साथ आता है जो खिलाड़ी के Swing को महसूस कर सकता है जबकि Wireless TV Virtual Boxing में बाक्सिंग ग्लब होते हैं जो खिलाड़ी पहनता है और लड़ता है। Nintendo's Virtual Boy केवल एक वर्ष 1995 में बेचा गया। Aura Interactor Virtual Reality Game Wear. एक छाती और पीठ की हारनेस (घोड़े की जीन) है जिससे खिलाड़ी मुक्कों, धमाकों, लातों up-percut, slamdunk, crash तथा body blows को

महसूस कर सकता है। यह Sega Genesis तथा Super Niutendo में भी काम करता है। Kingdom Hearth II में पात्र Roxas एक Virtual Twilight Tower में रहता है जब तक वह Sora में नहीं समा जाता। System Shock में खिलाड़ी के पास Implant है जो उसे एक प्रकार के साइबर स्पेस (Cyber Space) में प्रवेश योग्य बनाता है। उसकी अगली कड़ी System Shock 2 में भी VR के कुछ minor स्तर दिखते हैं।

शिक्षा, प्रशिक्षण तथा जीवनपर्यन्त जानकारी

(Education, Training and Life-long Learning)

इन्टरैक्टिव कम्प्यूटिंग तथा संचार टैक्नालाजी शिक्षा में एक नये युग का आरम्भ कर रही है जिसमें छात्र तथा शिक्षक जो दूरी पर पृथक् पृथक् हैं, हाईस्पीड कनेक्शन द्वारा अनुसंधान तथा प्रयोग कर रहे हैं और जो अंतत: VR में समाविष्ट हो जायेंगे।

उत्पादन तथा औद्योगिक डिजाइन– बड़ी और मुख्य कम्पनियाँ वर्चुअल रियलिटी से तेज और बेहतर डिजाइनिंग कर रही हैं ताकि वे विश्वव्यापी प्रतिस्पर्धा में अपनी स्थिति बनाये रखें। उदाहरण के तौर पर General Motors अपने नये मॉडल की कार के लिये उसके Interior डिजाइन, इंजीनीयरिंग, सुरक्षा तथा ergonomic विशेषताओं के मूल्यांकन के लिए वास्तविक कार न इस्तेमाल कर वर्चुअल प्रोटोटाइप (Virtual prototype) का इस्तेमाल कर रहा है। Caterpiller ने VR technology की सहायता से अपने नये backhoe और wheel loaders को इलैक्ट्रॉनिक तकनीक से सुधारा है।

औषधि (Medicine)– रक्त के circulation का अध्ययन कर ह्मदय की दीवारों के उपचार में फाइबर का एक सैट द्रव में डुबोया जाता है जिसके प्रत्युत्तर में द्रव तथा टैन्शन फोर्स चिकित्सा में काम आता है। इसके बदले द्रव फाइबर के आसपास एक force अनुभव करता है जो फाइवर नेटवर्क में gap से प्रवाह को रोकता है और ह्मदय को इस योग्य बनाता है कि वह द्रव को पम्प कर सके।

Material Sciences– अनुसंधानकर्ता कूलर, अधिक कार्यकुशल कार-इंजन डिजाइन करने के लिये एक internal combustion इंजन में 400 से अधिक विभिन्न हाइड्रोजन-नाइट्रोजन कैमिकल रिएक्शन की माडलिंग कर रहे हैं। अन्य अनुसंधानकर्ता अगली पीढ़ी के सुपर कन्डस्त्रक्टग मैटीरियल की खोज की दौड़ में compounds के गुणों का विश्लेषण कर रहे हैं।

Relativity– गुरुत्वाकर्षणीय (gravitational) तरंगों को सिमुलेट कर (जो तब बनेगी जब 2 black hole आपस में टकरायें) अनुसंधानकर्ता elusive objects के existence की सत्यता को स्थापित करने की आशा में है। ये वे object हैं जिनकी भविष्यवाणी एक परिणाम जैसी हुई है जो आइन्सटाइन की प्ररिद्ध General Theory of Relativity से संबंधित है। यदि सिमुलेटैड तरंगें LIGO द्वारा पताई लगाई गयी गुरुत्वाकर्षण तरंगों के साथ मेल खा जायें तो अनेक sensing device, जल्दी बन जायेंगे जो न केवल black hole के अस्तित्व की सत्यता को स्थापित करेंगे अपितु आईन्स्टाइन की 80 वर्ष पुरानी थ्योरी को भी प्रमाणित करेंगे।

मौसम की भविष्यवाणी (Weather Forecasting)– वर्ष 1993 में जब Emily तूफान एटलान्टिक महासागर के तट की ओर बढ़ रहा था, एक नये हरीकेन मॉडल ने 48 घंटे पहले यह भविष्यवाणी की थी कि यह आँधी तूफान तेजी से पीछे हटकर बिना landfall बनाये Cape Hatteras के पास समुद्र में समा जायेगा। लम्बे समय के लिये मौसम की भविष्यवाणी करना नये मानीटरिंग और इन्सटूमेंटशन टूल की सहायता से संभव हो पाया है जो HPCC के एक भाग

में विकसित किये गये हैं।

वायुमंडल से संबंधित वैज्ञानिक उन्नतिशील कम्प्यूटर टूल तथा वर्चुअल एनवायरमेंट (जैसे CAVE) की ओर उन्मुख हो रहे हैं जो वे स्थानीय disturbance विशेषकर बिजली और गरज के साथ होने वाली भारी वर्षा के व्यवहार के आकलन के लिये कर रहे हैं।

मॉलीकूलर बायो साइन्सेज (Molecular Biosciences)– जीवन की सबसे छोटी संरचनाओं के वी आर माडल वैज्ञानिकों को उस विशिष्ट मैकेनिज्मको समझने में सहायक है जिसके द्वारा प्रोटीन एक-दूसरे से बातचीत करते हैं। उदाहरण के तौर पर एन्टीबाडी को एन्टीजिन के साथ बाँधना या एक कोशिका की membrane को फुलाना। इस प्रकार का ज्ञान बायलौजिकल और इन्डस्ट्रियल उत्प्रेरकों (catalysts) तथा रोगों की चिकित्सा हेतु औषधि के विकास को गति दे रहा है।

लोकमाध्यम (Mass Media)– लोकमाध्य वीआर के विकास का सबसे बड़ा समर्थक है, और कदाचित अवरोधक भी। वर्ष 1980–90 के दशक में इस क्षेत्र में विशाल पैमाने पर अनुसंधान हुआ। परिणामों ने वीआर की क्षमताओं को बढ़ा-चढ़ा कर प्रस्तुत किया जिससे इस टैक्नालाजी के प्रति अपेक्षाएँ बढ़ती गई और इतनी बढ़ीं जिनको उस समय पूरा करना लगभग असंभव था। मनोरंजन के माध्यम ने नई अपेक्षाओं तथा धारणाओं को काल्पनिक शक्ति से भविष्य में होने वाली सफलताओं को इस प्रकार प्रस्तुत किया जो समकालीन क्षमताओं की पहुँच से बाहर है।

टैलीविजन (Television)– वर्चुअल रियलिटी का कदाचित् सबसे पहला उदाहरण टैलीविजन पर Doctor Who सीरियल The Deadly Assassin है। यह कहानी पहले वर्ष 1976 में प्रसारित हुई जिसमें एक स्वप्न के समान कम्प्यूटर से बनी वास्तविकता को प्रस्तुत किया गया जिसका नाम था Matrix। पहली बड़ी टैलीविजन सीरिज जिसने VR को प्रस्तुत किया वह थी Star Trek: The Next Generation। उन्होंने holodeck जो एक वर्चुअल reality fecility थी, स्टारशिप पर दिखाई जिसने उसका इस्तेमाल करने वाले को किसी भी उस वस्तु को बनाने की सहूलियत दी जो उसका अनुभव करना चाहता हो या अपना मनोरंजन करना चाहते हो। यह आज के VR से इस मायने में भिन्न था कि replicators, force fields, hologram तथा transporter का प्रयोग वस्तु को वास्तविक रूप से बनाने और वस्तुओं को होलोडैक (holodeck) में रखने के लिये हुआ न कि केवल भौतिक वस्तुओं के illusion के आधार पर जैसा कि आज होता है।

मार्केटिंग (Marketing)– VR की छवि को सूचना-प्रसारण माध्यम ने इतनी ऊँचाई तक पहुँचा दिया कि विज्ञान में इनका योगदान होना आश्चर्य नहीं था। यह अधिकतर खेलों को खेलने के लाइसेंस में अधिक कारगर साबित हुआ। वर्ष 1980 में Mattel द्वारा निर्मित Nes Power glove, प्रारम्भ के दौर का अच्छा उदाहरण है। U-force तथा बाद में Sega Activator भी इसी श्रेणी में आते है। VR और वीडियो खेलों में मार्केटिंग संबंध अनपेक्षित नहीं हैं। यदि हम उस प्रगति को देखें जो 3D कम्प्यूटर ग्राफिक्स और Virtual environment विकास (पारम्परिक VR का hole mark) में हुई है और जिसके पीछे खेल बनाने वाले उद्योग से संबंधित शक्तियाँ हैं।

अचल सम्पत्ति (Real Estate)– अचल सम्पत्ति-क्षेत्र ने VR शब्द अपनी वेबसाइट में उपयोग किया है जो Panoramic images को viewer में lace कर दिखाता है जैसे Quick Time Player जिसमें दर्शक image को 360° घुमाकर देख सकता है।

वीआर के प्रभाव (Impact of VR)– नई टैक्नालाजी जैसे वर्चुअल रियलिटी के सामाजिक प्रभावो में दिलचस्पी बढ़ने लगी है। माइचिलो एस क्लाइन (Mychilo S. Cline) ने अपनी पुस्तक

पावर, मैडनेस एण्ड इममारटैलिटी : दी फ्यूचर ऑफ वर्चुअल रियलिटी (Power, Madness and Immortality : The Future of Virtual Reality) में यह तर्क रखा है कि वीआर मानव-जीवन में अनेक परिवर्तन लायेगी। उसका तर्क है कि :

- वीआर मनुष्य की दिनचर्या और गतिविधियों में घुलकर अनेक तरीकों से काम में आयेगी।
- मानव-व्यवहार इन्टरपर्सनल कम्यूनिकेशन (interpersonal communication) तथा कॉग्निशन अर्थात् वर्चुअल जैनेटिक्स (Virtual genetics) को प्रभावित करने के लिये यह तकनीक विकसित होगी।
- जैसे-जैसे हम वर्चुअल स्पेस में अधिक समय बितायेंगे वैसे-वैसे हम धीरे-धीरे वर्चुअल स्पेस में माइग्रेट (migrate) हो जायेंगे जिसका फलस्वरूप आर्थिक, विश्व दृष्टि (world view) तथा संस्कृति में महत्वपूर्ण परिवर्तन होंगे।
- जैसे-जैसे हम सामाजिक तथा राजनीतिक विकास के एक चरण से अगले चरण की ओर चलेंगे। वर्चुअल एनवायरमेंट के डिजाइन को वर्चुअल स्पेस में मूलभूत मानव-अधिकारों के विस्तार में, मानव-स्वतंत्रता के प्रचार-प्रसार में तथा सामाजिक स्थिरता में इस्तेमाल कर सकते हैं।

सिमुलेटैड रियलिटी (Simulated Reality)– यह एक विचार है कि वास्तविकता (reality) को बहुधा कम्प्यूटर सीमुलेशन से इस हद तक सिमुलेट (simulate) किया जा सकता है कि वह यथार्थ की वास्तविकता से भिन्न न लगे। इसमें वे सतर्क/चेतन (conscious) मन हो सकते हैं जो शायद जानते हो या न जानते हों कि वे एक सिमुलेशन के अन्दर जी रहे हैं। अपने शक्तिशाली प्रारूप में सिमुलेशन हाइपोथीसिस (Simulation Hypothesis) दावा करती है कि हम इस तरह के सिमुलेशन में यथार्थ में रह रहे हैं।

यह आज की टेक्नोलॉजी द्वारा प्राप्त योग्य 'वीआर' धारणा से अलग है। वीआर 'यथार्थ वास्तविकता' के अनुभव से आसानी से अलग की जा सकी है क्योंकि इसमें भाग लेने वालों को संदेह नहीं होता कि उनके अनुभव की क्या प्रकृति है। सिमुलेटेड रियलिटी को अपेक्षाकृत यथार्थ रियलिटी से अलग पहचानना लगभग असंभव है। सिमुलेटैड रियलिटी के विचार से अनेक प्रश्न उठते हैं -

- क्या सैद्धांतिक रूप से यह मुमकिन है कि हम बता सकें कि हम एक समुलेटैड रियलिटी में हैं?
- क्या एक समुलेटैड रियलिटी तथा एक यथार्थ में कोई अन्तर है?
- यदि हमको मालूम है कि हम सिमुलेटैड रियलिटी में रह रहे हैं तो हमें कैसा व्यवहार करना चाहिये?

वर्चुअल रियलिटी हार्डवेयर– वर्चुअल रियलिटी एप्लीकेशन्स में इस्तेमाल होने वाले अनेक प्रकार के विशिष्ट हार्डवेयर डिवाइसेस (devices) का विकास हुआ है।

इमेज जैनेरेटर्स (Image Generators)– वीआर सिस्टम में सबसे अधिक समय लगने वाले कामों में से है इमेज जैनेरेशन (image generation) एक है। फास्ट कम्प्यूटर ग्राफिक्स (fast computer graphics) वीआर के अलावा अनेक अन्य एप्लिकेशन्स प्रस्तुत करते हैं, अतः बाजार में ऐसे हार्डवेयर की माँग काफी समय से जोर पकड़े हैं। अनेक वैन्डर हैं जो पीसी स्तर की मशीनों के लिये इमेज जैनेरेटर कार्ड बेच रहे हैं। इनमें से अनेक इनटैल i 860 प्रोसेसर पर आधारित हैं। सिमुलेटर बाजार ने अनेक ऐसी कम्पनियाँ बनाई हैं जो विशेष प्रयोजन में कम्प्यूटर डिजाइन

करती हैं जिनसे रियल टाइम इमेज (real time image) जैनेरेट होती है। ऐसे कम्प्यूटर्स की कीमत लाखों डालर की होती है।

मैनीपुलेशन तथा कन्ट्रोल डिवाइस (Manipulation and Control Devices)– वर्चुअल संसार के साथ इंटरैक्शन के लिये मुख्य तत्व है वास्तविक संसार की वस्तु की स्थिति को ट्रैक करने का तरीका, जैसे– सिर या हाथ। पोजीशन (स्थिति) ट्रैकिंग और नियंत्रण के लिये अनेक तरीकें हैं। आदर्श रूप से एक टैक्नालाजी को पोजीशन (xyz) के तीन तरीके और ओरियेन्टेशन [(राल, पिच, याव)/roll, pitch, yaw] के तीन तरीकों को उपलब्ध करवाना चाहिये। पोजीशन ट्रैकिंग में सबसे बड़ी समस्या लैटैन्सी (latency) अथवा माप लेने और उनको प्रोसेस करने और सिमुलेशन इंजन के इनपुट करने से पहले प्री-प्रोसेस करने में लगने वाला समय है।

सबसे सरल कंट्रोल हार्डवेयर एक परम्परागत माउस (conventional mouse) ट्रैकबाल (track ball) या ज्वायस्टिक (joystick) है। यद्यपि ये दो-आयामी (two dimensional) डिवाइस हैं, किन्तु क्रियेटिव प्रोग्रामिंग इन्हें 6D (छः आयामी) कन्ट्रोल के लिये इस्तेमाल कर सकता है। 3 और 6 आयामी माउस, ट्रैक बाल, ज्वायस्टिक मार्केट में आ गये हैं। ये कुछ अतिरिक्त बटन और व्हील देते हैं जो न केवल कर्सर (cursor) के XY ट्रांसलेशन को कंट्रोल करते हैं, अपितु इसके Z डाइमैनशन और तीनों दिशाओं में घुमाव को भी कंट्रोल कर सकते हैं। ग्लोबल डिवाइसेस 6D कंट्रोलर एक ऐसा 6D ज्वायस्टिक है। यह देखने में रैकटबाल की तरह है जो एक शार्ट स्टिक (short stick) पर माउन्ट (mount) होता है। आप बाल (ball) को खींच सकते हैं, मोड़ सकते हैं। और साथ ही दायें-बायें तथा आगे-पीछे भी कर सकते हैं। अन्य 3D और 6D माउस, ज्वायस्टिक तथा फोर्स बाल लागीटैक, माउस सिस्टम कार्पोरेशन इत्यादि कम्पनियाँ उपलब्ध कराती हैं।

अध्याय 24

एक्सपर्ट सिस्टम
(Expert System)

परिचय (Introduction)

एक्सपर्ट सिस्टम निष्कर्ष पर पहुँचने के लिये कारकों की क्षमता का प्रयोग करते हैं। एक एक्सपर्ट सिस्टम बहुत अधिक मात्रा में जानकारी को प्रोसेस करता है तथा उसी के आधार पर निष्कर्ष प्रदान करता है।

एक्सपर्ट सिस्टमों का सबसे अधिक मूल्य ऐसे संगठनों में है जिनका जानकारी का अनुभव उच्च श्रेणी का है तथा जिनमें योग्यता को दूसरे व्यक्तियों में हस्तांतरित नहीं किया जा सकता। इनका डिजायन बुद्धिमत्ता और जानकारी को रखने के लिए होता है ताकि संगठन में दूसरे व्यक्ति इस जानकारी का प्रयोग समस्याएँ सुलझाने के लिए कर सकें।

अधिकतर समस्याएँ ऐसी होती हैं जो सिर्फ मेडिकल प्रोफेशनल ही सुलझा सकता है।समस्या के क्षेत्र में असल एकसपर्टो से पूछा जाता है कि अंगूठे का नियम क्या है जिससे वे समस्याएँ सुलझाते हैं (उदाहरण के लिए एक किशोर की त्वचा से जुडी समस्याएँ़)। या तो ये एक्सपर्ट बहुत अनुभवी होते हैं या कम्प्यूटर प्रोग्राम द्वारा डाटा को टेस्ट करते हैं और उस पर आधारित नियम बनाते हैं। साधारणतः एक्सपर्ट सिस्टम ऐसी समस्याओं के लिए प्रयोग किए जाते हैं जिनका कोई एक हल नहीं होता जो कि एक कन्वेंशनल एल्गोरिद्म में दर्शाया जा सके– कोई भी व्यक्ति कोई छोटा कार्य जैसे ग्राफ, डाटा को क्रमित करना आदि के लिए एक्सपर्ट सिस्टम नहीं लिखेगा क्योंकि ये सब करने के लिए अन्य आसान तरीके उपलब्ध हैं।

आसान सिस्टम डाटा को मूल्यांकित करने के लिए आसान सहीध्गलत लॉजिक का प्रयोग करते हैं। परंतु कठिन व विषम सिस्टम असली संसार के अस्थायी तत्वों को लेकर मूल्यांकन करते हैं, जैसे फूजी लॉजिक। यह विकसित करना अत्यंत कठिन होता है तथा सही भी नहीं होता।

एक्सपर्ट सिस्टम का इतिहास (History of Expert System)– सबसे पहले एक्सपर्ट सिस्टम पहली बार 1960 तथा 1970 के मध्य दशक में कुछ मुख्य U.S. यूनिवर्सिटीज के द्वारा उत्पन्न किये गये थे। उनका विकास विशिष्ट समस्याओं के समाधान के लिये हुआ था जिसने एल्गोरिद्म तथा सामान्य सर्च मैथड के उपयोग की अपेक्षा नॉलेज के उपयोग को ज्यादा महत्व दिया था।

सबसे पहले एक्सपर्ट सिस्टम DENDRAL का विकास Standford University में 1960 में हुआ था। यह केमिकल कम्पाउंड की संचरना तथा सकारात्मक उदाहरणों द्वारा मास स्पेक्टोमटरी नियमों को निर्धारित करने की क्षमता रखता है। DENDRAL प्रोजेक्ट के खत्म होने के बाद Standford University में MYCIN की शुरुआत हुई। MYCIN संक्रमक, खून की बीमारियों का पता लगाता है तथा रोगी के लिये उपचारों की सूची तय करता है। MYCIN के अन्दर कई प्रोजेक्ट जैसे Theiresius, Guidon तथा EMYCIN (Essential Mycin) होते हैं। EMYCIN का उपयोग दूसरे निदान-सिस्टम को बनाने के लिये हुआ था।

एक्सपर्ट सिस्टम की अवधारणा (Concepts of Expert System)– एक एक्सपर्ट सिस्टम (ES) जिसे नॉलेज-बेस्ड सिस्टम भी कहते हैं, एक ऐसा कम्प्यूटर प्रोग्राम है जिसमें विषय विशेष की जानकारी तथा एक या अधिक व्यक्तियों की विश्लेषण-योग्यता होती है। ऐसे प्रोग्राम सबसे पहले कृत्रिम बुद्धिमत्ता में 1960 तथा 1970 में बनाए गए परन्तु व्यापारिक तौर पर 1980 के दशक में प्रसिद्ध हुए। सबसे अधिक प्रयोग में आने वाला एक्सपर्ट सिस्टम एक ऐसा प्रोग्राम है जो जानकारी (यूजर द्वारा प्राप्त हुई) का विश्लेषण एक खास तरीके की समस्या के लिए करता है। यह उनके डिजाइन के आधार पर गणितज्ञ विश्लेषण भी प्रदान करता है। यह सुधार के लिए सुझाव व यूजर के कार्य भी बताता है।

इससे संबंधित शब्द 'विजार्ड' है। एक विजार्ड एक ऐसा इंटरैक्टिव कम्प्यूटर प्रोग्राम है जो यूजर की समस्या सुलझाने में सहायक होता है। पहले इस शब्द का प्रयोग ऐसे प्रोग्रामों के लिए होता था, जो डाटाबेस से किसी स्थिति के अनुरूप प्रश्न पूछते थे। परंतु कुछ नियमों पर आधारित सिस्टम भी विजार्ड कहलाते हैं। अन्य विजार्ड ऑनलाइन फार्म्स के क्रम हैं जो यूजर को कई विकल्प प्रदान करते हैं जैसे कोई नया सॉफ्टवेयर इन्स्टॉल करना। परंतु यह एक्सपर्ट सिस्टम नहीं होते हैं।

एक एक्सपर्ट सिस्टम ऐसा कम्प्यूटर आधारित सिस्टम है जिसमें जानकारी डाटा के रूप में होती है तथा जानकारी की प्रोसेसिंग कम्प्यूटर प्रोग्राम से की जाती है। ऐसे सिस्टम्स का विकास जो एक मानव-एक्सपर्ट की जानकारी को प्रोसेस करते हैं, अत्यंत कठिन व महँगा साबित हुआ है। यह शब्द एक्सपर्ट सिस्टम इसलिए उभरा क्योंकि ऐसे सिस्टम्स का उद्देश्य मानव-एक्सपर्ट से भी बेहतर तरीके से बीमारियों का पता लगाना था। व्यापार मे प्रयुक्त होने वाले अधिकतर एक्सपर्ट सिस्टम्स की योग्यताएँ मानव-एक्सपर्ट जैसी नहीं होतीं।

ES मानव-जानकारी का उपयोग कम्प्यूटर द्वारा समस्याएँ सुलझाने के लिए करता है जिसमें एक मानव-एक्सपर्ट की आवश्यकता होती है। इनका प्रयोग नॉन-एक्सपर्ट व्यक्ति अपनी समस्याएँ सुलझाने की क्षमता को सुधारने हेतु भी करते हैं। ES मानव एक्सपर्ट का सहायक है। इनका प्रयोग जानकारी के स्रोत ढूँढ़ने के लिए भी होता है ताकि परिणाम अच्छे आ सकें। ऐसे सिस्टम किसी विशेष, संकीर्ण, क्षेत्र जिसे डोमेन कहते हैं, में एक एक्सपर्ट से बेहतर कार्य करते हैं। इसका प्रभाव प्रोफेशनल (जैसे फाइनेंशियल विश्लेषक), संगठन व प्रबंधन पर पड़ता है।

एक्सपर्ट सिस्टम बनाम प्रोबल्म सोल्विंग सिस्टम– एक्सपर्ट सिस्टम तथा एक प्रोबल्म सोल्विंग सिस्टम में मुख्य अंतर समस्या को कोड करने के तरीके से है। पारंपरिक एप्लिकेशन में समस्या को प्रोग्राम तथा डाटा स्ट्रक्चर, दोनों में कोड में बदला जाता है।

एक्सपर्ट सिस्टम में सारी एक्सपर्टाइज से संबंधित समस्या सिर्फ डाटा स्ट्रक्चर में ही कोड में बदली जाती है, प्रोग्राम में नहीं। इसके कई लाभ हैं। इन दोनों सिस्टमों के अंतर को एक उदाहरण की सहायता से समझा जा सकता है। यह उदाहरण आयकर का सुझाव है। पारंपरिक एप्रोच में डाटा स्ट्रक्चर आयकर देने वाले व्यक्ति तथा टैक्स-टेबल का रूप है, तथा जिस प्रोग्राम में टैक्स-एक्सपर्ट की जानकारी का प्रयोग होता है ऐसे स्टेटमेन्ट टैक्सपेपर व टैक्स टेबल में जानकारी को संबंधित बनाता है। टैक्स-एक्सपर्ट की जानकारी को दर्शाना टैक्स-एक्सपर्ट के समझने व बदलने के लिए कठिन है।

एक एक्सपर्ट सिस्टम एप्रोच में टैक्सपेयर व टैक्स कम्प्यूटेशन की जानकारी डाटा स्ट्रक्चर में मिलती है परन्तु इनके संबंधों की जानकारी भी डाटा स्ट्रक्चर में ही कोड के रूप में होती है। इसके प्रोग्राम समस्या-क्षेत्र से हटकर स्वतंत्र होते हैं तथा समस्या की प्रकृति पर ध्यान दिए

बिना डाटा स्ट्रक्चर को प्रोसेस करते हैं। उदाहरणार्थ, ऐसे प्रोग्राम जो यूजर द्वारा डाटा लेते हैं, ऐसे प्रोग्राम को विशेष संगठनों के वर्णन को प्रोसेस तथा प्रदर्शित करते हैं, ऐसे प्रोग्राम जो उन घोषणाओं को प्रोसेस करते हैं जो एक समस्या क्षेत्र के सेमैन्टिक संबंधों को दर्शाती है तथा ऐसा एल्गोरिद्म जो प्रोसेसिंग क्रम व ध्यान को नियंत्रित करता है।

एक साधारण एक्सपर्ट सिस्टम में दो मुख्य घटक होते हैं, एक समस्या पर निर्भर डाटा डिक्लेरेशन जिसे नॉलेज आधार या नियम आधार कहते हैं और एक समस्या से स्वतंत्र प्रोग्राम जिसे इन्फेरेंस कहते हैं।

एक्सपर्ट सिस्टम में सम्मिलित व्यक्ति– साधारणतः एक्सपर्ट सिस्टम से इंटरैक्ट करने वाले तीन प्रकार के व्यक्ति होते हैं। पहले वे यूजर जो अपनी समस्या को सुलझाने के लिए सहायता चाहते हैं। सिस्टम को बनाने व उसकी मेंटेनेंस में दो अन्य शामिल हैं रू समस्या क्षेत्र का एक्सपर्ट जो जानकारी का इंजीनियर जो एक्सपर्ट की जानकारी को वर्णित करने में सहायता करता है, वर्णन के मॉड्यूल में डाटा डालता है तथा समस्या सुलझाने की इन्फैरेंस तकनीक को परिभाषित करता है। अधिकतर जानकारी इंजीनियर समस्या सुलझाने के कार्य को नियम के रूप में वर्णित करता है, जिसे नियमों पर आधारित एक्सपर्ट सिस्टम भी कहा जाता है। जब डोमेन एक्सपर्ट के क्षेत्र से ये नियम बनाए जाते हैं, तो नॉलेज बेस इन नियमों को स्टोर कर लेता है।

एण्ड यूजर (The End of User)– प्रयोगकर्त्ता या यूजर एक्सपर्ट सिस्टम को एक इंटरैक्टिव डायलॉग के रूप में देखता है। एक्सपर्ट सिस्टम में डायलॉग पहले से नियोजित नहीं होते। कोई स्थायी नियंत्रण–स्ट्रक्चर नहीं होता। वर्तमान जानकारी व इसके नॉलेज बेस के आधार पर डायलॉग बनते हैं। इसी कारण यदि कुछ प्रश्नों के उत्तर नहीं दिए जाते तो प्रोग्राम पर कोई प्रभाव नहीं पड़ता।

एक साधारण इम्पलिमेंटेशन सिस्टम का पारंपरिक सिस्टम्स में इम्प्लीमेंट होना काफी कठिन कार्य है (क्यों और कैसे के उत्तर देना)। क्यों का उत्तर देना नॉलेज स्ट्रक्चर का खुलापन दर्शाता है। यह एक नियम है, एक स्थिति का सेट जो कि यदि 'true' होगी तो कुछ परिणाम निकाला जाएगा। यह नियम वैल्यू को कई मापक से टैस्ट करता है तथा उस पर कई सीमाएँ लागू करता है। यह वास्तव में एक नॉलेज स्ट्रक्चर का महत्वपूर्ण भाग है। कुछ वैल्यू संगठित ऐन्टिटी से भी जोड़ी जाती है। उदाहरण के लिए डाइनर एक अकेली एन्टिटी है जिसमें बहुत वैल्यू होती है, जैसे- वह किस प्रकार का सूप पीते हैं। कुछ ऐसे नियम भी होते हैं जो वर्तमान वैल्यू को दूसरी विशेषताओं के आधार पर जोड़ते है। डायलॉग का निर्माण इन नियमों का क्रम से उपयोग है।

नॉलेज इंजीनियर– नॉलेज इंजीनियर का कार्य एक्सपर्ट की जानकारी की घोषणा को दर्शाने व उसे प्रोसेस करने वाले इन्फेरेंस (inference) इंजन से जुड़ा है। ये एक्सपर्ट सिस्टम के नॉलेज घटक का प्रयोग विशेषताएँ डालने में करते हैं जो इन्फेरेंस तकनीक के लिए अच्छी मानी जाती है। जैसे–

- एक अच्छी इन्फेरेंस तकनीक अपने समस्या क्षेत्र पर निर्भर नहीं करती। इसके लाभ जानने के लिए, नॉलेज ट्रांसपेरेन्सी प्रोग्राम के दोबारा प्रयोग होने में इन्फेरेंस इंजन विशेष क्षेत्र में एक्सपर्ट नहीं होना चाहिए।
- इन्फेरेंस तकनीक किसी कार्य के लिए विशेष हो सकती है, जैसे हार्डवेयर कनफीगरेशन का पता लगाना। अन्य तकनीकें सिर्फ किसी खास प्रोसेसिंग तकनीक का ही प्रयोग करती हैं।
- इन्फेरेंस तकनीकें हमेशा नॉलेज स्ट्रक्चर के अनुरूप ही होती है।
- नियम प्रोसेसिंग के सफल उदाहरण हैं– (अ) फॉरवर्ड चेनिंग (ब) बैकवर्ड चेनिंग।

एक्सपर्ट सिस्टम की विशेषताएँ (Features of Expert System)

एक्सपर्ट सिस्टम में निम्नलिखित विशेषताएँ होती हैं–

1. एक्सपर्ट सिस्टम सोल्यूशन प्रोसेस को नियंत्रित करने के लिये जानकारी का प्रयोग करता है।
2. कंट्रोल प्रोग्राम से पृथक जानकारी को एक एन्टिटि की तरह रखा जाता है।
3. एक्सपर्ट सिस्टम यह बताने की योग्यता रखते हैं कि किस प्रकार एक विशिष्ट निष्कर्ष पर पहुँचा गया तथा परामर्श के समय इस रिक्वेस्टिड जानकारी की क्या आवश्यकता है। यह महत्वपूर्ण है क्योंकि यह यूजर को सिस्टम की रीजनिंग योग्यता समझने तथा एक्सेस करने का मौका देता है। अतः यह यूजर का सिस्टम के प्रति विश्वास बढ़ाता है।
4. एक्सपर्ट सिस्टम जानकारी के लिये सांकेतिक प्रदर्शन भी उपयोग करता है। इसमें नियम, नेटवर्क तथा फ्रेम्स होते हैं।
5. एक्सपर्ट सिस्टम मेटानॉलेज के साथ कई तर्कों को सपोर्ट करता है।

एक्सपर्ट सिस्टम के घटक (एक्सपर्ट सिस्टम के बिस्त्रल्डग ब्लॉक) (Components of Expert System)

इन्हें दो भागों में वर्गीकृत किया जा सकता है–

विकास का वातावरण– एक्सपर्ट सिस्टम के विकास के वातावरण का प्रयोग ES बिल्डर द्वारा घटकों को बनाने तथा एक्सपर्ट की जानकारी को ES नॉलेज बेस में प्रस्तुत करने के लिए होता है।

कन्सलटेशन वातावरण– इसका प्रयोग नॉन एक्सपर्ट एक एक्सपर्ट की जानकारी व सुझाव लेने के लिए करते हैं।

एक्सपर्ट सिस्टम के तत्व

नॉलेज या जानकारी प्राप्त करना– यह प्रोग्राम उस व्यक्ति द्वारा प्रयोग में लाया जाता है जो समस्या सुलझाने का एक्सपर्ट है तथा जो नॉलेज बेस को बना सकता है, जोड़ व बदल सकता है। एक्सपर्ट सिस्टम के लिये जानकारी स्रोतों जैसे दैनिक लेखों, रिपोर्ट्स, विषयों तथा डाटाबेस की जानकारी से प्राप्त की जानी चाहिये। एक्सपर्ट को यह पता नहीं होता है कि क्या विशिष्ट जानकारी प्रयोग में लायी जा रही है। उसे यह भी नहीं पता होता है कि एक समस्या के समाधान के लिये उसे कैसे प्रयोग किया जाता है। एक अनुभवी नॉलेज इंजीनियर Penny Nii ने Standford University में समस्याओं के समाधान के लिये कुछ उपयोगी प्रक्रियाओं का निर्माण किया है।

नॉलेज बेस्ट सिस्टम– ़समें नियम, तथ्य तथा ऑब्जेक्ट का वर्णन होता है। इसमें सारी जानकारी वही होती है ज समस्या को समझने व उसे सुलझाने में सहायक है। इसमें दो आधारभूत तत्व शामिल हैं–

(i) तथ्य (उदाहरणार्थ – समस्या तथा समस्या का क्षेत्र)

(ii) ह्यूरिस्टिक्स (ऐसे नियम जो किसी खास क्षेत्र में समस्या को सुलझाने में सहायक हैं।)

यह जानकारी के आधार को बढ़ाने व उस पर प्रश्न पूछने का सिस्टम है। एक कम्प्यूटर हाई-टैक डिक्शनरी एक नॉलेज-बेस्ड सिस्टम को परिभाषित करती है। एक ऐसा कम्प्यूटर सिस्टम जो AI की सहायता से व उस विषय विशेष के डाटाबेस से मानव-समस्याओं को हल करता है।

नॉलेज-बेस्ड सिस्टम AI मेथड व तकनीकों पर आधारित होते हैं। उनके आधारभूत तत्व जानकारी व इन्फेरेंस मेकेनिज्म हैं।

कुछ लेखकों के लिए एक्सपर्ट सिस्टम, स्थिति पर आधारित कारक सिस्टम, तथा न्यूरल नेटवर्क तीन प्रकार के नॉलेज-बेस्ड सिस्टम हैं। कई अप्रोच है जिनके लिए एक्सपर्ट सिस्टम व न्यूरल नेटवर्क इससे अलग है। KBS नॉलेज-बेस्ट सिस्टमों के लिए प्रयोग होता है।

नॉलेज-बेस्ड सिस्टम को अपनी शक्ति एक्सपर्ट जानकारी जो तथ्यों, नियमों तथा कार्यों में कोडेड हो चुकी हैं से मिलती है। जानकारी नॉलेज बेस में सेव होती है तथा घटकों से विभाजित होती है।

इन्फेरेंस इंजन– यह जानकारी का प्रयोग बहुत ही कायदे से करता है। यह ES का मस्तिष्क है। यह नियम तथा जानकारी के तरीकों से इस प्रकार लॉजिकल निष्कर्ष का क्रम बनाता है, जिससे व्यक्ति की समस्या हल हो जाती है। एक्सपर्ट सिस्टम को समझने के लिए इन्फेरेंस नियम को समझना आवश्यक है। इसके दो भाग होते हैं, एक 'if' भाग तथा दूसरा 'then' भाग। नियम कहता है कि इससे एक्सपर्टों को इससे समस्या को समझने व हल को ढूँढने में सहायता मिलती है। यह यूजर की जानकारी तथा इनपुट/आउटपुट के प्रश्न सिद्धांतों के लिये यूजर की प्रतिक्रिया को डायनेमिक रूप में स्टेटिक जानकारी के साथ इकठा करता है।

यह स्टेटिक जानकारी नॉलेज बेस में स्टोर होती है। यह तीन स्तरों पर पुनरावृति करके कार्यान्वित होता है।

(a) मैच (Match)
(b) सलेक्ट (Select)
(c) रन (Run)

मैच स्तर में, नॉलेज बेस के तथ्य तथा नियमों की वर्किंग मेमोरी के कॉनटेन्ट्स के साथ तुलना की जाती है। जब अनुकूल मैच मिल जाते हैं, तब उन मिलानों के अनुरूप नियमों को कॉन्फिलक्ट सेट में रखा जाता है। एक सही तथा अनुकूल मिलान ढूँढ़ने के लिये प्रतिस्थान की आवश्यकता हो सकती है। जब एक चक्र के दौरान के सभी मैच्ड नियमों को कॉन्फिलक्ट सेट में जोड़ दिया जाता है तो उनमें से एक नियम को एग्जिक्यूशन के लिये चुना जाता है। सलेक्शन के मापदण्ड हाल में ही उपयोग हुआ नियम अथवा सबसे छोटी नियम संख्या होते हैं।

जिस नियम का चुनाव होता है वह नियम फिर एग्जिक्यूट होता है। तथा उसके बाद नियम का क्रिया वाला भाग कार्यान्वित होता है।

वर्कप्लेस (ब्लेक बोर्ड)– यह एक विशेष प्रकार के KBS का उल्लेख करता है जो एक प्रकार की रीजनिंग का उपयोग करता है।

ब्लैकबोर्ड सिस्टम तीन प्रकार के घटकों से बना होता है।

(a) इसमें बहुत सारे जानकारी के स्रोत होते हैं जो कोड के पृथक रेट होते हैं। प्रत्येक नॉलेज स्रोत समस्या को सुलझाने के लिये एक सीमित क्षेत्र में विशेषता होता है। इस स्रोत में जानकारी नियमों, योजनाओं तथा कार्यों के रूप में होती है।

(b) एक ब्लैकबोर्ड सिस्टम में वर्तमान जानकारी होती है जिसकी आवश्यकता नॉलेज स्रोतों को होती है।

(c) ब्लैकबोर्ड सिस्टम का तीसरा घटक कन्ट्रोल इनफॉरमेशन है। यह स्रोतों के अन्दर, ब्लैकबोर्ड पर रखी जा सकती है। कन्ट्रोल नॉलेज ब्लैकबोर्ड में होने वाले बदलाव को मॉनीटर करती है।

यूजर इंटरफेस– एक्सपर्ट सिस्टम मैनेजर, यूजर तथा कम्प्यूटर के मध्य संचारण में होने वाली परेशानियों के समाधान के लिये एक भाषा प्रोसेसर रखता है। यूजर इंटरफेस यूजर को सिस्टम के साथ संचारण कर एक सामान्य तरीका प्रदान करता है क्योंकि इसमें सरल सलेक्शन मेन्यू

अथवा भाषायें होती हैं जो प्राकृतिक भाषा से संबंधित होती है। उदाहरण स्वरूप MYCIN अनेक शब्दों जिनकी आवश्यकता संचारण में होती है के अतिरिक्त कई मेडिकल शब्दों को पहचान सकता है। MYCIN यूजर के साथ संचारण के लिए मेन्यू का प्रयोग करता है।

व्याख्या सब-सिस्टम– सब-सिस्टम में व्याख्या ES के व्यवहार को विस्तार से बता सकती है तथा ऐसा कार्य ढूँढ सकती है। यह वह प्रश्नों के उत्तर देकर करती है।

जानकारी का छलनीकरण– एक मानव-एक्सपर्ट अपने कार्य का स्वयं विश्लेषण कर सकता है, वह सीखकर उसे भविष्य में प्रयोग के लिए सुधार सकता है। इसका परिणाम बेहतर सुविधा होगा जिससे नॉलेज बेस व कारक अधिक प्रभावशाली होंगे। यह विशेषता व्यापारिक एक्सपर्ट सिस्टमों में उपलब्ध नहीं है।

एक्सपर्ट सिस्टम के लाभ व हानियाँ

लाभ–

1. बार-बार प्रयुक्त होने वाले निर्णयों, कार्यों व प्रोसेस के लिए भी एक ही उत्तर देता है।
2. जानकारी के स्तरों को नियंत्रित तथा सुरक्षित रखता है। सही मात्रा में स्टोर करता है।
3. प्रतिस्पर्धियों का आना कम करने में सहायक है।
4. ऐसे कार्य जो मानव-एक्सपर्ट चैक करना भूल जाते हैं, पर ध्यान रखता है।

हानियाँ–

1. कई निर्णयों में मानव-बुद्धिमत्ता की कमी।
2. विषम परिस्थितियाँ में क्रियात्मक मानव-एक्सपर्टों के उत्तर अधिक सही होते हैं।
3. क्षेत्रों के एक्सपर्ट कई बार अपनी लॉजिक व कारण समझाने में असमर्थ होते हैं।
4. विषम कार्यों को भी ऑटोमेट करना।
5. क्योंकि प्रश्न एक ही प्रकार के रहते हैं, व उनमें बदलाव नहीं किया जा सकता इसलिए लचीलेपन में कमी रहती है तथा बदले हुए वातावरण में ढलने की क्षमता भी कम होती है।
6. यदि उत्तर उपलब्ध नहीं होता है तो सिस्टम पहचान नहीं पाता।

एक्सपर्ट सिस्टम एप्लीकेशन्स (ES Applications)– एक्सपर्ट सिस्टम का डिजाइन व निर्माण विभिन्न क्षेत्रों, जैसे लेखा, दवाइयाँ, प्रोसेस-नियंत्रण, उत्पादन, मानव-स्रोत आदि में प्रयोग के लिए हुआ है। वास्तव में एक सफल एक्सपर्ट सिस्टम की नींव एक तकनीकी तरीकों के क्रम तथा विकास पर निर्भर है जो तकनीक विशेषज्ञों व संबंधित एक्सपर्टों द्वारा डिजाइन किया गया है। जब कोई कार्पोरेशन किसी एक्सपर्ट सिस्टम को विकसित एवं आरम्भ करना शुरू करता है, तब वह स्वयं द्वारा स्रोत इन-सोर्सिंग या आउट-सोर्सिंग तकनीकें अपनाता है। यद्यपि एक्सपर्ट सिस्टम ने AI खोज में एकअपनी ही पहचान बना ली है तथापि एप्लीकेशन सीमित है। एक्सपर्ट सिस्टम अपने जानकारी के क्षेत्र में थोड़ा कमजोर है। एक मजेदार उदाहरण– एक रिसर्चर ने अपनी जंग लगी कार एक त्वचा के डॉक्टर को ये कहकर दिखाई जैसे उसे मीजल हो गए हैं इस प्रकार ये सिस्टम ऐसी गलतियाँ करते हैं जिन्हें मानव आसानी से ढूँढ लेते हैं। इसके अलावा यह भी पता चला कि साधारण सब-सिस्टम उसी तरीके का प्रयोग कर रहे हैं जिसका प्रयोग निर्णय लेते समय हम काफी समय से कर रहे हैं। इसलिए कई एक्सपर्ट सिस्टम की तकनीकें अभी भी काफी विषम प्रोग्रामों में पाई जा सकती है।

एक्सपर्ट सिस्टम की सीमाओं का एक बहुत अच्छा उदाहरण तथा प्रदर्शन जो की लोगों द्वारा उपयोग किया जाता है– Microsoft Windows ऑपरेटिंग सिस्टम समस्या सुलझाने का सॉफ्टवेयर

टॉस्कबार मेन्यू के 'Help' सेक्शन में होता है। ऐसे तकनीकी विशेषज्ञों की सहायता मिलना अक्सर कठिन होता है जो ऑपरेटिंग सिस्टम के विकास में शामिल न हुए हों। Microsoft ने अपना एक्सपर्ट सिस्टम समस्या सुलझाने, सुझाव देने, साधारण गलतियाँ सुधारने जो कि ऑपरेटिंग सिस्टम के प्रयोग के समय आती हैं, के लिए बनाया व डिजाइन किया है।

1970 व 1980 के दशक के अन्य एक्सपर्ट सिस्टम जिन्हें आजकल हम AI कहते हैं, कम्प्यूटर खेलों में थे। उदाहरण के लिए कम्प्यूटर बेसबॉल गेम, अर्ल वीवर बेसबॉल और टोनी ला रूसा बेसबॉल। इन गेमों में विस्तृत रूप में खेलों की सिमुलेशन थी जिनमें दो बेसबॉल मैनेजरों की गेम की नीतियाँ भी शामिल थीं। जब कोई व्यक्ति ये गेम कम्प्यूटर में खेलता था तो कम्प्यूटर पूछता था कि अर्ल वीवर या टोनी ला रूसा एक्सपर्ट सिस्टम में से किसकी नीतियों का पालन करना है। फिर भी कुछ स्थितियों में चुनाव प्राकृतिक सिस्टम द्वारा होता था (जैसे– जब खिलाड़ी भाग रहा हो, तो किस प्रकार से बेस का प्रयोग करना है), इसका निर्णय वीवर या ला रूसा द्वारा प्रदान की गई प्रोबेबिलिटी के आधार पर होता था। आज हम आराम से कहेंगे कि 'गेम की कृत्रिम बुद्धिमत्ता ने प्रतिद्वंद्वी मैनेजर की नीतियाँ प्रदान की हैं।'

एक्सपर्ट सिस्टम का समस्या क्षेत्र (ES Problem Domain)

1. एक्सपर्ट सिस्टम का प्रयोग कई समस्या क्षेत्रों में समस्याओं को समझने के लिए किया जाता है। ये क्षेत्र हैं–
2. प्रोसीजरल (कार्य करने का तरीका)
3. डायग्नोसिस (समस्या पहचानना)
4. मॉनीटरिंग
5. कन्फीगरेशन और डिजायन
6. शिड्यूलिंग और प्लानिंग

यह पता चला है कि जो जानकारी प्रश्नों व उत्तरों के माध्यमों से यूजर द्वारा सिस्टम को दी जाती है, उसकी स्तर यूजर की जानकारी के अनुकूल होनी चाहिए। अधिकतर एप्लिकेशन में दूरदर्शी यूजर्स के समूह का वर्णन बड़ी अच्छी तरह किया जाता है तथा जानकारी के स्तर का आकलन कर प्रश्न ऐसी श्रेणी के रखे जाते हैं ताकि एक औसत व्यक्ति भी उनके उत्तर दे सके। परन्तु अन्य एप्लीकेशनों में एक्सपर्ट सिस्टम के किसी खास क्षेत्र की जानकारी दूरदर्शी यूजर्स के समूह में भिन्न हो सकती है।

एक्सपर्ट सिस्टम के लाभ–

1. अधूरी व अस्थायी जानकारी के साथ कार्य करना
2. उत्तम तरीके को पकड़ना
3. कम लागत
4. उत्पादन अधिक होना
5. क्वालिटी या किस्म में सुधार।
6. बेकार समय (Down time) कम होना
7. मशीनों की मरम्मत
8. विषम वातावरण में भी कार्य करना
9. कम खर्च वाली मशीनों का प्रयोग
10. विश्वसनीयता

11. उत्तर जल्दी देना व समस्या जल्दी सुलझाना
12. छोटे क्षेत्रों में भी विषम समस्याएँ सुलझाना

एक्सपर्ट सिस्टम की सीमाएँ–

1. ES सिर्फ छोटे क्षेत्रों में अच्छी तरह कार्य करता है।
2. जानकारी हमेशा उपलब्ध नहीं होती।
3. मानवों से एक्सपर्ट निकलना कठिन होता है।
4. हर एक्सपर्ट की स्थिति में एप्रोच अलग हो सकती है, पर सही होगी।
5. अधिकतर एक्सपर्टों के पास चैक करने का कोई स्वतंत्र तरीका नहीं होता।
6. एक्सपर्ट द्वारा शब्दों का प्रयोग बहुत सीमित होता है जिसका प्रयोग वे तथ्य और संबंध बताने के लिए करते हैं।
7. अधिकतर नॉलेज इंजीनियरों से सहायता की आवश्यकता होती है जो मुश्किल से मिलती है व मँहगी भी होती है।